Über dieses Buch Dieses bereits klassische Buch über Sigmund Freud und sein Werk, über das Leben des Begründers der Psychoanalyse und die Wirkung seiner revolutionären Ideen über das menschliche Seelenleben ist aus einer Folge von Sendungen der Autorin im französischen Rundfunk hervorgegangen. Die Entstehungsgeschichte des Buches und der Zuschnitt von Inhalt und Sprache auf ein breites Publikum dürften auch den erstaunlichen Verkaufserfolg des Bandes erklären. Er eröffnet auch dem interessierten Laien einen Zugang zum Verständnis der grundlegenden Theorien und Begriffe der Freudschen Psychoanalyse. Zitate aus dem Werk Freuds, Briefe, Aufzeichnungen und Erinnerungen der Zeitgenossen sind nach den wichtigen Lebensabschnitten Freuds und den großen Themen der Psychoanalyse geordnet und von der Autorin mit ausführlichen Kommentaren versehen worden. Auf diesem Wege wird die enge Verbindung sichtbar, die zwischen den Ursprüngen der Psychoanalyse und dem persönlichen Leben Freuds, zwischen der geistigen Situation in seiner Zeit und der Anerkennung der psychoanalytischen Bewegung besteht. Das Buch ist mehr als eine Biographie, es ist zugleich ideen- und zeitgeschichtliche Untersuchung, die Freud und sein Werk in den Zusammenhang der beide prägenden historischen Epoche stellt und die Entwicklungslinien bis in die heutige Zeit verfolgt.

Die Autorin Marthe Robert, Psychoanalytikerin, Literaturwissenschaftlerin und Kritikerin, lebt in Paris. Sie hat die Werke von Robert Walser, Franz Kafka, Friedrich Nietzsche, Georg Büchner und Georg Christoph Lichtenberg ins Französische übersetzt. Sie gehört zum Kreis der Herausgeber der Kritischen Ausgabe der Werke Kafkas. Sie hat zahlreiche Arbeiten zur Literaturgeschichte, zu Sigmund Freud und zu Problemen der Psychoanalyse veröffentlicht.

Marthe Robert

Die Revolution der Psychoanalyse

Leben und Werk von Sigmund Freud

Aus dem Französischen von
Elisabeth Wiemers und Elisabeth Mahler

Fischer
Taschenbuch
Verlag

Ungekürzte Ausgabe
Veröffentlicht im Fischer Taschenbuch Verlag GmbH,
Frankfurt am Main, Februar 1986
Titel der französischen Originalausgabe
»La Révolution Psychoanalytique; La vie et L'œuvre de Sigmund Freud«
Erschienen bei Éditions Payot, Paris

Umschlaggestaltung: Jan Buchholz / Reni Hinsch
Satz: Hanseatische Druckanstalt GmbH, Hamburg
Druck und Bindung: Clausen & Bosse, Leck
Printed in Germany
1480-ISBN-3-596-26787-0

Inhalt

Die vorliegende Arbeit ist aus einer Folge von Radiosendungen hervorgegangen, die der französische Rundfunk in der Zeit vom 1. Dezember 1962 bis zum 30. Juli 1963 ausgestrahlt hat. Der ursprüngliche Text wurde nicht verändert, er wurde lediglich durch bibliographische Anmerkungen und einige Zitate ergänzt.

ABKÜRZUNGSVERZEICHNIS

G. W.	Sigmund Freud, Gesammelte Werke
Br.	Briefe 1873–1939
Fr.-Pf.	Freud–Pfister, Briefe 1909–1939
JBg.	Ernest Jones, Das Leben und Werk von Sigmund Freud
Int. Z.	Internationale Zeitschrift für Psychoanalyse
I.	Imago
J.	Jahrbuch für psychoanalytische und psychopathologische Forschungen.
M.	Briefe an Martha Bernays (Martha Freud)
Fl.	Briefe an Wilhelm Fliess
E. J.	Briefe an Ernest Jones
Eit.	Briefe an Max Eitington
Fer.	Briefe an Sandor Ferenczi
Abr.	Briefe an Karl Abraham
Jg.	Briefe an C. G. Jung
Pf.	Briefe an Oskar Pfister
A. Z.	Briefe an Arnold Zweig
M. B.	Briefe an Marie Bonaparte

Einleitung

M. R.
Zu Beginn unserer Sendereihe über die Geschichte der Psychoanalyse und ihre Bedeutung für die gegenwärtige Geistesströmung scheint es mir angebracht, einen anonymen Hörer zu Wort kommen zu lassen. Dieser soll mit einer gewissen Zurückhaltung, jedoch unvoreingenommen an unser Thema herangehen; er wird gleich Gelegenheit haben, sich zu äußern. Ich stelle mir diesen Hörer gar nicht wie einen Gegner vor, den es zu schlagen gilt oder wie einen Gesprächspartner, den ich überzeugen müßte. Nein, er ist in meiner Vorstellung vielmehr ein Mann ohne vorgefaßte Meinung, er ist aufgeklärt und über unser Problem soweit unterrichtet, wie man es von einem Nichtfachmann erwarten kann, der den Ideen seiner Zeit gegenüber aufgeschlossen ist. Er hat also vermutlich zwei oder drei klassische Bücher von Freud oder seinen Schülern gelesen, einige populärwissenschaftliche Arbeiten und über die verschiedensten Themen einige Artikel, in denen psychoanalytische Anschauungen mit mehr oder weniger Sachkenntnis und intellektueller Ehrlichkeit verbreitet worden sind. Auf all das hat er wahrscheinlich positiv reagiert, und ganz anders als vor 60 Jahren ein schlecht vorbereitetes Publikum, das seinen Denkgewohnheiten verhaftet war und von vornherein allen Neuerungen Mißtrauen entgegenbrachte. Ohne Zweifel ist unser unparteiischer Hörer aufgebracht — aber wer wäre das nicht? — über schlecht verstandene und falsch angewandte Freud'sche Begriffe in der Umgangssprache, denen meist die Beziehung zu irgendeinem wissenschaftlichen Gehalt fehlt. Die Redensart »Komplexe haben« hört er beispielsweise ungern, er hält sie für dumm und nicht etwa für wissenschaftlich. Wenn er einen Roman liest oder einen Film anschaut, möchte er auf keinen Fall psychologische Motivationen in allzu offener Form vorfinden. Durch diese Offenheit glauben viele Autoren in einfältiger Weise, ihre Tiefgründigkeit zu demonstrieren. Aber, wir sagten es bereits, unser Hörer ist unparteiisch, und obwohl er im Grunde bedauert, daß die Krankheit der Menschen sich so leicht auf die Sprache ausgebreitet hat, läßt er sich keineswegs zur Polemik hinreißen. Die Psychoanalyse ist in seinen Augen ein Gegenstand des Wissens, ein intellektuelles Faktum, eines jener zeitgenössischen Phänomene, deren Wert man ehrlicherweise nicht leugnen kann, ebensowenig wie ihre Ausstrahlung auf Denken und Handeln unserer Zeit. Er ist, kurz gesagt, weder

schockiert, noch ironisch, noch leidenschaftlich, sondern eher ein wenig blasiert; er bestreitet weniger die Wichtigkeit unseres Gegenstandes als vielmehr die Notwendigkeit, lange bei ihm verweilen zu müssen, denn seiner Ansicht nach hat man darüber schon zu viel und manchmal unsachgemäß geredet. Früher hätte er vielleicht zu denen gehört, die zu Freud gesagt hätten: ›Das ist nicht wahr‹ oder auch: ›das kann ich nicht gelten lassen, weil es der Religion widerspricht‹. Wir können annehmen, daß er uns aber heute sagen wird: ›Ach, das wissen wir alles schon längst, wir können über uns selber weder etwas Neues hören, noch in Verwunderung geraten.‹

Der unparteiische Hörer

Aber es stimmt wirklich, daß wir das alles schon wissen, und ich persönlich sehe keinen zwingenden Grund, mich weiter damit zu befassen. Jeder gibt heute zu, daß die von der Psychoanalyse entdeckten Wahrheiten ganz einfache Tatsachen des gesunden Menschenverstandes herausstellen. Man hätte längst verstanden, daß sie so alt sind wie die Welt, hätte es nicht so hartnäckige und lächerliche Vorurteile gegeben. Die Psychoanalyse selbst hat uns gezeigt, daß die größten Dichter und Denker sie immer erahnt und manchmal sogar kühn ausgesprochen haben. Es gibt keinen Grund mehr, sich aufzuregen, niemand denkt mehr daran, den therapeutischen Wert der Psychoanalyse in gewissen Fällen von Geistesstörungen zu leugnen. Ihr Nutzen auf ganz bestimmten Gebieten der Wissenschaft und des sozialen Lebens wie Kindererziehung, Medizin, seelische Hygiene usw. ist ebenso unbestritten. Wenn also vor einem halben Jahrhundert die Psychoanalyse für manche eine umwerfende Offenbarung und für andere eine ärgerniserregende Revolution war, so scheint mir, ist diese Epoche jetzt abgeschlossen. Diese ganze Aufregung hat keinen Sinn mehr. Was heute davon bleibt, gehört entweder dem exklusiven Bereich verschiedener interessierter Spezialisten an — und es steht uns nicht an, hier mitreden zu wollen — oder es fällt einer bedauerlichen Verbreitung und damit Verflachung zum Opfer; aber daran können wir leider nichts ändern.

M. R.

Ich übergehe Ihr erstes Argument, denn die Absicht dieser ganzen Sendungen besteht ja gerade darin, es zu widerlegen. Ich möchte nur bemerken, daß es auch nicht neu ist. Es kommt häufig vor, daß man zuerst erbittert gegen eine neue Wahrheit kämpft und sie dann schließlich für längst bekannt und überholt erklärt, wenn man sie nicht mehr leugnen kann. Aber kommen wir zu Ihrem letzten Punkt. Es stimmt, daß die Psychoanalyse die breite Masse durch zwei Aspekte verwirrt, die zunächst wohl schwer vereinbar sind. Einerseits erscheint sie nämlich als ein Bereich, der nur durch eine Art Einweihung zugänglich ist, denn nur der, der sie als Arzt oder Patient anwendet, kann sie wirklich kennen; andererseits gibt sie sich praktisch als Universalmittel aus, mit dem man gewissermaßen über die Grenzen der wissenschaftlichen Disziplinen hinaus forschen und erklären kann. Einerseits also ist sie eine Wissenschaft und strebt als solche danach, ihre Methode, ihr Objekt und ihr spezifisches Betätigungsfeld genau zu umschreiben, andererseits aber ist sie eine Seelenlehre, die, nachdem sie durch Beobachtung und Experimentieren manche Gewißheit erlangt hat, das Recht zu haben meint, auf das gesamte Seelenleben des Menschen ohne Rücksicht auf jedes sonstige Rubrizieren angewendet zu werden. Man hat gesagt, die Psychoanalyse sei die Lehre, die das Leben für ein durch und durch sinnvolles Phänomen hält bis hin zu seinen belanglosen Nebensächlichkeiten. Wenn das stimmt, dann ist sie ja überall angebracht, dann hat sie bei allen Lebensäußerungen ihr Wort mitzureden, vor allem was das Leben an Formen, Systemen, Ideen und Gefühlen hervorbringt. Wenn sie aber alle diese Dinge behandeln muß, dann ist es klar, daß sie auf eine Fachsprache verzichten muß, um für alle klar und verständlich zu sein. Das hat sie von Anfang an getan, ohne die Gefahr der Verflachung allzu sehr zu fürchten.

Der unparteiische Hörer
Sie geben also den Widerspruch zu, aber ich finde ihn darum nicht weniger störend. Wie wollen Sie erklären, daß die Psychoanalyse einerseits dargestellt wird als eine esoterische, zumindest schwer verständliche Wissenschaft und sich andererseits unmittelbar an jeden einzelnen wenden kann, um ihm sowohl seine Träume und kleinsten alltäglichen Gebärden, als auch seine Liebe, seine Überzeugung, seinen Glauben und seine Zweifel zu erklären? Diese beiden Ansprüche der Psychoanalyse können wohl unabhängig voneinander berechtigt sein, aber meiner Ansicht nach können sie sich nicht zusammen behaupten.

M. R.
Warum eigentlich nicht? Warum soll es hier zwei Wahrheiten geben, eine für die Verschwiegenheit des Arztzimmers, die andere für die Straße? Gerade die Psychoanalyse hat uns ja gezeigt, diese künstlichen Grenzen abzuschaffen, sie hat durch ihre eigene Entwicklung gezeigt, daß es für sie immer nur den Menschen und seine Seele oder, um in ihrer Sprache zu reden, seine Psyche gab. Im übrigen hatte die psychoanalytische Bewegung

in ihren Anfängen kaum eine andere Wahl. Seinem Temperament nach wäre Freud wohl lieber ein Gelehrter klassischen Stils geworden, einer, der von seinesgleichen angehört wird, an höflichen Diskussionen teilnimmt, und, von der wissenschaftlichen Solidarität beschützt, immerfort angeregt wird. Denken Sie jedoch daran, wie seine ersten Entdeckungen in der Gelehrtenwelt aufgenommen wurden, welche gehässige Feindseligkeit, welche Sarkasmen, und von seiten des Fachmanns, welches Schweigen ihnen entgegenschlugen. Freuds Arbeiten über die Hysterie entfesselten Skandal und Spott. Die erste Ausgabe der ›Traumdeutung‹ im Jahre 1900 fand nur einen einzigen Rezensenten, und als ehemalige Lehrer Freuds seine Kandidatur für eine Professur unterstützten, antwortete zunächst der Minister, daß man in gewissen Kreisen zu sehr über ihn lache. Kein Wunder, daß der Erfinder der neuen Wissenschaft sich dafür entschied, sozusagen über die Köpfe der Gelehrten hinweg, sich direkt an die Öffentlichkeit zu wenden! Angesichts der starren, feindseligen Haltung der offiziellen Wissenschaft wurde die Psychoanalyse zu neuen Entdeckungen gezwungen und ging Wege, von denen der Autor ursprünglich nicht einmal geträumt hätte. Ohne es zu wollen, halfen ihr also ihre Gegner, eine hochtrabende esoterische Geistigkeit zu vermeiden, die, hätte sie das Übergewicht bekommen, ihrer Verbreitung von vornherein geschadet hätte. Geächtet und sogar von denen verspottet, die sich hätten Mühe geben müssen, ihn zu verstehen, gewöhnte Freud sich daran, mehr auf die Laien als auf die Gelehrten zu rechnen und verbrachte einen Teil seines Lebens damit, seine Ideen, wenn nicht gerade zu vereinfachen, so doch einem weiten Kreise zugänglich zu machen. Zwar hat er unablässig betont, daß eine abstrakte, buchmäßige Kenntnis seiner Theorie niemals die persönliche Erfahrung ersetzen könnte, die erst den ganzen Wert der Theorie zur Geltung bringt, aber in seinen zahlreichen Büchern, die meist in Form von Abhandlungen und Vorträgen abgefaßt sind, hat er sich immer bemüht, sein Werk einem möglichst breiten Publikum zugänglich zu machen, wobei er einer Popularisierung Vorschub leistete, deren Gefahr ihm nicht entging. Daß Schriften wie die ›Vorlesungen zur Einführung in die Psychoanalyse‹ und ›Drei Abhandlungen zur Sexualtheorie‹ heute in Volksausgaben erscheinen, ist sicher ganz im Sinne Freuds, und überdies ist es das beste Hilfsmittel gegen die Verflachung seiner Ideen.

Der unparteiische Hörer

Sie stellen also, kurz gesagt, zweierlei Formen von Popularisierung gegenüber: eine gute und eine schlechte, und eigentlich haben Sie recht damit. Warum sollte es auch nicht möglich sein, einen noch so komplexen und tiefen Gedanken einfach und klar auszudrücken, ohne daß man der Wahrheit seines Inhalts schadet? Es fragt sich nur, ob es hier nicht wie um das Geld steht, von dem man früher sagte, daß das schlechte das gute aus dem Verkehr verdränge. Wie dem auch sei, mir scheint, die Psychoanalyse hätte sich viele Mißverständnisse und böswillige Angriffe erspart, wenn sie sich auf das Gebiet beschränkt hätte, auf dem sie nicht zu schlagen ist: das Verständnis und die Therapie der Neurosen. Statt dessen hat sie viel zu viel philosophiert, wozu sie allerdings auch glänzend begabt ist.

M. R.
Hier haben wir wieder ein altes Argument, das alle möglichen Kritiker immer wieder vorgebracht haben. Als man nicht mehr umhin konnte, die Ergebnisse der Psychoanalyse im Bereich der Psychopathologie gelten zu lassen, erklärte man, die neue Wissenschaft sei nichts weiter als ein Zweig der Psychiatrie und sobald sie diesen engen Raum verließe, überschritte sie ihre Rechte. Hierbei vergaß man aber, daß sich die härtesten Kämpfe der aufkommenden Psychoanalyse gerade auf dem Gebiet der Psychopathologie abgespielt hatten. Hier wirkten Freuds Entdeckungen über die Hysterie zunächst wie phantastische, wahnwitzige Konstruktionen, die jedes wissenschaftlichen Wertes entbehrten. Freud selbst hat das nie vergessen. Mehr als 30 Jahre später sagt er über die Reaktion der Ärzte folgendes:

> Die Mediziner waren in der alleinigen Hochschätzung anatomischer, physikalischer und chemischer Momente erzogen worden. Für die Würdigung des Psychischen waren sie nicht vorbereitet, also brachten sie diesem Gleichgültigkeit und Abneigung entgegen. Offenbar bezweifelten sie, daß psychische Dinge überhaupt eine exakte wissenschaftliche Behandlung zulassen. In übermäßiger Reaktion auf eine überwundene Phase, in der die Medizin von der Anschauung der sogenannten Naturphilosophie beherrscht wurde, erschienen ihnen Abstraktionen, wie die, mit denen die Psychologie arbeiten muß, als nebelhaft, phantastisch, mystisch; merkwürdigen Phänomenen aber, an welche die Forschung hätte anknüpfen können, versagten sie einfach den Glauben. Die Symptome der hysterischen Neurose galten als Erfolg der Simulation, die Erscheinungen des Hypnotismus als Schwindel. Selbst die Psychiater, zu deren Beobachtung sich doch die ungewöhnlichsten und verwunderlichsten seelischen Phänomene drängten, zeigten keine Neigung, deren Details zu beachten und ihren Zusammenhängen nachzuspüren. Sie begnügten sich damit, die Buntheit der Krankheitserscheinungen zu klassifizieren und sie, wo immer es nur anging, auf somatische, anatomische oder chemische Störungsursachen zurückzuführen. In dieser materialistischen oder besser: mechanistischen Periode hat die Medizin großartige Fortschritte gemacht, aber auch das vor-

nehmste und schwierigste unter den Problemen des Lebens in kurzsichtiger Weise verkannt.[1]

M. R.
Sie sehen also, wie hart sich die Psychoanalyse ihre medizinische Autorität erkämpfen mußte. Die Ärzte, die die Hysterie für Simulation hielten und die Realität der Suggestion leugneten, machten Freud später den Vorwurf, daß er mit Hilfe der Suggestion seine Kranken pflege und diesem Umstand seine besten Ergebnisse verdanke. Aber die Medizin war nicht die einzige, die sich gegen das wehrte, was sie als eine Bedrohung ihrer wohlfundierten Sicherheit betrachtete. Aus anderen Gründen zwar, aber mit ebenso viel Leidenschaft tat es die Philosophie:

> Es ist begreiflich, daß die Mediziner bei solcher Einstellung zum Psychischen keinen Gefallen an der Psychoanalyse fanden. Aber dafür, sollte man meinen, hätte die neue Lehre um so leichter den Beifall der Philosophen finden müssen. Die waren ja gewohnt, abstrakte Begriffe – böse Zungen sagten allerdings: unbestimmbare Worte – zu oberst in ihre Welterklärungen einzusetzen und konnten an der Ausdehnung des Bereichs der Psychologie, welche die Psychoanalyse anbahnte, unmöglich Anstoß nehmen. Aber da traf sich ein anderes Hindernis. Das Psychische der Philosophen war nicht das der Psychoanalyse. Die Philosophen heißen in ihrer überwiegenden Mehrzahl psychisch nur das, was ein Bewußtseinsphänomen ist. Die Welt des Bewußten deckt sich ihnen mit dem Umfang des Psychischen. Oder strenger ausgedrückt, die Seele hat keinen andern Inhalt als die Bewußtseinsphänomene, die Wissenschaft von der Seele, die Psychologie, also auch kein anderes Objekt.[2]

M. R.
Nach der Beschreibung der Situation, die 1925 – aus diesem Jahr stammt der hier zitierte Text – immer noch ganz aktuell war, untersucht Freud die Motive, die in seiner Theorie des Unbewußten das Mißtrauen der Philosophen lange Zeit bestimmten:

> Was kann der Philosoph also zu einer Lehre sagen, die wie die Psychoanalyse behauptet, das Seelische sei vielmehr an sich unbewußt, die Bewußtheit nur eine Qualität, die zum einzelnen seelischen Akt hinzutreten kann oder auch nicht und die eventuell an diesem nichts ändert, wenn sie ausbleibt? Er sagt natürlich, ein unbewußtes Seelisches ist ein Unding, eine »contradictio in adjecto«, und will nicht bemerken, daß er mit diesem Urteil nur seine eigene – vielleicht zu enge – Definition des Seelischen wiederholt. Dem Philosophen wird diese Sicherheit leicht gemacht, denn er kennt das Material nicht, dessen Studium den Analytiker genötigt

[1] Die Widerstände gegen die Psychoanalyse. G. W. XIV, 102
[2] Die Widerstände gegen die Psychoanalyse. G. W. XIV, 103

hat, an unbewußte Seelenakte zu glauben. Er hat die Hypnose nicht beachtet, sich nicht um die Deutung von Träumen bemüht – Träume hält er vielmehr ebenso wie der Arzt für sinnlose Produkte der während des Schlafes herabgesetzten Geistestätigkeit –, er ahnt kaum, daß es solche Dinge gibt wie Zwangsvorstellungen und Wahnideen, und wäre in arger Verlegenheit, wenn man ihm zumutete, sie aus seinen psychologischen Voraussetzungen zu erklären. Auch der Analytiker lehnt es ab zu sagen, was das Unbewußte ist, aber er kann auf das Erscheinungsgebiet hinweisen, dessen Beobachtung ihm die Annahme des Unbewußten aufgedrängt hat. Der Philosoph, der keine andere Art der Beobachtung kennt als die Selbstbeobachtung, vermag ihm dahin nicht zu folgen. So erwachsen der Psychoanalyse aus ihrer Mittelstellung zwischen Medizin und Philosophie nur Nachteile. Der Mediziner hält sie für ein spekulatives System und will nicht glauben, daß sie wie jede andere Naturwissenschaft auf geduldiger und mühevoller Bearbeitung von Tatsachen der Wahrnehmungswelt beruht; der Philosoph, der sie an dem Maßstab seiner eigenen kunstvoll aufgebauten Systembildungen mißt, findet, daß sie von unmöglichen Voraussetzungen ausgeht, und wirft ihr vor, daß ihre – erst in Entwicklung befindlichen – obersten Begriffe der Klarheit und Präzision entbehren.[3]

DER UNPARTEIISCHE HÖRER

Der Konflikt, den sie mir hier sehr anschaulich vor Augen führen, hat kaum mehr als historische Bedeutung. Es fragt sich, ob er zu vermeiden war. Es läßt sich denken, daß so ausgefallene und kühne Ideen viel Aufsehen erregten. Jede wirklich bedeutungsvolle Neuerung stößt zunächst auf Schwierigkeiten.

M. R.

Das gab Freud bereitwillig zu. Er leugnete nur, daß die groben und manchmal gehässigen Angriffe, denen er ausgesetzt war, aus rein wissenschaftlichem Interesse erwuchsen. Die Psychoanalyse selbst brachte ihn auf eine andere Erklärung:

> Die erörterten Verhältnisse reichen hin, um einen unwilligen und zögernden Empfang der Analyse in wissenschaftlichen Kreisen zu erklären. Sie lassen aber nicht verstehen, wie es zu jenen Ausbrüchen von Entrüstung, von Spott und Hohn, zur Hinwegsetzung über alle Vorschriften der Logik und des guten Geschmacks in der Polemik kommen konnte. Eine solche Reaktion läßt erraten, daß andere als bloß intellektuelle Widerstände rege geworden sind, daß starke affektive Mächte wachgerufen wurden, und wirklich ist im Inhalt der psychoanalytischen Lehre genug zu finden, dem man eine solche Wirkung auf die Leidenschaften der Menschen, nicht der Wissenschaftler allein, zuschreiben darf.[4]

[3] Die Widerstände gegen die Psychoanalyse. G. W. XIV, 103
[4] Die Widerstände gegen die Psychoanalyse. G. W. XIV, 104

Der unparteiische Hörer

Vergegenwärtigt man sich diese kaum vergangene Epoche, kann man sich allerdings nicht recht vorstellen, wie die Kontroversen um die Psychoanalyse, die oft mit sehr dürftigen Argumenten geführt wurden, in derartige Gehässigkeit und Unmäßigkeit ausarten konnten. Ich für meinen Teil würde es nicht auf mich nehmen, jene Verleumder zu verteidigen, die heute allesamt recht töricht wirken. Aber Freud gibt ganz ehrlich zu, daß gerade diese Mittelstellung seiner Lehre zwischen Medizin und Philosophie zu Schwierigkeiten führen mußte; in gewissem Sinne war es eine falsche Stellung, die heute noch für manche, auch wenn sie schon umsichtiger sind, Anlaß zur Verwirrung geben kann. Ich urteile hier weder als Gelehrter noch als Philosoph, sondern wie einer, der seine Begriffe gerne geordnet sieht. Wo soll ich also diese Wissenschaft einordnen, die wie jede andere eine Theorie, eine Praxis und viele Anwendungsmöglichkeiten, aber keine Vergangenheit, keine Tradition hat? Natürlich muß man sie zu den Wissenschaften zählen, darüber besteht kein Zweifel, aber was sie Tatsachen, Beobachtungen und Erfahrungen nennt, weicht doch erheblich von dem ab, was man unter diesen Begriffen gewöhnlich versteht, und meistens ist es kaum möglich, ihre Ergebnisse nachzuprüfen. Freud verlangt, daß man sie zu den Naturwissenschaften zählt, aber die Mittel, die er für seine Forschung einsetzt und der enorme Abstand zwischen Beobachtung und Schlußfolgerung lassen sie im Bereich der Naturwissenschaften schwer verständlich erscheinen. Auf der anderen Seite lehnte Freud immer die Spekulation ab. Seine Theorie aber ist eine erschöpfende Erklärung des Menschen und hat sich immer an viele Bereiche herangewagt, wo nur noch die Spekulation ihr einen Zugang verschaffte. Meiner Ansicht nach hat die Psychoanalyse, die der Phantasie so viel Platz einräumt und der Welt der Träume und Symbole verwandt ist, mehr Ähnlichkeit mit der Kunst als mit irgendeinem Begriffssystem. Was ist die Psychoanalyse nun schließlich? Unter welchem Aspekt wollen Sie sie darstellen?

M. R.

Sie beschreiben da sehr gut eine unbequeme Situation, deren sich die Psychoanalytiker immer bewußt waren. Sie wiesen bloß darauf hin, daß man sie zu Unrecht dafür haftbar machte, denn die psychischen Begebenheiten werden von ihnen beobachtet und erklärt, nicht aber etwa *erfunden*. Nun sind diese Begebenheiten ihr Forschungsobjekt, ein merkwürdiges Objekt allerdings, da es konkret und abstrakt zugleich, allen vertraut und dennoch schwer zu beobachten ist. Manchmal ist es irrational bis zur Absurdität, immer enthält es Widersprüche. Glauben Sie mir, Freud hätte gerne die ruhige Gelassenheit besessen, die eine jahrhundertealte Wissenschaft ihren Vertretern verleiht, selbst wenn sie sich berufen fühlen, sie umzugestalten. Er hatte keine Vorbilder, keine unmittelbaren Lehrer und lange Zeit auch keine Schüler. Irgendwann einmal schrieb er an Einstein,[5] daß er ihn glücklich schätze, Physiker zu sein statt Psychologie zu betreiben. Die Psychologie sei ein Gebiet, auf dem sich jeder Dahergelaufene für gelehrt halte.

Der unparteiische Hörer
Genau dies müßten Sie deutlich machen: diese Ausnahmesituation, dieses Ringen innerhalb der Welt des Denkens und der Wissenschaft zu einer Zeit, die geistig und nicht zuletzt politisch voller Unruhen war. Man könnte wirklich ein Drama darüber schreiben.

M. R.
Das wird ja auch den ersten Teil unserer Arbeit ausmachen. Das eigenartige Wesen der Psychoanalyse, aber auch die Universalität ihres Gegenstandes erlauben uns nicht, von vornherein eine vollständige und verständliche theoretische Darstellung von ihr zu geben. Vielmehr versuchen wir, sie anders verständlich zu machen: wir lassen die Geschichte ihres Schöpfers wieder lebendig werden, dieses Leben, das ganz der Forschung hingegeben war. Von hier aus beleuchten wir das dramatische Werden und das ungewöhnliche Schicksal seines Werkes. Freud verglich sich selbst gern mit einem jener Eroberer früherer Zeiten, die alles aufs Spiel setzten, um neues Land zu gewinnen, oder auch mit jenen Archäologen, die voller Hoffnung waren, wie z. B. der berühmte Schliemann. Sie triumphierten über die Ungläubigen, als sie das Troja ihrer Träume fanden. Sein Troja war die frühe Kindheit, die Vergangenheit der Menschheit und das Unbewußte, das er als erster erforschte. Er wollte seine Inhalte wieder ans Licht heben: seine Träume, seine Abgründe, seine Ängste und auch seine Wahrheit. Es gibt keine bessere Einführung in die Psychoanalyse als den Bericht dieser abenteuerlichen Forschung, die sich fast ganz in den vier Wänden eines Arbeitszimmers abgespielt hat. Ihre großen Augenblicke waren nach einem Worte Tucholskys revolu-

[5] Ich war gerade an seinem 50. Geburtstag in Berlin, schreibe ihm eine Karte, in der ich ihn einen »Glücklichen« nannte. Er antwortet sehr verständig, woher ich das wisse, ich hätte doch nicht in ihn hineingeschaut. Darauf schrieb ich einen langen Brief, in dem ich erklärte, warum ich ihn für glücklich hielt, nämlich weil er mathematische Physik treiben darf und nicht Psychologie, in die jeder hineinredet. Aber ich konnte doch meinen Neid nicht eingestehen, ohne für meine Wissenschaft eine Lanze zu brechen und ihr den Vorzug vor allen anderen zu geben. (Brief an Max Eitington J. Bg. III S. 186)

tionäre Ereignisse, die die Welt erschütterten. Selbstverständlich ist ein solcher Bericht an sich spannend genug, um jede Ausschmückung entbehren zu können. Eine Menge Quellen stehen uns übrigens zur Verfügung: anerkannte Biographien wie die von Ernest Jones, einem seiner ersten und berühmtesten Schüler; autobiographische Dokumente, die Freud als solche veröffentlicht hat, z. B.: seine ›Selbstdarstellung‹ und die ›Geschichte der psychoanalytischen Bewegung‹; außerdem einzelne Angaben in theoretischen Abhandlungen wie z. B. der ›Psychopathologie des Alltagslebens‹ oder in der ›Traumdeutung‹; schließlich ein Briefwechsel, der sich über mehr als ein halbes Jahrhundert erstreckt, und wo Freuds Charakter mit seinen manchmal widersprüchlichen Zügen – also mit seiner Leidenschaft, seinem starken Verlangen nach Wahrheit, seiner Güte und der ihn trotz seinem zähen Glauben an das Leben bedrückenden Traurigkeit – sich klar hervorhebt. Unsere reichste Quelle jedoch bleibt natürlich das Werk selbst – ein Werk, das nicht nur von einem Wissenschaftler stammt, sondern im wahrsten Sinne des Wortes von einem Schöpfer. Wir zitieren gerne zahlreiche Stellen daraus, umso lieber, als es eine solche Klarheit und Treffsicherheit im Ausdruck besitzt, daß man es geradezu literarisch nennen kann, was bei wissenschaftlichen Schriften selten vorkommt. Dieses Abenteuer des Geistes, das ein so großes Aufsehen erregte, sollte so nach und nach durch die Beschreibung des unermüdlichen Schaffens eines Mannes, der, über sein wissenschaftliches Können hinaus, auch leidenschaftlich gern schrieb, für uns in seiner ganzen Fülle wieder lebendig werden.

Der unparteiische Hörer

Jetzt verstehe ich besser, was Sie vorhaben. Der Gedanke ist sehr reizvoll, Freud als einen Schriftsteller darzustellen, dessen Werk trotz seiner wissenschaftlichen Bedeutung die gleiche Tragweite, die gleiche Macht und Wahrheit wie ein literarisches Werk hat. Ich gestehe, daß ich oft gewisse Bücher Freuds wie Romane gelesen habe, ohne indessen wirklich sicher zu sein, ob ich sie dabei richtig zu würdigen wußte. Wenn man gelten läßt, daß die Freud'schen Bücher wirklich zur Literatur gehören, so muß man doch sagen, daß das nicht ihr wichtigstes Merkmal ist. In erster Linie sind sie Träger von Ideen, die eine internationale Bewegung hervorgebracht haben, die die Gründung von Gruppen und Schulen zur Folge hatten, die manchen Meinungsstreit entfachten und vor allen Dingen eine Lehre ins Leben riefen. Man möchte gerne erfahren, wie, unter welcher Arbeit und welchen Opfern, bei welchen Bündnissen und Brüchen das alles zustande kam. Und wie es auch möglich wurde, daß eine so persönliche, zunächst so eng an die örtlichen Gegebenheiten gebundene Lehre schließlich hat die Welt erobern können.

M. R.
Das haben wir vor, und es ist schon aus der Gliederung unserer Arbeit ersichtlich. Wir wollen an Hand des Lebens und der Werke Freuds — beide sind eng miteinander verknüpft — die Geschichte der psychoanalytischen Bewegung, ihre heroischen Anfänge, ihr wechselhaftes Schicksal und schließlich ihren Aufstieg schildern. Im Laufe der Schilderung werden wir Männern begegnen, die sich Freud anschlossen und ihn so nach und nach aus seiner Isolierung befreiten. Die meisten waren Mediziner und durch Bildung und Herkunft sehr verschieden. Einige von diesen Schülern wurden später selbst Lehrer. Manche sahen sich gezwungen, ihre ursprüngliche Überzeugung abzuändern oder ganz zu verwerfen; andere blieben ihr treu oder wie man heute sagt ›orthodox‹. Wieder andere hielten am Kern der Lehre fest, bereicherten sie aber mit neuen Hypothesen und erweiterten so ihre Anwendungsmöglichkeiten. Alle, die Treuen wie die Abtrünnigen, haben auf ihre Weise dazu beigetragen, die Psychoanalyse zu dem zu machen, was sie heute ist. So werden wir die Bedeutung Jungs und Adlers schildern. Beide gründeten eine eigene Schule und entzweiten sich mit ihrem ehemaligen Lehrer. Otto Rank werden wir erwähnen, der sich auch von Freud trennte und dessen Arbeiten über Mythen und Legenden bis heute berühmt sind; Ernest Jones, den Biographen Freuds, bei dem wir viele Anleihen machen werden; Karl Abraham, Sandor Ferenczi und noch andere, die Organisatoren waren und so das Verdienst erwarben, der psychoanalytischen Bewegung ihren internationalen Charakter bewahrt zu haben, trotz zweier Kriege und zahlreicher politischer Umwälzungen. Wir werden ebenfalls den geographischen Wandlungen der verschiedenen Schulen folgen, und nicht vergessen, daß die kleine Geschichte der Psychoanalyse, die eigentlich nichts als eine geistige Auseinandersetzung hätte sein müssen, oft durch die ›große‹ Geschichte lebensgefährlich bedroht worden ist.

Der unparteiische Hörer
Ich nehme an, daß Sie nach diesen historischen Bemerkungen doch wohl auf die Theorie eingehen.

M. R.
Das will ich nicht danach, sondern gleichzeitig. Die theoretische Entwicklung der Psychoanalyse ist nämlich untrennbar mit ihrer Geschichte verknüpft, einmal, weil sie ganz und gar von der Erfahrung abhängt und die Theorie in diesem Falle kein voll-

ständiges Gedankengebäude ist, das ganz geschlossen und abgerundet dem Geiste seines Erfinders entsprungen ist; zum andern erlebte die Psychoanalyse unter den modernen Wissenschaften ein ganz ungewöhnliches Schicksal. Die Geschichte allein zeigt uns ganz konkret, was dem Verständnis ihrer Ideen im Wege war. In einer Abhandlung aus dem Jahre 1917 ›Eine Schwierigkeit der Psychoanalyse‹[6] schrieb Freud, daß die Menschheit in der modernen Geschichte drei schwere Wunden erlitten habe. Die erste war auf dem Gebiet der Kosmologie die Behauptung des Kopernikus, die Erde sei kleiner als die Sonne und drehe sich um diese; die zweite auf dem Gebiet der Biologie wurde durch Darwin verursacht, dessen Lehre den menschlichen Stolz zu verletzen schien (wir wissen inzwischen, daß es ihm nicht gelang); die dritte war die Psychoanalyse. Sie behauptete entgegen allem Anschein und Glauben, der Mensch sei niemals Herr seiner Seele. Ohne Zweifel scheinen diese drei Wunden fast geheilt zu sein; wir haben andere Schläge erlitten, und halten uns nun für widerstandsfähiger. Aber ist das wirklich so sicher? Ist es so sicher, daß die Kenntnis vom Unbewußten, um nur das Wichtigste herauszugreifen, für diejenigen eine lebendige Realität darstellt, die sie rein intellektuell akzeptieren? Diese Frage mußte gestellt werden, bevor wir uns mit Einzelheiten einer Theorie befassen, die nicht nur aus abstrakten Begriffen besteht, sondern für jeden so etwas wie einen schmerzlichen Stachel behält. Sofern wir der ideologischen Kämpfe der Vergangenheit gedenken, die manchmal etwas Rührendes hatten und meist mit unverständlicher Borniertheit geführt wurden, sollten wir viel freier an jene großen psychoanalytischen Begriffe, die heute jedem wenigstens annähernd bekannt sind, herangehen. An den Aufruhr erinnert, der sich draußen gelegt hat, aber im Innern eines jeden weitergeht, sollten wir besser imstande sein, die Theorie des Unbewußten, der Träume, der kindlichen Sexualität, der Libido, der Neurosen und der Verdrängung zu verstehen. Von diesen Theorien werden wir nur die Grundzüge darlegen und uns im übrigen bemühen, ihnen die eigene Klarheit zu bewahren. Wobei wir selbstverständlich nicht den geringsten Anspruch auf eine erschöpfende Behandlung des Themas erheben.

[6] G. W. XII, 7

1. Herkunft und Kindheit

Eines Tages – man schrieb das Jahr 1885 – beschließt der 29jährige Freud, seine rein persönlichen Aufzeichnungen, Briefe und wissenschaftlichen Manuskripte zu vernichten. Er freut sich sehr, auf diese Weise seinen zukünftigen Biographen einen Streich gespielt zu haben. Diese Leute waren zu der Zeit allerdings noch ziemlich ungefährliche Hirngespinste, da sie vorerst nur in seiner Phantasie existierten. Er träumt vom Ruhm und mißtraut ihm zugleich; über dieses Thema verbreitet er sich in einem Brief an seine Braut:

> Ich habe alle meine Aufzeichnungen seit vierzehn Jahren und Briefe, wissenschaftliche Exzerpte und Manuskripte meiner Arbeit vernichtet. Alle meine Gedanken und Gefühle über die Welt im allgemeinen und soweit sie mich betraf im besonderen, sind für unwert erklärt worden, fortzubestehen. Sie müssen jetzt nochmals gedacht werden, und ich hatte viel zusammengeschrieben. Aber das Zeug legt sich um einen herum wie der Flugsand um die Sphinx. Ich kann nicht reifen und nicht sterben ohne die Sorge, wer mir in die alten Papiere kommt. Die Biographen aber sollen sich plagen, wir wollen's ihnen nicht zu leicht machen. Jeder soll mit seinen Ansichten über »die Entwicklung des Helden« recht behalten, ich freue mich schon, wie die sich irren werden.[1]

Dieser Brief hatte prophetischen Charakter. Freuds Ruhm rief einige Biographen auf den Plan, und er hat ihnen wirklich die Arbeit nicht gerade leicht gemacht. Er, der eine unfehlbare Methode erarbeitet hatte, um jedes Leben, auch das eigene, zu enträtseln, hat seine eigene Existenz immer vor der berechtigten Neugier seiner Nachfolger und der Schadenfreude seiner zahlreichen Gegner geschützt. Zwar hat er sich selbst wie einen Forschungsgegenstand behandelt und die Ergebnisse seiner Selbstanalyse teilweise veröffentlicht. Er nahm sich aber das Recht, seine Deutungen zu unterbrechen, wenn sie seine Intimsphäre betrafen. So hat er über seine Person einen Stoff geliefert, der einmalig in seiner Art ist. Die Unvollständigkeit glaubte er zum Schutze seiner Privatsphäre sich erlauben zu dürfen trotz der Indiskretion, die unvermeidlich mit seiner Methode verbunden ist. Er tat es auch, wie er selbst ganz deutlich sagte, weil er nicht an die Wahrhaftigkeit der Biographen glaubte:

> Wer Biograph wird, verpflichtet sich zur Lüge, zur Verheimlichung, Heuchelei, Schönfärberei und selbst zur Verhehlung seines Unver-

[1] M., 28. 4. 1895: Br. 136

ständnisses, denn die biographische Wahrheit ist nicht zu haben, und wenn man sie hätte, wäre sie nicht zu brauchen.[2]

Das sollte alle Amateuranalytiker entmutigen, die sich gedrängt fühlen, Freud aus seiner eigenen Methode zu deuten. Keine nachträgliche Psychoanalyse – angenommen sie sei überhaupt technisch möglich – wäre imstande, die Lücken auszufüllen, die der Hauptbeteiligte absichtlich in der unergründlichen Geschichte seines Lebens gelassen hat. Auf keinen Fall kann sie die brennendste Frage beantworten, die man sich beim plötzlichen Auftauchen einer so wichtigen Tatsache stellt: warum mußte man jahrhundertelang auf diese Entdeckung warten, die im Grunde genommen nur danach strebte, ausgesprochen zu werden, und die irgendein anderer hätte aussprechen können? Warum war Freud dazu berufen, das laut zu verkünden, was die Menschen längst ahnten, ohne es anerkennen zu wollen, und worauf Kunst, Philosophie, Literatur von jeher anspielten? Was befähigte ihn zu dieser außergewöhnlichen Rolle, welche geschichtlichen, sozialen, familiären und psychologischen Umstände trafen zusammen, daß er das Gesicht seiner Zeit verändern konnte? Auf diese so erregenden Fragen gibt Freuds Leben keine befriedigende Antwort, ebensowenig wie andere Biographien. Allerdings zeigt es wenigstens in beispielhafter Weise, wie eine Idee, die sich zunächst nicht von Millionen anderen unterscheidet, zu einer entscheidenden Macht wurde. Diese überragende Bedeutung verdankt sie allein der Tatsache, daß sie leidenschaftlich ernst genommen wurde, und ihr Verfechter den Mut hatte durchzuhalten.
Freud hat immer einen Zusammenhang geahnt zwischen seiner besonderen geistigen Verfassung und seiner Herkunft, welche zu einer anderen Zeit ihm größere Unannehmlichkeiten gebracht hätte als bloß Kritik und Spott. Dieses Gefühl für die Bedeutung seiner Abstammung geht schon aus der Art hervor, wie er seine Autobiographie beginnt:

Ich bin am 6. Mai 1856 zu Freiberg in Mähren geboren, einem kleinen Städtchen der heutigen Tschechoslowakei. Meine Eltern waren Juden, auch ich bin Jude geblieben. Von meiner väterlichen Familie glaube ich zu wissen, daß sie lange Zeit am Rhein in Köln gelebt hat, aus Anlaß einer Judenverfolgung im vierzehnten oder fünfzehnten Jahrhundert nach dem Osten floh und im Laufe des neunzehnten Jahrhunderts die Rückwanderung von Litauen über Galizien nach dem deutschen Österreich antrat.[3]

Es ist bezeichnend, daß Freud den Bericht über seine wissenschaftliche Laufbahn mit dem Hinweis auf seine jüdische Ab-

[2] A. Z., 31. 5. 1936: Br. 423
[3] Selbstdarstellung. G. W. XIV, 34

stammung begann. Auf diese Weise wollte er die Bedeutung der Folgen unterstreichen, die sich aus seiner Herkunft ergaben: er mußte einen großen Teil seines Lebens gegen die hartnäckige Feindseligkeit der Wiener Gesellschaft ankämpfen, die seit Generationen antisemitisch eingestellt war; außerdem mußte er die Kraft aufbringen, der öffentlichen Meinung zu trotzen und wie seine Vorfahren eine Art geistiges Exil zu akzeptieren. Sein Vater war zweifellos gläubig, wenn auch liberal, Freud selbst entschiedener Atheist. Er unterstrich aber immer seine Zugehörigkeit zum Judentum; es war dieses zwar der religiösen Praktik entfremdet, aber dennoch ein überzeugtes Judentum, als dessen unmittelbarer Erbe er sich fühlte. In den Briefen an seine Braut spricht er häufig davon, wie in dem folgenden Absatz, wo er eine Art Selbstbildnis entwirft:

> Man würde es mir kaum ansehen, und doch war ich schon in der Schule immer ein kühner Oppositionsmann, war immer dort, wo es ein Extrem zu bekennen und in der Regel dafür zu büßen galt. Als ich dann eine bevorzugte Stellung als langjähriger Primus bekam, als man mir allgemein Vertrauen schenkte, hatte man sich auch nicht mehr über mich zu beklagen. Weißt Du, was mir Breuer eines Abends gesagt hat? Ich war so ergriffen davon, daß ich ihm darauf das Geheimnis unserer Verlobung mitteilte. Er sagte, er hätte herausgefunden, daß in mir unter der Hülle der Schüchternheit ein maßlos kühner und furchtloser Mensch stecke. Ich habe es immer geglaubt, und mir nur nie getraut, es wem zu sagen. Mir war oft so, als hätte ich den ganzen Trotz und die ganze Leidenschaft unserer Ahnen, als sie ihren Tempel verteidigten, geerbt, als könnte ich für einen großen Moment mit Freude mein Leben hinwerfen.[4]

Ein anderes Mal erklärte er Martha Bernays, seiner zukünftigen Frau, daß das Judentum das feste Fundament sei, auf dem er ihrer beider Leben aufzubauen gedenke:

> Und für uns beide glaube ich: Wenn die Form, in der die alten Juden sich wohl fühlten, auch für uns kein Obdach mehr bietet, etwas vom Kern, das Wesen des sinnvollen und lebensfrohen Judentums, wird unser Haus nicht verlassen.[5]

Freud war sich bewußt, daß seine Bindungen an das Judentum ganz sonderbar und einzigartig waren. Er erklärte sie mit gewohnter Klarheit in einer Ansprache 1926 an die Mitglieder der liberalen jüdischen Gesellschaft ›B'nai B'rith‹. Er gehörte ihr sein ganzes Leben an, viele Jahre als aktives Mitglied:

> Daß Sie Juden sind, konnte mir nur erwünscht sein, denn ich war selbst Jude, und es war mir immer nicht nur unwürdig, sondern

[4] M., 2. 2. 1886: Br. 197
[5] M., 23. 7. 1882: Br. 24

direkt unsinnig erschienen, es zu verleugnen. Was mich ans Judentum band, war – ich bin schuldig, es zu bekennen – nicht der Glaube, auch nicht der nationale Stolz, denn ich war immer ein Ungläubiger, bin ohne Religion erzogen worden, wenn auch nicht ohne Respekt vor den »ethisch« genannten Forderungen der menschlichen Kultur. Ein nationales Hochgefühl habe ich, wenn ich dazu neigte, zu unterdrücken mich bemüht, als unheilvoll und ungerecht, erschreckt durch die warnenden Beispiele der Völker, unter denen wir Juden leben. Aber es blieb genug anderes übrig, was die Anziehung des Judentums und der Juden unwiderstehlich machte, viele dunkle Gefühlsmächte, um so gewaltiger, je weniger sie sich in Worten erfassen ließen, ebenso wie die klare Bewußtheit der inneren Identität, die Heimlichkeit der gleichen seelischen Konstruktion. Und dazu kam bald die Einsicht, daß ich nur meiner jüdischen Natur die zwei Eigenschaften verdankte, die mir auf meinem schwierigen Lebensweg unerläßlich geworden waren. Weil ich Jude war, fand ich mich frei von vielen Vorurteilen, die andere im Gebrauch ihres Intellekts beschränkten, als Jude war ich dafür vorbereitet, in die Opposition zu gehen und auf das Einvernehmen mit der »kompakten Majorität« zu verzichten.[6]

Sein Gefühl wurzelte so tief, daß man sich vorstellen kann, wie sehr Freud unter dem Wiener Antisemitismus leiden mußte, der schon vor der Naziherrschaft mehr oder weniger offen wütete und ihn sein ganzes Leben lang nicht gerade echten Verfolgungen, so doch demütigenden Schikanen und heuchlerischen Angriffen aussetzte. Die schmerzliche Erinnerung an eine solche Demütigung, die schon sein Vater erlitten hatte, wird in einem Abschnitt der ›Traumdeutung‹ geschildert.

Und nun stoße ich erst auf das Jugenderlebnis, das in all diesen Empfindungen und Träumen noch heute seine Macht äußert. Ich mochte zehn oder zwölf Jahre gewesen sein, als mein Vater begann, mich auf seine Spaziergänge mitzunehmen und mir in Gesprächen seine Ansichten über die Dinge dieser Welt zu eröffnen. So erzählte er mir einmal, um mir zu zeigen, in wieviel bessere Zeiten ich gekommen sei als er: Als ich ein junger Mensch war, bin ich in deinem Geburtsort am Samstag in der Straße spazieren gegangen, schön gekleidet, mit einer neuen Pelzmütze auf dem Kopf. Da kommt ein Christ daher, haut mir mit einem Schlag die Mütze in den Kot, und ruft dabei: Jud, herunter vom Trottoir! »Und was hast du getan?« Ich bin auf den Fahrweg gegangen und habe die Mütze aufgehoben, war die gelassene Antwort.[7]

Zu dieser unvergeßlichen Szene gehört eine andere aus späteren Jahren, die Freud ein Gefühl des Triumphes gab und gewissermaßen die frühere Beleidigung wieder gut machte. Während einer Bahnfahrt hatte er das Abteilfenster geöffnet, weil er die

[6] Anspr. an d. Mitgl. d. Vereins B'nai B'rith. G. W. XVII, 51
[7] Traumdeutung. G. W. II/III, 202

Luft für schlecht hielt. Jemand protestiert und verlangt, daß es wieder geschlossen werde. Freud lehnt das ab, so lange nicht ein anderes geöffnet wird. Das ist der Beginn eines peinlichen Zwischenfalls, den er ausführlich in einem Brief an Martha wiedergibt:

> Während wir so parlamentierten und er sich bereit erklärte, die Ventilation anstatt des Fensters zu öffnen, erscholl von einem aus dem Hintergrund der Ruf: Das ist ein elender Jude, und damit hatte die ganze Angelegenheit eine andere Wendung genommen. Mein erster Gegner wurde auch Antisemit, erklärte: Wir Christen haben Sinn für das Gemeinwohl, Sie müssen das liebe Ich unter ordnen und dergleichen, und mein zweiter Gegner verkündete unter seiner Bildung entsprechenden Schimpfreden, daß er über die Bänke steigen wolle, mir zu zeigen und so weiter. Ich wäre ein Jahr früher vor Aufregung unfähig gewesen, ein Wort zu äußern, jetzt bin ich doch anders, ich hatte keine Furcht vor dem Gesindel, bat den einen, seine allgemeinen Sentenzen für sich zu behalten, da sie mir gar keinen Respekt einflößten, und den andern, sich zu mir zu bemühen und sich die verdiente Antwort bei mir zu holen. Ich war ganz gefaßt, ihn zu erschlagen, aber er kam nicht; daß ich nicht mitgeschimpft habe, freut mich; das muß man immer den Herren überlassen.[8]

Es war unmöglich, gegen eine solche Situation anzukämpfen, er konnte sich höchstens mit schlagfertigen Antworten wehren, die ihm entwürdigend vorkommen mußten. In dieser Lage entwikkelte Freud einen frühzeitigen Ehrgeiz, eine Sucht nach Ruhm, die wohl eines der hervorstechendsten Merkmale seines Charakters ist. Berühmt werden, heldenhafte Taten vollbringen oder großartige Ideen entwickeln, darin sah er wohl wirksame Mittel, die Welt zu zwingen, ihn anzuerkennen und ihm seinen gebührenden Platz einzuräumen. Lange Zeit war der Wille, die verletzende Böswilligkeit der anderen durch einen gewissen Heroismus zu entwaffnen, sicher wichtiger als der Gegenstand des Ehrgeizes selbst. Ernest Jones sagt in seiner Biographie, daß der junge Freud, der Bonaparte und Massena leidenschaftlich bewunderte, kurze Zeit vom Beruf des Soldaten angezogen wurde. Wahrscheinlich interessierte ihn die militärische Laufbahn an sich weit weniger als die der beiden hervorragenden Gestalten; beide waren sie große Helden, beide Emporkömmlinge.

Nach einer Legende galt Massena als Jude, Napoleon war der Befreier der Juden und das Vorbild der Emporkömmlinge. Die Juden Mitteleuropas brauchten den Krieg nicht zu lieben, um ihn zu ihrem Idol zu machen. Freud hatte wie alle starken Naturen eine unerschöpfliche Begeisterungsfähigkeit. Seine Ver-

[8] M., 16. 12. 1883: Br. 76

ehrung umfaßte alle freien, kühnen und einsamen Männer, die auf irgend eine Weise mit den Vorurteilen ihrer Zeit brachen. Neben Napoleon, Massena und Hannibal, dem semitischen Helden, und einigen anderen, die später seine unmittelbaren Lehrer wurden, empfand er für Cromwell, den Befreier der Juden und revolutionären Helden, eine so tiefe Verehrung, daß er ihm zu Ehren einen seiner Söhne Oliver nannte.

Der Antisemitismus übte also einen entscheidenden Einfluß aus sowohl auf Freuds Charakterentwicklung als auch auf die Art und Weise, wie er seiner Umwelt entgegentrat. Hinzu kommt eine Armut, die manchmal bedrohliche Formen annahm. Wenn auch diese ganzen Verhältnisse, die damals in Österreich nicht ungewöhnlich waren, das Schicksal der Freudschen Wissenschaft noch so negativ beeinflußt haben – wir werden später sehen wie – kann man in ihnen doch keinerlei Erklärung für das intellektuelle Geschehen finden, das zur Erfindung der Psychoanalyse führte. Wenn überhaupt eine solche Erklärung möglich ist, dann muß man sie viel eher in Freuds Familienkonstellation finden können, in seinen Beziehungen zu seiner ersten Umwelt, in den affektiven Erfahrungen seiner Kindheit – in den Fakten, die seiner Ansicht nach den Menschen für immer formen, ihm seine Fähigkeiten, seine Schwächen und seine Sehnsüchte vermitteln und auf diese Weise spätere Erfolge und Mißerfolge schon unwiderruflich festlegen.

Der Mann, der als erster die geheimen Gesetze, das verborgene Drama der Familie enträtselte, konnte seine Erfahrungen nur aus seiner eigenen Kindheit und Familiensituation beziehen. Es ist anzunehmen, daß die Familie Freud, die als erste verstanden, analysiert und demaskiert wurde, nur deshalb als Vorbild dienen konnte, weil sie gewisse Voraussetzungen dazu mitbrachte.

Sigismund Freud – Sigismund war sein ursprünglicher Vorname, vom 22. Lebensjahr an nannte er sich Sigmund – wuchs in der Tat in einem Familienmilieu auf, das durch ungewöhnliche verwandtschaftliche Beziehungen auffällt. Jakob Freud, sein Vater, war zweimal verheiratet, das erste Mal mit 17 Jahren. Aus dieser Ehe hatte er zwei Söhne, Emanuel und Philipp, und als seine erste Frau starb, heiratete er die 20jährige Amalia Nathansohn, die Mutter Freuds, die derselben Generation angehörte wie ihre beiden Stiefsöhne. Als Emanuel, der ältere Halbbruder, selbst heiratete und Kinder bekam, wohnten die beiden Familien sehr vertraut miteinander in zwei benachbarten Häusern. Man stelle sich vor, welche psychologischen Verwicklungen aus dieser paradoxen Situation erwachsen konnten: Freuds Spielkamerad, der erste Freund, dem er sich leidenschaftlich verbunden fühlte, war der Sohn seines Halbbruders Emanuel, sein

Neffe also, und dieser Neffe war ein Jahr älter als er. Seine Mutter und sein Halbbruder Philipp waren genau gleichaltrig, sodaß sie in den Augen des Kindes sicher zusammengehörten, während Jakob, der Vater, die Rolle des Großvaters spielte; er hätte es dem Alter nach auch sein können. Psychoanalytisch gesehen gab das Zusammenleben dreier Generationen in ein und demselben Familienmilieu dem kleinen Jungen manches Rätsel auf. Ernest Jones schildert in seiner Biographie die wesentlichsten Folgen dieser Situation:

> Vom Standpunkt des Kindes aus gesehen, war es ganz natürlich, daß für Freud Jakob und die Kinderfrau, die beiden Instanzen, die Verbote aussprachen, zusammengehörten. Dann folgten Emanuel und seine Frau, und es blieben Philipp und Amalie, die genau gleich alt waren. All das schien sehr ordentlich und logisch, bis auf die unbequeme Tatsache, daß Jakob und nicht Philipp mit Amalie im gleichen Bett schlief. Daraus mochte einer klug werden!
>
> Diese »logische Paarung« hatte aber noch tiefer liegende psychologische Vorteile und Motive. Indem er dem Vater im Haushalt eine weniger wichtige Stelle einräumte, nimmt er ihm die Verantwortung für die Rivalität um die Mutter und für den Unfug der Erzeugung weiterer unwillkommener Kinder. Alles weist darauf hin, daß Freuds bewußte Haltung gegenüber seinem Vater, trotzdem dieser Autorität und Versagung verkörperte, durchwegs eine zärtliche, bewundernde und respektvolle blieb. Feindselige Regungen waren völlig auf Philipp und John verschoben. Es erschütterte Freud daher tief, als er vierzig Jahre später »die Verliebtheit in die Mutter und die Eifersucht gegen den Vater« und damit »die packende Macht des Königs Ödipus« bei sich entdeckte und sich eingestehen mußte, daß sein Unbewußtes sich dem Vater gegenüber ganz anders eingestellt hatte als sein Bewußtes. Daß er dies erst ein oder zwei Jahre nach seines Vaters Tod einsah, ist bestimmt kein Zufall.
>
> Bei unserem Versuch, nach bestem Vermögen die Entstehungsgeschichte von Freuds originellen Entdeckungen nachzuzeichnen, dürfen wir daher mit Fug annehmen, daß die bedeutendste von allen – nämlich die Erkenntnis, daß der Ödipuskomplex ein »allgemeines Ereignis früher Kindheit« ist – mächtig gefördert wurde durch seine eigenen ungewöhnlichen Familienverhältnisse, die seine Neugier erregten und die Gelegenheit zu einer vollständigen Verdrängung boten.[9]

Freud war der Älteste von acht Kindern. In einer Familie, die ihren ursprünglichen Wohlstand rasch verlor und hin und wieder Geldschwierigkeiten kennenlernte, mußte dieser Umstand bei dem Kinde und dem Heranwachsenden das Verantwortungsbewußtsein stärken und eine väterliche Haltung entwickeln.

Manès Sperber hat in dem, was er »Josefskomplex« nannte, einen wichtigen Schlüssel zum Verständnis der Freudschen Per-

[9] JBg., Bd. I, 28

sönlichkeit gesehen.[10] Tatsächlich hat sich Freud oft mit dem Josef der Bibel identifiziert, der wie er der Sohn des Jakob und Traumdeuter war. Der Name Josef hat übrigens eine eigenartige Rolle in seinem Leben gespielt. Freud selbst weist darauf hin, daß er häufig in seinen Träumen auftaucht. Der einzige Onkel, den er erwähnt, hieß Josef, Josef Paneth war eine Zeitlang einer seiner besten Freunde, Josef Breuer, der ihm den Weg zur Psychoanalyse andeutete, blieb lange Zeit für ihn eine wichtige Persönlichkeit, und schließlich war es Josef Popper-Lynkeus, der beinahe vor ihm die Theorie ausgesprochen hätte.

In einem Brief an Thomas Mann berichtet Freud, die gleiche schicksalhafte Bedeutung des Namens Josef bei einem anderen großen Mann festgestellt zu haben: Napoleon identifizierte sich auch mit dem biblischen Josef. Freud ist davon überzeugt, daß er den phantastischen Zug nach Ägypten nicht aus politischen Motiven, sondern wegen dieser unbewußten Bindung unternommen hat.[11] Trotz der problematischen familiären Verhältnisse scheint Freud eine glückliche Kindheit erlebt zu haben, zumindest so lange seine Eltern in Freiberg lebten, denn in Wien begannen Prüfungen und Schwierigkeiten. Freud wurde von seiner jungen, hübschen und lebhaften Mutter glühend geliebt. Er fühlte, daß sie stolz auf ihn war und ihn bevorzugte. Daraus erwuchs ihm ein Selbstvertrauen, das trotz mancher beruflicher Rückschläge schwer zu erschüttern war. Später schreibt er: »Wenn man der unbestrittene Liebling der Mutter gewesen ist, so behält man fürs Leben jenes Eroberergefühl, jene Zuversicht des Erfolges, welche nicht selten wirklich den Erfolg nach sich zieht.«[12]

Vom Vater hat Freud gesagt, daß er ihm ähnlich sehe und daß er die Eigenart seines Geistes teilweise von ihm geerbt habe. Er war ein liebenswürdiger Mann, liberal, aber nicht ohne Autorität, ein wenig abenteuerlich in seinen Plänen. Freud beschrieb ihn wie M. Micawber von Dickens, der in finanziellen Schwierigkeiten immer auf einen wunderbaren Ausgang hoffte. Als Wollhändler hatte er in Freiberg schlechte Geschäfte gemacht und mußte nach Wien übersiedeln. Aber er konnte offensichtlich nicht mehr so recht Fuß fassen, und seine große Familie mußte in ständiger Armut leben. Ob ein Mangel an Möglichkeiten, Unglück oder Leichtfertigkeit daran schuld war, weiß man nicht. Niemand nahm es ihm übel. Freud hat den Seinen in allen Notfällen geholfen, soweit es seine bescheidenen Mittel zuließen. Aber die Armut, die seine Kindheit und Jugend verdunkelt hatte, hinterließ eine tiefe Wunde in seinem Leben.

[10] Manès Sperber: Misère de la psychologie. ›Preuves‹, Nr. 46, dec. 54
[11] Moses und das Exil. G. W. II, Kap. 14
[12] Eine Kindheitserinnerung aus »Dichtung und Wahrheit«. G. W. XII, 26

In seinen Kindheitserinnerungen, deren Analyse er veröffentlicht hat, treten seine Eltern kaum auf. Das ist verständlich, denn als er seine eigenen Träume zu analysieren begann, um einige Punkte seiner Theorie näher zu beleuchten, war gerade sein Vater gestorben, und eine starke affektive Erschütterung hatte sich seiner bemächtigt, deren wahre Ursache er natürlich noch nicht zu begreifen vermochte. Die Analyse seiner Träume ließ ihn seine Kindheit und Elternbeziehung in völlig unerwartetem Lichte erscheinen. Diese erschütternde Erkenntnis traf ihn ebenso unvorbereitet wie irgendeinen anderen Menschen. Das vergißt man zu leicht, wenn man ihm heute vorwirft, er habe wesentliche Dinge verschwiegen. Mit 42 Jahren, als er bereits Familienvater war, und eine längere berufliche Laufbahn hinter sich hatte, begann er, seine Vergangenheit bis in seine frühe Kindheit hinein wieder lebendig werden zu lassen. Wissenschaftliche Motive, aber zweifellos auch das Bedürfnis, sich in einer Zeit der Krise besser zu verstehen, bewogen ihn dazu. Er weiß noch nicht, daß er das große Drama entdecken wird, den großen Skandal der Menschheit, den er nach der griechischen Tragödie »Ödipus-Komplex« nennt. Vor ihm stießen bestimmt schon andere auf diesen verbotenen Bereich, aber bestürzt kehrten sie um. Er hingegen überwindet das Grauen und beschließt weiterzumachen, ganz alleine und ohne Bestätigung von außen. Er bezahlt dafür mit einem schweren inneren Kampf, über den er Schweigen bewahrt. Tief in seinem Unbewußten entdeckt er ein Kind, das seinen Vater so sehr haßt, daß es ihm den Tod wünscht und seine Mutter zu besitzen begehrt. Wie schwer muß es ihm gefallen sein, diese anstößigen Dinge zu glauben und sich diese Roheit einzugestehen! Seine Denkgewohnheiten, sein Charakter, seine puritanische Moral, alles in ihm mußte gegen diese Entdeckung rebellieren und ihm den Blick für die Wahrheit trüben. Sein Widerstand gegen die Preisgabe des Geheimnisses, das er der dunklen Welt entlockt hat, ist sehr groß. Man sieht es daran, daß er in Briefen an den einzigen Freund, dem er die Ergebnisse seiner Analyse anvertraut, Erinnerungen an seine Mutter in lateinischer Sprache erwähnt. An einer anderen Stelle erklärt er seine Zurückhaltung mit zwei Zeilen aus Goethes Faust, die er immer gern zitiert:

> Das Beste, was Du wissen kannst,
> Darfst Du den Buben doch nicht sagen!

In der ›Traumdeutung‹, der wir die meisten Angaben über Freuds Kindheit entnehmen, hat er absichtlich seine Eltern nicht erwähnt. Dagegen tauchen in seinen Träumen hier und da wichtige Figuren seiner frühen Kindheit auf, die für die Deutung ein unersetzliches Material lieferten. Da war sein Neffe John, der erste Gefährte seiner aggressiven und erotischen Spiele, in dem er das Modell all seiner späteren Freundschaften erkannte; seine Nichte Pauline, die er auch liebte, Nannie, die alte häßliche Kinderfrau, die ihm mit den Beschreibungen der Höllenqualen Furcht einjagte und die darüber hinaus noch eine Diebin war, die sein eigener Bruder verhaften ließ. Außerdem gab es noch einen Onkel Josef, der mit dem Gesetz in Konflikt geriet und Sigmunds Vater vorzeitig ergrauen ließ. All diese Leute lassen die Liebe, den Kummer, die Spiele und die Dramen seiner Kindheit für uns wieder lebendig werden.

Im ganzen gesehen verlief Freuds Kindheit ganz alltäglich, die wichtigsten Ereignisse konnten den Augen der Erwachsenen entgehen. Es waren Eifersucht bei der Geburt eines neuen Geschwisters, eine Missetat, die der Vater bestrafte, die grausame Behandlung eines kleinen Mädchens, bei der sein Neffe Mittäter war und schließlich seine Rivalität mit seinem Halbbruder Philipp. Es war auch eine glückliche Kindheit, die ganz in innige Liebesbindungen eingebettet war. Freud erlebte die Verbundenheit mit der Natur und so viel Freiheit wie sie damals möglich war. Zumindest gilt das von den ersten drei Jahren, aber er lehrte ja selbst, daß dies die entscheidensten Jahre sind, die dem ganzen späteren Leben eine unauslöschliche Prägung geben, gleichgültig was später geschieht.

Der Aufbruch der Familie Freud nach Leipzig und ihre endgültige Niederlassung in Wien brachte eine unangenehme Veränderung in das Leben des kleinen Sigmund. Er tauschte die Freiheit und Fröhlichkeit des Landlebens nur sehr ungern gegen die rauhe Wirklichkeit der Großstadt. In Freuds Erinnerung bedeutete die Fahrt nach Leipzig ein schreckliches Ereignis. Auf dem Bahnhof in Breslau sah er zum ersten Mal Gasflammen, bei deren Anblick er an die Seelen, die in der Hölle brannten, denken mußte. Die panische Angst beim Verlassen der Heimatstadt, die Furcht vor dem Unbekannten, außerdem die Sorge, seine Mutter in einer neuen und feindlichen Umgebung nicht mehr wiederzufinden, dies alles führte zu einer phobischen Angst vor dem Eisenbahnfahren, von der ihn erst die Analyse befreien konnte. Zeitlebens behielt er eine ambivalente Einstellung Wien gegenüber, wo er lange Zeit seines Lebens verbringen sollte. Es war eine Mischung aus Liebe und tiefem Haß, die wohl auch auf jene Kindheitserlebnisse zurückgeht.

Die Stadt Wien hatte zu Freuds Zeiten wenig gemeinsam mit dem volkstümlichen Bild, das man sich in Frankreich und anderswo zur Zeit der Walzer und der schönen blauen Donau von ihr machte. Es war eine herbe, strenge Stadt, stolz auf ihre Lebensart, beherrscht von Kasten mit starren Vorurteilen. Das

Bürgertum nahm weder Männer noch Ideen an, die von außen kamen. Wenn Wien trotzdem zur Wiege so vieler Revolutionen geworden ist, dann hat die offizielle Gesellschaft nur in negativer Weise dazu beigetragen, indem sie den ästhetischen und intellektuellen Non-Konformismus durch ihre kleinliche Haltung stärkte. Wien hat kein Recht auf einen Anteil an Freuds Ruhm, denn während der 78 Jahre, die er dort verbracht hat, hatte es nur Unannehmlichkeiten und verächtliche Abweisung für ihn übrig, und als es ihn nicht mehr lächerlich machen konnte, zeigte es ihm eine verächtliche Gleichgültigkeit. Es ist bekannt, daß Freud dort niemals eine offizielle Anerkennung erfuhr. Er bekam keinen Lehrstuhl an der Universität, und seine strenge Verurteilung durch die wissenschaftliche Welt Wiens war sicher mit schuld an der bemerkenswerten Tatsache, daß er trotz wiederholter Bemühungen hochgestellter Persönlichkeiten von internationalem Ruf nie den Nobel-Preis bekam. Freud sah in Bürgermeister Luëger, einem erklärten Antisemiten, der lange Jahre die Geschicke der Stadt lenkte, seinen persönlichen Feind. Er symbolisierte dieses reaktionäre Wien, das sich selbst zu einer Zeit, als Freud in der ganzen Welt gefeiert wurde, in seinem Groll verschanzte.

Man kann verstehen, daß Freud wegen der schwierigen wirtschaftlichen und geistigen Lage oft an eine Auswanderung gedacht hat. Tatsächlich träumte er mehr als einmal davon, Wien zu verlassen und sich in England niederzulassen, wohin sein Bruder Emanuel mit seiner Familie gezogen war. In jungen Jahren war er einmal dort gewesen und hatte England als ein freies Land in Erinnerung behalten, das geistiger Arbeit gegenüber aufgeschlossen war und wo man dementsprechend leben konnte, das Gegenteil von Österreich also. Aber trotz seiner berechtigten Antipathie, hielt Wien ihn fest, und er hing an dieser Stadt. Jedesmal, wenn die Ereignisse ihm triftige Gründe für eine Auswanderung boten, lehnte er es ab zu gehen, ja, er sprach in diesem Zusammenhang sogar von Fahnenflucht. So hat er Wiens Schicksal in der schwersten Zeit seiner Geschichte geteilt: während des Ersten Weltkrieges und danach, als ganz Österreich hungerte und er selbst ohne finanzielle Mittel und ohne Klienten das Gespenst der Hungersnot kennenlernte. Im Jahre 1938, als die Invasion der Nazis unvermeidlich geworden war, widersetzte er sich zunächst dem Rat derer, die seine Auswanderung für nötig hielten. Erst den verzweifelten Anstrengungen seiner englischen und französischen Schüler, vor allem Ernest Jones und Marie Bonaparte gelang es, ihn umzustimmen. Er fand seinen letzten Zufluchtsort in England, ganz anders als er es erträumt hatte. London bereitete ihm einen herzlichen Empfang und entschädigte ihn so für die Undankbarkeit Wiens.

2. Studium und Berufswahl

Wir wissen über die ersten drei Jahre der Kindheit Freuds mehr als über die spätere Zeit. Das ist auch ganz verständlich, denn er hat sich Mühe gegeben, diesen Zeitabschnitt in seiner Selbstanalyse erschöpfend zu erarbeiten, weil er ihm eine entscheidende Bedeutung beimaß. Vielleicht gab es noch einen anderen Grund. Er schrieb eines Tages dem Bürgermeister seiner Heimatstadt, daß

> tief in ihm überlagert immerfort das glückliche Freiberger Kind lebt, der erstgeborene Sohn einer jugendlichen Mutter, der aus dieser Luft, aus diesem Boden die ersten und unauslöschlichen Eindrücke empfangen hat.[1]

Die ersten Wiener Jahre dagegen hat er in so schlechter Erinnerung, daß er vermeidet, davon zu sprechen. Die Enge des Stadtlebens, die schlechten Wohnverhältnisse, die finanziellen Schwierigkeiten, all dies hinterließ ein unangenehmes Gefühl, das von Anfang an seine Neigung zur Neurasthenie wahrscheinlich verstärkt hat. Aus dieser dunklen Zeit berichtet er nur zwei oder drei Erinnerungen an markante Ereignisse, denen er einen Einfluß auf seine Charakterentwicklung zuschreibt. Das erste betrifft seine leidenschaftliche Liebe zu Büchern:

> Mein Vater machte sich einmal den Scherz, mir und meiner ältesten Schwester ein Buch mit farbigen Tafeln (Beschreibung einer Reise in Persien) zu überlassen. Ich war damals fünf Jahre, die Schwester unter drei Jahren alt, und das Bild, wie wir Kinder überselig dieses Buch zerpflücken, ist nahezu das einzige, was mir aus dieser Lebenszeit in plastischer Erinnerung geblieben ist. Als ich dann Student wurde, entwickelte sich bei mir eine ausgesprochene Vorliebe, Bücher zu sammeln und zu besitzen. Ich habe diese Leidenschaft meines Lebens, seitdem ich über mich nachdenke, immer auf diesen Kindereindruck zurückgeführt, oder vielmehr ich habe erkannt, daß diese Kinderszene eine »Deckerinnerung« für meine spätere Bibliophilie ist.[2]

Eine spätere Erinnerung wird ebenfalls in der ›Traumdeutung‹ berichtet:

> Als ich sieben oder acht Jahre alt war, setzte ich mich abends vor dem Schlafengehen über das Gebot der Diskretion hinweg, Bedürf-

[1] Brief a. d. Bürgermeister d. Stadt Pribor. G. W. XIV, 561
[2] Traumdeutung. G. W. II/III, 178

nisse nicht im Schlafzimmer der Eltern in deren Anwesenheit zu verrichten, und der Vater ließ in seiner Strafrede darüber die Bemerkung fallen: Aus dem Buben wird nichts werden. Es muß eine furchtbare Kränkung für meinen Ehrgeiz gewesen sein, denn Anspielungen an diese Szene kehren immer in meinen Träumen wieder und sind regelmäßig mit Aufzählung meiner Leistungen und Erfolge verknüpft, als wollte ich sagen: Siehst du, ich bin doch etwas geworden.[3]

Die Liebe zu Büchern, der Wunsch, etwas zu werden und seinen eigenen Wert unter Beweis zu stellen – das sind sicher zwei besondere Charakterzüge, die geeignet sind, den vorzeitigen Ernst und den Studieneifer des künftigen Gelehrten zu erklären. Freud wurde zunächst von seinem Vater unterrichtet, einem vermutlich sehr intelligenten Autodidakten. Aus diesem Grunde mußte er schon früh den quasi heiligen Wert des Studiums erkennen, den ihm die jüdische Tradition zuschreibt. Zweifellos hatte sich der Vater von der Orthodoxie ziemlich weit entfernt, aber das Studium blieb für ihn, was es für die alten Lehrer des Talmud war. Man sieht es an der Widmung, die er in hebräisch in seine Bibel schrieb. Er schenkte sie Sigmund zu seinem 35. Geburtstag:

Mein geliebter Sohn, Es war in Deinem siebten Lebensjahr, daß der Geist des Allmächtigen Dich überkam und Dich drängte, zu lernen. Der Geist des Allmächtigen spricht zu Dir und sagt: ›Lies in meinem Buch; wenn Du so tust, so eröffnen sich Dir die Quellen des Wissens und Verstehens.‹ Es ist das Buch der Bücher; es ist der Brunnen, den die Weisen gegraben haben, und aus dem die Gesetzgeber das Wasser ihrer Weisheit schöpfen. Du hast in diesem Buch Deinen ersten Blick auf das Bild des Allmächtigen geworfen. Du hast seine Lehre willig angehört und hast Dein Bestes getan, Dich auf den Flügeln seines Geistes in die Höhe tragen zu lassen. Heute, an Deinem 35. Geburtstag, hole ich diese Bibel wieder ans Licht und schicke sie Dir als einen Beweis der Liebe von Deinem alten Vater.[4]

Freud hat immer ganz offen zugegeben, daß die frühe Bibellektüre einen tiefen Einfluß auf seine geistige und sittliche Entwicklung ausgeübt hat. Man braucht nur zu lesen, was er über Josef und vor allem über Moses in zwei Abhandlungen geschrieben hat, um zu spüren, daß das wissenschaftliche Interesse hier auf einer ursprünglichen Seelenverwandtschaft aufbaute. Von einem gewissen Standpunkt aus kann man sagen, daß er in umgekehrter Richtung den einsamen Weg Moses' ging und daß sein Werk in seiner Ärgernis erregenden Irreligiosität auf seine Weise den letzten Kommentar des Gesetzes darstellt.

[3] a. a. O., 221
[4] JBg., Bd. I, 38

Man muß annehmen, daß Jakob Freuds Unterricht erfolgreich war, denn Sigmund ging mit neun Jahren zum Gymnasium, ein Jahr früher als seine Kameraden, und während der acht Jahre seines Schulbesuchs blieb er ohne Unterbrechung Klassenbester. Dieser Arbeitseifer entsprang natürlich einer unersättlichen geistigen Neugier, aber Freud erkannte viel später komplexere Gründe dafür, die ihm die Abfassung einer ›Psychologie des Gymnasiasten‹ erlaubten. Diese ›Psychologie‹, die er zur 50-Jahr-Feier seines ehemaligen Gymnasiums schrieb, verdient hier erwähnt zu werden, weil sie autobiographische Angaben enthält und außerdem ein gutes Beispiel für Freuds Erzählkunst darstellt, durch die er abstrakteste Phänomene mit Leben zu erfüllen vermochte.

> Man hat ein sonderbares Gefühl, wenn man in so vorgerückten Jahren noch einmal den Auftrag erhält, einen »deutschen Aufsatz« für das Gymnasium zu schreiben. Man gehorcht aber automatisch wie jener ausgediente Soldat, der auf das Kommando »Habt Acht!« die Hände an die Hosennaht anlegen und sein Päckchen zu Boden fallen lassen muß. Es ist merkwürdig, wie bereitwillig man zugesagt hat, als ob sich in dem letzten Jahrhundert nichts Besonderes geändert hätte. Man ist doch alt geworden seither, steht knapp vor dem sechzigsten Lebensjahr, und Körpergefühl wie Spiegel zeigen unzweideutig an, wieviel man von seinem Lebenslicht bereits heruntergebrannt hat.
>
> Noch vor zehn Jahren etwa konnte man Momente haben, in denen man sich plötzlich wieder ganz jung fühlte. Wenn man, bereits graubärtig und mit allen Lasten einer bürgerlichen Existenz beladen, durch die Straßen der Heimatstadt ging, begegnete man unversehens dem einen oder anderen wohlerhaltenen älteren Herrn, den man fast demütig begrüßte, weil man einen seiner Gymnasiallehrer in ihm erkannt hatte. Dann aber blieb man stehen und sah ihm versonnen nach: ist er das wirklich oder nur jemand, der ihm so täuschend ähnlich ist? Wie jugendlich sieht er doch aus und du bist selbst so alt geworden! Wie alt mag er heute wohl sein? Ist es möglich, daß diese Männer, die uns damals die Erwachsenen repräsentierten, um so weniges älter waren als wir?
>
> Die Gegenwart war dann wie verdunkelt und die Lebensjahre von zehn bis achtzehn stiegen aus den Winkeln des Gedächtnisses empor mit ihren Ahnungen und Irrungen, ihren schmerzhaften Umbildungen und beseligenden Erfolgen, die ersten Einblicke in eine untergegangene Kulturwelt, die wenigstens mir später ein unübertroffener Trost in den Kämpfen des Lebens werden sollte, die ersten Berührungen mit den Wissenschaften, unter denen man glaubte wählen zu können, welcher man seine – sicherlich unschätzbaren – Dienste weihen würde. Und ich glaube mich zu erinnern, daß die ganze Zeit von der Ahnung einer Aufgabe durchzogen war, die sich zuerst nur leise andeutete, bis ich sie in dem Maturitätsaufsatze in die lauten Worte kleiden konnte, ich wolle in meinem Leben zu unserem menschlichen Wissen einen Beitrag leisten.

Als Psychoanalytiker muß ich mich mehr für affektive als für intellektuelle Vorgänge, mehr für das unbewußte als für das bewußte Seelenleben interessieren. Meine Ergriffenheit bei der Begegnung mit meinem früheren Gymnasialprofessor mahnt mich, ein ernstes Bekenntnis abzulegen. Ich weiß nicht, was uns stärker in Anspruch nahm und bedeutsamer für uns wurde, die Beschäftigung mit den uns vorgetragenen Wissenschaften oder die mit den Persönlichkeiten unserer Lehrer. Jedenfalls galt den letzteren bei uns allen eine niemals aussetzende Unterströmung und bei vielen führte der Weg zu den Wissenschaften nur über die Personen der Lehrer; manche blieben auf diesem Weg stecken und einigen ward er auf solche Weise – warum sollen wir es nicht eingestehen? – dauernd verlegt. Wir warben um sie oder wandten uns von ihnen ab, imagierten bei ihnen Sympathien oder Antipathien, die wahrscheinlich nicht bestanden, studierten ihre Charaktere und bildeten oder verbildeten an ihnen unsere eigenen. Sie riefen unsere stärksten Auflehnungen hervor und zwangen uns zur vollständigen Unterwerfung; wir spähten nach ihren kleinen Schwächen und waren stolz auf ihre großen Vorzüge, ihr Wissen und ihre Gerechtigkeit. Im Grunde liebten wir sie sehr, wenn sie uns irgendeine Begründung dazu gaben; ich weiß nicht, ob alle unsere Lehrer dies bemerkt haben. Aber es ist nicht zu leugnen, wir waren in einer ganz besonderen Weise gegen sie eingestellt, in einer Weise, die ihre Unbequemlichkeiten für die Betroffenen haben mochte. Wir waren von vornherein gleich geneigt zur Liebe wie zum Haß, zur Kritik wie zur Verehrung gegen sie. Die Psychoanalyse nennt eine solche Bereitschaft zu gegensätzlichem Verhalten eine ambivalente; sie ist auch nicht verlegen, die Quelle einer solchen Gefühlsambivalenz nachzuweisen.[5]

Freud gibt dann die psychoanalytische Erklärung für diese Ambivalenz, die immer seine eigenen Beziehungen zu seinen Lehrern, seinen Freunden und später zu seinen Schülern charakterisierte. Dann schließt er mit einem leichten Anflug von Traurigkeit:

Wir verstehen jetzt unser Verhältnis zu unseren Gymnasialprofessoren. Diese Männer, die nicht einmal alle selbst Väter waren, wurden uns zum Vaterersatz. Darum kamen sie uns, auch wenn sie noch sehr jung waren, so gereift, so unerreichbar erwachsen vor. Wir übertrugen auf sie den Respekt und die Erwartungen von dem allwissenden Vater unserer Kindheitsjahre und dann begannen wir, sie zu behandeln wie unsere Väter zu Hause. Wir brachten ihnen die Ambivalenz entgegen, die wir in der Familie erworben hatten, und mit Hilfe dieser Einstellung rangen wir mit ihnen, wie wir mit unseren leiblichen Vätern zu ringen gewohnt waren. Ohne Rücksicht auf die Kinderstube und das Familienhaus wäre unser Benehmen gegen unsere Lehrer nicht zu verstehen, aber auch nicht zu entschuldigen.[6]

[5] G. W. X, 205–206
[6] a. a. O., 207

Freud selbst sagt, daß das Abitur, oder die Matura, wie man in Wien dazu sagte, eine wichtige Rolle in seinem Leben gespielt hat, da es ihm die Berufswahl klären half. Das Thema der Deutscharbeit war hierfür sehr geeignet: »Über die Rücksichten bei der Wahl des Berufes«. Der damals 17jährige Kandidat nahm den Aufsatz sehr ernst. Ein Brief an Emil Fluss, den Freund seiner Kindheit, zeigt, mit welcher geistigen Reife er an das Examen heranging und über sein Leben nachzudenken begann. Dieser Brief ist einer der wenigen, die aus diesem Abschnitt der Jugendzeit erhalten sind:

> Mit ausgezeichnet endlich stempelte man mir die deutsche Arbeit. Es war ein hoch sittliches Thema »Über die Rücksichten bei der Wahl des Berufes«, und ich schrieb ungefähr dasselbe hin, das ich vor zwei Wochen an Sie geschrieben hatte, ohne daß Sie mir dafür ein ausgezeichnet bestätigt hätten. Mein Professor sagte mir zugleich – und er ist der erste Mensch, der sich untersteht, mir das zu sagen –, daß ich hätte, was Herder so schön einen idiotischen Stil nennt, das ist ein Stil, der zugleich korrekt und charakteristisch ist. Ich habe mich über die unglaubliche Tatsache gebührlich verwundert und versäume es nicht, das glückliche Ereignis, das erste in seiner Art, so weit als möglich zu verschicken. An Sie, zum Beispiel, der Sie bis jetzt wohl auch nicht gemerkt haben, daß Sie mit einem deutschen Stilisten Briefe tauschen. Nun aber rate ich Ihnen, als Freund, nicht als Interessent – bewahren Sie auf –, binden Sie zusammen – hüten Sie wohl – man kann nicht wissen.[7]

Dieser Brief strahlt Freude aus und Stolz über den glänzenden Erfolg. Die Materie hatte zwar mit seinen Berufsplänen wenig zu tun, aber er maß ihr eine sehr große Bedeutung bei, was sein ganzes späteres Werk beweist. Freud empfand eine leidenschaftliche Begeisterung für die Schriftstellerei. Seine Abhandlungen zeigen eine Liebe zum Wort, in ihnen kommt ein Bedürfnis, zu beschreiben und Personen lebendig werden zu lassen, zum Vorschein; sie verraten mehr eine Geistesverwandtschaft mit einem Dichter als mit einem Arzt, was er selbst einmal feststellte. Hatte er vielleicht literarische Ambitionen, über die er mit keinem sprach und die er sich vielleicht nicht einzugestehen wagte? Manche Anzeichen liegen dafür vor und wäre es nur seine Vorliebe für Symbole, für verborgene Wortspiele, für Zeichen und Phantasiekonstruktionen. Wenn es wirklich so wäre, würde die Psychoanalyse ihre Existenz einem Beruf verdanken, der auf geheimnisvollen Umwegen gefunden wurde, sie wäre damit um ein Paradoxon reicher.

Die Berufswahl war für Freud nicht nur Gegenstand einer Abhandlung, sondern ein Anlaß zu ernster Sorge, wenn man die

[7] Brief an Emil Fluss, 16. 6. 1873: Br. 6

finanzielle und geistige Situation seiner Familie bedenkt. In dem oben zitierten Brief vertraut er sich seinem Freund an. Nach einigen Betrachtungen über das Examen geht er zu allgemeinen Bemerkungen über, in denen man eine Art Vorwegnahme seiner Psychologie erkennen kann.

> Meine »Besorgnisse für die Zukunft« nehmen Sie zu leicht. Wer sich nur vor Mittelmäßigkeit fürchtet, ist schon geborgen, trösten Sie mich. Wovor geborgen, muß ich fragen; doch nicht geborgen und versichert, daß er's nicht ist? Was schlägt's, ob Sie etwas fürchten oder nicht? Ist nicht die Hauptsache, ob es so wahr ist wie wir's fürchten? Wohl wahr, daß auch stärkere Geister vom Zweifel an sich selbst ergriffen werden; ist darum jeder, der sein Verdienst in Zweifel zieht, ein starker Geist? Er kann ein Schwächling an Geist sein, nur ein ehrlicher Mann dabei, aus Erziehung, Gewohnheit oder gar aus Selbstqual. Ich will Sie nicht auffordern, wenn Sie in irgendwelche zweifelnde Lage kommen, Ihre Empfindungen unbarmherzig zu zergliedern, aber wenn Sie es tun, werden Sie sehen, wie wenig Sie sicher an sich haben. Die Großartigkeit der Welt beruht ja auf dieser Mannigfaltigkeit der Möglichkeiten, nur ist's leider kein fester Grund für unsere Selbsterkenntnis.[8]

Freuds Sorgen, die diesem Brief aus seiner Jugendzeit einen so frühen Ernst verleihen, gehen offensichtlich in der Hauptsache auf die unsichere Situation seiner Familie zurück. Er hatte sich entschlossen, Arzt zu werden, aber in seinen Augen bedeutete das, von seinem Vater schwere, vielleicht sogar ungerechtfertigte Opfer zu verlangen. Dieser nahm sie bereitwillig auf sich; er versprach Sigmund sogar eine Englandreise als Belohnung für seinen Erfolg. Dann tauchten aber finanzielle Schwierigkeiten auf, so daß die Reise erst zwei Jahre später stattfand. Freud war also 19 Jahre alt, als er zum erstenmal nach Manchester fuhr, zu seinem Halbbruder Emanuel, der sich dort für immer niedergelassen hatte. England – wir sagten es bereits – war und blieb lange Zeit das Land seiner Träume. Er kam mit einer noch größeren Verehrung für Cromwell zurück, einem Helden seiner Kindheit. Außerdem beneidete er im Stillen die Kinder seines Halbbruders wegen der Freiheit, in der sie leben durften. Sie blieben von all den Unannehmlichkeiten verschont, denen man in Wien als Jude ständig ausgesetzt war. Dieser Neid hatte übrigens noch eine viel tiefere Ursache: Freud bedauerte, daß er nicht der Sohn dieses zwanzig Jahre älteren Bruders war, der ihm vielleicht das Leben hätte erleichtern können.

Man möchte natürlich gerne wissen, ob der junge Freud, der so früh ernsthaft zu studieren begonnen hatte, nicht eines Tages doch durch ein Liebesabenteuer ergriffen wurde. Hierüber kön-

[8] a. a. O., 7

nen wir wenig erfahren, weil er sorgsam darüber wachte, daß sein Gefühlsleben, vor allem sein voreheliches Leben, geheim blieb. Ein einziges Ereignis wurde durch den Scharfsinn eines seiner Schüler bekannt, trotz seiner Bemühungen, dieser Episode einen anonymen Charakter zu verleihen. Freud beschreibt sie in einem kleinen Aufsatz ›Über Deckerinnerungen‹, wo er, wie Dr. Bernfeld zeigte, sein eigenes Abenteuer einem erdichteten Patienten zugeschrieben hat.[9]

Die Geschichte dieser kleinen Abhandlung ist für sich schon sehr interessant, weil sie zeigt, wieviel Sorgfalt Freud darauf verwendet hat, sein Gefühlsleben geheim zu halten. Sie läßt aber auch ahnen, wieviel Überwindung es ihn später kostete, seine Träume zu analysieren und zu veröffentlichen.

Der Aufsatz wurde 1899 in einer psychiatrischen Zeitschrift veröffentlicht. Normalerweise hätte er später in der ›Sammlung kleiner Schriften über die Theorie der Neurose‹ oder in der ›Psychopathologie des Alltagslebens‹ erscheinen müssen. Zehn Jahre später fügte Freud in die ›Traumdeutung‹ eine Bemerkung über seine Gesichtsnarbe ein, welche die Identität des Pseudo-Patienten enthüllte. Im Jahre 1925, als die gesammelten Schriften veröffentlicht wurden, strich er die verräterische Bemerkung wieder, auch auf die Gefahr hin, dem Verständnis des Textes zu schaden. Dieses Verhalten ist umso erstaunlicher, als es durch das betreffende Erlebnis nicht gerechtfertigt ist.

Bei einem Aufenthalt in seinem Geburtsort verliebte sich Freud mit 16 Jahren in die Schwester seines Freundes Fluss, Gisela. Er hatte nicht gewagt, ihr ein Geständnis zu machen, und das Mädchen war nach ein paar Tagen wieder abgereist. Bestürzt und verwirrt begann der junge Mann durch die Wälder zu streifen und sich dabei vorzustellen, wie sein Leben verlaufen wäre, wenn seine Eltern in Freiberg geblieben wären, statt ihn dem harten Existenzkampf des Wiener Lebens auszusetzen. Später assoziierte er diese Episode mit einem Plan seiner Familie, den er nachher erfuhr: sein Vater und sein Halbbruder hatten daran gedacht, ihn von seiner wissenschaftlichen Laufbahn abzubringen und zu einem kaufmännischen Beruf zu überreden. Er hätte dann in Manchester gelebt und Pauline, die Tochter seines Halbbruders und ehemalige Spielgefährtin, geheiratet. Er hätte ein einfaches und freies Leben geführt, ganz anders als jenes, welches ihn zu Hause erwartete. Dieser in dem Aufsatz berichtete Traum enthält also einen heftigen Vorwurf gegen seinen Vater. Darüber hinaus identifizierte er die beiden Mädchen miteinander und richtete auf sie denselben erotischen Wunsch, der, wie er herausfand, im Grunde natürlich seiner

[9] Siegfried Bernfeld: An unknown biographical Fragment by Freud. In: American Imago, 4 Nr. 1, 1946 zitiert in JBg., Bd. I, 45

Mutter galt. Die offenbar harmlose Episode ließ also beide Hälften seines Ödipuskomplexes erkennen, deshalb bemühte er sich bestimmt, sie geheim zu halten.
Obwohl Freud in der Wahl seiner wissenschaftlichen Laufbahn ganz sicher war, dachte er doch gelegentlich wehmütig an ein einfaches, unproblematisches Leben. Aber er ist nicht aufs Land gezogen, er ist nicht Kaufmann geworden, er hat auch seine Nichte Pauline nicht geheiratet, denn sie hatte ihn nicht begeistern können, als sie sich in Manchester begegnet waren. Die enttäuschte Liebeserwartung und die fehlgeschlagene Heirat lenkten ihn in verstärktem Maße auf seine Arbeit hin, eine nicht abzusehende Arbeit, der so bedeutende Entdeckungen entspringen sollten. Ernest Jones hat vielleicht recht, wenn er sagt: »Wäre Pauline ihm ebenso reizend erschienen wie vorher Gisela, so sähe in unserer Welt heute vielleicht manches anders aus.«[10]

Freuds Beruf, der nach so vielen Umwegen Wirklichkeit wurde, hat für die meisten Biographen etwas Beunruhigendes, weil er sich einen ganz neuen Stoff schuf. Man fragt sich, warum dieser Mann Mediziner wurde und sich der biologischen Forschung widmete, nachdem er in seiner Kindheit und Jugend hauptsächlich historische Persönlichkeiten verehrte, die Macht und Tatkraft verkörpern. Man darf diese kindlichen Wünsche nicht zu wörtlich nehmen und auch nicht vergessen, daß in diesen Wunschträumen die jugendliche Begeisterung für ein Vorbild wahrscheinlich wichtiger ist als der Gegenstand der Verehrung selbst. Aus der Tatsache, daß Freud ohne Unterschied Hannibal, Napoleon, Massena und Cromwell, aber auch Goethe und Shakespeare verehrte, kann man höchstens schließen, daß er das dringende Bedürfnis hatte, große und neue Dinge zu schaffen; daß er wie seine Vorbilder danach strebte, neue Aspekte der Wirklichkeit zu entdecken und zu beherrschen. Die wissenschaftliche Forschung eignete sich sehr gut für einen solchen Plan, wenn sie auch weniger Aufsehen erregte als militärische Eroberungen und politische Erfolge. Allerdings bleibt ein Punkt tatsächlich ungeklärt: das ist die Wahl des Arztberufes, für den er keine Neigung und, wie er selbst gestand, keine besondere Begabung besaß. Freud spricht oft über diesen Widerspruch, gibt sich aber keine besondere Mühe, ihn zu erklären. So sagt er zum Beispiel ganz am Anfang seiner Autobiographie:

> Obwohl wir in sehr beengten Verhältnissen lebten, verlangte mein Vater, daß ich in der Berufswahl nur meinen Neigungen folgen sollte. Eine besondere Vorliebe für die Stellung und Tätigkeit des Arztes habe ich in jenen Jugendjahren nicht verspürt, übrigens auch

[10] JBg., Bd. I, 46

später nicht. Eher bewegte mich eine Art von Wißbegierde, die sich aber mehr auf menschliche Verhältnisse als auf natürliche Objekte bezog und auch den Wert der Beobachtung als eines Hauptmittels zu ihrer Befriedigung nicht erkannt hatte.[11]

In einer anderen Schrift, die das Verhältnis von Psychoanalyse zu Medizin behandelt, gibt Freud eine etwas andere Darstellung seiner Berufswahl:

Nach 41jähriger ärztlicher Tätigkeit sagt mir meine Selbsterkenntnis, ich sei eigentlich kein richtiger Arzt gewesen. Ich bin Arzt geworden durch eine mir aufgedrängte Ablenkung meiner ursprünglichen Absicht und mein Lebenstriumph liegt darin, daß ich nach großem Umweg die anfängliche Richtung wiedergefunden habe.[12]

Man muß zugeben, daß diese beiden Darstellungen nicht ganz übereinstimmen. Welche ursprünglichen Pläne mußte Freud aufgeben? Meint er damit das Studium der menschlichen Beziehungen, das ihn anzog, oder im Gegenteil die Naturwissenschaften, mit deren Erforschung er begann? Freud hat darüber nichts gesagt, wenigstens nicht öffentlich. Wesentliche Gedanken, die dieses Thema berühren, äußert er allerdings in einem Brief an seinen Freund Wilhelm Fliess, zu einem Zeitpunkt, da er sich seinem eigentlichen Ziel näher fühlte:

Wenn uns beiden noch einige Jahre ruhiger Arbeit vergönnt sind, werden wir sicherlich etwas hinterlassen, was unsere Existenz rechtfertigen kann. In diesem Bewußtsein fühle ich mich stark gegen alle Sorgen und Mühen des Tages. Ich habe als junger Mensch keine andere Sehnsucht gekannt als die nach philosophischer Erkenntnis, und ich bin jetzt im Begriffe, sie zu erfüllen, indem ich von der Medizin zur Psychologie hinüberlenke. Therapeuth bin ich wider Willen geworden.[13]

Die Philosophie sollte also die geheime Macht sein, die Freud auf einen so schwierigen Weg führte! Warum hat er es aber nicht zugegeben? Warum ist er nicht Philosoph geworden, das wäre doch die einfachste Möglichkeit gewesen, seinen ungeheuren Wissensdurst legal zu stillen? Dieses eigenartige Verhalten machte einen seiner Biographen, Fritz Wittels, stutzig.[14] Schließlich fand er aber zwei Gründe dafür: einmal ist Freud in einem Mißtrauen gegen die Philosophie erzogen worden – sie bot damals aber auch ein trostloses Bild –, zum andern fürch-

[11] Selbstdarstellung, G. W. XIV, 34
[12] Laienanalyse, G. W. XIV, 290
[13] A. Psa., 142
[14] Fritz Wittels: Der Antiphilosoph Freud, Almanach der Psychoanalyse. 1931, S. 16–50

tete er seine Neigung zur Spekulation; er hielt sie offensichtlich für gefährlich, wenn man sie nicht ganz streng im Zaume hielt. Die Philosophie mit ihrem abgrundtiefen Denken war durch die damals herrschende Meinung und seine eigene geistige Haltung gewissermaßen mit einem Verbot belegt. Freud habe sich daher, so meint Wittels, trotz der Anziehungskraft, die die Philosophie auf ihn ausübte, zu einem Kompromiß entschlossen: gegen die Versuchung seiner reichen Vorstellungswelt hat er die trockene Laborarbeit gewählt, die langwierige Beobachtung eines Naturforschers, der den andern die Erarbeitung der philosophischen Systeme und Theorien überläßt. So verdanke die Psychoanalyse ihre Entstehung dieser harten Unterdrückung, die er seiner vorausschauenden Natur so früh auferlegt hat.

Wenn Wittels' These stimmt – und vieles spricht dafür –, dann kann man verstehen, daß der junge Mann, noch ganz unentschieden, welchen Weg er einschlagen sollte, von einem Dichter und nicht einem Wissenschaftler entscheidend beeinflußt wurde. Der Dichter, der ihn begeisterte, war kein geringerer als Goethe. Freud berichtete öfter, daß er sich in der medizinischen Fakultät einschreiben ließ, nachdem er Goethes Abhandlung ›Über die Natur‹ vorgetragen gehört hatte. Diesen Aufsatz, dessen Ursprung übrigens nicht ganz gewiß ist, kannte er bis dahin noch nicht. In diesem Dithyrambus wird die Natur als eine allumfassende, geistige Mutter geschildert, die alle Widersprüche aufzulösen vermag. Der Text scheint nicht speziell dazu geeignet, jemanden zu dem Entschluß zu bringen, eine wissenschaftliche Laufbahn zu wählen, aber man braucht nur wenige Zeilen zu lesen, um zu verstehen, wie er sich an Freuds Schicksal und damit an die Psychoanalyse anknüpfen läßt.

Die Natur

> Man gehorcht ihren Gesetzen, auch wenn man ihnen widerstrebt; man wirkt mit ihr, auch wenn man gegen sie wirken will.
>
> Sie hat keine Sprache noch Rede, aber sie schafft Zungen und Herzen, durch die sie fühlt und spricht. Ihre Krone ist die Liebe. Nur durch sie kommt man ihr nahe. Sie macht Klüfte zwischen allen Wesen, und alles will sie verschlingen. Sie hat alles isoliert, um alles zusammenzuziehen. Durch ein paar Züge aus dem Becher der Liebe hält sie für ein Leben voll Mühe schadlos.
>
> Sie ist alles. Sie belohnt sich selbst und bestraft sich selbst, erfreut und quält sich selbst. Sie ist rauh und gelinde, lieblich und schrecklich, kraftlos und allgewaltig. Alles ist immer da in ihr. Vergangenheit und Zukunft kennt sie nicht. Gegenwart ist ihr Ewigkeit. Sie ist gütig. Ich preise sie mit allen ihren Werken. Sie ist weise und still. Man reißt ihr keine Erklärung vom Leibe, trutzt ihr kein Geschenk ab, das sie nicht freiwillig gibt. Sie ist listig, aber zu gutem Ziele, und am besten ist's, ihre List nicht zu merken.

Sie ist ganz, und doch immer unvollendet. So, wie sie's treibt, kann sie's immer treiben.
Jedem erscheint sie in einer eigenen Gestalt. Sie verbirgt sich in tausend Namen und Termen und ist immer dieselbe. Sie hat mich hereingestellt, sie wird mich auch herausführen. Ich vertraue mich ihr. Sie mag mit mir schalten. Sie wird ihr Werk nicht hassen. Ich sprach nicht von ihr. Nein, was wahr ist und was falsch ist, alles hat sie gesprochen. Alles ist ihre Schuld, alles ist ihr Verdienst.[15]

[15] ›Über die Natur‹. In: Wittels, Freud und Goethe. In: Psychoanalytische Bewegung, II. Jhrg. 1930, S. 430–466

3. Die Anfänge der ärztlichen Laufbahn

Freud wäre fast ein ewiger Student geworden, »eine trockene Frucht« wie seine Kollegen scherzhaft sagten. Das lag an dem Widerspruch, daß er einerseits zwar Medizin studierte, sich andrerseits aber von der Ausübung des Arztberufes, dem normalen Ziel des Studiums, abgestoßen fühlte. Obwohl er arm und daher gezwungen war, seinen Lebensunterhalt zu verdienen, zeigte er keine Eile, zu einem Abschluß zu kommen, und so zog sich sein Studium acht Jahre lang hin. Der einzige Entschluß, der festzustehen schien, war, daß er nicht praktizieren wollte; doch wozu dann das Medizinstudium?

Er hätte seine Umwege wohl anhand einer kurzen jüdischen Geschichte veranschaulichen können, die er gerne zur Erläuterung seiner Intuition anführte: »Wohin gehst du, Itzig?« – »Ich weiß es nicht, frag mein Pferd . . .« Vielleicht wußte er nicht, warum er sich vom ersten Studienjahr an mit Zoologie, Chemie, Botanik und anderem befassen mußte – sein Pferd aber wußte es. Zu den Vorlesungen, die Freud nicht aus praktischen Erwägungen belegte, gehören die des Philosophen Franz Brentano, dessen brillante Vorträge in Wien damals Aufsehen erregten. Drei Jahre hindurch nimmt er einmal wöchentlich an seinem Leseseminar teil. Man muß annehmen, daß er es aus Interesse tat, denn die Verpflichtung für Mediziner, eine philosophische Vorlesung zu belegen, war gerade aufgehoben worden. Im Jahre 1876 hörte er sogar drei Vorlesungen von Brentano über Aristoteles und das zu einem Zeitpunkt, da seine übrigen Vorlesungen ihn schon ganz beanspruchten. Auf die Empfehlung Brentanos hin bekommt er den Auftrag, ein Buch des Philosophen Stuart Mill zu übersetzen – eine weitere Beschäftigung, die mit seinem Studium gar nichts zu tun hatte.

Brentanos Vorlesungen stellen die einzige direkte Berührung Freuds mit der zeitgenössischen Philosophie dar. Was haben sie ihm gebracht? Inwiefern haben sie sein Denken dauerhaft beeinflussen können? Brentano war zu dieser Zeit sehr berühmt, er führte ganz neue Gedanken in die Psychologie ein, die in radikalem Gegensatz zu Theodor Fechners Theorie standen. Für Fechner, den Begründer der Psychophysik, war jede Empfindung das Ergebnis eines meßbaren Reizes und konnte nach einer Formel berechnet werden. Brentano gründete seine Psychologie auf eine Teilung des Seelenlebens in drei verschiedene Bereiche: Vorstellungen, Triebgefühle und Urteilskraft. Nur die Urteilskraft war verantwortlich für ethische Erkenntnisse und damit für das sittliche Verhalten des Individuums. Nebenbei bemerkt hat diese sogenannte beschreibende Psychologie einen tiefen Eindruck auf den jungen Franz Kafka gemacht, der seinerzeit mit großem Interesse die Vorlesungen der Brentano-Schüler in Prag hörte. Es wäre eine kühne Aufgabe, wollte man herausfinden, wieweit Brentanos Psychologie Freuds spätere Auffassung vom psychischen Apparat beeinflußt hat. Er hat Brentano nie erwähnt, wenn er von den Lehrern sprach, denen er sich zu Dank verpflichtet fühlte. Möglicherweise hat seine Theorie dazu beigetragen, den fanatischen Materialismus zwar nicht gerade zu überwinden, aber doch abzuschwächen. Freud hatte sich ihm zu Beginn seiner Universitätslaufbahn ganz verschrieben. Wir erfahren von dieser Wandlung in einem Kapitel der ›Traumdeutung‹, wo er allerdings keine Motive angibt. Er betont nur die ungewöhnliche Heftigkeit, mit der er einmal seine materialistischen Ansichten in einer Diskussion mit Studenten verteidigte. Sein Gegner war zufälligerweise Viktor Adler, der spätere Führer der sozialdemokratischen Partei Wiens. Die Episode war für Freud umso denkwürdiger, als sie beinahe mit einem Duell geendet hätte; das einzige Mal in seinem Leben:

> In einem deutschen Studentenverein gab es eine Diskussion über das Verhältnis der Philosophie zu den Naturwissenschaften. Ich grüner Junge, der materialistischen Lehre voll, drängte mich vor, um einen höchst einseitigen Standpunkt zu vertreten. Da erhob sich ein überlegener älterer Kollege, der seitdem seine Fähigkeit erwiesen hat, Menschen zu lenken und Massen zu organisieren, der übrigens auch einen Namen aus dem Tierreich trägt, und machte uns tüchtig herunter; auch er habe in seiner Jugend die Schweine gehütet und sei dann reuig ins Vaterhaus zurückgekehrt. Ich fuhr auf, wurde saugrob und antwortete, seitdem ich wüßte, daß er die Schweine gehütet, wunderte ich mich nicht mehr über den Ton seiner Reden. Großer Aufruhr; ich wurde von vielen Seiten aufgefordert, meine Worte zurückzunehmen, blieb aber standhaft. Der Beleidigte war zu verständig, um das Ansinnen einer Herausforderung, das man an ihn richtete, anzunehmen, und ließ die Sache auf sich beruhen.[1]

Man sieht, daß Freuds geistige Entwicklung nicht ohne harte Auseinandersetzungen und Umbrüche verlief. Zunächst begeisterte ihn Goethes pantheistischer Dithyrambus über die Natur und wohl auch die monistischen und mystischen Spekulationen der Naturphilosophie, dann wurde er ein etwas engstirniger Materialist, wie übrigens viele junge Leute seiner Zeit, für die die experimentelle und positivistische Wissenschaft ein Beweis für ihre Überzeugungskraft war. Nachdem er den radikalen

[1] Traumdeutung. G. W. II/III, 218

Materialismus überwunden hatte, geriet er unter den Einfluß seiner damaligen Lehrer, unter denen starke Persönlichkeiten waren. Seinen eigenen Weg fand er immer noch nicht, er hatte nicht einmal eine Ahnung davon. Sein ungeheurer Wissensdurst und seine ehrgeizigen Pläne verbanden sich mit dem Wunsch, sich an eine Autorität anzulehnen, ohne daß er seine Freiheit aufgeben wollte; er wußte nicht, wo er all dies finden konnte. Sein Forschungsdrang hatte keine Grenzen. Alles zog ihn an, sogar die Botanik und die Chemie, für die er sich gar nicht begabt fühlte und in der er dann auch scheiterte. Später dachte er offensichtlich mit Unbehagen an diese kühnen Exkurse. Sie müssen ihm sehr dilettantisch vorgekommen sein — abgesehen von seinen ersten Arbeiten. Vielleicht hielt er sie auch für ein Zeichen der für Wien typischen Unordnung, jener ›Schlamperei‹, zu der er ebenfalls neigte. Aus diesem Grunde war er dem ersten Lehrer so dankbar, der es verstand, ihn für eine fest umrissene Aufgabe zu begeistern und so seinem Denken eine bestimmte Richtung zu geben.

Freud hielt Ernst Brücke, an dem er nach seinen eigenen Worten sechs Jahre lang ›haften‹ blieb, für die größte Autorität, die ihm je begegnete. Der alte Professor lehrte an der Fakultät und leitete das physiologische Institut, in das Freud 1876 nach drei Studienjahren eintrat. Der Gelehrte verfügte über ein umfangreiches Wissen und war zweifellos ein bedeutender Mann. Ernest Jones beschreibt ihn als einen schüchternen Mann und erwähnt seinen Berliner Akzent, seinen großen ausdrucksvollen Kopf, seine preußische Ordnungsliebe und die »fürchterlichen blauen Augen«, die noch nach 20 Jahren Freud in seinen Träumen heimsuchen:

> Selber ein gewissenhafter und unermüdlicher Arbeiter, stellte er die gleichen Forderungen an seine Assistenten und Schüler. Die folgende Anekdote ist für ihn bezeichnend. Ein Student hatte in einem Aufsatz geschrieben: »Oberflächliche Beobachtung ergibt ...« Brücke strich diesen Satz durch und notierte an den Rand: »Man soll nicht oberflächlich beobachten.« Intrigen, Eitelkeit und Machtgier lagen diesem Mann völlig fern. Dem fähigen Studenten erwies er sich als wohlwollender Vater und stand ihm auch in andern als in wissenschaftlichen Dingen mit Rat und Tat zur Seite. Er respektierte die eigenen Ideen seiner Studenten, ermunterte sie zu selbständigem Arbeiten und förderte die begabten, selbst wenn er mit ihren Auffassungen nicht einverstanden war. Man sagt, es sei ihm nie ein Schüler oder ein Freund untreu geworden.[2]

Die Geschichte der wissenschaftlichen Bewegung, die Brücke, Du-Bois-Reymond und Helmholtz, der berühmteste von ihnen,

[2] JBg. Bd. I, 65–66

vertreten, verdient es, hier erwähnt zu werden. Zwischen 1840 und 1845 waren die drei Männer zu einem kleinen Klub zusammengetreten, den sie kurze Zeit später zur »Berliner Physikalischen Gesellschaft« erweiterten. Sie sollen zeitlebens zusammen geblieben sein und sich verpflichtet gefühlt haben, der Wahrheit zum Sieg zu verhelfen, wie Du-Bois-Reymond ein wenig pathetisch sagte:

> Brücke und ich haben uns verschworen, die Wahrheit geltend zu machen, daß im Organismus keine anderen Kräfte wirksam sind als die gemeinen physikalisch-chemischen; daß, wo diese bislang nicht zur Erklärung ausreichen, mittels der physikalisch-mathematischen Methode entweder nach ihrer Art und Weise die Wirksamkeit im konkreten Fall gesucht werden muß oder daß neue Kräfte angenommen werden müssen, welche, von gleicher Dignität mit den physikalisch-chemischen, der Materie inhärent, stets auf nur abstoßende oder anziehende Komponenten zurückzuführen sind.[3]

Das feierliche Versprechen, sich für die Wahrheit einzusetzen, das Ideal seiner absoluten geistigen Redlichkeit, außerdem eine Art Askese, die die Helmholtz-Schule besonders schätzte, das alles machte sie zu einer Stätte der wissenschaftlichen Leidenschaft; Begeisterung und Entsagungen waren so stark, daß sie beinahe religiösen Charakter zu haben schienen. Diese Art Glauben war ein Ersatz für den herkömmlichen Glauben. Freud verdankte ihm zweifelsohne seine jugendliche Begeisterung und trotz der ›Irrlehre‹, für die er später verantwortlich wurde, blieb er diesem Glauben an die Wissenschaft das ganze Leben treu. Das war seine Stärke: die Wissenschaft blieb für ihn die höchste Autorität, die einzige, vor der er sich verantwortlich fühlte; vielleicht war es auch seine Schwäche, zumindest ein Grund für den langsamen Fortschritt seiner Entdeckungen. Wie dem auch sei, in Brückes Laboratorium fühlte sich Freud erst richtig im Besitz seiner wissenschaftlichen Fähigkeiten und seinem Lehrer konnte er verdanken, daß er eine innere Ruhe erlebte, die ihm in den ersten Studienjahren nicht zuteil geworden war. Das Universitätsleben brachte ihm in der Tat manche Enttäuschung und Kränkung; die Gründe schildert er in seiner Autobiographie:

> Die Universität, die ich 1873 bezog, brachte mir zunächst einige fühlbare Enttäuschungen. Vor allem traf mich die Zumutung, daß ich mich als minderwertig und nicht volkszugehörig fühlen sollte, weil ich Jude war. Das erstere lehnte ich mit aller Entschiedenheit ab. Ich habe nie begriffen, warum ich mich meiner Abkunft, oder wie man zu sagen begann, Rasse, schämen sollte. Auf die mir ver-

[3] a. a. O., 61

weigerte Volksgemeinschaft verzichtete ich ohne viel Bedauern. Ich meinte, daß sich für einen eifrigen Mitarbeiter ein Plätzchen innerhalb des Rahmens des Menschtums auch ohne solche Einreihung finden müsse. Aber eine für später wichtige Folge dieser ersten Eindrücke von der Universität war, daß ich so frühzeitig mit dem Lose vertraut wurde, in der Opposition zu stehen und von der »kompakten Majorität« in Bann getan zu werden. Eine gewisse Unabhängigkeit des Urteils wurde so vorbereitet.[4]

Und Freud schloß mit einem Loblied auf seinen alten Lehrer, der es verstand, seinem wissenschaftlichen Schaffen die bis dahin fehlende Ausrichtung zu geben und ihn von den Auswirkungen rassischer Diskriminierung frei zu machen:

Außerdem mußte ich in den ersten Universitätsjahren die Erfahrung machen, daß Eigenheit und Enge meiner Begabung mir in mehreren wissenschaftlichen Fächern, auf die ich mich in jugendlichem Übereifer gestürzt hatte, jeden Erfolg versagten. Ich lernte so die Wahrheit der Mahnung Mephistos erkennen:

Vergebens, daß ihr ringsum wissenschaftlich schweift,
Ein jeder lernt nur, was er lernen kann.

Im physiologischen Laboratorium von Ernst Brücke fand ich endlich Ruhe und volle Befriedigung, auch die Personen, die ich respektieren und zu Vorbildern nehmen konnte.[5]

Die Leute, auf die Freud hier anspielt, waren Brücke und dessen Assistenten im physiologischen Institut: Sigmund Exner und Ernst von Fleischl-Marxow. Exner sollte später Brückes Lehrstuhl für Physiologie bekommen. Freud bewunderte diesen Gelehrten von Format, ohne sich jedoch von ihm angezogen zu fühlen. Dagegen suchte er sofort Fleischl-Marxows Freundschaft. Dieser war ein gut aussehender junger Mann, temperamentvoll und hoch begabt, von dessen romantischem Wesen wirklich eine starke Anziehungskraft ausging. Diesen vornehmen Aristokraten, der über so glänzende Möglichkeiten verfügte, erwartete ein furchtbares Schicksal – welch seltsamer Kontrast! Mit 25 Jahren zog er sich eine schwere Infektion zu, als er pathologische Untersuchungen leitete. Man mußte ihm den rechten Daumen amputieren, es bildeten sich aber immer neue Nervengeschwulste, die weitere Operationen notwendig machten. Sein Leben war nur noch ein langsames Dahinsiechen voller unsäglicher Marter. Sein Tod war für Freud ein furchtbarer Schlag. Der Grund dafür wird aus einem Brief Freuds an seine Verlobte ersichtlich, in dem er von seinem Freund sagt, er sei die Verkörperung des idealen Menschen, und in dem er von ihm mit einem gewissen Neid spricht, dessen er sich bewußt ist.

[4] Selbstdarstellung. G. W. XIV, 34
[5] a. a. O., 35

Ernst von Fleischl wird mehr als einmal in der ›Traumdeutung‹ erwähnt.

> Gestern war ich bei meinem Freund Ernst von Fleischl, den ich bisher, solange ich nicht Marthchen kannte, in allen Stücken beneidet habe. Jetzt habe ich doch etwas voraus. Er ist, glaube ich, seit zehn oder zwölf Jahren mit einem Mädchen verlobt, das ihm gleichaltrig ist, unbestimmt lange auf ihn warten wollte und mit dem er aus mir unbekannten Gründen zerfallen ist. Er ist ein ganz ausgezeichneter Mensch, an dem Natur und Erziehung ihr Bestes getan haben. Reich, in allen Leibesübungen ausgebildet, mit dem Stempel des Genies in seinen energischen Zügen, schön, feinsinnig, mit allen Talenten begabt und fähig, in den allermeisten Dingen ein originelles Urteil zu schöpfen, war er immer mein Ideal, und ich war erst ruhig, als wir Freunde wurden und ich an seinem Können und Gelten eine reine Freude haben durfte. Ich brachte ihm diesmal ein Urteil über eine Streitschrift von ihm, er lehrte mich das japanische Spiel »Go« und überraschte mich mit der Nachricht, daß er Sanskrit lerne.[6]

Freud vollendet die Charakterisierung seines Freundes in diesem Brief unter heftigen Eifersuchtsqualen. Verglichen mit diesem fühlte er sich arm, abhängig und unter dem Zwang lebend, seine Zukunft einer feindlichen Gesellschaft abzuringen. Wenn er wie viele andere seine Braut warten lassen muß, geschieht es nicht aus höheren Motiven, sondern weil seine Armut ihm die Gründung einer Familie unmöglich macht. Bemerkenswert erscheint hier, daß er die Anschauungen seiner Zeit teilt, die nichts Außergewöhnliches darin sieht, daß ein junges Mädchen 12 Jahre lang auf seinen zukünftigen Ehemann warten muß.
Freud bezeichnete gewöhnlich die Jahre, die er bei Brücke verbrachte als die glücklichsten seiner Jugend. Es waren jedenfalls Jahre intensiver Arbeit, in denen er sich die Anfangsgründe des wissenschaftlichen Arbeitens aneignete. Seine Forschungstätigkeit bekam in dieser Zeit eine persönliche Prägung und führte zu drei Veröffentlichungen: zwei über Spinalganglien und Rückenmark des Petromyzon, eine über die Nervenzellen des Flußkrebses. Sie erschienen in dem Bulletin der Akademie der Wissenschaften. In dieser Zeit lieferte er auch einen ganz ordentlichen Beitrag zur Histologie der Nervenzellen, indem er die Technik des Präparierens verbesserte und die sogenannte Goldchloridmethode zum Färben von Nervengeweben erfand. Diese beiden Erfindungen erregten außerhalb des Wiener Instituts kaum Aufsehen. Fachleute aber sagen, man könne bei aufmerksamer Lektüre seiner ersten Veröffentlichungen kaum daran zweifeln, daß sie schon auf die Neuronen hindeuteten. Diese große Entdeckung wurde kurz danach gemacht. So mußte er schon in jun-

[6] M., 17. 6. 1882: Br. 14

gen Jahren erleben, daß ein andrer eine entscheidende Entdekkung machte, obwohl er kurz davor gestanden hatte. Einige Jahre später geschah das gleiche, als er mit seinen Arbeiten über Kokain beinahe berühmt geworden wäre. Wie es auch gekommen sein mag, ihm war jedenfalls nicht das Glück beschieden, den Neuronen seinen Namen zu geben. Später wurde er reichlich dadurch entschädigt, daß er das Lexikon der Wissenschaft um eine Vielzahl neuer Begriffe bereichern konnte.

Freud machte schließlich doch sein medizinisches Examen, vielleicht, um dem Beispiel der andern Physiologen des Instituts zu folgen, die Mediziner waren und zum Teil schon praktiziert hatten. Sein erstes Examen fand 1880 statt; zwei Jahre davor schrieb er an einen Freund, daß er von den beiden Möglichkeiten, »die Tiere zu schinden oder die Menschen zu quälen«,[7] die erste gewählt habe. Ob die in der Medizin notwendigen Grausamkeiten wohl mit schuld waren an seiner Abneigung? Auf keinen Fall waren sie seinem Charakter eigen. Das zeigte er durch seine ärztlichen Behandlungsmethoden, deren Grundsatz nicht das aktive Eingreifen, sondern das wohlwollende Gewährenlassen des Arztes war.

Wenn man bedenkt, wie oft die Psychoanalyse von ›schuldig‹, ›straffällig‹ und von ›Strafe‹ redet, findet man es amüsant, daß Freud gerade in Gerichtsmedizin durchfiel. Alle anderen Fächer bestand er mit Leichtigkeit. Der Doktortitel änderte nichts an seiner beruflichen Unentschiedenheit. Zunächst blieb alles beim alten: er blieb weiterhin an Brückes Institut und schien keine anderen Pläne zu haben. Vielleicht hoffte er im stillen, eines Tages den Lehrstuhl für Physiologie zu bekommen. Aber seine Hoffnung wurde zunichte gemacht durch ein Ereignis, das seinem Leben eine völlig neue Wendung gab:

> Die Wendung kam 1882, als mein über alles verehrter Lehrer den großmütigen Leichtsinn meines Vaters korrigierte, indem er mich mit Rücksicht auf meine schlechte materielle Lage dringend mahnte, die theoretische Laufbahn aufzugeben. Ich folgte seinem Rate, verließ das physiologische Laboratorium und trat als Aspirant in das allgemeine Krankenhaus ein.[8]

Man muß sagen, daß Freuds Erklärung hier nicht ganz überzeugt. Man kann sich nicht vorstellen, daß er nicht selbst seine unsichere finanzielle Lage kannte, so daß ein anderer ihn darauf hinweisen mußte. Damals war die Forschungsarbeit ein Privileg reicher Leute, und zweifellos ist der arme Gelehrte – ein beliebtes Thema dieser Zeit – als Held, ja sogar als Märtyrer angesehen worden. Freud konnte nur auf die Hilfe seines

[7] Brief an W. Knoepfmacher, 6. 9. 1878: Br. 9
[8] Selbstdarstellung. G. W. XIV, 35

alten Vaters zählen. Dieser hatte jedoch in der Finanzkrise von 1873 sein kleines Kapital verloren und mußte selbst häufig Schulden machen, um seine große Familie zu ernähren. Es ist unwahrscheinlich, daß Freud bei seinen Zukunftsplänen diese Situation nicht bedacht hätte. Aber warum hat Brückes Mahnung dann plötzlich solches Gewicht bekommen? Zweifellos, weil er Freud mit einer traurigen Wahrheit konfrontiert hatte: Brückes beide Assistenten waren jung, und selbst wenn Fleischl durch seinen frühen Tod ausfiel, so blieb immer noch Sigmund Exner, der normalerweise Brückes Nachfolger werden sollte. Unter diesen Umständen war es ziemlich aussichtslos, den Lehrstuhl für Physiologie zu bekommen. Später konnte Freud froh sein, daß er sich nicht darauf verlassen hatte. Er war nämlich 69 Jahre alt, als er endlich Brückes Lehrstuhl offiziell hätte übernehmen können.

Die Bereitwilligkeit, Brückes Rat zu folgen, und sein rascher Entschluß hatten übrigens noch einen anderen Grund: er hatte sich unsterblich verliebt und sich nach dreimonatiger Bekanntschaft mit dem Mädchen heimlich verlobt. Das Problem seiner finanziellen Sicherung wurde so mit einem Schlag akut, es mußte praktisch gelöst werden, was nur durch die Ausübung eines Berufes möglich war. Freud verschweigt in seiner Autobiographie, ob dies der wahre Grund der beruflichen Wendung war. Zweifellos war es ihm unangenehm, eingestehen zu müssen, daß die Leidenschaft in seiner Jugend mindestens einmal stärker war als der wissenschaftliche Eros.

Wir werden uns länger mit der stürmisch verlaufenen Verlobungszeit beschäftigen. Sie dauerte fünf Jahre und brachte Freud zugleich unverhofftes Glück, aber auch manches Leid. Die beiden mußten sich schon kurz nach ihrem heimlichen Einverständnis trennen und ihre Beziehung bestand fortan fast nur noch in einem intensiven Briefwechsel, mit dem sie ihr ungeduldiges Sehnen beschwichtigen wollten. Freuds Liebesbriefe sind uns erhalten geblieben: Wir werden sehen, daß sie nicht nur einen unersetzlichen Wert für das Verständnis seiner späteren Werke haben, sondern auch in der Weltliteratur ihren Platz neben den schönsten Liebesbriefen haben.

Nachdem er sich aus Liebe zu seiner Braut mit der Medizin abgefunden hatte, allerdings, wie er sagt, mit einer immer stärker werdenden inneren Beklemmung, begegnet Freud einer neuen Schwierigkeit: seine Forschungsarbeit hatte ihn überhaupt nicht auf seine ärztliche Praxis vorbereitet. Einige Gebiete der Medizin waren ihm noch völlig fremd und klinische Kenntnisse fehlten ihm ganz und gar. Er beschloß daher, noch einige Zeit in einem Krankenhaus zu verbringen, um sein Wissen zu vervollständigen und engen Kontakt mit den Kranken zu bekommen.

Am 31. Juli 1882 schrieb er sich im Wiener allgemeinen Krankenhaus ein, wo er drei Jahre bleiben sollte.
Nach einem Aufenthalt in einer allgemein medizinischen Abteilung, wo Freud wieder einmal erfuhr, daß der Arztberuf ihm gar nicht lag, trat er in Meynerts psychiatrische Klinik ein, wo er sofort Assistenzarzt wurde. Meynerts Vorlesungen waren die einzigen, die er während seiner Studienzeit mit Interesse gehört hatte, Freud nennt seinen neuen Chef den »großen Meynert, dessen Spuren er mit hoher Verehrung folgte«. Er blieb fast fünf Monate dort. Es war eine sehr wichtige Tätigkeit, weil sie ihm seine einzigen psychiatrischen Erfahrungen brachte. Hier widmete sich Freud zum ersten Mal ganz ernsthaft einem medizinischen Fach. Nach und nach spezialisierte er sich auf Neurologie. Er begann, sich für Psychiatrie zu interessieren und näherte sich auf diese Weise seinem späteren Betätigungsfeld.
Aber Freuds Suchen, das der vor-analytischen Zeit ihren etwas abenteuerlichen Charakter verleiht, war noch nicht beendet. Wenn Freud wirklich ein Forscher war, so suchte er im Grunde die Wissenschaft selbst. Diese Wissenschaft sollte das medizinische Denken seiner Zeit erweitern, das ihm engstirnig und wenig sinnvoll erschien. Bevor es ihm gelang, seine eigene Lehre zu begründen, suchte er unermüdlich nach neuen Heilmethoden, um aus der trostlosen Untätigkeit herauszukommen, die so häufig das Los des Arztes, besonders des Neurologen war. Diese Sorge um wirksame Heilmittel steht am Anfang der Kokain-Episode, die ihn weit von seinem Arbeitsgebiet entfernte. Er erwähnt die Droge zum ersten Mal 1884, in einem Brief an Martha:

> Mit einem Projekt und einer Hoffnung trage ich mich jetzt auch, die ich Dir mitteilen will – vielleicht wird's ja auch nichts weiter. Es ist ein therapeutischer Versuch. Ich lese von Kokain, dem wirksamen Bestandteil der Cocablätter, welche manche Indianerstämme kauen, um sich kräftig für Entbehrungen und Strapazen zu machen. Ein Deutscher hat nun diese Mittel bei Soldaten versucht und wirklich angegeben, daß es wunderbar kräftig und leistungsfähig mache. Ich will mir nun das Mittel kommen lassen und auf Grund naheliegender Erwägungen es bei Herzkrankheiten, ferner bei nervösen Schwächezuständen, insbesondere bei dem elenden Zustand bei der Morphiumentziehung – wie bei Dr. Fleischl – versuchen. Vielleicht arbeiten schon viele andere damit, vielleicht taugt es nichts. Aber das Versuchen will ich nicht unterlassen und Du weißt, was man oft versucht und immer will, das gelingt dann einmal. Mehr als einen solchen glücklichen Wurf brauchen wir nicht, um an unsere Hauseinrichtung denken zu dürfen. Setz Dir, Weibchen, aber nicht zu fest in den Kopf, daß es einmal gelingen muß. Du weißt, das Temperament des Forschers braucht zwei Grundeigenschaften: sanguinisch beim Versuch, kritisch bei der Arbeit.[9]

[9] M., 21. 4. 1884: Br. 106

Freud probierte das Kokain an sich selbst aus, und das Ergebnis übertraf bei weitem seine Erwartungen. Alle Briefe aus jener Zeit sprechen von der Droge in einem so begeisterten, schwärmerischen Ton, wie man ihn nicht mehr oft in seinen Schriften findet:

> Wenn es gut ausgeht, dann will ich meinen Aufsatz darüber schreiben und vermute dann, daß das Mittel sich seinen Platz in der Therapie erobert, neben und über dem Morphin. Ich habe noch andere Hoffnungen und Absichten damit, ich nehme es regelmäßig gegen Verstimmung und gegen Druck im Magen mit dem glänzendsten Erfolg in sehr kleinen Dosen. Ich hoffe, daß es imstande sein wird, Erbrechen zu beseitigen, ebenso das unstillbare Erbrechen bei Schmerzen usw. kurz, ich fühle mich erst jetzt als Arzt, seitdem ich einem Kranken geholfen habe und noch weiter zu helfen hoffe. Daß wir unter solchen Umständen, wenn es so ausgeht, keine Sorge zu haben brauchen, in Wien zu bleiben und einander bald zu besitzen, mein Marthchen, das kannst Du Dir denken.[10]

Wir finden hier wieder Freuds wichtigstes Anliegen in dieser schwierigen Periode: er wollte ein wirksames Heilmittel finden und auf Grund dieser Entdeckung so viel verdienen, daß er heiraten und ein standesgemäßes Leben führen konnte. Diese zweifache Sorge und der euphorische Zustand, der durch das Kokain hervorgerufen wurde, trugen sicher viel dazu bei, seine Wachsamkeit erlahmen zu lassen: er schrieb eine literarisch gesehen glänzende Abhandlung, aber er pries hauptsächlich die Droge und verteilte sie in seiner Umgebung mit einem wahren Feuereifer, ohne daran zu denken, daß sie auch gefährlich sein konnte. Die Eile machte ihn blind, so daß Freud im Kokain nur das sah, was er sehen wollte: ein Mittel gegen Schmerzen. Wissenschaftlich gesehen ist seine Leichtfertigkeit nicht ganz unerklärlich, die Geschichte der Pharmakologie ist voll von ähnlichen Fällen, selbst heute noch. Seelisch hatte sie jedoch für Freud schmerzliche Folgen.

Zunächst war es das Scheitern seiner Forschung. Freud hatte sich ganz und gar darauf verlegt, die schmerzstillende Wirkung des Kokain und damit seine internistische Anwendung zu studieren. Dabei übersah er die anästhesierenden Eigenschaften der Droge, die, wie man heute weiß, ihren eigentlichen Wert ausmachen. Zwar hat er in seinem Artikel diesen Forschungsaspekt erwähnt; er hatte sogar in Kollers Gegenwart davon gesprochen, der später das Mittel zur Lokalanästhesie verwandte und dadurch berühmt wurde, aber Freud war den Dingen nicht auf den Grund gegangen. Er nahm sich sein Scheitern um so mehr zu Herzen, als er sich bis zu einem gewissen Grade Oberflächlichkeit vorwerfen mußte.

[10] JBg., Bd. I, 105

Kollers Entdeckung erregte in der ganzen Welt ungeheures Aufsehen. Wie schwer muß Freud darunter gelitten haben! Es war ein harter Schicksalsschlag! Viele Jahre später läßt er in einer etwas tendenziösen Darstellung dieser Episoden seine Gedanken ein wenig durchblicken.

> Es war die Schuld meiner Braut, wenn ich nicht schon in jenen jungen Jahren berühmt geworden bin. Ein abseitiges, aber tiefgehendes Interesse hatte mich 1884 veranlaßt, mir das damals wenig bekannte Alkaloid Kokain von Merck kommen zu lassen und dessen physiologische Wirkung zu studieren. Mitten in dieser Arbeit eröffnete sich mir die Aussicht einer Reise, um meine Verlobte wiederzusehen, von der ich zwei Jahre getrennt gewesen war. Ich schloß die Untersuchung über das Kokain rasch ab und nahm in meine Publikation die Vorhersage auf, daß sich bald weitere Verwendungen des Mittels ergeben würden. Meinem Freund, dem Augenarzt L. Königstein, legte ich aber nahe, zu prüfen, inwieweit sich die anästhesierenden Eigenschaften des Kokains am kranken Auge verwerten ließen. Als ich vom Urlaub zurückkam, fand ich, daß nicht er, sondern ein anderer Freund, Carl Koller – jetzt in New York –, dem ich auch von Kokain erzählte, die entscheidenden Versuche am Tierauge angestellt und sie auf dem Ophthalmologenkongreß in Heidelberg demonstriert hatte. Koller gilt darum mit Recht als der Entdecker der Lokalanästhesie durch Kokain, die für die kleine Chirurgie so wichtig geworden ist; ich aber habe mein damaliges Versäumnis meiner Braut nicht nachgetragen.[11]

So ärgerlich die Kokainepisode für Freud auch gewesen sein mag, sie vermochte seinen Ruf als Wissenschaftler nicht zu schmälern. Er hatte doch die Rolle eines Vorläufers gespielt, der etwas kühn ein noch wenig gebrauchtes Heilmittel bekannt machte. Freuds moralisches Verantwortungsgefühl war dagegen in der Kokainaffaire stark engagiert, und in diesem Punkte traf sein Scheitern ihn wohl auch am meisten. Seit dem Jahre 1884 hatte er das neue Alkaloid häufig verschrieben und es in seiner Umgebung verbreitet. Besonders seinem Freund Fleischl hatte er empfohlen, es regelmäßig einzunehmen, um von einer Morphiumvergiftung zu genesen. Die Folgen sind uns bekannt. Freud hatte sie nicht vorhergesehen. Seine Bestürzung war um so größer, als nicht irgendeiner davon betroffen wurde, sondern ein ganz ungewöhnlicher Mensch, sein Freund, von dem er mit einer merkwürdig übertriebenen Begeisterung sagte:

> Ich bewundere und liebe ihn mit der Leidenschaft des Verstandes, wenn diese Redensart erlaubt ist; sein Untergang wird mich berühren wie einen alten Griechen die Zerstörung eines heiligen und

[11] Selbstdarstellung. G. W. XIV, 38

berühmten Tempels ergriffen hätte. Ich liebe ihn nicht so sehr als Mensch, sondern als kostbares Stück der Schöpfung.[12]

Freud sieht diesen unvergleichlichen Menschen, dessen Leben ihm so viel bedeutet, täglich einen aussichtslosen Kampf gegen Schmerzen und Verfall führen. In dem festen Glauben an die heilende Kraft des Kokain gibt er ihm das neue Mittel, das zunächst Erfolg zu haben scheint. Aber langsam verschlechtert sich sein Zustand, die Droge hilft nicht mehr, Fleischl erhöht die Dosen, aber die Symptome kehren mit verstärkter Heftigkeit wieder. Der Fehlschlag ist offenkundig. Neben den anderen Qualen treten jetzt durch Kokain verursachte Anfälle von Delirium tremens auf – Freud erlebt sie mit Entsetzen. Die Nächte, die er nun am Bett des Freundes verbringt, sind für ihn so grauenvoll, daß er glaubt, niemals mehr etwas so Erschütterndes zu erleben.
Das Kokain hat Fleischl natürlich nicht getötet, es hat nicht einmal seinen Tod beschleunigt, denn das qualvolle Leiden des Unglücklichen dauerte noch sechs volle Jahre. Aber die Droge war in den Blickpunkt der Öffentlichkeit gerückt worden. In Deutschland lösten 1886 zahlreiche Fälle von Kokainismus eine heftige Bestürzung aus. Die Meinungen waren geteilt, die einen betrachteten das Alkaloid fast als ›dritte Geißel der Menschheit‹, die anderen griffen Freud an, rühmten jedoch den literarischen Wert seines Artikels. Ein berühmter Schriftsteller[13] brach eine Lanze für Freud, und noch viele andere traten für ihn ein. Aber die öffentliche Meinung urteilte streng. Der Verteidiger des Kokain galt in ihren Augen als Übeltäter, und vermutlich war Freud selbst nahe daran, diese Meinung zu teilen. Einer seiner berühmtesten Träume[14] zeigt nämlich, daß diese unheilvolle Geschichte in ihm eine tiefe Unruhe hervorgerufen hat. Der Traum ist voller Anspielungen auf Einspritzungen und schädliche Substanzen. Wenn die Kokainepisode ihn gesellschaftlich auch nicht ernsthaft in Verruf gebracht hat, so hat sie doch seinem Ruf in wissenschaftlichen Kreisen sehr geschadet. Man vergaß sie zumindest nicht. Als Freud ein paar Monate später als Verfechter der neuen Charcot'schen Ideen über die Hysterie aus Paris zurückkam, konnten ihn die Wiener Ärzte als Scharlatan behandeln oder ihn lächerlich machen. Wien begann sich daran zu gewöhnen, an ihm Anstoß zu nehmen.

[12] JBg., Bd. I, 115
[13] Arthur Schnitzler, Schriftsteller und Arzt, der Freud gegen die Gegner des Kokain verteidigte: ›Internationale klinische Rundschau‹. 1888, Bd. III, S. 23. Schnitzler war damals der berühmteste österreichische Schriftsteller. Er wurde Freuds Freund, der bis zu seinem Lebensende mit ihm korrespondierte.
[14] Der Traum von Irmas Injektion. In: Traumdeutung. G. W. II/III, 111

4. Freud und Charcot

Seit Beginn seiner medizinischen Laufbahn hatte Freud davon geträumt, Privatdozent zu werden. Dieser in Österreich, Deutschland und dem übrigen Mitteleuropa so begehrte akademische Grad war unerläßlich für die weitere Hochschullaufbahn. Freud bereitete eine Abhandlung über die Anatomie des Rückenmarks vor, an der er damals gerade arbeitete und reichte im Januar 1885 seine Bewerbung ein. Die Prüfungskommission bestand aus seinen ehemaligen Lehrern. Brücke unterstützte seine Kandidatur. Er schloß seinen Bericht mit einer Lobrede auf den jungen Gelehrten:

> Dr. Freud hat eine gute Allgemeinbildung, einen ernsthaften und gemäßigten Charakter, ist ein ausgezeichneter Arbeiter in dem Feld der Neuroanatomie und sehr geschickt; er besitzt einen guten Einblick, weitreichendes Wissen und eine vorsichtige Methode der Deduktion und zeigt in seinen Veröffentlichungen gute Disposition und individuellen Stil. Seine Entdeckungen finden Anerkennung und Bestätigung, seine Vorlesungen sind klar und gut begründet. Die Eigenschaften des wissenschaftlichen Forschers und des hochqualifizierten Lehrers sind in ihm so gut vereint, daß das Komitee dem hochverehrten Kollegium empfiehlt, Dr. Freud zu den weiteren Habilitierungsprüfungen zuzulassen.« Die Fakultät nahm diese Empfehlung sofort mit 21 Stimmen gegen eine an.[1]

So wurde Freud Privatdozent für Neuropathologie, aber damit wurde seine Situation kaum besser. Er hatte Meynerts Abteilung verlassen, alle Bemühungen um eine einigermaßen gut bezahlte Assistentenstelle waren fehlgeschlagen. Da er immer noch mittellos dasteht, nimmt er eine Vertretung in einer Privat-Nervenheilanstalt außerhalb Wiens an. Hier verdient er monatlich 100 Gulden bei freier Station. Die Anstalt gefällt ihm, es herrscht dort eine wohltuend höfliche Atmosphäre. Es wird jedoch wie in allen damaligen Anstalten dieser Art sehr wenig medizinisch gearbeitet.

> Die ärztliche Behandlung ist natürlich geringfügig, beschränkt sich auf die nebenbei eruierten internen und chirurgischen Beschwerden, sonst ist alles Überwachung, Pflege, Kost und Gewährenlassen. Es sind natürlich lauter reiche Leute, Grafen, Komtessen, Barone und dergleichen. ›pièces de résistance‹ sind die zwei Durchläuchte Fürst S. und Fürst M. Letzterer, wie Du Dich erinnern wirst, ein Sohn von Marie Louise, der Frau Napoleons, und so wie unser

[1] JBg. Bd. I, 96

Kaiser ein Enkel von Kaiser Franz. Du glaubst nicht, wie schäbig diese Fürsten und Grafen aussehen, obwohl sie nicht eigentlich schwachsinnig, sondern nur so ein Gemisch von schwachsinnig und exzentrisch sind.[2]

Vielleicht wäre Freud sogar bereit gewesen, auf alle anderen Pläne zu verzichten, und den Rest seines Lebens mit der Pflege einiger unheilbarer Aristokraten zuzubringen. Aber dann geschah etwas, was ihm solche Gedanken aus dem Kopf schlug: Wie durch eine Fügung des Schicksals bekam er ein Stipendium, das, mehr als er selbst ahnte, seinen Plänen eine ganz neue Richtung geben sollte.
Das Stipendium betrug 600 Gulden und war vom Ministerium für eine Studienreise nach beendeter Ausbildung bestimmt. Freud konnte es gut gebrauchen, um einen seiner Träume zu erfüllen: Er wollte nach Paris fahren, die französische Wissenschaft kennenlernen und mit einem Teil des Ansehens nach Wien zurückkommen, das man ihr im Ausland entgegenbrachte. Er versuchte sein Glück und begann nach einflußreichen Gönnern Ausschau zu halten. Das war unerläßlich in einem Land, in dem die Protektion eine entscheidende Rolle spielt. Die Angelegenheit wurde heftig diskutiert, denn es gab noch zwei andere Bewerber. Je mehr Zeit verstrich, desto weniger glaubte Freud an einen Erfolg. Jede Nacht träumte er von diesem Stipendium, das ihm zu Ruhm verhelfen und dadurch seine Heirat ermöglichen sollte. Endlich, nach einem Monat der Zweifel und Hoffnungen, konnte er Martha seinen glänzenden Erfolg mitteilen:

O wie schön wird das sein! Ich komme mit Geld und bleibe recht lange und bringe was Schönes für Dich mit und gehe dann nach Paris und werde ein großer Gelehrter und komme dann mit einem großen, großen Nimbus nach Wien zurück, und ich kuriere alle unheilbaren Nervenkranken, und ich küsse Dich bis Du stark und heiter und glücklich bist – und wenn sie nicht gestorben sind, so leben sie noch heute.[3]

Diese Prophezeiung, die seine Wünsche ihm eingaben, sollte sich wirklich erfüllen, bis auf einen Punkt: der Ruhm ließ noch lange auf sich warten. Was ihn in den historischen Räumen der ›Salpêtrière‹ erwartete, war keineswegs die bürgerliche Karriere eines erfolgreichen Arztes, sondern Aufruhr und Entrüstung, ausgelöst durch seine Erkenntnisse über die Hysterie, die ihn zur Revolution treiben und einsamer machen sollte, als er es je gewesen war.

[2] M., 8. 6. 1885: Br. 146
[3] M., 20. 6. 1885: Br. 149

Freud kam im Oktober 1885 nach Paris, nachdem er sechs Wochen bei seiner Braut in Wandsbeck verbracht hatte. Die ersten Eindrücke seines Aufenthaltes sind nicht sehr glücklich, die Stadt verwirrt ihn, die Menschen erfüllen ihn mit Unbehagen, er schämt sich seiner schlechten Sprachkenntnisse, und vor allem erschreckt ihn das teure Leben. Sein Stipendium reicht nicht aus, um die Unkosten seines Aufenthalts zu decken und selbst bei seinem ärmlichen Lebensstil muß er sich schon wieder in Schulden stürzen. Gefühle des Verlassenseins, Geldsorgen, der Gedanke an seine Familie in Wien, die in furchtbarer Geldnot lebt – eine seiner Schwestern mußte eine Stelle als Kindermädchen annehmen – all das verleidet ihm anfangs den Aufenthalt in Paris. Daran dachte er wohl nicht mehr, als er nach Jahren in der ›Traumdeutung‹ schrieb:

> Paris war lange Jahre hindurch ein Ziel meiner Sehnsucht, und die Seligkeit, in welcher ich zuerst den Fuß auf das Pflaster von Paris setzte, nahm ich als Gewähr, daß ich auch die Erfüllung anderer Wünsche erreichen werde.[4]

Jedenfalls findet man dieses überschwengliche Glücksgefühl kaum in den ersten Briefen. Im Gegenteil, Paris ärgert ihn, der Luxus der vornehmen Viertel läßt ihn seine eigene Armut noch bitterer empfinden. Das zeigt ein sehr gutes Stimmungsbild von einem Bummel auf den Champs-Elysées:

> Die noblen Damen gehen dort mit einer Miene spazieren, als wollten sie die Existenz der Welt außer sich und ihren Männern leugnen oder doch gütigst übersehen, und die eine Seite der Avenue wird von einem langgestreckten Park gebildet, in dem die niedlichsten Kinder Kreisel peitschen, Ringelspiel fahren, einem Hanswurst zuschauen, oder selbst Wagen, die von Ziegenböcken gezogen werden, kutschieren. Auf den Bänken sitzen Ammen, die ihre Kinder tränken, und Kindsmädchen, zu denen sich die Kinder bei entstandenen Differenzen schreiend flüchten. Ich muß an die arme Mitzi denken und wurde sehr, sehr wütend und voller revolutionärer Gedanken.[5]

Aber Freud ist nicht nach Frankreich gekommen, um einen Beitrag zur Literatur über Paris zu leisten, obwohl wir in seinen Briefen viele poetische Stellen finden. Sein Ziel ist die ›Salpêtrière‹, die er am 21. Oktober aufsucht. Wie er selbst sagt, werden alle seine Erwartungen übertroffen. Er bekommt den Schlüssel zu einem Schrankfach im Laboratorium, eine Schürze gegen eine Kaution von drei Franken und eine Quittung, die auf »M. Freud, élève de médecine« ausgestellt wird. Am glei-

[4] Traumdeutung. G. W. II/III, 201
[5] M., 19. 10. 1885: Br. 167

chen Tage noch hat er das Vergnügen, Charcot zu begegnen, den er sogleich in einem Brief an Martha beschreibt:

> Um zehn Uhr kam Charcot herein, ein großer Mann von achtundfünfzig Jahren, Zylinder auf dem Kopfe, mit dunklen, eigentümlich weichen Augen – das heißt einem, das andere ist ausdruckslos und schielt nach innen –, langen, hinter die Ohren gesteckten Haarresten, im Gesicht rasiert, sehr ausdrucksvollen Zügen, vollen, abstehenden Lippen, kurz wie ein Weltgeistlicher, von dem man sich viel Witz und Verständnis für gutes Leben erwartet.[6]

Freuds Beschreibung von Charcot ist, abgesehen vom Zylinder, den Fotografien sehr ähnlich, die man von ihm kennt. Die Begegnung dieser beiden Männer erwies sich später als ein Markstein in der Geschichte der Wissenschaft. Wie verschieden diese beiden Männer waren! Der eine weltberühmt und auf dem Höhepunkt seines Schaffens, der andere ein Unbekannter, der sich suchend und tastend einem noch ungewissen Ziel nähert. Diese Begegnung mit Charcot macht auf Freud einen ungewöhnlich starken Eindruck. Er ahnt bereits, welche Folgen sie für sein Schaffen hat:

> Ich bin wirklich jetzt sehr behaglich, und ich glaube, ich verwandle mich sehr. Ich will Dir das einzeln aufzählen, was auf mich einwirkt. Charcot, der einer der größten Ärzte, ein genial nüchterner Mensch ist, reißt meine Ansichten und Absichten einfach um. Nach manchen Vorlesungen gehe ich fort wie aus Notre-Dame, mit neuen Empfindungen vom Vollkommnen. Aber er greift mich an; wenn ich von ihm weggehe, habe ich gar keine Lust mehr, meine eigenen dummen Sachen zu machen; ich bin jetzt drei Tage faul gewesen, ohne mir darum Vorwürfe zu machen. Mein Gehirn ist gesättigt wie nach einem Theaterabend. Ob die Saat einmal Früchte bringen wird, weiß ich nicht; aber daß kein andrer Mensch jemals ähnlich auf mich gewirkt hat, weiß ich gewiß.[7]

Charcot empfängt den jungen Ausländer sehr höflich, er reicht ihm die Hand und heißt ihn willkommen. Freud sagt dazu:

> Trotz meines Unabhängigkeitsgefühls war ich über diese Aufmerksamkeit sehr stolz, da er nicht nur ein Mann ist, dem ich mich unterwerfen muß, sondern, dem ich mich gern unterwerfe.[8]

In der Beziehung zu Charcot und dem ärztlichen Milieu von Paris spiegelt sich Freuds Charakter. Während er sich in Wien nur wie ein mehr oder weniger erwünschter Eindringling vorkam, fühlte er sich jetzt zum ersten Mal wie ein freier Mensch,

[6] M., 21. 10. 1885: Br. 169
[7] M., 24. 11. 1885: Br. 179
[8] M., 13. 1. 1886: JBg. Bd. 1, 223

nach dessen Herkunft niemand fragt. Wenn er über den freundschaftlichen Händedruck einer hochgestellten Person gerührt ist, kann man daraus schließen, wie es ihm in Wien ergangen sein muß. In Paris wird ihm seine Unterlegenheit bewußt, seine Unsicherheit und sein instinktives Mißtrauen andern Menschen gegenüber. Er empfindet einen eigenartigen Gegensatz zwischen seiner geistigen Kühnheit und seinem Kleinmut im Verkehr mit anderen Menschen. In den langen Briefen, die er täglich an Martha schreibt, nehmen diese selbstkritischen Studien einen breiten Raum ein. Er betreibt sie noch einige Jahre aufs Geratewohl bis zu dem Moment, wo der Traum ihm ganz unerwartet ein Mittel zur Selbsterkenntnis wird. Seine Armut, seine spärlichen Erfolge, die geringe Anziehungskraft, die er auf andere ausübt, seine übermäßige Empfindsamkeit, seine Nervosität, — das sind im Moment seine wichtigsten Themen. Mit einer unerbittlichen, fast hellseherischen Klarheit beschreibt er immer wieder, wie er hin und her schwankt zwischen den Gefühlen des Ausgestoßenseins und dem Ehrgeiz des Emporkömmlings. Er resigniert jedoch nicht in diesem Zwiespalt, und im Grunde weiß er schon, welches sein Weg zum Erfolg sein wird: er muß alle Kräfte aufbieten, Rückschläge erdulden und darf in seinem Arbeitseifer nicht erlahmen. Schwierigkeiten und Chancen abwägend fragt er seine Braut:

> Glaubst Du wirklich, daß ich von außen so sympathisch bin? Schau, ich zweifle sehr daran. Ich glaube, man merkt mir was Fremdartiges an, und das hat seinen letzten Grund darin, daß ich in der Jugend nicht jung war und jetzt, wo das reife Alter beginnt, nicht recht altern kann. Es gab eine Zeit, in der ich nichts anders als wißbegierig und ehrgeizig war und mich Tag für Tag gekränkt habe, daß mir die Natur nicht in gütiger Laune den Gesichtsstempel des Genies, den sie manchmal verschenkt, aufgedrückt hat. Seitdem weiß ich längst, daß ich kein Genie bin und verstehe nicht mehr, wie ich es zu sein wünschen konnte. Ich bin nicht einmal sehr begabt, meine ganze Befähigung zur Arbeit liegt wahrscheinlich in meinen Charaktereigenschaften und in dem Mangel hervorragender intellektueller Schwächen. Ich weiß aber, daß diese Mischung eine für den langsamen Erfolg sehr günstige ist, daß ich unter günstigen Bedingungen mehr leisten könnte als Nothnagel, dem ich mich weit überlegen glaube und daß ich vielleicht Charcot erreichen könnte. Damit ist nicht gesagt, daß ich's werde, denn diese günstigen Bedingungen finde ich nicht mehr, und das Genie, die Kraft, sie zu erzwingen, besitze ich nicht. Aber wie ich schwätze! Ich wollte was ganz anderes sagen. Nämlich erklären, woher meine Unzulänglichkeit und Schroffheit gegen Fremde, die Du anführst, kommt. Sie ist nur die Folge des Mißtrauens, nachdem ich oft erfahren habe, daß mich gewöhnliche oder schlechte Menschen schlecht behandeln, und wird in dem Maße schwinden, als ich nichts von ihnen zu befürchten brauche, als ich mächtiger und unabhängiger werde. Ich tröste

mich immer damit, daß mir untergebene oder gleichgestellte Personen mich nie unangenehm empfunden haben, nur Vorgesetzte und sonstwie Überlegene.[9]

Freud betrachtet also Paris mit gemischten Gefühlen: auf der einen Seite fühlt er sich einsam und arm, von provinzhafter Ungeschicklichkeit in einer Masse, die ihm verwirrend, boshaft und jederzeit zu gefährlichen Ausbrüchen fähig vorkommt, andererseits zieht ihn die Stadt an, sie zwingt ihn, aus sich herauszugehen und sich um Dinge zu kümmern, die draußen vor sich gehen. So hatte er zum Beispiel bis dahin niemals ein politisches Thema erwähnt, wenigstens nicht in den uns bekannten Briefen. Nun interessiert er sich lebhaft für die Wahlen, die in diesem Jahr die Pariser in leidenschaftliche Erregung versetzen. Er geht viel zu Fuß, beobachtet alles mit ebenso viel Scharfsinn wie Humor, gibt seine letzten Pfennige für Theaterkarten aus und schreibt über Sarah Bernhardt lange Seiten voller Ergriffenheit, Ironie und Poesie.

Alles in allem sieht er ein, daß Paris ihn sehr beunruhigt und zugleich begeistert:

Ich habe den vollen Eindruck von Paris und könnte sehr poetisch werden, es mit einer riesigen geputzten Sphinx, welche alle Fremden frißt, die ihre Rätsel nicht lösen können, vergleichen und noch anderes mehr. Aber das spare ich mir für mündliche Ergießungen auf. Nur soviel, die Stadt und die Menschen sind mir unheimlich, die Leute scheinen mir von ganz anderer Art als wir, ich glaube sie alle von tausend Dämonen besessen und höre, wie sie anstatt »Monsieur« und »Voilà l'écho de Paris« schreien »A la lanterne« und »A bas dieser und jener«. Ich glaube, sie haben weder Scham noch Grauen, sie drängen sich ebenso – Frauen und Männer – um alle Nuditäten wie um die Leichen in der Morgue und die gräßlichen Anschlagzettel in den Straßen, welche einen neuen Roman in dem oder jenem Journal ankündigen und gleichzeitig eine Probe von seinem Inhalt geben. Es ist das Volk der psychischen Epidemien, der historischen Massenkonvulsionen und hat sich seit Viktor Hugos Notre-Dame nicht verändert. Wie Du merkst, mein Herz ist deutsch-kleinstädtisch und ist überhaupt nicht mit mir hier angekommen. Das Paris ist einfach ein verworrener Traum, und ich werde mich sehr freuen, aufzuwachen.[10]

Manchmal spricht Freud jedoch ganz anders vom Pariser Leben. Es genügt schon, daß seine Depression etwas nachläßt oder daß er seine Schüchternheit überwindet oder einen kleinen Erfolg erzielt, und schon ist er umgestimmt. So ist er sehr stolz darauf,

[9] M., 2. 2. 1886: Br. 196
[10] Brief an Minna Bernays, seine zukünftige Schwägerin, 3. 12. 1885: Br. 182

daß er den Mut besessen hat, Charcot zu fragen, ob er eines seiner Bücher übersetzen dürfe. Charcot lädt ihn zu seinen Abendgesellschaften ein, Freud ist über diese Aufmerksamkeit beglückt. Beim ersten Mal langweilt er sich, den dritten dieser Abende jedoch findet er hinreißend und bezaubernd. Etwa 50 Personen sind dort, Künstler, hervorragende französische und ausländische Ärzte, ein Sohn Alphonse Daudets und schließlich Fräulein Charcot, die ihrem genialen Vater geradezu lächerlich ähnlich sieht, so daß Freud sich wohl deshalb ein wenig in sie verliebt:

> Nun bist Du wohl neugierig, wie ich mich in der ausgezeichneten Gesellschaft benahm? Sehr anständig, ich machte mich an Lépine, dessen Arbeiten ich kannte, hielt lange Unterredungen mit ihm, nahm gleich von Mme. Charcot eine Tasse Kaffee an, trank später Bier, dampfte wie ein Schornstein und fühlte mich sehr behaglich, ohne daß mir ein einziges Malheur passiert wäre.[11]

Aus Freuds Briefen könnte man eine kleine Chronik der gutsituierten französischen Ärzteschaft zusammenstellen. Der Ausländer Freud bewundert an ihr nicht nur die hervorragenden Fähigkeiten auf wissenschaftlichem Gebiet, sondern auch ihr weltmännisches Benehmen, und ihre humanitäre Gesinnung. Er schätzt außerdem die Art und Weise, wie sie einen gehobenen Lebensstil mit einer echten demokratischen Gesinnung zu verbinden versteht. In den lebhaftesten Farben schildert Freud die großen Ärzte, die er in der ›Salpêtrière‹ und in Charcots Salon antrifft: Babinski, Brouardel, Richet, den großen Histologen Ranvier, den berühmten Psychiater Giles de la Tourette, lauter berühmte Wissenschaftler von internationalem Rang, deren einfaches und ungezwungenes Benehmen ihn fesselt. Kurz nach seiner Abfahrt im Februar 1886 schreibt Freud seiner Braut, daß er gestorben wäre, wenn er sofort nach Wien hätte zurückkehren müssen. Kaum ist er in Berlin angekommen, seufzt er, Schiller parodierend: »In meinem Frankreich war's doch schöner.«[12]

Am 23. Februar 1886 verläßt Freud Paris. Noch dreimal sollte er zurückkehren: Im Anschluß an seine Reise nach Nancy im Jahre 1889, 1910 aus Anlaß eines Kongresses für Psychoanalyse und 1938 auf der Flucht vor den Nazis. Er sah jedoch Charcot niemals wieder. Es gibt ein wunderbares Dokument über Freuds wissenschaftliche Arbeit in Paris und den Einfluß der ›Salpêtrière‹ auf seine spätere Entwicklung: der Nachruf auf Charcot, den Freud 1893 verfaßte. Er setzte sich über die herkömmlichen

[11] M., 20. 1. 1886: Br. 190
[12] M., 19. 3. 1886: Br. 208

Formen hinweg und schrieb seinem großen Lehrer eine glänzende Würdigung, die von tiefem Verständnis und großer Wahrhaftigkeit zeugt. Diesen Text, einen der schönsten aus der vorpsychoanalytischen Zeit, müßte man fast ganz wiedergeben, soviel Aufschluß gibt er über Freuds Beziehungen zur Wissenschaft.

Charcot hatte eine rechtschaffene menschliche Freude an seinem großen Erfolge und pflegte sich gern über seine Anfänge und den Weg, den er gegangen, zu äußern. Seine wissenschaftliche Neugierde war frühzeitig durch das reiche und damals völlig unverstandene Material neuropathologischer Tatsachen erregt worden, wie er erzählte, schon als er junger Interne (Sekundararzt) war. Wenn er damals mit seinem Primararzt die Visite auf einer der Abteilungen der Salpêtrière (Versorgungshaus für Frauen) machte, durch all die Wildnis von Lähmungen, Zuckungen und Krämpfen, für die es vor vierzig Jahren keine Namen und kein Verständnis gab, pflegte er zu sagen: »Faudrait y retourner et y rester« und er hielt Wort. Als er médecin des hopitaux (Primararzt) geworden war, trachtete er alsbald in die Salpêtrière zu kommen, auf eine jener Abteilungen, die die Nervenkranken beherbergten, und einmal dort angelangt, verblieb er auch dort, anstatt, wie es den französischen Primarärzten freisteht, in regelmäßigem Turnus Spital und Abteilung und damit auch die Spezialität zu wechseln.
So war sein erster Eindruck und der Vorsatz, zu dem er geführt hatte, bestimmend für seine gesamte weitere Entwicklung geworden. Die Verfügung über ein großes Material chronisch Nervenkranker gestattete ihm nun, seine eigentümliche Begabung zu verwerten. Er war kein Grübler, kein Denker, sondern eine künstlerisch begabte Natur, wie er es selbst nannte, ein *visuel*, ein Seher. Von seiner Arbeitsweise erzählt er uns selbst Folgendes: Er pflegte sich die Dinge, die er nicht kannte, immer von neuem anzusehen, Tag für Tag den Eindruck zu verstärken, bis ihm dann plötzlich das Verständnis derselben aufging. Vor seinem geistigen Auge ordnete sich dann das Chaos, welches durch die Wiederkehr immer derselben Symptome vorgetäuscht wurde; es ergaben sich die neuen Krankheitsbilder, gekennzeichnet durch die konstante Verknüpfung gewisser Symptomgruppen; die vollständigen und extremen Fälle, die »Typen« ließen sich mit einer gewissen Art von Schematisierung hervorheben, und von den Typen aus blickte das Auge auf die lange Reihe der abgeschwächten Fälle, der *formes frustes*, die von dem oder jenem charakteristischen Merkmal des Typus her ins Unbestimmte ausliefen. Er nannte diese Art der Geistesarbeit, in der er keinen Gleichen hatte, »Nosographie treiben« und war stolz auf sie. Man konnte ihn sagen hören, die größte Befriedigung, die ein Mensch erleben könne, sei, etwas Neues zu sehen, d. h., es als neu zu erkennen, und in immer wiederholten Bemerkungen kam er auf die Schwierigkeit und Verdienstlichkeit des »Sehens« zurück. Woher es denn komme, daß die Menschen in der Medizin immer nur sehen, was sie zu sehen bereits gelernt haben, wie wunderbar es sei, daß man plötzlich neue Dinge – neue Krankheitszustände – sehen könne, die doch wahrscheinlich so alt seien wie das Men-

schengeschlecht, und wie er sich selbst sagen müsse, er sehe jetzt manches, was er durch 30 Jahre auf seinen Krankenzimmern übersehen habe. Welchen Reichtum an Formen die Neuropathologie durch ihn gewann, welche Verschärfung und Sicherheit der Diagnose durch seine Beobachtungen ermöglicht wurde, braucht man dem Arzt nur anzudeuten. Dem Schüler aber, der mit ihm einen stundenlangen Gang durch die Krankenzimmer der Salpêtrière, dieses Museums von klinischen Fakten, gemacht hatte, deren Namen und Besonderheit von ihm selbst herrührten, wurde an Cuvier erinnert, dessen Statue vor dem Jardin des plantes den großen Kenner und Beschreiber der Tierwelt, umgeben von der Fülle tierischer Gestalten, zeigt, oder er mußte an den Mythos von Adam denken, der jenen von Charcot gepriesenen intellektuellen Genuß im höchsten Maße erlebt haben mochte, als ihm Gott die Lebewesen des Paradieses zur Sonderung und Benennung vorführte.[13]

Besonders bedeutungsvoll ist der Abschnitt, in dem Freud, seine eigene geistige Vollendung vorwegnehmend, den großen Naturalisten der Moderne und den biblischen Adam in einem Atemzug nennt. Beide waren Gelehrte, beide schufen sie Begriffe, beide waren Dichter auf Grund des typisch menschlichen Vorrechts, die Dinge einzuteilen und zu benennen. Die schönen Klassifikationen der französischen Naturalisten und die Wortschöpfungen Charcots kommen ihm nicht wie einfache technische Hilfsmittel vor, sondern er sieht darin das Vorbild jener »poetischen Wissenschaft«, die ihm schon vorschwebt, vielleicht ist er ihr schon ganz nahe.

Nachdem er dieses großartige, vielleicht durch die Erinnerung ein wenig verklärte Bild seines Lehrers kurz skizziert hat, geht Freud zu einer mehr objektiven Würdigung seiner Verdienste über:

Er war ein unermüdlicher Arbeiter, ich glaube, immer noch der Fleißigste der ganzen Schule. Eine Privatordination, zu der sich die Kranken »aus Samarkand und von den Antillen« drängten, vermochte es nicht, ihn seiner Lehrtätigkeit oder seinen Forschungen zu entfremden. Sicherlich wandte sich dieser Zulauf von Menschen nicht allein an den berühmten Forscher, sondern ebenso sehr an den großen Arzt und Menschenfreund, der immer einen Bescheid zu finden wußte und dort erriet, wo der gegenwärtige Stand der Wissenschaft ihm nicht gestattete, zu wissen. Man hat ihm vielfach eine Therapie zum Vorwurf gemacht, die durch ihren Reichtum an Verschreibungen ein rationalistisches Gewissen beleidigen mußte. Allein er setzte einfach die örtlich und zeitlich gebräuchlichen Methoden fort, ohne sich über deren Wirksamkeit viel zu täuschen. In der therapeutischen Erwartung war er übrigens nicht pessimistisch und hat früher und später die Hand dazu geboten, neue Behandlungsmethoden an seiner Klinik zu versuchen, deren kurzlebiger Erfolg von anderer Seite her Aufklärung fand. Als Lehrer war

[13] Charcot. G. W. I, 21–23

Charcot geradezu fesselnd, jeder seiner Vorträge ein kleines Kunstwerk an Aufbau und Gliederung, formvollendet und in einer Weise eindringlich, daß man den ganzen Tag über das gehörte Wort nicht aus seinem Ohr und das demonstrierte Objekt nicht aus dem Sinn bringen konnte. Er demonstrierte selten einen einzigen Kranken, meist eine Reihe oder Gegenstücke, die er miteinander verglich. Der Saal, in welchem er seine Vorlesungen hielt, war mit einem Bilde geschmückt, welches den »Bürger« Pinel darstellt, wie er den armen Irrsinnigen der Salpêtrière die Fesseln abnehmen läßt; die Salpêtrière, die während der Revolution so viele Schrecken gesehen, war doch auch die Stätte dieser humansten aller Umwälzungen gewesen. Ungefähr gleichzeitig mit der Errichtung der Klinik und dem Zurücktreten der pathologischen Anatomie vollzog sich eine Wandlung in Charcots wissenschaftlichen Neigungen, der wir die schönsten seiner Arbeiten danken. Er erklärte nun, die Lehre von den organischen Nervenkrankheiten sei vorderhand ziemlich abgeschlossen, und begann sein Interesse fast ausschließlich der Hysterie zuzuwenden, die so mit einem Schlage in den Brennpunkt der allgemeinen Aufmerksamkeit gelangte. Diese rätselhafteste aller Nervenkrankheiten, für deren Beurteilung die Ärzte noch keinen tauglichen Gesichtspunkt gefunden hatten, war gerade damals recht in Mißkredit geraten, der sich sowohl auf die Kranken als auf die Ärzte erstreckte, die sich mit der Neurose beschäftigten. Es hieß, bei der Hysterie ist alles möglich, und der Hysterischen wollte man nichts glauben. Die Arbeit Charcots gab dem Thema zunächst seine Würde wieder; man gewöhnte sich allmählich das höhnische Lächeln ab, auf das die Kranke damals sicher rechnen konnte; sie mußte nicht mehr eine Simulantin sein, da Charcot mit seiner vollen Autorität für die Echtheit und Objektivität der hysterischen Phänomene eintrat. Charcot hatte im kleinen die Tat der Befreiung wiederholt, wegen welcher das Bild Pinels den Hörsaal der Salpêtrière zierte. Nachdem man nun der blinden Furcht entsagt hatte, von den armen Kranken genarrt zu werden, welche einer ernsthaften Beschäftigung mit der Neurose bisher im Wege gestanden hatte, konnte er sich fragen, welche Art der Bearbeitung auf dem kürzesten Wege zur Lösung des Problems führen würde.[14]

Freud schließt seinen Nachruf mit einer unparteiischen Kritik des theoretischen Werkes. Er stellt heraus, was daran unvergänglich ist, aber auch was die Zeit und der Fortschritt der Medizin eines Tages widerlegen werden. In Wirklichkeit ist er es selbst, der dem schönen Gebäude den härtesten Schlag versetzen wird. Zwei Jahre später veröffentlicht er die Studien über Hysterie und verwirft alle Ideen, für die Charcot ihn einst begeistert hatte. So wendet er sich ab von seinem großen Lehrer, der ihm den Weg gezeigt hat. Aber im Grunde bleibt er ihm treu, denn durch die Verbreitung seiner revolutionären Ideen über die Hysterie schickt auch er sich an, den Menschen von seinen Fesseln zu befreien.

[14] a. a. O., 28–30

5. Verlobungszeit und Heirat

Freud hat während seines ganzen langen Lebens seine Gefühle geheim gehalten. Niemand erfuhr von den Leidenschaften, die ihn in seiner Jugend aufwühlten, keiner von den Konflikten, die er möglicherweise lösen mußte, um jener Sigmund Freud zu werden, den die einen für die Inkarnation des Bösen, die anderen für einen legendären Weisen hielten. Hat er andere Frauen gekannt außer seiner eigenen? Heiratete er aus Liebe oder aus Standesrücksichten? Der Erfinder der Libido, des modernen Eros, hat über diesen Punkt strengstes Stillschweigen bewahrt, das nur Lüge und Verleumdung zu brechen wagten. So erklärte zum Beispiel ein amerikanischer Neurologe die Libidotheorie und den angeblichen Freud'schen Pansexualismus mit den sexuellen Ausschweifungen und der »Wiener« Unmoral ihres Erfinders. Er hatte aber wenig Erfolg, selbst bei denen, die die Psychoanalyse verächtlich ablehnten. Das Bild von Freud, das die größte Verbreitung gefunden hat, ist beispielsweise das von Stefan Zweig beschriebene:

> Die strenge Tür eines Wiener Mietshauses verschließt seit einem halben Jahrhundert Sigmund Freuds Privatleben: Beinahe wäre man versucht zu sagen, er habe überhaupt keines gehabt, so bescheiden hintergründig verläuft seine persönliche Existenz. Siebzig Jahre in der gleichen Stadt, mehr als vierzig Jahre in dem gleichen Haus. Dort wieder die Ordination in demselben Raume, die Lektüre in demselben Sessel, die literarische Arbeit vor demselben Schreibtisch. Pater familias von sechs Kindern, persönlich völlig bedürfnislos, ohne andere Passionen als die des Berufs und der Berufung. Kein Gran seiner gleichzeitig sparsamen und verschwenderisch ausgewerteten Zeit jemals vertan als eitles Sichzeigen, an Ämter und Würden, niemals ein agitatorisches Vortreten des schöpferischen Menschen vor das geschaffene Werk: bei diesem Manne unterwirft sich der Lebensrhythmus völlig und einzig dem pausenlosen, gleichmäßig und geduldig strömenden Rhythmus der Arbeit.[1]

Freud hat in seinem ganzen Leben nie etwas gesagt, getan oder veröffentlicht, was die geringste Änderung an diesem Bild rechtfertigen könnte. Man könnte mit Recht einwenden, daß hier geradezu das Bild eines Greises entworfen wird, und daß es doch unwahrscheinlich, ja unnatürlich wäre, wenn Freud nicht wenigstens in seiner Jugend die Liebe kennengelernt hätte. Er ist es doch gerade, der sie uns als mächtigste Triebfeder des

[1] Stefan Zweig, Heilung durch den Geist. Frankfurt 1952, 261

menschlichen Handelns und als Quelle allen Lebens dargestellt hat. Der Erfinder der Psychoanalyse kann unmöglich das Drama des Menschseins nur aus der Distanz beobachtet haben, schließlich hat er die Hintergründe des Lebens aufgezeigt. Woher hätte er sonst den Mut und die Gewißheit genommen, ganz allein für seine Ideen zu streiten?

Man muß in Freuds Werk lange suchen, bis man über bestimmte Ereignisse etwas erfährt. Seine Beziehung zu seinen Freunden und seinen Angehörigen wird selten erwähnt, ebensowenig wie Konflikte, unter denen er gelitten hat. Die ›Psychopathologie des Alltagslebens‹ und vor allem die ›Traumdeutung‹ sind in dieser Hinsicht am aufschlußreichsten. Aber selbst in diesen beiden Werken spricht Freud nur deshalb von seinen persönlichen Angelegenheiten, um anschauliche Beispiele angeben zu können. Wenn er aber von sich selbst spricht, tut er es mit der größten Offenheit, ohne etwas zu beschönigen oder in ein besseres Licht zu rücken. Was es ihn auch kosten mag, er stellt sich ohne Zögern so dar, wie er sich im Spiegel seiner Träume sieht: neidisch, eifersüchtig, nach Liebe und Achtung hungernd, tyrannisch und so voller Widersprüche, daß er seinem besten Freund den Tod wünschen kann, natürlich unbewußt. Niemals erwähnt er aber seine Sexualität, wo man ihm doch vorwirft, sie sonst überall aufzuspüren. Niemals bringt er einen seiner Träume mit einem erotischen Wunsch oder einer Frau in Verbindung. André Breton machte ihm daraus einen Vorwurf und bezeichnete sein hartnäckiges Schweigen als Mangel an Konsequenz, ja sogar an Aufrichtigkeit. Freud beantwortete den Brief, ohne auf diesen Vorwurf einzugehen. Offenbar hatte er für die Strenge der Surrealisten ebenso wenig Verständnis wie für ihre Dichtung. So hat also der Mann, der nicht nur die seelischen Erkrankungen, sondern auch geistige Schöpfungen und die höchsten Güter der menschlichen Kultur auf sexuelle Ursachen zurückführte, der Mann, von dem die Gegner sagen konnten, er entweihe die Vergangenheit, vergifte die Gegenwart und töte die Zukunft, dieser Mann, der so viel Ärgernis erregte, offensichtlich in seinem eigenen Leben das mächtige Vorurteil seiner Zeit nicht überwinden können. Gerade dieses Vorurteil hat er in seinen Werken immer wieder angeprangert, es auf Scheinheiligkeit zurückgeführt und darauf hingewiesen, daß es zu ernsthaften seelischen Störungen führen kann. Es bleibt immerhin paradox, aber warum sollte man sich darüber entrüsten? Keinem noch so radikalen Revolutionär ist es je gelungen, alle Vorurteile und Schwächen in sich auszulöschen. Meistens trifft man Kühnheit und einen merkwürdigen Kleinmut nebeneinander an. Die Philosophen des Rationalismus und der Aufklärung konnten zu diesem Thema manchen Beitrag liefern. Wie jeder Mensch hatte Freud die Moral seines Milieus und des Kleinbürgertums übernommen, dem er entstammte. Diese Moral war einfach und streng, das Gute bestand hauptsächlich in der Unterdrückung der Triebe, das Böse bedeutete fast ausschließlich eine allzu große sittliche Freizügigkeit. Als das Studium der Neurosen ihn zu der Entdeckung der psychoanalytischen Grundsätze führte, war Freud 40 Jahre alt, seine Jugend war vorbei, sein Leben, wenn auch nicht sein Denken verlief in ganz bestimmten Bahnen, die er nicht zu verleugnen brauchte. Daß er es nicht für gut hielt, die Öffentlichkeit in das Geheimnis seiner ganz persönlichen Konflikte einzuweihen, zählt wenig gegenüber dem Mut, den er aufbrachte, sich selbst zu analysieren und trotz seiner Schüchternheit, seiner Schamhaftigkeit, man könnte fast sagen seiner Prüderie, Wahrheiten auszusprechen, die zweifellos für ihn genau so anstößig und schockierend waren wie für jeden anderen. Freuds Lehren setzten sich, wie alle bedeutenden Ideen, nur in harten Kämpfen gegen Vorurteile, Ängste und Konformismus durch. Freuds Theorien zwangen zum ersten Mal dazu, zwei Dinge zu unterscheiden, die man seit Jahrhunderten verwechselte: die für eine Zeit und eine Gesellschaft eigentümliche Etikette und die Moral, eine mysteriöse Erscheinung, deren Erforschung erst begonnen hat. Freud war beinahe 60 Jahre alt, als er mit einigem Erstaunen feststellte, daß er sein ganzes Leben ein guter Mensch war, der nach moralischen Grundsätzen gelebt hatte. Er wußte nicht, woher diese Anlagen kamen, noch wieso er sie entwickelt hatte.

> Ich will hinzufügen, ich habe gar keine Angst vor dem lieben Gott. Wenn wir einander einmal begegneten, hätte ich ihm mehr Vorwürfe zu machen, als er an mir aussetzen könnte. Ich würde ihn fragen, warum er mich nicht intellektuell besser ausgestattet hat, und er könnte mir nicht vorhalten, daß ich von meiner angeblichen Freiheit nicht mehr Gebrauch gemacht habe. – Nebenbei bemerkt, ich weiß, daß jeder einzelne ein Stück Lebensenergie repräsentiert, sehe aber nicht ein, was Energie mit Freiheit – Unbedingtheit – zu tun hat. – Sie müssen nämlich von mir wissen, daß ich mit meiner Begabung immer unzufrieden war und vor mir genau zu begründen weiß, in welchen Punkten; daß ich mich aber für einen sehr moralischen Menschen halte, der den guten Ausspruch von Th. Vischer unterschreiben kann: »Das Moralische versteht sich immer von selbst.« Ich glaube, an Rechtssinn und Rücksicht für den Nebenmenschen; an Mißvergnügen, andere leiden zu machen oder zu übervorteilen, kann ich es mit den Besten, die ich kennengelernt habe, aufnehmen. Ich habe eigentlich nie etwas Gemeines und Boshaftes getan, und spüre auch keine Versuchung dazu, bin also gar nicht stolz darauf. Ich verstehe die Sittlichkeit, von der wir sprechen, nämlich im sozialen Sinne, nicht im sexuellen. Die sexuelle

Moralität, wie die Gesellschaft, am extremsten die amerikanische, sie definiert, scheint mir sehr verächtlich. Ich vertrete ein ungleich freieres Sexualleben, wenngleich ich selbst sehr wenig von solcher Freiheit geübt habe. Gerade nur soweit, daß ich mir selbst bei der Begrenzung des auf diesem Gebiet Erlaubten geglaubt habe.[2]

Fünfzehn Jahre nach der Begründung der Psychoanalyse hat Freud die allerwichtigste Trennung zwischen der Sexualmoral und der wirklichen Ethik der menschlichen Beziehungen endgültig durchgeführt. Er hat die Behauptung aufgestellt, daß Gut und Böse mit der Sexualität nichts zu tun haben. Die Frage bleibt offen, wie das Gewissen, das für ihn ganz offenkundig und natürlich ist, zustande kommt. Woher kommt es? Wer hat es dem menschlichen Herzen eingegeben? Wenn es selbstverständlich ist, warum ist es so ungleich verteilt? Später wird Freud versuchen, auch dieses Problem zu lösen: er erklärt die Entstehung des Gewissens, Über-Ich genannt, aus den komplexen Beziehungen des Kindes mit den Elternfiguren. Im Jahre 1915 stellt er nur seine Güte fest und bekennt, daß er sonst auf diesem Gebiet noch nichts weiß.

Wenn ich mich frage, warum ich immer gestrebt habe, ehrlich, für den anderen schonungsbereit und womöglich gütig zu sein, und warum ich es nicht aufgegeben, als ich merkte, daß man dadurch zu Schaden kommt, zum Amboß wird, weil die anderen brutal und unverläßlich sind, dann weiß ich allerdings keine Antwort. Vernünftig war es natürlich nicht. Einen besonderen ethischen Ansporn habe ich in der Jugend auch nicht empfunden; es fehlt mir auch eine deutliche Befriedigung dabei, wenn ich urteile, daß ich besser bin als die anderen! Sie sind vielleicht der erste, vor dem ich mich dessen rühme. Man könnte gerade meinen Fall also als Beweis für Ihre Behauptung anführen, daß ein solcher Idealdrang ein wesentliches Stück unserer Anlage bildet. Wenn nur bei den anderen mehr von dieser wertvollen Anlage zu bemerken wäre! Aber wie gesagt, ich weiß nichts darüber.[3]

Dieser Brief ist an James Putman adressiert, einen amerikanischen Psychoanalytiker, der versucht hatte, Beziehungen zwischen Psychoanalyse, Moral und Religion herzustellen. Dieser Brief läßt vermuten, aus welchem Grunde Freud möglicherweise sein Privatleben geheim gehalten hat: er wollte nicht, daß seine Angehörigen darunter litten, er wollte vermeiden, daß die Frau der Neugier der Öffentlichkeit ausgesetzt wurde, die seine Schwierigkeiten geteilt und die Unannehmlichkeiten der Berühmtheit mit ihm getragen hatte, nachdem sie seine leidenschaftliche Jugendliebe gewesen war. Freud hat nicht verhin-

[2] Brief an James J. Putman, 8. 7. 1915: Br. 304
[3] Br. 305

dern können, daß seine Ideen eine unangenehme Polemik heraufbeschworen, so hat er wenigstens alles daran gesetzt, seine Angehörigen nicht mit hineinzuziehen.
Die Nachwelt hätte ihm das Bild eines strengen Gelehrten bewahrt, ein abstraktes, ganz durch die Wissenschaft geprägtes, etwas lebensfremdes Bild, wenn Martha Freud nicht ihr ganzes Leben lang die Briefe aufbewahrt hätte, die er ihr während ihrer endlos langen Verlobungszeit geschrieben hatte. Diese etwa 900 Briefe waren erst nach ihrem Tode zugänglich und konnten z. T. veröffentlicht werden. Martha Freud starb 1951, zwölf Jahre nach dem Tode ihres Mannes. Die Lektüre dieser gesammelten Briefe ist außerordentlich fesselnd, sie ergänzen das allgemein verbreitete Bild, das uns von Freud überliefert ist. Leidenschaftlich, überschwenglich verliebt in dieses Mädchen, dem er seine Liebe kaum einzugestehen wagte, spricht Freud natürlich hauptsächlich von seiner Liebe, aber was er da in fast fünf Jahren zu Papier bringt, kann man nicht nur zur Liebesdichtung zählen. Die Briefe sind von soviel Leben, Wahrheit und Humor erfüllt, daß sie auch einen wichtigen Teil des Freudschen Werkes darstellen. So wie Martha Bernays auf den Fotografien dargestellt ist, scheint sie eine solche leidenschaftliche Begeisterung kaum zu rechtfertigen. Sie ist ein schlankes, zartes Mädchen mit feinen, aber nichtssagenden Gesichtszügen. Dennoch hatte sie soviel Erfolg bei Männern, daß Freud zu Anfang ihrer Verlobungszeit ständig von Eifersucht geplagt war. So sehr er auch hingerissen war, fand er seine Braut nicht schön. Mit einer Offenheit, die bei einem Verliebten etwas befremdend wirkt, gesteht er es ihr ein:

> Ich weiß wohl, Du bist nicht schön im Sinne der Maler oder Bildhauer, wenn Du auf strenge Correctheit im Wortgebrauche dringen willst, muß ich gestehen, Du bist nicht schön. Doch habe ich nicht geschmeichelt, kann nicht schmeicheln, kann mich höchstens irren. Ich meinte, wieviel von dem Zauber Deines Wesens sich in Deinem Gesichtchen und in Deiner Gestalt ausdrückt, wieviel an Dir zu sehen ist, was nur auf das Gute, Edle und Vernünftige in Deiner Seele zu deuten ist. Ich für mein Theil war immer unempfindlich oder wenigstens unterempfindlich gegen bloße Formschönheit. Dabei will ich Dir nicht verhehlen – falls doch ein Restchen Eitelkeit in Deinem Mädchenköpfchen wohnt –, daß es Leute gibt, die Dich für schön, selbst für auffällig schön erklären. Ich habe kein Urteil darüber.[4]

Martha Bernays entstammte einer vom Judentum tief geprägten Familie aus Hamburg. Ihr Großvater, ein Verwandter Heinrich Heines, war Oberrabbiner der Stadt und hatte den orthodoxen

[4] M., 2. 8. 1882: JBg. Bd. I, 128

Glauben gegen die Reformbewegung verteidigt, die Anfang des vorigen Jahrhunderts das Judentum schwer erschütterte. Die Familie Bernays war strenggläubig geblieben. Von Anfang an gab es deshalb Meinungsverschiedenheiten zwischen ihr und Freud. Er entrüstete sich über die rituelle Nahrungsbeschränkung, die seiner Geliebten auferlegt wurde. Er fand sie unsinnig und obendrein gesundheitsschädlich. Martha hielt lange Zeit an den religiösen Gewohnheiten fest, um ihre Mutter nicht vor den Kopf zu stoßen; schließlich gab sie doch nach, und Freuds Atheismus siegte über die Familientradition. Aber die religiöse Frage war beiden Verlobten nicht der Hauptanlaß zu Streitigkeiten, es gab manchen anderen Grund. Am schwierigsten war Freuds Eifersucht und ein Bedürfnis, sich selbst zu quälen, das er nicht zu unterdrücken vermochte.

Wenn man diese Briefe liest, die die Stimmungen und all die kleinen und großen Sorgen des Alltags wiedergeben, sieht man deutlich, wie sich in ihnen zwei Seiten des Freud'schen Wesens abzeichnen: die eine ist düster und leidenschaftlich, neigt zu Ängsten und Aberglauben, ist manchmal zart bis zur Sentimentalität, ist mit Humor begabt, sie enthält kurz gesagt charakteristische Merkmale, an denen Thomas Mann später die Verwandtschaft mit der Brüderlichkeit der Romantiker erkannt hat. Die andere Seite ist vernünftig, fast ein bißchen vernünftelnd, immer bereit, Unrecht zuzugeben, wenn man es ihm nachweisen kann. Sie neigt dazu, andere zu belehren, und zieht gern aus allem eine Lehre. Diese beiden Seiten sind an vielen Stellen erkennbar, manchmal erscheinen sie in ein und demselben Brief, immer sind sie vollständig, ohne Retuschen gezeichnet. Selbstverständlich hat Martha zuerst den romantischen Freud kennengelernt.

> Ich wußte es, erst wenn Du entfernt sein wirst, würde mir der ganze Umfang meines Glücks und leider auch das ganze Maß meiner Entbehrung zum Bewußtsein kommen. Ich kann es noch immer nicht fassen, hätte ich nicht das zierliche Kästchen und das süße Bild vor mir liegen, ich hielte es für einen gaukelnden Traum und fürchtete mich vor dem Erwachen. Dein holdes Bildnis. Ich habe es zuerst so gering geschätzt, als ich noch das Urbild vor Augen hatte; jetzt aber, je öfter ich es ansehe, desto ähnlicher wird es der Geliebten; ich erwarte, daß die bleichen Wangen sich purpurn färben, wie unsere Rosen waren, daß die zarten Arme sich von der Fläche lösen, nach meiner Hand zu greifen; aber das teure Bild bleibt ruhig, es scheint nur zu sagen: Geduld, Geduld, ich bin nur ein Zeichen, ein Schatten, aufs Papier geworfen, das Wesen selbst kommt wieder, und dann magst Du mich wieder vernachlässigen. Dabei wollte es mir nicht aus dem Kopf, daß ich irgendwo von einem Mann gelesen, der die Geliebte in einem kleinen Kästchen mit sich herumgetragen, und nach langem Besinnen fiel mir ein,

das müßte das Märchen »Die neue Melusine« in Goethes »Wilhelm Meisters Wanderjahre« sein, an das ich mich nur undeutlich erinnerte. Ich nahm das Buch nach langen Jahren wieder zur Hand und fand meine Vermutung bestätigt. Aber ich fand mehr als ich suchte. Die neckischsten oberflächlichen Anspielungen tauchten bald hier, bald dort auf, hinter jedem Zug der kleinen Geschichte lauerte eine Beziehung auf uns, und als ich mich erinnerte, welchen Wert mein Mädchen darauf gelegt, daß ich größer sei als sie, mußte ich das Buch halb geärgert, halb ergötzt wegwerfen und tröstete mich mit der Versicherung, daß meine Martha keine Nixe, sondern ein holdes Menschenkind sei. Wir verstehen uns noch nicht im Humor, darum wirst Du Dich vielleicht enttäuscht finden, wenn Du das Geschichtchen nachsiehst. Auch möchte ich Dir nicht alle tollen und ernsten Einfälle, die ich dabei hatte, mitteilen.[5]

So wie der Rosenkavalier seiner Angebeteten jeden Tag eine rote Rose schickte, behandelt auch er sein Mädchen wie eine Märchenprinzessin und schreibt ihr sogar einmal einen Brief im mittelalterlichen Stil. Er kann aber herrschsüchtig, auch hartnäckig auf seinen Forderungen bestehen, sobald es um seine Auffassung vom Leben geht. In seinen Briefen nimmt er dann einen strengen, vernünftelnden Ton an, der meistens Eifersucht verbirgt:

An diesem Datum vor einem Monat sahen Dich meine frohen Augen wieder, wie Du in der Veranda des Phillipschen Hauses saßest und Du erkanntest mich nicht, und vor zwei Monaten warst Du eben meine Verlobte geworden. Wenig, sehr wenig ist seit dem geschehen, die Vereinigung, die wir anstreben, zur Wirklichkeit zu machen. Doch haben wir die Zeit auch nicht ganz ungenützt gelassen. Wir waren einander fremd, mußten uns kennenlernen, etwas miteinander erleben, das haben wir erreicht, und wenn wir beide gesund bleiben, und kein Dämon unsere Gesinnungen gegeneinander verwirrt, werden die folgenden Monatstage unseres Verlöbnisses uns auch auf dem Weg zum ersehnten Ziel fortgeschritten finden. Wenn ich eine Bitte heute wiederholen soll, sei nicht wortkarg oder verschlossen gegen mich, mach mich lieber zum Mitwisser einer kleinen Unzufriedenheit oder selbst einer größeren, die wir als ehrliche Freunde und gute Kameraden schlichten und ertragen wollen. Auf Kosten der Schonung, die Dein zartes Wesen beanspruchen darf, habe ich selbst immer so gehandelt, und Du sagtest, es war Dir recht. Wenn ich Dich damit oft gekränkt, so hast Du doch nicht mein Bemühen verkannt, Dich mir so innig als möglich zu eigen zu machen, und wenn es egoistisch ist, so kann doch die Liebe nicht anders als egoistisch sein.[6]

Freuds Eifersucht führt häufig zu Mißverständnissen zwischen den beiden und er arbeitet ständig darauf hin, Martha von allen Menschen zu lösen, die ihr gewogen waren. Immer wieder ver-

[5] M., 19. 6. 1882: Br. 10
[6] M., 17. 8. 1882: Br. 26

langt er von dem Mädchen, zwischen ihm und den Leuten, die ihr lieb sind oder waren, zu wählen. Der Gedanke, daß sie verlobt war, bevor sie ihn kannte, macht ihn krank. Ein Freund aus ihrer Kindheit, der sich ihr gegenüber ein wenig zu aufmerksam benahm, gibt Anlaß zu heftigem Streit. Sogar Marthas Bruder und Mutter werden gefährliche Rivalen, die er auszustechen gedenkt. Während dieser ganzen Zeit, da die Trennung sogar die kleinsten Spannungen verschlimmert, wird bei Freud schon ein Charakterzug offenbar, der später seinen Schülern noch sehr vertraut wurde: Leute, denen er sich verbunden fühlt, müssen ihm unbedingt antworten. Nichts kann ihn mehr aufbringen, als wenn jemand gegen die Spielregeln des Briefschreibens verstößt, er ist imstande, sich deswegen mit einem Freund zu überwerfen. Man sagt, daß Jungs überaus große Nachlässigkeit in diesem Punkte mit dazu beigetragen hat, die Zuneigung seines Lehrers zu verlieren. Martha war längst nicht so säumig im Briefschreiben, dennoch drohte er ihr die gleiche Strafe an.

> Ohne Deine Antwort abzuwarten, mein Mädchen, beginne ich diese Aufzeichnungen, um Dir mehr von mir und meinem Tun mitteilen zu können, als unser persönlicher Verkehr mir gestatten würde. Ich will sehr offen und vertraulich gegen Dich sein, wie es sich für uns geziemt, nachdem wir einander in Freundschaft und Liebe die Hand gereicht haben für unser Leben, aber ich will nicht immer ohne Antwort schreiben und alsbald aufhören, wenn Du mir nicht erwiderst. Beständige Selbstgespräche über ein geliebtes Wesen, denen die Korrektur und Auffrischung durch dieses selbst fehlt, führen zu falschen Meinungen über das gegenseitige Verhältnis und zur Entfremdung, wenn man einmal zusammenkommt und es anders findet, als man ohne Gewähr geglaubt hatte. Ich werde auch nicht immer sehr zärtlich sein, oft ernst und aufrichtig, wie es Fremden geziemt, wie es Freunden Bedürfnis ist.[7]

Freud litt um so mehr unter der Trennung, als er keine Möglichkeit sah, sie abzukürzen. Während der viereinhalbjährigen Verlobungszeit besuchte er Martha nur sechsmal, weil er kein Geld für die Bahnfahrt hatte. Er mußte Anleihen bei seinen Freunden machen, um die weite Reise von Wien nach Hamburg zu bestreiten. Aber er steckte bereits bis über die Ohren in Schulden, eine solche Reise war eine Torheit, weil sie sein Budget gefährdete und außerdem seinen Arbeitsplan. Diese Situation mußte die Beziehungen der beiden Verlobten noch erschweren. Sie ließ zwar Freuds Leidenschaft heftiger aufflammen, verstärkte aber auch seine Eifersucht und seine Angst, verlassen zu werden und das Glück der Ehe nie zu erreichen, das ihm im Augenblick noch als Ideal vorschwebte. »Oh Martha, Geliebte,

[7] M., 25. 9. 1882: Br. 30

wie arm wir doch sind!« sagt er eines Tages. Sie waren wirklich sehr arm, ihre wirtschaftliche Lage war so schlecht, daß sie in Freuds Augen das Ausmaß einer von Gott gesandten Prüfung annahm. Er hoffte kaum, mehr Glück zu haben als Jakob, der sieben Jahre auf seine Frau warten mußte:

> Mein teurer geliebter Schatz, ich komme mir bald so beneidenswert, bald so unglücklich vor, wenn ich denke, daß Du meine Braut bist und dann, daß Du es seit dreieinhalb Jahren bist. Im Fluge vergangen, sagst Du? Es ist die Hälfte der Brautzeit unserer Patriarchen, aber die sind schrecklich alt geworden, und Gott war mit ihnen.[8]

Liebe, Geldsorgen, ängstlich zaghafte Zukunftspläne und fachliche Dinge sind die Hauptthemen dieses Briefwechsels voller Sehnsucht, der die Trennung der beiden Liebenden möglichst erträglich machen sollte. Es sind durchaus nicht die einzigen Themen, mit denen sie sich befassen. Freud läßt Martha auch an seinen Gedanken über das Leben teilnehmen, er teilt ihr auch sein Urteil über Menschen und Dinge mit. Er unterhält sich gerne ausführlich mit ihr über Bücher, die er schätzt und er schenkt sie ihr, sobald es ihm seine Mittel irgendwie erlauben. So geben die Briefe einen genauen Überblick über seinen literarischen Geschmack, sie enthalten sogar kleine kritische Abhandlungen, in denen sehr persönliche Ideen über den ästhetischen Wert der Werke zum Ausdruck kommen. Man erkennt in ihnen aber vor allem seine Neigung zu Deutungen, eine Fähigkeit, die sich später in seinen psychoanalytischen Werken zur Meisterschaft steigert:

> Du wirst schon bemerkt haben, daß unsere Dichter und Künstler alle eine Manier haben, eine stereotype Reihe von Motiven und Anordnungen, die eben Schranken ihrer Kunst aufzeigen, darum ist es auch so leicht, sie zu parodieren. Zu dieser Manier gehören bei Dickens die ganz aus selbstloser Güte bestehenden Mädchen, die so gut sind, daß sie gar keine Physiognomie mehr haben, dann der Umstand, daß die braven Leute sofort, wenn sie sich sehen, Freundschaft schließen und dann alle zusammen durchs ganze Buch in Gemeinschaft handeln, dann die scharfe Scheidung zwischen der Tugend und dem Laster, die es im Leben gar nicht gibt – was wär dann z. B. ich? –, dann die Pardonierung des Schwachsinns, der in jedem Dickensschen Roman fast durch einen oder zwei Trottel vertreten ist, die zur Partei der Guten gehören, und dergl. mehr. Ja, eins hätte ich fast vergessen, den Wohltäter, der so furchtbar viel Geld hat und für alles Edle zu haben ist. Von all dem hat Copperfield am wenigsten. Die Personen sind individualisiert, sie sind sündig, ohne abscheulich zu sein.[9]

[8] M., 19. 11. 1885: Br. 178
[9] M., 5. 10. 1883: JBg. Bd. I, 210

Das Buch, das in dieser Zeit am häufigsten in seinen Briefen erwähnt wird, ist ›Don Quichotte‹ von Cervantes. Freud hatte Martha eine Luxusausgabe mit Illustrationen von Gustave Doré geschickt, die er von einem Freund geschenkt bekommen hatte. Das junge Mädchen konnte sich jedoch für dieses Meisterwerk nicht begeistern; es fand seine Derbheit abstoßend. Freud entschuldigte sich, gab aber zu, daß das Buch ihn so sehr fesselte, daß er fast seine Arbeit darüber vergaß. Noch tagelang kommt er auf dieses Thema zurück, dem er sich wohl heimlich verbunden fühlte:

> Glaubst Du nicht, daß man mit Rührung lesen muß, wie sich ein großer, selbst idealer Kopf über das Ideal lustig macht? Ehe wir so glücklich waren, in unserer Liebe etwas vom Wahrhaften zu erfassen, waren wir alle solche noble Ritter, die in ihrem Traum befangen durch die Welt gingen, das Einfache umdeuteten, das Gemeine wie uns selbst in's Edle und Ungewöhnliche vergrößerten und dabei eine traurige Figur machten. Darum werden wir Männer immer mit Achtung davon lesen, was wir einmal waren und zum Teil immer noch bleiben.[10]

Wenn Freud auch nicht Psychologe im landläufigen Sinne war – im täglichen Leben war er es wirklich wenig –, so analysierte er sich hier schon mit bemerkenswerter Genauigkeit. Er fühlt einen donquichote'schen Konflikt zwischen Traum und Wirklichkeit in sich. Die Lösung dieses Konflikts wird von ihm nichts geringeres verlangen als die Erfindung einer neuen Wissenschaft. Ebenso erkennt er seine heimliche Ähnlichkeit mit dem Einsiedler Antonius, dem durchgeistigten Asketen, dessen Versuchung Flaubert beschreibt.

> Ich habe dieses Buch gelesen, was in gedrängtester Weise, in unübertrefflicher Plastik einem den ganzen Weltplunder geradezu an den Kopf wirft, und zwar nicht nur die großen Probleme der Erkenntnis, sondern die echten Rätsel des Lebens, allen Widerstreit der Gefühle und Neigungen wachruft und das Bewußtsein der eigenen Ratlosigkeit in der allgemeinen Rätselhaftigkeit über alles herrschend etabliert. Diese großen Fragen bestehen ja eigentlich immer und man sollte immer an sie denken, man setzt sich aber in jeder Stunde und an jedem Tag immer sein recht enges Ziel und gewöhnt sich an den Gedanken, die Beschäftigung mit diesen Rätseln sei die Aufgabe einer besonderen Stunde und dann wohl diese Rätsel existierten nur in solchen besonderen Stunden. Nun überfallen sie einen plötzlich am Morgen und rauben Fassung und Stimmung.[11]

Gelegentlich neigt man zu der Auffassung, daß die Freud'sche Revolution sich um das Jahr 1895 mit einem Schlag vollzogen

[10] M., 14. 8. 1883: JBg. Bd. I, 211
[11] M., 26. 7. 1883: JBg. Bd. I, 211

habe, indem der Erfinder mit seinem bisherigen Leben und seinen Anschauungen radikal brach. Die Briefe an Martha zeigen jedoch, daß es nicht so war: neben seinen anatomisch-pathologischen Arbeiten beschäftigte sich Freud innerlich schon mit dem Gebiet, das ihn berühmt machen sollte. Der Konflikt, unter dem er innerlich litt und der ihm noch nicht bewußt war, kam erst einige Jahre später beim Tode seines Vaters zum Ausbruch. In der Verlobungszeit war er nicht gelöst, sondern nur verdeckt und etwas abgeschwächt worden.

Die beiden jungen Leute beschlossen endlich, nicht mehr länger aufeinander zu warten: Sie setzten den Hochzeitstermin auf das Jahr 1887 fest, gleichgültig, was auch immer geschehen würde. Genau fünf Jahre hätte dann die Verlobungszeit gedauert. Aber in Wirklichkeit gewannen sie ein halbes Jahr, weil ein Onkel und eine Tante des Mädchens den Verlobten eine bescheidene Summe schenkten, die gerade für die Gründung eines Hausstandes ausreichte. Freud war nervlich erschöpft, die letzten Tage der Trennung verbrachte er in einem Zustand qualvoller Unruhe:

> Und dann werde ich wieder aufleben, mein Schatz, und mich wieder gerne plagen und gerne sparen, und wenn wir uns manchmal den Kopf ein wenig zerbrechen, woher dieses oder jenes zu bestreiten ist, was liegt daran? Wir sind ja zwei dazu und doch weit erhaben über der wirklich bösen Not, die doch so viele Menschen nicht hindert, einander liebzuhaben. Wie lange bleibt man jung, wie lange gesund, wie lange bewahrt man sich die Fügsamkeit, mit der man sich dem Wechsel im Befinden des anderen anschmiegt? Du wirst ja doch ein altes Mädchen, wenn ich Dich warten lasse, bis ich aus erspartem Geld alles bestreiten kann, und verlernst das Lachen und ich entbehre Dich, seitdem ich zurück bin, so daß ich kaum mehr ein menschenwürdiges Leben führe. Du fehlst mir in allem, weil ich zu allem Dich genommen habe, als Geliebte, als Weib, als Kamerad, als Arbeitskraft, und ich muß in der schmerzlichsten Entsagung leben; ich nütze meine Zeit nicht aus, habe an nichts Freude, habe seit Wochen keine heitere Miene gemacht und bin, kurz gesagt, so unglücklich.[12]

Die Hochzeit mußte noch ein bißchen aufgeschoben werden, da Freud, der erst im darauffolgenden Jahr seinen Militärdienst absolvieren wollte, zu einem großen Manöver eingezogen wurde. Danach mußte die heikle Frage der Trauungszeremonie geklärt werden. Freud fühlte sich von dem umständlichen jüdischen Hochzeitsritus so abgestoßen, daß er einen Augenblick daran dachte, Protestant zu werden, denn jeder Österreicher mußte eine ›Konfession‹ haben, unabhängig von seiner Meinung und seiner religiösen Praxis. Dann beruhigte er sich wie-

[12] M., 16. 6. 1886: JBg. Bd. I, 179

der: da er in Deutschland heiraten würde, wo man im Gegensatz zu Österreich die Ziviltrauung anerkannte, würde ihm eine kirchliche Trauung erspart bleiben. Aber er irrte sich! Die standesamtliche Trauung war in Österreich ungültig, wo auch immer sonst sie vollzogen worden war. Er mußte sich deshalb doch zu einer religiösen Zeremonie entschließen. Man wählte den jüdischen Ritus. Freud verbrachte die Nacht davor bei einem Onkel, um die hebräischen Gebete zu lernen, die er am andern Tag sprechen mußte. Es war das letzte Mal, daß er sich einer Konvention beugte, die er innerlich ablehnte.
Am 1. Oktober 1886 kam das junge Paar von seiner Reise nach Wien zurück, wo seine finanzielle Lage noch lange Zeit sehr unsicher war. Abgesehen von Freuds Reisen und gelegentlichen Ferien trennten die beiden sich nur ganz selten. Wien verließen sie erst kurz vor Ausbruch des Zweiten Weltkrieges, nach 52 Jahren gemeinsamen Lebens, in denen Martha keine andere Rivalin als die Wissenschaft kannte, was ihr Bräutigam ihr vorausgesagt hatte. Er irrte sich jedoch in einem Punkte: Marthas Rivalin war nicht die klassische Hirnanatomie, sondern das Studium der Neurosen, dann die aufsehenerregende Psychoanalyse, der seine ganze Leidenschaft gelten sollte.

6. Die Hysterie

Am Ostersonntag, dem 25. April 1886, konnte man in einer Wiener Tageszeitung folgende Anzeige lesen: »Dr. Sigmund Freud, Dozent für Neuropathologie an der Universität Wien, ist von einem sechsmonatigen Aufenthalt in Paris zurückgekehrt und wohnt jetzt Rathausstr. 7.«

So eröffnete Freud seine erste Arztpraxis an einem Sonntag, noch dazu an einem Ostersonntag, einem in Wien besonders geheiligten Tag, an dem niemand arbeitet. Es war sicher eine sonderbare Idee und weil man alles erklären will in diesem Leben, das zu Deutungen herausfordert, hat man sich gefragt, wie Freud dazu kam, da er doch sonst seine praktischen Entschlüsse viel glücklicher traf.

War es die Erinnerung an die alte Kinderfrau, die ihn zu Ostern in die Freiberger Kirche mitnahm, um dort die Messe zu hören? Wollte er die Gesellschaft herausfordern, indem er sich ihren althergebrachten Sitten widersetzte? Oder war es halbeingestandener Aberglaube, dem Freud lange verhaftet blieb, indem er ihn mehr oder weniger erfolgreich auf rationalem Wege erklärte? Wir wissen nicht, was Freud dieses Datum bedeutete, aber daß er für die Eröffnung seiner Praxis einen so hohen Festtag wählte, geschah wohl nicht ohne Absicht.

Freud hatte lange gezögert, sich in Wien niederzulassen. Bevor er es schließlich tat, hatte er einige andere Möglichkeiten erwogen: nach England oder Amerika auszuwandern oder sich auf dem Lande oder in einer kleinen Provinzstadt niederzulassen. Schließlich hatte er sein Glück in der Hauptstadt versuchen wollen. Es war ein Wagnis für einen mittellosen Arzt, der mit keiner großen Unterstützung rechnen konnte.

Einen Monat vor seiner Hochzeit hatte er seine erste Wohnung aufgegeben und ein größeres Appartement gemietet, wo sich die Patienten am Anfang noch keineswegs drängten. Freud hatte seiner Frau vorausgesagt, daß sie ein entbehrungsreiches Leben erwarte. So kam es wirklich, in der ersten Zeit wurden nach und nach die Hochzeitsgeschenke ins Pfandhaus gebracht. Ab 12 Uhr, dem Beginn der Sprechstunde, wartete das junge Paar auf Patienten, denen es den unehrerbietigen Beinamen ›Neger‹ gab, eine Anspielung auf eine Karikatur in einer humoristischen Zeitung, wo ein Löwe gähnend sagte: »Zwölf Uhr und kein Neger!« Nach und nach kamen einige ›Neger‹. Sie wurden von Freuds ehemaligen Lehrern und guten Freunden geschickt, die ihn schon lange mit Geld und guten Ratschlägen unterstützten. Die gefürchteten Monatsenden konnten so immer besser überbrückt werden.

Freud hatte sich als Nervenarzt niedergelassen, merkte aber sehr bald, daß er mit der Neurologie, so wie er sie gelernt hatte, der Mehrzahl seiner Patienten kaum helfen konnte. Die meisten litten nämlich nicht an einer organisch bedingten Nervenkrankheit, sondern waren ›nervös‹, wie wir heute sagen ›neurotisch‹. Das heißt, es waren Leute, die die Wartezimmer aller Spezialisten füllten, ohne daß irgendeiner ihnen eigentlich helfen konnte. Diese bedauernswerten Kranken konsultierten einen Arzt nach dem anderen, ließen alle möglichen Behandlungsmethoden erfolglos an sich ausprobieren und langweilten alle Welt mit ihren Beschwerden und Klagen. Freud wollte aus den Einkünften seiner Praxis leben. Er sagte sich, daß er am schnellsten Erfolg haben würde, wenn er seine Bemühungen dort ansetzte, wo seine Kollegen versagten. Man sollte meinen, der Wunsch zu heilen, sei für einen Arzt selbstverständlich, er scheint aber doch nicht so alltäglich gewesen zu sein, denn Freud war auf seinem Gebiet der erste, den dieser Wunsch zu verstärkten wissenschaftlichen Bemühungen drängte.

Freud fand eine Kategorie Kranker vor, deren Heilung er nicht studiert hatte. Er beobachtete sie mit der gleichen Aufmerksamkeit und Wißbegier, die er bei Charcot während seines Aufenthaltes an der Salpêtrière kennengelernt hatte. Der französische Lehrer hatte ihm zwar keine wirksame Therapie beigebracht, die er jetzt hätte gebrauchen können, aber er hatte zumindest der Hysterie eine neue wissenschaftliche Bedeutung zuerkannt, die Freud jeden Tag bestätigt fand. Als er von Paris zurückkam, sprudelte er über von Ideen und brannte darauf, sie anderen mitzuteilen. Er dachte, er könne ohne Schwierigkeiten auch seine Kollegen überzeugen, aber seine erste Berührung mit der ›Wiener Gesellschaft der Ärzte‹ zerstörte sehr schnell seine Illusionen:

> Es lag mir die Pflicht ob, Bericht über das zu erstatten, was ich bei Charcot gesehen und gelernt hatte. Allein ich fand eine üble Aufnahme. Maßgebende Personen wie der Vorsitzende, der Internist Bamberger, erklärte das, was ich erzählte, für unglaubwürdig. Meynert forderte mich auf, Fälle, wie die von mir geschilderten, doch in Wien aufzusuchen und der Gesellschaft vorzustellen. Dies versuchte ich auch, aber die Primarärzte, auf deren Abteilung ich solche Fälle fand, verweigerten es mir, sie zu beobachten oder zu bearbeiten. Einer von ihnen, ein alter Chirurg, brach direkt in den Ausruf aus: »Aber Herr Kollege, wie können Sie solchen Unsinn reden! Hysteron (sic!) heißt doch der Uterus. Wie kann denn ein Mann hysterisch sein?« Ich wendete vergebens ein, daß ich nur die Verfügung über den Krankheitsfall brauchte und nicht die Genehmigung meiner Diagnose. Endlich trieb ich außerhalb des Spitals einen

Fall von klassischer hysterischer Hemianästhesie bei einem Manne auf, den ich in der ›Gesellschaft der Ärzte‹ demonstrierte. Diesmal klatschte man mir Beifall, nahm aber weiter kein Interesse an mir. Der Eindruck, daß die großen Autoritäten meine Neuigkeiten abgelehnt hätten, blieb unerschüttert; ich fand mich mit der männlichen Hysterie und der suggestiven Erzeugung hysterischer Lähmungen in die Opposition gedrängt. Als mir bald darauf das hirnanatomische Laboratorium versperrt wurde, und ich durch Semester kein Lokal hatte, in dem ich meine Vorlesung abhalten konnte, zog ich mich aus dem akademischen und Vereinsleben zurück. Ich habe die ›Gesellschaft der Ärzte‹ seit einem Menschenalter nicht mehr besucht.[1]

Das Scheitern des ersten Kontaktes brachte zwar keinen endgültigen Bruch mit der Ärztegesellschaft, wie Freud sich später zu erinnern glaubte, dennoch war die schlechte Aufnahme, die man ihm bereitete, entscheidend, denn sie ließ keinen Zweifel mehr daran, daß er sich künftig ganz allein mit jenen eigenartigen Krankheiten befassen und unter allen Umständen Wege finden mußte, sie zu verstehen. Da er aber darauf angewiesen war, seinen Lebensunterhalt zu verdienen, bediente er sich der wenig überzeugenden therapeutischen Mittel, die seine Zeit ihm zur Verfügung stellte:

Mein therapeutisches Arsenal umfaßte nur zwei Waffen, die Elektrotherapie und die Hypnose, denn die Versendung in die Wasserheilanstalt nach einmaliger Konsultation war keine zureichende Erwerbsquelle. In der Elektrotherapie vertraute ich mich dem Handbuch von W. Erb an, welches detaillierte Vorschriften für die Behandlung aller Symptome der Nervenleiden zur Verfügung stellte. Leider mußte ich bald erfahren, daß die Befolgung dieser Vorschriften niemals half, das, was ich für den Niederschlag exakter Beobachtungen gehalten hatte, eine phantastische Konstruktion war. Die Einsicht, daß das Werk des ersten Namens der deutschen Neuropathologie nicht mehr Beziehungen zur Realität habe als etwa ein »ägyptisches« Traumbuch, wie es in unseren Volksbuchhandlungen verkauft wird, war schmerzlich, aber sie verhalf dazu, wieder ein Stück des naiven Autoritätsglaubens abzutragen, von dem ich noch nicht frei war. So schob ich denn den elektrischen Apparat beiseite.[2]

Von nun an wandte Freud hauptsächlich die Hypnose an, was ihn mit den Psychiatern keineswegs aussöhnte, denn für sie war die Hypnose Schwindel und die ›Magnetiseure‹, wie man sie nannte, eine ganz üble Clique. In Paris hatte er gesehen, wie Charcot mit Hilfe der Hypnose Symptome hervorrief, und sie dann wieder zum Verschwinden brachte. Dann erfuhr er von der

[1] Selbstdarstellung. G. W. XIV, 39
[2] a. a. O., 39–40

Arbeit der Schule in Nancy, die die Suggestion mit oder ohne Hypnose als therapeutisches Mittel anwandte. Er versuchte, alle Möglichkeiten auszuschöpfen, auch die verrufensten. Mehr und mehr verlor er das Interesse an den organischen Nervenkrankheiten, beinahe ohne daß er es wollte.

> [...] aber das verschlug wenig. Denn einerseits gab die Therapie dieser Zustände überhaupt keine erfreuliche Aussicht und andrerseits verschwand in der Stadtpraxis des Privatarztes die geringe Anzahl der an ihnen Leidenden gegen die Menge von Nervösen, die sich überdies dadurch vervielfältigten, daß sie unerlöst von einem Arzt zum anderen liefen. Sonst aber war die Arbeit mit der Hypnose wirklich verführerisch. Man hatte zum erstenmal das Gefühl seiner Ohnmacht überwunden, der Ruf des Wundertäters war sehr schmeichelhaft. Welches die Mängel des Verfahrens waren, sollte ich später entdecken.[3]

Hier wird es dem Leser aufgefallen sein, mit welch freimütiger Offenheit Freud die Hauptmotive beim Namen nennt, denen die Psychoanalyse ihre Entstehung verdankt. Solche Dinge pflegt die Geschichte der Wissenschaft im allgemeinen mit verschämtem Schweigen zu umgehen. Er forschte, weil er Geld brauchte und das Gefühl der eigenen Macht genießen wollte. Diese beiden Bedürfnisse findet man immer in gewisser Weise am Anfang großer menschlicher Leistungen. Wie jede Idee und jede Wissenschaft ist die Psychoanalyse aus einem primitiven Ursprung hervorgegangen, der mit ihrem späteren Ziel nichts gemeinsam hat. Im Gegensatz zu den anderen ist sie aber bis heute fast die einzige, die es zugegeben hat.

Die Unzulänglichkeit seiner therapeutischen Mittel beunruhigte Freud unablässig in den ersten Jahren seiner ärztlichen Praxis. Sehr schnell fiel ihm auf, daß man nicht alle Patienten hypnotisieren kann und daß selbst bei denen, die mitmachen, der hypnotische Zustand oft nicht die erwünschte Tiefe erreicht. So beschloß Freud im Sommer 1889, für einige Wochen nach Nancy zu fahren, um seine Technik zu verbessern.

> Ich sah den rührenden alten Liébault bei seiner Arbeit an den armen Frauen und Kindern der Arbeiterbevölkerung, wurde Zeuge der erstaunlichen Experimente Bernheims an seinen Spitalspatienten und holte mir die stärksten Eindrücke von der Möglichkeit mächtiger seelischer Vorgänge, die doch dem Bewußtsein des Menschen verhüllt bleiben.[4]

Von Charcot hatte Freud die Gewißheit übernommen, daß die hysterischen Störungen, seien es Verkrampfungen oder Läh-

[3] a. a. O., 40–41
[4] a. a. O., 41

mungen, keinem bestimmten hirnanatomischen Sektor entsprachen, sondern einem Bild, einer Vorstellung vom Arm oder von dem Bein. In einer ›Vergleichenden Studie über organische und hysterische Lähmungen‹, die in französischer Sprache veröffentlicht wurde, sagt er, daß sich die Hysterie benimmt, als gebe es keine Hirnanatomie oder als wüßte sie nichts von ihr. In Nancy verhalf ihm Bernstein zu einer anderen wesentlichen Erkenntnis: Die Hysteriker wußten Dinge, die eng mit der Ursache ihrer Krankheit verknüpft waren; dennoch war dieses Wissen für die Kranken sozusagen nicht verfügbar. Es war ihnen nicht möglich, aus eigener Kraft das hervorzuholen und auszusprechen, was da auf geheimnisvolle Weise ihrem Bewußtsein verborgen war. Hypnose und Suggestion vermochten Licht in dieses Dunkel zu bringen, aber man stieß dabei auf ein beunruhigendes Problem: warum überließen sich manche der Suggestion, während andere gar nicht oder nur zum Teil darauf ansprachen:

> Zum Zwecke der Belehrung hatte ich eine meiner Patientinnen bewogen, nach Nancy nachzukommen. Es war eine vornehme, genial begabte Hysterika, die mir überlassen worden war, weil man nichts mit ihr anzufangen wußte. Ich hatte ihr durch hypnotische Beeinflussung eine menschenwürdige Existenz ermöglicht und konnte sie immer wieder aus dem Elend ihrer Zustände herausheben. Daß sie jedesmal nach einiger Zeit rückfällig wurde, schob ich in meiner damaligen Unkenntnis darauf, daß ihre Hypnose niemals den Grad von Somnambulismus mit Amnesie erreicht hatte. Bernheim versuchte es nun mit ihr wiederholte Male, brachte es aber auch nicht weiter. Er gestand mir freimütig, daß er die großen therapeutischen Erfolge durch die Suggestion nur in seiner Spitalpraxis, nicht auch an seinen Privatpatienten erziele. Ich hatte viele anregende Unterhaltungen mit ihm und übernahm es, seine beiden Werke über die Suggestion und ihre Heilwirkungen ins Deutsche zu übersetzen.[5]

Es wird noch einige Zeit vergehen, bis Freud in der Lage sein wird, Hypothesen über die Entstehung der Hysterie zu formulieren. Im Augenblick stellt er nur fest, daß die Patienten sich verhalten, als hätten sie keinerlei anatomische Kenntnisse. Diese Beobachtung bringt ihn der Auffassung von der ›Symbolik‹ der Symptome einen kleinen Schritt näher. Freud macht auch die Entdeckung, daß die Hysteriker so handeln, als seien sie durch Vorstellungen angetrieben, die ihrem Bewußtsein verborgen sind. Er ist außerordentlich überrascht über die therapeutischen Erfolge, die er gelegentlich erzielt. Sie scheinen ganz willkürlich aufzutreten – und lassen sich nicht voraussagen. Erstaunt ist er, aber nicht entmutigt oder verwirrt wie offenbar

[5] a. a. O., 41

die meisten seiner Kollegen. Die Unzuverlässigkeit der Ergebnisse und das Bedürfnis, sie zu erklären, treiben ihn in seiner Forschung weiter.

Hier erkennt man das Hauptmerkmal dieser für die Reifung seiner Ideen so wichtigen Phase: Freud ist allen Eindrücken gegenüber aufgeschlossen, alles nimmt er in sich auf, nichts wird a priori verworfen, was ihm vielleicht einmal nützlich werden könnte. So wie er sich von Charcots und Bernheims Auffassungen ganz durchdringen läßt, die er in seiner Muttersprache wiedergibt (in dieser Zeit übersetzt er gerade Charcots ›Poliklinische Vorträge‹ und die beiden Bücher Bernheims über die Suggestion), so sammelt er mit großer Aufmerksamkeit neue Erfahrungen im Umgang mit seinen Patienten. Diese Empfänglichkeit im affektiven wie intellektuellen Bereich, die verglichen mit der Haltung anderer Psychiater so revolutionär war, erwies sich als die große Chance des Freudschen Genies.

Ihr verdankte Freud, daß er eine überraschende Entdeckung seines Kollegen Dr. Josef Breuer aufgriff und auswertete. Breuer war 14 Jahre älter und seit langem eng mit ihm befreundet. Im September 1882 hatte er seinem Freunde ganz unerwartete Beobachtungen mitgeteilt, die er im Laufe einer ganz neuartigen Behandlung gemacht hatte. Es handelte sich um ein hysterisches junges Mädchen, das er nach zweijähriger Behandlung, wie er meinte, fast geheilt entlassen konnte. Freud ging mit leidenschaftlichem Interesse auf diesen Fall ein, der neue Möglichkeiten für die Therapie wie für die Neurosentheorie in sich zu bergen schien. Er besorgte sich die Krankengeschichte, die Breuer zum Teil aufgeschrieben hatte, und nahm viel lebhafteren Anteil daran als Breuer selbst, der merkwürdigerweise den Fall vergessen zu wollen schien. Während seines Pariser Aufenthalts berichtete er Charcot davon und glaubte, er interessiere sich bestimmt für eine so reichhaltige Krankengeschichte. Aber wider Erwarten brachte er ihr nur Gleichgültigkeit entgegen.

Die Geschichte der ›Anna O . . .‹ ist seither in Fachkreisen berühmt geworden. Freud begann erneut, sich dafür zu interessieren, als er ähnlichen Fällen begegnete und seine therapeutischen Mittel ihn mehr und mehr enttäuschten. Die Elektrotherapie war ein Lockmittel, und die Hypnose konnte nicht immer angewandt werden. Mit Hilfe der Suggestion schließlich konnte man Symptome zum Verschwinden bringen und wieder hervorrufen nach Gesetzen, die man nicht durchschaute. Er beschloß, Breuers empirische Methode auszuprobieren. Sie war nicht so sehr auf Grund theoretischer Überlegungen des Arztes entstanden, sondern richtete sich vielmehr nach dem unvorhersehbaren Ablauf der Behandlung. Ganz neu daran war die sinnvolle Mitarbeit der Patientin. Trotz der eigenartigen Zurückhaltung seines

Freundes ging Freud mit Eifer und Ausdauer an die Probleme heran und entdeckte so das erste Werkzeug der Psychoanalyse. Ihr weiterer Weg war damit festgelegt.

Anna O..., die in Wirklichkeit Bertha Pappenheim hieß, hat ihre Berühmtheit wohl verdient, denn ihr ist die Breuersche Methode zu verdanken, die sie ganz richtig »talking cure« oder »chimney sweeping« nannte. Zur Zeit der Behandlung war sie 21 Jahre alt und außerordentlich intelligent, geradezu genial begabt. Ihr bezauberndes Wesen brachte den Arzt gelegentlich in Verlegenheit. Sie hatte Breuer, der kein Psychiater war, wegen eines unangenehmen nervösen Hustens konsultiert. Sie litt aber außerdem noch an verschiedenen auffälligen Störungen, die alle nach dem Tode ihres Vaters aufgetreten waren: Lähmungen in den Gliedern mit Kontrakturen und Gefühllosigkeit, Störungen des Seh- und Sprachvermögens, Unfähigkeit zu essen etc. Außerdem kamen zwei Bewußtseinszustände bei ihr vor, die ganz deutlich unterschieden werden konnten: der eine war normal, der andere der eines unartigen unlenkbaren Kindes. Der Übergang vom einen zum anderen war durch eine Phase von Autohypnose gekennzeichnet, aus der die Patientin ganz klar und geistig normal zu erwachen pflegte. Hinzu kommt noch, daß Anna O... während der ganzen Dauer der Behandlung ihre deutsche Muttersprache ganz vergessen hatte und sich nur englisch ausdrücken konnte. Die englische Sprache war ihr so geläufig geworden, daß sie jeden beliebigen französischen oder italienischen Text fehlerlos übersetzen konnte.

Breuers Visiten fanden abends statt, wenn die Patientin ganz klar war. Sie erzählte ihm dann von sich aus, was sie tagsüber alles erlitten hatte. Sie beschrieb ihm auch ihre furchtbaren Halluzinationen, nach denen sie sich ganz erleichtert fühlte. Eines Tages berichtete sie ihm ausführlich, unter welchen Bedingungen eines ihrer Symptome aufgetreten war, und zu Breuers großer Überraschung genügte diese Erzählung, um das betreffende Symptom zum Verschwinden zu bringen, als wenn die Worte einen Zauber ausübten. Anna O... erfaßte sofort die Bedeutung dieses verblüffenden Phänomens. Sie setzte selbst das »chimney sweeping« fort, dem Freud und Breuer dann den gelehrten Namen ›Katharsis‹ gaben, was etwa soviel wie Reinigung der Seele bedeutet.

Im Ablauf der Krankheit traten immer wieder Unklarheiten auf, die Freud ratlos machten. Vor allen Dingen konnte er sich lange Zeit nicht erklären, warum Breuer die Behandlung plötzlich abgebrochen hatte. Was war geschehen? Warum lehnte er es ab, über den Fall zu sprechen? Warum hatte er ganz und gar aufgehört, sich für die Hysterie zu interessieren, obwohl er eine so vielversprechende therapeutische Methode entwickelt hatte? Auf alle diese Fragen konnte Freud erst antworten, nachdem er tiefer in das Geheimnis der Neurose eingedrungen war. Selbst dann veröffentlichte er nicht alle Einzelheiten, um dem Manne nicht zu nahe zu treten, den er so lange verehrt und geliebt hatte, bevor er in ihm einen Feind seiner Ideen sah. Breuers Geheimnis, das heute allen Psychoanalytikern bekannt ist, wurde von Ernest Jones in seiner Biographie enthüllt:

> Freud hat die seltsamen Umstände, unter denen diese neuartige Behandlung ein Ende nahm, dem Biographen ausführlicher erzählt, als er sie in seinen Schriften schilderte. Offensichtlich hatte Breuer für seine interessante Patientin das entwickelt, was wir heute eine starke Gegenübertragung nennen. Auf alle Fälle scheint er von nichts anderem gesprochen zu haben, so daß es seiner Frau lästig zu werden begann und sie schließlich eifersüchtig wurde. Sie zeigte es zwar nicht offen, aber sie wurde mißmutig und reizbar. Als Breuer, der mit seinen Gedanken anderswo weilte, nach langer Zeit endlich den Grund ihres Gemütszustandes erriet, kam es bei ihm zu einer heftigen Reaktion – wahrscheinlich eine Mischung von Liebe und Schuldgefühl –, und er beschloß, mit der Behandlung aufzuhören. Er teilte dies Anna O . . . mit, der es jetzt viel besser ging, und verabschiedete sich von ihr. Aber noch am selben Abend holte man ihn wieder zu ihr, und er traf sie in einem Zustand höchster Erregung. Die Patientin, die er bisher für ein völlig geschlechtsloses Wesen gehalten, und die während der ganzen Behandlung nie eine Anspielung auf dieses verpönte Thema gemacht hatte, befand sich jetzt in den Wehen einer hysterischen Geburt, dem logischen Abschluß einer Phantomschwangerschaft, die sich während Breuers Behandlung als deren Folge unsichtbar entwickelt hatte. Trotz seines Schreckens gelang es ihm, sie durch Hypnose zu beruhigen, bevor er entsetzt das Weite suchte.[6]

Anna O . . . war natürlich noch keineswegs geheilt, lange noch litt sie an ihren Störungen. Schließlich besserte sich aber ihr Gesundheitszustand mehr und mehr und ermöglichte ihr, ein Leben voller Aktivität zu führen, in dem sie ihre Tüchtigkeit und ihre Gaben ganz entfalten konnte. Sie war die erste Fürsorgerin Deutschlands, offenbar sogar eine der ersten der Welt. Sie heiratete nicht und blieb zeitlebens sehr fromm. Sie trat für die Emanzipation der Frauen ein und reiste mehrmals nach Osteuropa, um Kinder zu retten, deren Eltern bei Pogromen ums Leben gekommen waren.

Für Breuer wurde die Hysterie begreiflicherweise zu einem heiklen Thema, über das er am liebsten nicht mehr gesprochen hätte. Zehn Jahre später, zu einer Zeit, als Freud mit Breuer zusammen Fälle bearbeitete, holte ihn dieser zu einer hysterischen Patientin, deren Behandlung ihm Schwierigkeiten machte. Aus der Beschreibung der Symptome hatte Freud bereits eine typische

[6] JBg. Bd. I, 267

Schwangerschaftsphantasie erkannt. Breuer war unfähig, die Wiederholung einer Situation zu ertragen, die ihn so schwer erschüttert hatte. Ohne ein Wort zu sagen, nahm er Stock und Hut und floh zum zweiten Mal.
Trotzdem gelang es Freud, ihn zu einem gemeinsamen systematischen Studium der »großen Neurose«, wie er sie damals nannte, zu überreden. Diese Zusammenarbeit erstreckte sich über fünf Jahre von 1890 bis 1895. Die beiden veröffentlichten 1895 gemeinsam ihre ›Studien über Hysterie‹. Dieses Buch gilt als das erste Werk der psychoanalytischen Literatur. Es umfaßt fünf Krankengeschichten, die von Anna O ... in einer meisterhaften Darstellung von Breuer. Die vier anderen sind von Freud beschrieben, man kann an ihnen die allmähliche Entwicklung seiner Technik erkennen. Breuers kathartische Methode reichte bei weitem nicht aus, um alle Probleme zu lösen. Sie verlangte die Anwendung der Hypnose, von der sich Freud immer mehr abwandte, weil sie ihm nicht immer möglich, ja sogar nicht immer wünschenswert erschien. Der hypnotische Zustand schien gewisse Phänomene wie die Übertragung zu überdecken, deren entscheidende Bedeutung er zu ahnen begann. Übertragung nannte er all die heftigen, widerstreitenden, unklaren Gefühle, die der Patient früher seinen Eltern und später unbewußt dem Arzt entgegenbrachte. Da Freud nicht nur heilen, sondern auch das Wesen der Krankheit ergründen wollte, gab er allmählich die Hypnose auf und ersetzte sie im dritten Fall der ›Studien über Hysterie‹ durch eine Konzentrationstechnik. Zum ersten Mal war er mit dem Erfolg der Methode recht zufrieden. Er nannte sie »psychische Analyse«, um anzudeuten, daß es sich um eine ganz neue, selbständige Methode handelte.
Die Patientin, die mit geschlossenen Augen dalag, wurde aufgefordert, ihre Aufmerksamkeit auf ein bestimmtes Symptom zu konzentrieren und sich dann Umstände ins Gedächtnis zu rufen, die seine Entstehung erklären könnten. Wenn dies keinen Erfolg hatte, drückte Freud seine Hand auf ihre Stirn und versicherte ihr, jetzt würden bestimmt einige Gedanken oder Erinnerungen auftauchen. Wenn sie immer noch nichts sagte, legte er ihr wieder die Hand auf die Stirn bis sie schließlich mit dem herausrückte, was ihr in den Sinn gekommen war und hinzufügte: »Das hätte ich Ihnen schon beim ersten Mal sagen können, aber ich habe gemeint, es ist nicht das Richtige.« Freud sah, daß sich ihm hier ein Hindernis in den Weg stellte und schärfte der Patientin ein, alles zu sagen, was ihr in den Sinn kam und verbot ihr jede Art von Zensur. Damit hatte er den ersten Schritt zur Methode der ›freien Assoziation‹ getan; er verdankte sie seinen rational geführten Beobachtungen und der Mitarbeit intelligenter Patientinnen.

Seit langem hatte Freud zahlreiche Beweise dafür gefunden, daß die Sexualität eine wichtige Rolle bei der Entstehung der Neurosen spielte. Diese Entdeckung kam ganz überraschend und schockierte ihn zunächst. Er sträubte sich so sehr gegen diese Erkenntnis, daß er die wichtigsten Beobachtungen selbst vergessen zu haben schien. Die Theorie über die sexuelle Ursache der Neurosen entstammte also keineswegs einer vorgefaßten Meinung, sondern sie entwickelte sich vielmehr aus einem Kampf gegen seine eigenen Vorurteile.

> Ich will nur bemerken, daß die Auszeichnung des sexuellen Moments in der Ätiologie der Hysterie bei mir mindestens keiner vorgefaßten Meinung entstammt. Die beiden Forscher, als deren Zöglinge ich meine Arbeiten über Hysterie begonnen habe, Charcot wie Breuer, standen einer derartigen Voraussetzung ferne, ja, sie brachten ihr eine persönliche Abneigung entgegen, von der ich anfangs meinen Anteil übernahm.[7]

Freud war zuerst überzeugt, eine ganz selbständige Entdeckung gemacht zu haben. Später jedoch erinnerte er sich an Äußerungen bekannter Ärzte, die zumindest ahnungsweise ähnliche Erkenntnisse hatten. Breuer hatte in seiner Gegenwart einmal gesagt, daß die Hysterie häufig mit den Geheimnissen des Ehebettes zusammenhinge. Später hörte Freud einmal, wie Charcot seinem Assistenten Brouardel gegenüber die Ansicht vertrat, die »chose génitale« spiele bei gewissen nervösen Störungen stets eine Rolle.[8] Ein Jahr später bat ihn der berühmte Gynäkologe Chrobak, eine hysterische Patientin zu übernehmen, und sprach noch viel offener über das gleiche Thema. Zwei von diesen Ärzten haben später bestritten, diese Bemerkungen gemacht zu haben, und vermutlich hätte Charcot es auch getan, wenn man ihn gefragt hätte.

Bis zum Jahre 1895 verzichtete Freud darauf, seine Erkenntnis besonders herauszustellen, obwohl er sie schon für gesichert hielt. Nachdem es ihn viel Überredungskunst gekostet hatte, Breuer für seine Mitarbeit an seinen ›Studien über Hysterie‹ zu gewinnen, willigte er darin ein, daß die Sexualität in diesem Werk eine untergeordnete Rolle spielen sollte. Breuer weigerte sich nicht etwa grundsätzlich, die Bedeutung der Sexualität für die Entstehung der Neurosen anzuerkennen, aber einerseits erinnerte ihn das Thema zu sehr an ein peinliches persönliches Erlebnis, als daß er es unvoreingenommen hätte behandeln können, andererseits schienen ihm einige Schlüsse Freuds wissenschaftlich anfechtbar, weil sie in seinen Augen zu voreilig waren und andere Möglichkeiten zu sehr ausschlossen. Hieraus erklärt

[7] Zur Ätiologie der Hysterie. G. W. I, 435
[8] Vgl.: Zur Geschichte der psychoanalytischen Bewegung. G. W. X, 51

sich seine lavierende Haltung, die die Arbeit der beiden Männer erschwerte und ihrer Freundschaft schadete. Breuer mußte schließlich die Tatsache der Übertragung anerkennen, jenes Phänomen, das ihn in seinen Beziehungen zu Anna O... so sehr erschüttert hatte und dessen therapeutischen Wert Freud zu ahnen begann. An der sexuellen Ursache der Neurose nahm er doch nach wie vor Anstoß. Er verteidigte diese These zwar nach außen hin, gab aber Freud gegenüber zu, daß er trotz allem nicht daran glauben könne. So begann die nun zwanzigjährige Freundschaft zwischen Schüler und Lehrer langsam zu erkalten und zerbrach schließlich ganz. Dies war der Anfang einer Reihe von aufsehenerregenden Zerwürfnissen, die Freuds Weg und zum Teil auch die Geschichte der Psychoanalyse kennzeichneten.

Die ›Studien über Hysterie‹ wurden in medizinischen Kreisen nicht gut aufgenommen. Dieser Mißerfolg schien Breuer vollends zu entmutigen, während Freud sich mit Spott gegen die Dummheit der Kritiker zur Wehr setzte. Dieser Feind verfolgte ihn bis zum Ende seines Lebens. Durch einen Umstand, dem wir später noch öfter begegnen werden, stammte die einzige positive Kritik nicht von einem Fachmann, sondern von einem Schriftsteller und Theaterkritiker, dessen Rezension mit dem Titel ›Seelenchirurgie‹ in der bedeutendsten Wiener Tageszeitung erschien. Alfred von Berger, Professor für Literaturgeschichte an der Universität Wien und späterer Direktor des Burgtheaters, sagte unter anderem:

> Wir ahnen, daß es möglich sein wird, die innersten Geheimnisse der menschlichen Seele zu ergründen. Die Theorie selbst ist eigentlich nichts anderes als die Psychologie, die Dichter verwenden.[9]

Diese Kritik bedeutet einen Markstein in der wechselvollen Geschichte der Psychoanalyse und der Literatur. Freud schrieb in den ›Studien über Hysterie‹, daß die Krankengeschichten eher einem Roman als medizinischen Beobachtungen glichen. Daher mußte er in dieser Kritik schon einen angenehmen Ausgleich sehen. Noch wußte er nicht, daß die Literatur oft seine zuverlässigste, ja oft sogar seine einzige Stütze inmitten so vieler Feindseligkeiten sein würde.

Im Jahre 1896 wird der Bruch mit Breuer endgültig vollzogen. Ein neuer Freund wird in Freuds Leben einen entscheidenden Platz einnehmen. Von ihm wird er sich ebenfalls eines Tages unter dramatischen Umständen trennen. In diesem Jahr behauptet er kategorisch, daß Hysterie und die sogenannten ›Psychoneurosen‹ auf sexuelle Ursachen zurückzuführen seien. Er ge-

[9] Neue Freie Presse, 2. 12. 1895. In: JBg. Bd. I, 299

braucht zum ersten Mal das Wort ›Psychoanalyse‹, das interessanterweise in einer Arbeit erschien, die zuerst in französischer Sprache veröffentlicht wurde. Hier eine Probe von Freuds Französisch, dem wir seinen Charme und seine Fehler belassen:

> Pour la deuxième classe des grandes névroses, hystérie et névrose d'obsessions, la solution de la question étiologique est d'une simplicité et uniformité surprenante. Je dois mes résultats à l'emploi d'une nouvelle méthode de psychoanalyse, au procédé explorateur de J. Breuer, un peu subtil, mais qu'on ne saurait remplacer, tant il s'est montré fertile pour éclaircir les voies obscures de l'idéation inconsciente. Au moyen de ce procédé – qu'il ne faut pas d'ecrire à cet endroit – on poursuit des symptômes hystériques jusqu'à leur origine qu'on trouve tout les fois dans un événement de la vie sexuelle du sujet bien propre à produire une émotion pénible. Remontant en arrière dans le passé du malade, de pas en pas et toujours dirigé par l'enchaînement organique des symptômes, des souvenirs et des pensées éveillés, je suis arrivé enfin au point de départ du processus pathologique et il m'a fallu voir qu'il y avait au fond la même chose dans tous les cas soumis à l'analyse, l'action d'un agent, qu'il faut accepter comme cause spécifique de l'hystérie.* [10]

* Was die zweite Gruppe der großen Neurosen bzw. Hysterien und Zwangsneurosen anbelangt, kommen wir zu einer überraschend einfachen und gleichartigen Lösung der ätiologischen Fragen. Meine Ergebnisse verdanke ich einer neuen psychoanalytischen Methode, dem zwar etwas subtilen Breuerschen Ausforschungsverfahren, das sich aber durch kein anderes ersetzen läßt, um die dunklen Wege der unbewußten Symbolisierung aufzuklären. – Dank diesem Verfahren – worauf wir hier nicht näher eingehen wollen – verfolgt man die hysterischen Symptome bis auf ihren Ursprung zurück, der jedesmal in einem sexuellen Erlebnis zu finden ist, das sich dazu eignete, im Leben des Kranken eine quälende Gemütserregung hervorzurufen. – Indem ich Schritt für Schritt die organischen Symptome, die Erinnerungen und Wachgedanken zurückverfolgte, die aneinander geknüpft sind, gelangte ich zum Ausgangspunkt des pathologischen Vorgangs und mußte feststellen, alle analysierten Fälle seien auf dasselbe Motiv zurückzuführen, das wir infolgedessen als die spezifische Ursache der Hysterien zu bezeichnen haben. –

[10] L'Hérédité et l'Etiologie des Névroses (1893 in französisch). G. W. I, 416

7. Die Anfänge der Psychoanalyse

In der ›Traumdeutung‹ hat Freud uns mitgeteilt, nach welchen Gesichtspunkten er die Namen seiner Kinder ausgesucht hat. Er wollte sich dabei weder nach der Mode noch nach der Familientradition richten, vielmehr sollte das Andenken an geschätzte Personen, seine Lehrer und Freunde erhalten bleiben. Er glaubte auf diese Weise Erscheinungen, ›Revenants‹,[1] aus seinen Kindern zu machen und dabei sich selbst außerhalb der vergänglichen Zeit zu stellen, indem er eine Art Unsterblichkeit erlangte. Zweifellos handelte er aber auch aus Pietät.

Freud hat sich wirklich bei allen sechs Kindern gewissenhaft an seinen Grundsatz gehalten: seine drei Söhne nannte er Jean-Martin – zu Ehren von Charcot und nicht von Luther, wie man gelegentlich behauptet hat –, Oliver – zur Erinnerung an Cromwell, einem Vorbild seiner Kindheit –, und Ernst sollte an seinen alten Lehrer Brücke erinnern, dessen Namen er, wie er sagte, sein ganzes Leben lang liebte.

Auch bei den Töchtern blieb er seinem Grundsatz treu, obwohl sie weniger bedeutende Vorbilder hatten. Mathilde, die Älteste, bekam den Namen von Frau Breuer, der Freud eine tiefe Freundschaft entgegenbrachte; Sophie wurde nach Frau Paneth genannt, der Frau von Josef Paneth, dessen Silhouette immer wieder in der ›Traumdeutung‹ auftaucht. Anna, die Jüngste, bekam den Namen einer Tochter von Prof. Hammerschlag, bei dem Freud in jungen Jahren biblische Geschichte und hebräisch gelernt hatte. Auf dem Höhepunkt seiner leidenschaftlichen Beziehungen zu Fließ hatte er beschlossen, seinen nächsten Sohn Wilhelm zu nennen. Aber er bekam keinen mehr; trotz der Begeisterung für seinen Freund konnte er sich nicht entschließen, eine Tochter Wilhelmine zu nennen.

Die Kinder bedeuteten so für Freud eine lebendige Verbindung mit einigen bedeutenden Persönlichkeiten, denen er Verehrung, Freundschaft und Bewunderung entgegenbrachte. Später stellten seine Schüler fest, daß er in Träumen seine Kinder oft mit der Psychoanalyse in Verbindung brachte, deren Zukunft ihm lange Zeit große Sorgen machte. Von seinen Kindern sagte er, daß sie sein Stolz und sein Reichtum seien. Auf dem Gipfel seines Schaffens dachte er dies wohl auch von seinen Werken, aber er hätte es nicht zu sagen gewagt.

Die Freundschaft, die Freud in seinen Kindern ehrte, nahm wirklich einen breiten Raum in seinem Leben ein. In seiner Ehe,

[1] Vgl. ›Non-vixit‹-Traum; Kap. 10, S. 126 dieses Buches

in der er den Frieden und die tiefe Freude der Vaterschaft fand, war sie ein wichtiges Moment, das ihn weiterhin beherrschte, um so mehr, als sie eigentlich immer irgendwie mit seiner Forschung und der Weiterentwicklung seiner Ideen verbunden war. Freud brauchte offenbar einen Menschen, der ihm ähnlich, aber doch überlegen war, den er verehren und bewundern konnte. Von ihm erwartete er nicht nur Unterstützung und liebevolle Hilfe, sondern auch geistige Bereicherung. Er suchte in ihm ein Vorbild, das ihm Anregung gab. So hatte beispielsweise seine schwärmerische Bewunderung für Ernst von Fleischl seine Arbeit im physiologischen Institut vorangetrieben. So hatte auch Josef Breuer mit seiner Güte, seiner Intelligenz und seinem geistigen Mut die ersten Entdeckungen über die Hysterie positiv beeinflußt. Diese tiefe und männliche Form der Freundschaft war nicht etwa ein Überbleibsel aus der Jugend: er pflegte sie auch in den Jahren der Reife und sogar im Greisenalter. Sie nahm mit der Zeit allerdings immer mehr väterliche Züge an. Zu dem Zeitpunkt, der uns hier beschäftigt, war sie so überschwenglich, daß sie wahrscheinlich die Entstehung der Psychoanalyse beschleunigt, wenn nicht sogar bewirkt hat. Wir werden bald sehen wieso.

Seine Freundschaft war wie alle Leidenschaft zugleich großherzig und ungerecht, ungestüm und übertrieben, voller Mißverständnisse, ja sogar Konflikte, aber dennoch für beide Teile von großem Wert. Außerdem war sie eigennützig in seelisch geistigem wie in materiellem Bereich. In der Tat scheint Freud das Bedürfnis gehabt zu haben, seinen Freunden etwas schuldig zu sein. Es waren häufig Geldschulden, denn seine wirtschaftliche Lage war immer unsicher und oft hoffnungslos, so daß er gezwungen war, Geld anzunehmen, wenn nicht sogar darum zu bitten. Er berichtete, daß ihm anfangs der Gedanke äußerst unangenehm war, von seinen Freunden etwas zu leihen. Sein alter Lehrer Hammerschlag, der selbst sehr arm war, hatte es aber fertiggebracht, ihn davon zu überzeugen, daß es nichts Erniedrigendes war. Er hatte ihm versichert, daß die finanzielle Hilfe seiner engsten Freunde nichts anderes sei als ein Beweis dafür, daß sie auf seinen künftigen Erfolg vertrauten.[2] Jahrelang waren Fleischl, Paneth und andere Freuds ›Bankiers‹, die

[2] Hier haben wir eine moderne Form der traditionellen Solidarität, die die wohlhabendsten Mitglieder der jüdischen Gemeinde verpflichtete, den armen Studenten zu helfen und die talmudischen Schulen zu unterstützen. In Osteuropa wurden die bedürftigen Studenten abwechselnd von den Honoratioren und den reichen Leuten unterhalten. Zwischen ihnen, die auf ihre ›Bons‹ Essen bekamen und dem Schnorrer, dem Schmarotzer, einer typischen Gestalt vieler jüdischer Geschichten, war die Grenze oft fließend. Aus einigen Kapiteln der ›Traumdeutung‹ (Kapitel 10, Table-d'hôte-Traum, S. 649) geht hervor, daß Freud oft Angst hatte, diese Grenze zu überschreiten.

ihn regelmäßig unterstützten. Der großzügigste Gönner war Breuer, der ihm lange Zeit monatlich eine bestimmte Summe lieh oder schenkte. Wahrscheinlich hat keiner von beiden an eine Rückzahlung gedacht. Fleischl und Paneth starben jedenfalls, bevor Freud seine Schulden bezahlen konnte. Als er sich mit Breuer überwarf, schuldete er diesem noch eine sehr große Summe, was zweifellos seine feindseligen Gefühle noch steigerte.
Unter diesen Umständen ist es nicht verwunderlich, daß Freud sich oft für einen ›Schnorrer‹ hielt, für einen jener liebenswürdigen und zynischen Schmarotzer, die unbedingt zum jüdischen Leben gehören und traditionsgemäß ihre Zeche mit geistreichen Worten bezahlen. Es ist auch ohne weiteres verständlich, daß diese eigentümliche Verquickung von Schulden und Freundschaft, die lange Zeit seine Beziehungen charakterisierte, eines der häufigsten und schmerzlichsten Themen der ›Traumdeutung‹ ist.
Freuds Gefühle zeigten sich nie so widersprechend, so exaltiert und verworren wie in seiner Freundschaft mit Wilhelm Fließ. Sie dauerte 12 Jahre und endete auch mit einem aufsehenerregenden Bruch. Das Wort ›Leidenschaft‹ ist nicht zu stark, um diese außergewöhnliche Zuneigung zu beschreiben, die lange Zeit im Mittelpunkt seines Lebens stand und den weiteren Verlauf seines Schaffens endgültig bestimmte. Ein Brief vom 1. Januar 1896, der aus vielen ähnlichen herausgegriffen wurde, genügt, um einen Eindruck davon zu geben.[3]

> Die Art wie Du sollte nicht aussterben, mein lieber Freund; wir anderen bedürfen Deinesgleichen zu sehr. Was danke ich Dir alles an Trost, Verständnis, Anregung in meiner Einsamkeit, an Lebensinhalt, den ich auf Dich zurückführe, und zuletzt noch an Gesundheit, die mir kein anderer hätte wiederbringen können. Es ist wesentlich Dein Beispiel, wenn ich intellektuell die Kraft gewonnen habe, meinen Urteilen zu vertrauen, auch wo man mich allein läßt ... [...] und wenn ich mit überlegener Demut wie Du allem entgegensehe, was an Schwerem die Zukunft bringen mag. Für all das nimm meinen einfachen Dank![4]

Der Mann, dem diese überschwenglichen Dankesworte galten, übte mehr als sechs Jahre lang auf Freud eine ungeheure Macht aus. Er riß ihn in ein Abenteuer hinein, das in vielen Punkten heute noch rätselhaft ist. Freud war 40 Jahre alt, hatte eine gewisse Lebenserfahrung, er liebte seine Frau und seine sechs Kinder, und dennoch legte er sein Schicksal einem Mann in die Hände, den er für ein Genie hielt, obwohl Fließ ihm wahrscheinlich sogar unterlegen war. Das Ganze geschah mit einer solchen

[3] Der Brief enthielt ein wichtiges Manuskript über die Abwehrneurosen, dem Freud die Überschrift ›Weihnachtsmärchen‹ gegeben hatte.
[4] Fl., 1. 1. 1896: JBg. Bd. I, 349

Begeisterung, daß er seine ganze Existenz von dem Wohlwollen, den Wünschen, Urteilen und Ansichten seines Freundes abhängig machte. Das Abenteuer dauerte zu lange, als daß man von einer bloßen Schwärmerei sprechen könnte, es war vielmehr eine Art Verzauberung, der man nicht auf gewöhnliche Art und Weise entkommen kann. Um sich zu befreien, wagte Freud den kühnsten Griff in seine Persönlichkeit, den je ein Mensch unternommen hat: er begann, sich selbst zu analysieren.

Fließ lebte in Berlin, Freud in Wien. Obwohl die beiden Männer alles daransetzten, sich häufig zu sehen, bestand ihre Beziehung doch im wesentlichen in einem sehr persönlichen Briefwechsel, in dem sie sich ihre tiefsten Gedanken mitteilten. Diese Briefe, die die Entstehung der Psychoanalyse an einem sehr dramatischen Tag schildern, haben selbst eine wechselhafte Geschichte gehabt. Freud hatte die Briefe von Fließ vernichtet. Seine eigenen blieben durch einen Zufall erhalten, obwohl er es nicht wollte.

1928, wenige Jahre nach Fließ' Tod, verkaufte seine Witwe alle 284 Briefe einem Berliner Buchhändler, ebenso die wissenschaftlichen Notizen und Manuskripte, die zu den Briefen gehörten. Sie tat es unter der ausdrücklichen Bedingung, daß sie nicht an Freud zurückkehren durften, denn sie wußte, daß dieser sie sogleich vernichtet hätte. Unter den Nationalsozialisten floh der Buchhändler vorübergehend nach Paris und bot dort die Dokumente Marie Bonaparte zum Kauf an. Diese erwarb sie sofort für 100 Pfund Sterling. Sie nahm sie dann mit nach Wien, wo sie zu dieser Zeit Freuds Schülerin war, und berichtete ihm von dem Kauf seiner Briefe, den sie diesem glücklichen Zufall verdankte. Sie las ihm sogar einige vor, um ihn von ihrem wissenschaftlichen Wert zu überzeugen. Freud war empört über diesen Handel und versuchte, einen Teil der Briefe zurückzukaufen, um sie vernichten zu können. Sie hatte jedoch den Mut, ihrem Lehrer die Stirn zu bieten. So gelang es ihr, die Dokumente zu erhalten und sie durch alle Wirren des Krieges hindurch vor der Zerstörung zu bewahren. Erst nach Freuds Tod kamen sie nach England, wo Anna Freud und Ernst Kris sie durchzusehen begannen.

Freuds Briefe sagen nur wenig aus über Fließ' Persönlichkeit. Sie lassen aber vermuten, daß er ein kühner Geist war, der zu weitschweifenden Spekulationen neigte und anscheinend sehr selbstsicher war. Er war sicherlich sehr charmant und bestach durch seine wissenschaftlichen Fähigkeiten wie durch seine literarische Bildung, aber er neigte zur Übertreibung und war von seinen Ideen so überzeugt, daß ihn nichts davon abbringen konnte. Die liberale Berliner Schule hatte ihn geprägt, er war frei von den Vorurteilen seiner Zeit. Freud faszinierte zweifellos diese Weite des Horizonts, die ihm in Wien fehlte.

Fließ war kein Psychiater, sondern Hals-Nasen-Ohrenspezialist. Er arbeitete sein ganzes Leben lang in Berlin, wo er im Gegensatz zu Freud eine gutgehende Praxis hatte. Sein Fachgebiet war jedoch nur der Angelpunkt für seine wissenschaftlichen Interessen, die ihn über die Medizin hinaus in das Gebiet der Biologie führten. In diesem Punkte stimmte er schon mit Freud überein, der sich auch nur um anderer Interessen willen mit der Medizin befaßt hatte.

Ohne auf Details einzugehen, muß man doch die teils extravaganten, teils ernst zu nehmenden Theorien, die Fließ bekannt machten, erwähnen, denn sie berühren die besonders schwierigen Probleme, die Freud damals gerade zu lösen versuchte. Fließ ist hauptsächlich bekannt geworden durch zwei Begriffe, denen man heute beinahe keinen Wert mehr beimißt, die aber damals sehr umstritten waren. Der eine bezieht sich auf ein neues krankhaftes Phänomen, das er ›Nasenreflex-Neurose‹ nannte, der andere ist die berühmte Theorie der Perioden, die sicher nicht aus dem Bereich der exakten Biologie stammt, von deren Begründung er träumte, sondern eher zur Mystik gehört, wenn nicht gar zur Psychopathologie.

Das Syndrom der ›Nasenreflex-Neurose‹ bestand aus drei verschiedenen Symptomen: Kopfschmerzen, weit ausstrahlende neuralgische Schmerzen von der Herz- bis zur Lendengegend, von den Armen bis zum Magen und Störungen der Verdauung, der Blutzirkulation und der Atmung. Fließ hatte herausgefunden, daß alle diese Erscheinungen durch Anwendung von Kokain in der Nase behoben werden konnten. Er schloß daraus, daß sie alle zu einem einheitlichen Bild gehörten, gleichgültig, in welcher Anzahl und Variation sie auftraten, und alle durch die Nase verursacht wurden. Die ›Nasenreflex-Neurose‹ war entweder organisch verursacht, zum Beispiel durch eine Infektion oder funktionell-vasomotorisch, dann war ihr Grund in sexuellen Störungen zu suchen. In diesem letzten Punkte ähnelte das Fließ'sche Syndrom der Neurasthenie, die Freud zu den Neurosen zählte, deren Ursachen nicht im Seelischen zu suchen waren, sondern auf eine ungesunde Lebensführung, speziell im sexuellen Bereich zurückzuführen waren.

Die Theorie der Perioden war entstanden aus der angeblichen Beobachtung eines Zusammenhanges zwischen der Nase und den weiblichen Geschlechtsorganen. Von dem Problem der Periode war er geradezu besessen, was zu einer Unmenge Thesen und schließlich zu der Behauptung führte, daß die Periodizität alle Lebensäußerungen des Menschen, des Tieres und sogar der ganzen organischen Welt bestimme. Hier eine Probe seiner Ausführungen:

> Die menstruelle Blutung des Weibes ist der Ausdruck eines Vorganges [...], welcher beiden Geschlechtern eignet und dessen Beginn nicht erst an die Pubertät geknüpft ist [...]
> Ein weiteres Moment zu betonen zwingen uns die vorliegenden Tatsachen. Sie lehren, daß außer dem Menstruationsprozeß mit dem 28tägigen Typus noch eine andere Gruppe periodischer Vorgänge von 23tägigem Zyklus besteht, denen ebenfalls jedes Alter und alle Geschlechter unterworfen sind.[5]

Fließ sieht einen geheimen Zusammenhang zwischen den Perioden und dem sexuellen Charakter der Frau und des Mannes. Für ihn ist das ein sicherer Beweis für seine Theorie der Bisexualität des Menschen, und er leitet kühne Schlüsse daraus ab:

> Einmal im Besitz solcher Erkenntnis hat sich uns die weitere Einsicht ergeben, daß in diesen Sexualperioden sich der Aufbau unseres Organismus schubweise vollzieht, und daß durch sie der Tag unseres Todes ebenso bestimmt ist wie derjenige unserer Geburt. Krankhafte Störungen unterliegen den gleichen zeitlichen Gesetzen, denen die periodischen Vorgänge selbst unterworfen sind.
> Die Mutter überträgt die Perioden auf ihr Kind, und durch den Charakter der zuerst übertragenen bestimmt sie sein Geschlecht. Dann schwingen die Perioden in dem Kinde fort und wandern im gleichen Rhythmus durch die Generationen. Sie können ebensowenig neu entstehen, wie die Energie überhaupt, und ihre Zeitform erlischt nicht, solange organisierte Wesen geschlechtlich sich fortpflanzen. Ihre Existenz ist sonach nicht auf den Menschen beschränkt, sondern geht ins Tierreich und wahrscheinlich durch die ganze organische Welt. Ja, die wunderbare Genauigkeit, mit der die Zeit von 23 bzw. 28 ganzen Tagen innegehalten wird, läßt eine tiefere Beziehung astronomischer Verhältnisse zur Schöpfung der Organismen vermuten.[6]

Es sieht so aus, als wenn weder Freud noch Fließ eine Ahnung davon hatte, daß die Theorie der Bisexualität keineswegs neu war, sondern schon viele Geister vor ihnen beschäftigt hatte. Fließ glaubte, sie erfunden zu haben, und war sehr stolz darauf. Einige Zeit später machte er Freud in einem Artikel, den man fast als eine Schmähschrift bezeichnen könnte, öffentlich den Vorwurf, seine Entdeckung an einen seiner Schüler weitergegeben und so sein Geheimnis verraten zu haben.
Man darf nicht übersehen, daß Freud lange Zeit der Theorie der Perioden Glauben schenkte. Er versuchte mit ihr zu arbeiten, hatte aber wenig Erfolg damit. So wollte er zum Beispiel den

[5] ›Die Beziehungen zwischen Nase und weiblichen Geschlechtsorganen in ihrer biologischen Bedeutung dargestellt‹, Wien 1879. S. a. ›Aus den Anfängen der Psychoanalyse‹, S. 12; die gleichen Ideen werden in den späteren Büchern ausgedrückt: ›Der Ablauf des Lebens‹, Wien 1923; ›Vom Leben und vom Tod‹, Jena 1924; ›Das Jahr im Lebendigen‹, Jena 1924, etc.
[6] Aus den Anfängen der Psychoanalyse, S. 13

Unterschied zwischen der Neurasthenie und der Angstneurose mit Perioden von 28 und 23 Tagen erklären. Er setzte sich in den Kopf, daß die Summe der beiden schicksalhaften Zahlen – 51 – ihm den genauen Zeitpunkt seines Todes angab. Zu einer Zeit, in der Fließ immer mehr in eine wirre Zahlenmystik geriet und seine Berechnungen auf den ganzen Kosmos ausdehnte, ging Freud sogar so weit, in ihm den »Kepler der Biologie« zu begrüßen.

Die beiden Männer lernten sich 1887 durch Breuers Vermittlung kennen. Fließ war nach Wien gekommen, um sich noch weiter auszubilden. Er hatte noch nichts veröffentlicht, und Freud begann gerade erst, das Problem der Hysterie näher zu untersuchen. Ihre Situation war daher ähnlich. Beide hatten den Kopf voller Ideen, beide brannten darauf, sie in die Tat umzusetzen. Es gab noch mehr Gemeinsamkeiten: ihre Herkunft aus dem jüdischen Kleinbürgertum, ihre Mittellosigkeit (Fließ heiratete jedoch kurze Zeit später eine reiche Frau), ihre gediegene klassische Bildung und in vielen Dingen ein ähnlicher Geschmack. Außerdem hatten beide gemeinsame wissenschaftliche Interessen, beide bewegten sich am Rande des medizinischen Denkens ihrer Zeit. All dies bereitete den Boden für eine gegenseitige Sympathie. Fließ kam aus der Schule von Helmholtz. Ernst Brücke, Freuds Lehrer, galt als ihr Vertreter in Wien. Nicht ohne Grund hat Freud einmal in einem Traum ein sehr bezeichnendes Wortspiel über das Wort ›Brücke‹ hervorgebracht: der alte Gelehrte war wirklich eine ›Brücke‹ zwischen Wien und Berlin, genauso wie zwischen ihm und seinem neuen Freund.

Wie wir schon gesagt haben, klammerte sich Freuds wissenschaftliches Denken an eine physiologische Lehre, die mit Hilfe physikalischer Methoden eine Messung aller Phänomene anstrebte. Diese Physiologie, die der Ausgangspunkt der psychoanalytischen Theorie wurde, hatte auch Fließ im Auge, als er sich um den Entwurf einer exakten Biologie bemühte (diesen Ausdruck verwendete er im Untertitel eines seiner Werke). Hier waren gute Voraussetzungen für eine Zusammenarbeit. Freud hoffte, seine Ansichten bestätigt zu finden, zumal er Fließ in diesem Punkte für fähiger hielt als sich selbst.

Das Interesse der beiden war wechselseitig. Freud dachte, einen unmittelbaren Zusammenhang zu finden zwischen der Theorie der nasalen Reflexneurose und dem Problem der Differentialdiagnose hysterischer und somatischer Störungen. Diese Frage hatte ihn seit seiner Rückkehr aus Paris sehr beschäftigt. Seine Ideen mußten auf Fließ einen starken Eindruck machen, da er sich um eine Verbindung psychologischer, physiologischer und physikalischer Begriffe bemühte. Dennoch war das Interesse an diesem Gedankenaustausch bei beiden verschieden groß. Fließ

tat so, als wenn er ihn entbehren könnte, während Freud lange Zeit das Gefühl hatte, daß nur er allein einen Vorteil daraus zog.
Freud war sicher begeistert von dem Mut des Berliner Arztes, der, weit davon entfernt, die Bedeutung der Sexualität abzulehnen, sie in den Mittelpunkt seiner Gedanken stellte. Breuers Kleinmut hatte ihn enttäuscht. Dieser freizügige Geist, der so sehr gegen die Wiener Engherzigkeit abstach, gab ihm den Glauben an sein altes Ideal der Freundschaft und Zusammenarbeit wieder. Übrigens erreichten Freuds Beziehungen zu Fließ ihren Höhepunkt in dem Moment, wo Breuer ganz aus seinem Leben gewichen war.
Freuds erste Briefe kommen dem Leser ein wenig gekünstelt vor, obwohl er ganz offen von seinen Ideen, seinen noch ganz ungesicherten Hypothesen und seinen Schwierigkeiten spricht. Er hatte nämlich den dringenden Wunsch, seine wissenschaftliche Isolierung zu durchbrechen. Nach und nach wird der Ton der Briefe immer vertraulicher, die beiden duzen sich und reden sich mit ihrem Vornamen an, was Freud später nie mehr erleben sollte. Der Briefwechsel wird immer umfangreicher. Bald genügen ihnen die Briefe nicht mehr, sie beschließen, sich alleine zu treffen, um ihren Gedankenaustausch zu vertiefen. Diesen Treffen geben sie halb ernst, halb ironisch den Namen ›Kongreß‹. Diese Kongresse finden zuerst in Wien und Berlin statt, dann immer häufiger an neutralen Orten: München, Dresden, Salzburg, Nürnberg, Breslau, Aussee, Innsbruck. Nach dem letzten Kongreß, der 1900 in Tirol stattfand, sollten sich die beiden nicht mehr wiedersehen.
Zwischen 1890 und 1900 zeigen die Briefe, wie wichtig diese ›Kongresse‹ für Freuds persönliche Existenz werden. Am Anfang bedauert er es nur, wenn auch sehr heftig, eine Begegnung mit Fließ versäumt zu haben:

> Verehrter Freund!
> Herzlich ungern schreibe ich Ihnen heute, daß ich nicht nach Berlin kommen kann – es ist mir gar nicht um die Stadt oder den Kongreß –, sondern daß ich Sie nicht in Berlin sehen kann. Sehr ungern, denn ich hatte mir von dem Verkehr mit Ihnen sehr viel erwartet. Sonst recht zufrieden, glücklich, wenn Sie wollen, bin ich doch sehr vereinsamt, wissenschaftlich abgestumpft, faul und resigniert. Wenn ich mit Ihnen sprach und merkte, daß Sie so von mir denken, pflegte ich sogar selbst etwas von mir zu halten, und das Bild der überzeugungsvollen Energie, das Sie boten, war nicht ohne Eindruck auf mich. Auch ärztlich hätte ich gern viel von Ihnen und vielleicht von der Berliner Atmosphäre profitiert, da ich seit Jahren ohne Lehrmeister bin und so ziemlich ausschließlich in der Behandlung der Neurosen stecke. Verlieren Sie die Geduld nicht, nachdem ich Sie ohne briefliche Antwort gelassen und jetzt Ihre nicht an

Herzlichkeit zu übertreffende Einladung abgelehnt habe. Lassen Sie mich etwas von einer Aussicht hören, Sie mehrere Tage zu sehen, um Sie nicht als Freund zu verlieren.[7]

Einige Jahre später wartet er auf einen Kongreß »wie auf die Befriedigung von Hunger und Durst«. Nach der Zusammenkunft in Nürnberg ist er »in kontinuierlicher Euphorie und arbeitet wie ein Jüngling«. Als er eines Tages nicht zu einem Treffen erscheinen kann, erklärt er Fließ, was diese ›Entbehrung‹ für ihn bedeutet.

Nach jedem unserer Kongresse war ich für Wochen neugestärkt, die Einfälle drängten sich nachher, die Lust an der schweren Arbeit stellte sich wieder her, und die flackernde Hoffnung, den Weg durch das Gestrüpp zu finden, brannte für eine Weile ruhig und leuchtend. Lehrreich ist diese Entbehrung für mich nicht, ich wußte es immer, was unsere Zusammenkünfte mir bedeuten.[8]

An einer anderen Stelle gesteht er seine absolute Abhängigkeit ein von dem Freund, den er als den »obersten Richter« seiner Werke ansieht:

Ganz ohne Publikum kann ich nicht schreiben, kann mir aber ganz gut gefallen lassen, daß ich es nur für Dich schreibe.[9]

Da man die Briefe nicht kennt, die Fließ an Freud geschrieben hat, weiß man auch nicht, welchen Wert die Urteile haben, die er über Freuds Werke abgab. Freud schickte ihm alle Manuskripte und nahm die Beurteilung kritiklos hin: bei einem Lob geriet er außer sich vor Freude,[10] während ihn eine Kritik zur Verzweiflung brachte. Man kann annehmen, daß Fließ ihm nicht in allem folgen konnte. Als Freud beispielsweise die kindliche Sexualität entdeckte und dadurch die enge Verbindung seiner Psychologie mit der Physiologie und der Physik löste, fiel es Fließ bestimmt schwer, ihn zu verstehen, weil er sich mit ganz anderen Problemen beschäftigte. Fließ schien zumindest in einem Punkte kompetent gewesen zu sein: in der Frage des Stils und des literarischen Aufbaus der Freudschen Werke. Hier stellte er hohe Anforderungen. Seine Anregungen und Kritik, nach denen sich Freud richtete, gehören sicher zu der positiven Seite seines Einflusses, der in anderen Dingen manchmal recht zweifelhaft war.
Die Literatur spielt übrigens im Briefwechsel der beiden Männer

[7] Brief vom 1. 8. 1890: Aus den Anfängen der Psychoanalyse, S. 57
[8] JBg. Bd. I, 353
[9] a. a. O., 353
[10] Im Jahre 1900 begann Freud, die Ursache seiner Abhängigkeit von Fließ zu verstehen. In einem Brief vom 7. Mai sagt er: »Aber den Verkehr mit dem Freund, den eine besondere – etwa feminine – Seite fordert, ersetzt mir niemand.« Aus den Anfängen der Psychoanalyse, S. 273

eine große Rolle. Sie begeisterten sich oft für dieselben Werke, weil sie beide einen ähnlichen Geschmack hatten.
Freud zitierte in seinen Briefen wiederholt Shakespeare und empfahl seinem Freund, Kipling zu lesen, während dieser ihn auf Konrad Ferdinand Meyer, den großen Schweizer Dichter, aufmerksam machte. Freud behielt sein Leben lang eine Vorliebe für diesen Autor, der ihn als erster dazu anregte, ein literarisches Werk zu analysieren: Er interpretierte die Novelle ›Die Richterin‹ und schickte die offenbar unvollständige Abhandlung an Fließ. Wir finden hier schon denselben reizvollen Stil, der die späteren ästhetischen Schriften auszeichnet.[11]
Dieser Briefwechsel liefert wie kein anderes Dokument eine Menge wichtiger Aufschlüsse über Freuds Leben in diesen zehn Jahren, die in vieler Hinsicht krisenhaft verliefen. Freud spricht von seiner Familie, berichtet alle möglichen kleinen Erlebnisse mit seinen Kindern, seine Erfolge und seinen Ärger mit den wenigen Patienten, die Hauptereignisse des Alltags und die bedeutendsten Erlebnisse auf seinen Reisen. Es kommen auch unerfreuliche Dinge zur Sprache: So bestand Fließ in ziemlich gebieterischer Art auf einem Rauchverbot, das er seinem Freund auferlegte. Freud versuchte es einzuhalten und verzichtete auf seine geliebten Zigarren. Außerdem fand Freuds leidenschaftliche Begeisterung für die Archäologie, mit der er sich später immer leidenschaftlicher befaßte, keine Resonanz bei seinem Freund, der sich für die Vergangenheit weniger interessierte. Fließ fand es überflüssig, daß Freud sich mit ihr befaßte, zumal es ihn nicht nur Zeit, sondern auch Geld kostete.
Die beiden Freunde nehmen regen Anteil am politischen Geschehen ihrer Zeit: Sie sind über den Dreyfusprozeß empört, und Zola hält sie in Atem: »Welch ein tapferer Mann, mit ihm könnte man sich verstehen!« Nichts bewegt Freud jedoch mehr als die Wahl zum Wiener Stadtrat. Die Liberalen führen einen erbitterten Kampf gegen den Führer der christlich-sozialen Partei, Dr. Karl Lueger. Er war ein erklärter Antisemit, Freud betrachtete ihn fast als seinen persönlichen Feind. In den Jahren 1895/96 wurde er dreimal zum Bürgermeister gewählt, aber der Kaiser bestätigte seine Wahl erst 1897. Er blieb bis zu seinem Tode im Jahre 1910 im Amt. Freud, der nur liberale Kandidaten wählte, hatte nicht das Vergnügen, seine Niederlage zu erleben.
Jetzt müssen wir uns noch der Frage zuwenden, wie sich Freud

[11] »Kein Zweifel, daß es sich um die poetische Abwehr der Erinnerung an ein Verhältnis mit der Schwester handelt. Merkwürdig nur, daß diese genau so geschieht wie in der Neurose. Alle Neurotiker bilden den sog. Familienroman (der in der Paranoia bewußt wird), der einerseits dem Größenbedürfnis dient, andrerseits der Abwehr des Inzestes. Wenn die Schwester nicht das Kind der Mutter ist, so ist man ja des Vorwurfes ledig.« Aus den Anfängen der Psychoanalyse, S. 220

aus dieser ungewöhnlichen geistigen und seelischen Sklaverei befreite, in der Fließ ihn zehn Jahre lang gehalten hatte. Im Jahre 1896 starb Freuds Vater. Wenn man das hohe Alter des Greisen bedenkt, war dies kein ungewöhnliches Ereignis. Dennoch verursachte es in ihm eine so tiefe Erschütterung, daß er begann, die Gründe dieser heftigen Reaktion zu erforschen. Im Sommer 1897 beschloß er, die Technik zu Hilfe zu nehmen, die er bei seinen Patienten anwandte. Das kostete ihn viel Schmerzen und war viel gefährlicher, als er es sich vorgestellt hatte. Er brauchte nicht nur Mut dazu, auch eine Art Askese war nötig. Es dauerte lange, bis Freud erkannte, daß Fließ die Freudsche Selbstanalyse einerseits zwar vorantrieb, sie andrerseits aber nicht bis zu ihren letzten Konsequenzen kommen ließ. Im Jahre 1900 stellte er eines Tages fest, daß er trotz des sehnlichen Wunsches nach einem Wiedersehen mit Fließ ein dunkles Gefühl in sich spürte, das ihn zu einer Absage trieb. Er sagt sehr traurig:

> Es hat noch kein Halbjahr gegeben, in welchem ich mich so ständig und so innig nach Zusammenleben mit Dir und den Deinigen gesehnt habe, wie das eben abgelaufene. Du weißt, es war eine tiefgehende innerliche Krise, Du würdest sehen, wie alt ich in ihr geworden bin. Es hat mich darum mächtig gepackt, als ich hörte, Du schlügest ein Wiedersehen in diesen Ostertagen vor. Wenn man nicht verstünde, Widersprüche feiner aufzulösen, müßte man es unbegreiflich finden, daß ich nicht eilig dem Vorschlag zustimme. In Wirklichkeit ist es wahrscheinlicher, daß ich Dir ausweichen werde. Nicht nur mein fast kindliches Lechzen nach dem Frühling und nach schöner Natur, das opferte ich gern der Befriedigung, Dich für drei Tage neben mir zu haben. Es sind noch andere, innere Gründe vom Aggregatzustand der Imponderabilien, die mir aber schwer wiegen ... Ich bin innerlich tief verarmt, mußte meine sämtlichen Luftschlösser demolieren, und gerade eben faßte ich etwas Mut, sie wieder aufzubauen. Während der Katastrophe des Einsturzes wärst Du mir unschätzbar gewesen, im gegenwärtigen Stadium würde ich mich Dir kaum verständlich machen können. Ich habe meine Depression dann mit Hilfe einer besonderen Diät in intellektuellen Dingen besiegt, nun heilt es unter der Ablenkung langsam aus. Wenn ich mit Dir wäre, würde ich unvermeidlich versuchen, alles bewußt zu fassen und für Dich darzustellen, wir würden Vernunft und Wissenschaft reden, Deine schönen und sicheren biologischen Aufdeckungen würden meinen tiefinnersten (unpersönlichen) Neid erwecken. Das Ende wäre, ich würde Dir fünf Tage lang klagen und käme aufgewühlt und unzufrieden in den Sommer zurück, für den ich wahrscheinlich meine ganze Fassung brauchen werde. Abhelfen läßt sich dem Allerwenigsten was mich bedrückt; es ist mein Kreuz, ich muß es tragen, und weiß Gott, mein Rücken ist bei der Anpassung merklich krumm geworden.[12]

[12] Brief vom 23. 3. 1900: Aus den Anfängen der Psychoanalyse, S. 270

8. Die Selbstanalyse

Wenn man die ›Traumdeutung‹ oder die ›Selbstdarstellung‹ liest, könnte man meinen, daß Freud durch harte Arbeit zu seinen ersten Entdeckungen gekommen sei. Man würde annehmen, daß er zwar alle möglichen Schwierigkeiten und Hindernisse zu überwinden gehabt hätte, aber selten oder nie die kühle Distanz des Wissenschaftlers verlor. Das stimmt aber keineswegs. Die Briefe an Wilhelm Fließ beweisen es. Sie sind das lebendigste und ergreifendste Dokument, das er uns hinterlassen hat. Wir haben sie schon ausführlich besprochen. Diese Briefe zeugen von der harten persönlichen Auseinandersetzung, der die Psychoanalyse, mehr als irgendeine andere Entdeckung, ihre Entstehung verdankt.

In dieser Hinsicht sind zweifellos diejenigen Briefe am bedeutsamsten, in denen Freud die verschiedenen Phasen seiner Selbstanalyse beschreibt, die er 1897 begann. Er berichtet von seinen begeisternden Erfolgen und dem ganzen Wagnis seiner Arbeit an sich selbst. Der Briefwechsel mit Fließ zeigt, wie Freud vor dem Beginn der Selbstanalyse dazu kam, sich sehr stark zu engagieren und so die angebliche Ruhe des Gelehrten zu verlieren. Es geschah bei der Aufklärung gewisser Irrtümer, die seine Forschungsarbeit hemmten. Die Briefe gewähren einen Einblick in jene dunklen Regionen, in denen die Auseinandersetzung stattfand. Lange Zeit half ihm dabei nichts anderes als sein ungeheurer Wissensdurst. Seine späteren Werke enthalten begreiflicherweise nur noch Spuren von diesem Ringen.

Von dem Irrtum beispielsweise, der zu einem gewissen Zeitpunkt das Verständnis hysterischer Phänomene am meisten beeinträchtigte, sagt er in seiner Autobiographie nur ganz einfach:

> Ehe ich weiter in die Würdigung der kindlichen Sexualität eingehe, muß ich eines Irrtums gedenken, dem ich eine Weile verfallen war, und der bald für meine ganze Arbeit verhängnisvoll geworden wäre. Unter dem Drängen meines damaligen technischen Verfahrens reproduzierten die meisten meiner Patienten Szenen aus ihrer Kindheit, deren Inhalt die sexuelle Verführung durch einen Erwachsenen war. Bei den weiblichen Personen war die Rolle des Verführers fast immer dem Vater zugeteilt. Ich schenkte diesen Mitteilungen Glauben und nahm also an, daß ich in diesen Erlebnissen sexueller Verführung in der Kindheit die Quellen der späteren Neurosen aufgefunden hatte. Einige Fälle, in denen sich solche Beziehungen zum Vater, Oheim oder älteren Bruder bis in die Jahre sicherer Erinnerung fortgesetzt hatten, bestärkten mich in meinem

Zutrauen. Wenn jemand über meine Leichtgläubigkeit mißtrauisch den Kopf schütteln wollte, so kann ich ihm jetzt nicht ganz unrecht geben, will aber vorbringen, daß es die Zeit war, wo ich meiner Kritik absichtlich Zwang antat, um unparteiisch und aufnahmefähig für die vielen Neuheiten zu bleiben, die mir täglich entgegentraten. Als ich dann doch erkennen mußte, diese Verführungsszenen seien niemals vorgefallen, seien nur Phantasien, die meine Patienten erdichtet, die ich ihnen vielleicht selbst aufgedrängt hatte, war ich eine Zeitlang ratlos.[1]

Aus den Briefen an Fließ geht zwar auch hervor, daß er in Wirklichkeit nicht nur eine Zeitlang ratlos, sondern jahrelang zutiefst beunruhigt war über die Ungereimtheiten seiner Theorie. Erst nach dem Beginn seiner eigenen Analyse entdeckte er die dunklen Hintergründe seiner Leichtgläubigkeit. Die Verführung des Kindes, die er dem Vater (auch dem eigenen) zur Last legte, hatte seine Aufmerksamkeit so sehr beansprucht, daß er die Inzestwünsche der Kinder (und das bedeutet auch seine eigenen) übersehen hatte. Bald sollte er ihre ganze Wirklichkeit begreifen. Die Erkenntnisse, die er aus der Analyse seiner Träume gewann, zwangen ihn dazu, die Verführungstheorie fallenzulassen. Dadurch gefährdete er seine ganze bisherige Arbeit, denn seit 1893 war die Theorie von der Verführung im Kindesalter das Fundament seiner Auffassung von der Hysterie:

Nun weiß ich überhaupt nicht, woran ich bin, denn das theoretische Verständnis der Verdrängung und ihres Kräftespiels ist mir nicht gelungen. Wäre ich verstimmt, unklar, ermattet, so wären solche Zweifel wohl als Schwächeerscheinungen zu deuten. Da ich im gegensätzlichen Zustande bin, muß ich sie als Ergebnis ehrlicher und kräftiger intellektueller Arbeit anerkennen und stolz darauf sein, daß ich nach solcher Vertiefung solcher Kritik noch fähig bin. Merkwürdig ist auch, daß jedes Gefühl von Beschämung ausgeblieben ist, zu dem doch ein Anlaß sein könnte. Gewiß, ich werde es nicht in Dan erzählen, nicht davon reden in Askalon, im Lande der Philister, aber vor Dir und bei mir habe ich eigentlich mehr das Gefühl eines Sieges als einer Niederlage (was doch nicht recht ist).[2]

Obwohl ihm sein Scheitern eine Art geistigen Genuß bereitet, ist er doch eine Zeitlang über die Folgen, die daraus entstehen, erschrocken:

Heiter sein ist alles. Ich könnte mich ja sehr unzufrieden fühlen. Die Erwartung des ewigen Nachruhmes war so schön und des sicheren Reichtums, die volle Unabhängigkeit, das Reisen, die Hebung

[1] Selbstdarstellung. G. W. XIV, 59
[2] Aus den Anfängen der Psychoanalyse, S. 187

> der Kinder über die schweren Sorgen, die mich um meine Jugend gebracht haben. Das hing alles daran, ob die Hysterie aufgeht oder nicht. Nun kann ich wieder still und bescheiden bleiben, sorgen, sparen und da fällt mir aus meiner Sammlung[3] die kleine Geschichte ein: Rebekka zieh das Kleid aus, Du bist keine Kalle[4] mehr ...[5]

Der folgende Brief vom 3. Oktober 1897 bedeutet ein Markstein in der Geschichte der Psychoanalyse: Freud spricht hier zum ersten Mal andeutungsweise von seiner aufsehenerregenden Entdeckung, die ihm den Zugang zu dem verborgenen Drama der Kindheit ermöglichte. Dieser schon lange in Vergessenheit geratenen und doch in jedem Menschen schicksalhaft auftretenden Tragödie, gab er den Namen ›Ödipuskomplex‹, zum Andenken an den griechischen Helden.
Was die sorgfältige Beobachtung seiner Patienten ihn nur ahnen ließ, wird ihm jetzt zur Erkenntnis bei der ganz ungewöhnlichen Erforschung seines eigenen Unbewußten:

> Seit vier Tagen hat sich meine Selbstanalyse, die ich für unentbehrlich halte zur Aufklärung des ganzen Problems, in Träumen fortgesetzt und mir wertvollste Aufschlüsse und Anhaltspunkte ergeben. Schwieriger als alles andere ist mir davon die schriftliche Darstellung, auch viel zu weitläufig. Ich kann nur andeuten, daß bei mir der Alte keine aktive Rolle spielt, daß ich aber wohl einen Analogieschluß von mir auf ihn gerichtet habe, daß meine »Urheberin« ein häßliches, älteres, aber kluges Weib war, das mir viel vom lieben Gott und von der Hölle erzählt und mir eine hohe Meinung von meinen eigenen Fähigkeiten beigebracht hat; daß später (zwischen 2 und 2½ Jahren) meine Libido gegen matrem erwacht ist, und zwar aus Anlaß der Reise mit ihr von Leipzig nach Wien, auf welcher ein gemeinsames Übernachten und Gelegenheit, sie nudam zu sehen, vorgefallen sein muß. Von den Szenen selbst, die der Geschichte zugrunde liegen, habe ich noch nichts erfaßt. Kommen die auch und gelingt mir die Lösung der eigenen Hysterie, so werde ich dem Andenken des alten Weibes dankbar sein, das mir in so früher Lebenszeit die Mittel zum Leben und Weiterleben vorbereitet hat. Du siehst, die alte Neigung schlägt heute wieder durch. Von der intellektuellen Schönheit der Arbeit kann ich Dir eine Vorstellung nicht verschaffen.[6]

Aus dieser »intellektuellen Schönheit« seiner Arbeit schöpfte Freud sicher die Kraft, sich in jene beunruhigenden Tiefen hineinzuwagen, mit denen sich seine Patienten auseinandersetzen mußten. Diese Schönheit hatte dennoch nicht die Macht, ihm

[3] Die Sammlung jüdischer Geschichten, die Freud begonnen hatte und die ihm Material lieferte für ›Der Witz und seine Beziehung zum Unbewußten‹.
[4] hebräisch: Kalle = Braut
[5] Aus den Anfängen der Psychoanalyse, S. 188
[6] a. a. O., 189

Leiden zu ersparen, die sich im Verlauf der Analyse einstellten. So litt er vier oder fünf Jahre lang an Angstzuständen, an Mutlosigkeit und Stimmungsschwankungen, die bei seinen Patienten typisch waren. Als sein Vater starb, erlebte Freud eine völlig unerwartete Erschütterung. So entschloß er sich zu der höchst schwierigen und unbequemen Selbstanalyse, weil sie ihm unbedingt notwendig erschien. Der Greis war 80 Jahre alt, Freud 40, das änderte nichts an der Heftigkeit des Schocks, auch nichts an dem Schuldgefühl, das sich hinter seinem Kummer verbarg, wie seine Traumanalyse zeigte.

> Teurer Wilhelm!
> Das Schreiben fällt mir jetzt so schwer, daß ich es so lange aufgeschoben habe, Dir für die zum Herzen dringenden Worte in Deinem Brief zu danken. Auf irgendeinem der dunklen Wege hinter dem offiziellen Bewußtsein hat mich der Tod des Alten sehr ergriffen. Ich hatte ihn sehr geschätzt, sehr genau verstanden und er hat viel in meinem Leben gemacht, mit der ihm eigenen Mischung von tiefer Weisheit und phantastisch leichtem Sinn. Er war lange ausgelebt, als er starb, aber im Innern ist wohl alles Frühere bei diesem Anlaß aufgewacht. Ich habe nun ein echt entwurzeltes Gefühl. Einen netten Traum muß ich Dir erzählen von der Nacht nach dem Begräbnis: Ich war in einem Lokal und las dort eine Tafel: Es wird gebeten, die Augen zuzudrücken. Das Lokal erkannte ich gleich als den Friseurladen, den ich täglich besuche. Am Tage des Begräbnisses mußte ich dort warten und kam darum etwas später ins Trauerhaus. Meine Familie war damals mit mir unzufrieden, weil ich das Leichenbegräbnis still und einfach bestimmt hatte, was sie später als sehr berechtigt anerkannte. Sie nahmen mir auch die Verspätung etwas übel. Der Satz auf der Tafel ist doppelsinnig und heißt nach beiden Richtungen: Man soll seine Pflicht gegen den Toten erfüllen. (Entschuldige, als ob ich's nicht getan hätte und Nachsicht brauchte – die Pflicht wörtlich genommen.) Der Traum ist also ein Ausfluß jener Neigung zum Selbstvorwurf, die sich regelmäßig bei den Überlebenden einstellt.[7]

Von nun an erfährt Fließ fast Tag für Tag die aufschlußreichsten Ergebnisse dieses großartigen Abenteuers, das Freud über die Welt des Wachbewußtseins hinaus in unerforschte Tiefen hineinführt. Manchmal überkommt ihn dabei ein Gefühl des Verlassenseins, dann wieder erfüllt ihn eine tiefe Begeisterung. Oft scheint er an der Schwierigkeit der Aufgabe zu zerbrechen. Er ist gezwungen, zugleich Therapeut und Patient zu sein. Da er niemanden hat, der bei ihm die Rolle übernehmen kann, die er sonst bei seinen Patienten spielt, ist der Freund sein einziger Vertrauter, bei dem er sich aussprechen kann. Schon lange hat

[7] a. a. O., 149. Derselbe Traum wird in der ›Traumdeutung‹: G. W. II/III, 322 etwas abgewandelt erzählt. Die Aufforderung heißt hier: Man bittet, die (ein Auge) Augen zuzudrücken.

er sein Wesen idealisiert, allein der Gedanke an ihn gibt ihm neue Zuversicht. Ihm vertraut er all seinen Kummer an und seine Schmerzen, denen oft ein Zustand stumpfer Leere folgt. Ihm erklärt er auch den tieferen Sinn seiner Träume und im Zusammenhang damit die allmähliche Entwicklung seiner Theorien:

> Der heutige Traum hat unter den merkwürdigsten Maskierungen Folgendes gebracht:
> Sie war meine Lehrerin in sexuellen Dingen und hat geschimpft, weil ich ungeschickt war, nichts gekonnt habe (die neurotische Impotenz geht immer so zu; die Angst vor dem Nichtkönnen in der Schule bekommt auf diese Weise ihren sexuellen Untergrund). Ich sah dabei einen kleinen Tierschädel, zu dem ich »Schwein« im Traume dachte, wo aber sich in der Analyse anreihte Dein Wunsch vor zwei Jahren, ich möchte auf dem Lido einen mich aufklärenden Schädel finden wie einst Goethe. Ich fand ihn aber nicht. Also »ein kleiner Schafskopf«. Der ganze Traum war voll der kränkendsten Anspielungen auf mein heutiges Unvermögen als Therapeut. Die Neigung, an die Unheilbarkeit der Hysterie zu glauben, fängt vielleicht hier an. Außerdem hat sie mich mit rötlichem Wasser gewaschen, in dem sie sich früher gewaschen hatte (Deutung nicht schwer; ich finde in meiner Erinnerungskette nichts Ähnliches, halte dies also für einen echten alten Fund), und mich veranlaßt, »Zehner« (10-Kreuzer-Stücke) wegzunehmen, um sie ihr zu geben. Von diesen ersten silbernen Zehnern bis zu dem Haufen papierner Zehngulden, die ich im Traum als Wochengeld für Martha sah, reicht eine lange Kette. Der Traum läßt sich zusammenfassen als »schlechte Behandlung«. So wie die Alte für ihre schlechte Behandlung Geld von mir bekam, so bekomme ich heute Geld für die schlechte Behandlung meiner Patienten. Ein harter Kritiker könnte auf alles sagen, es sei nach rückwärts phantasiert, anstatt nach vorne bedingt. Die experimenta crucis müßten gegen ihn entscheiden. Das rötliche Wasser scheint schon solcher Art zu sein. Woher bei allen Patienten die entsetzlichen perversen Details, die oft ihrem Erleben ebenso ferne sind wie ihrer Kenntnis?[8]

So faszinierend diese fremdartige Welt auch ist, die Freud zu ergründen versucht, sie vermag dennoch seinen kritischen Verstand nicht zu beeinträchtigen. Er vertraut auf seine Interpretationsmethode und glaubt, der Wahrheit ganz nahe zu sein, gibt sich aber auf keinen Fall mit einem willkürlich konstruierten Gedankengebäude zufrieden, was man ihm oft aus Unwissenheit oder Böswilligkeit vorgeworfen hat. Vielmehr sucht er nach einem einwandfreien Zeugen, der seine Ergebnisse erhärten kann. Er findet ihn in der Person seiner Mutter. So konnte anhand objektiver Tatsachen zum ersten Mal bestätigt werden, daß die durch Analyse wiedererwachte Erinnerung richtig war.

[8] a. a. O., 190

Meine Ideen bekommen mehr Gewicht, da es mir gelungen ist, einige reale Anhaltspunkte für die Geschichte zu finden. Ich fragte meine Mutter, ob sie sich noch der Kinderfrau erinnert. Natürlich sagte sie, eine ältliche Person, sehr gescheit, sie hat Dich in alle Kirchen getragen: Wenn Du dann nach Hause gekommen bist, hast Du gepredigt und erzählt, wie der liebe Gott macht. Als ich im Wochenbett mit Anna war (2½ Jahre jünger) kam es heraus, daß sie eine Diebin war, und man hat alle blanken Kreuzer, Zehnerl und alles Spielzeug, das Dir geschenkt worden war, bei ihr gefunden. Dein Bruder Philip ist selbst um den Polizeimann gegangen, sie hat dann 10 Monate Strafe bekommen. Nun sieh mal, was für Bestätigung dies für die Schlüsse meiner Traumdeutung abgibt. Den einzigen möglichen Irrtum habe ich mir leicht erklären können. Ich habe Dir geschrieben: Sie hat mich verleitet, Zehnerl zu stehlen und ihr zu geben. In Wahrheit bedeutet der Traum, sie hat selbst gestohlen. Denn das Traumbild war eine Erinnerung, daß ich Geld nehme von der Mutter eines Arztes, also unrechtmäßig. Die richtige Deutung ist: Ich = sie, und Mutter eines Arztes gleich meine Mutter. Ich habe so wenig gewußt, daß sie eine Diebin war, daß ich die Deutung verfehlt habe.[9]

Dieses Schuldgefühl, das Freud unbewußt seinen Patienten gegenüber empfand, hing zweifellos auch mit seiner komplexen Beziehung zur Medizin zusammen. Es kommt häufig in seinen Träumen vor, so zum Beispiel in dem berühmten Traum von Irmas Injektion, wo eine Schuld mit einem angeblichen beruflichen Versagen gleichgesetzt wird, das einen Arzt immer sehr belastet.

Es scheint, als ob Freud sich wirklich immer irgendwie schuldig gefühlt habe: seinen Patienten gegenüber, von denen er Geld annahm, ohne ihre Heilung garantieren zu können, der Moral gegenüber, denn seine Psychologie war auf die Erforschung verbotener Bereiche ausgerichtet: der Sexualität und der Grausamkeit der Instinkte. Auch der Wissenschaft gegenüber hatte er ein schlechtes Gewissen, denn sie konnte ihm die mangelhafte Fundierung seiner Hypothesen und voreiligen Schlüsse zum Vorwurf machen. Diese in seinen Augen so bedeutende Instanz wurde durch den genialen Freund verkörpert, der im Gegensatz zu ihm den sicheren Boden der Biologie nicht verließ. Seinetwegen bemühte er sich, anhand von Traumanalysen seine Schlußfolgerungen nach und nach alle zu rechtfertigen:

Die Beweiskraft dieser Übereinstimmungen könnte man durch einen Einwand entkräften, ich hätte einmal in späterer Kindheit gehört, daß die Kindsfrau diebisch war und es scheinbar vergessen, bis es im Traum zuletzt aufgetaucht. Ich glaube selbst, es ist so. Aber ich habe einen anderen, ganz einwandfreien und amüsanten

[9] a. a. O., 191

Beweis. Ich sagte mir, wenn mir die Alte so plötzlich entschwunden ist, so muß sich der Eindruck davon bei mir nachweisen lassen. Wo ist er nun? Da fiel mir eine Szene ein, die seit 29 Jahren gelegentlich in meiner bewußten Erinnerung auftaucht, ohne daß ich sie verstünde. Die Mutter ist nicht zu finden, ich heule wie verzweifelt. Bruder Philip (20 Jahre älter als ich) sperrt mir einen Kasten auf, und nachdem ich die Mutter auch hierin nicht gefunden, weine ich noch mehr bis sie schlank und schön zur Türe hereinkommt. Was soll das bedeuten? Wozu sperrt mir der Bruder den Kasten auf, der doch weiß, daß die Mutter nicht drin ist, mich also nicht beruhigen kann? Jetzt versteh ich's plötzlich. Ich habe es von ihm verlangt. Als ich die Mutter vermißte, habe ich gefürchtet, sie werde mir ebenso verschwunden sein wie kurz vorher die Alte. Ich muß nun gehört haben, die Alte sei eingesperrt und darum geglaubt haben, die Mutter sei es auch, oder besser, sie sei »eingekastelt«, denn solche scherzhafte Ausdrucksweise beliebt Bruder Philip, der jetzt 63 Jahre ist, noch bis auf den heutigen Tag. Daß ich mich gerade an ihn gewendet, beweist, daß mir sein Anteil am Verschwinden der Kinderfrau wohl bekannt war.[10]

Freud ist mit seinen Ergebnissen bei weitem noch nicht zufrieden. Wohl hat er einen Irrtum erkannt, der sich auf den Fortgang der Arbeit nachteilig ausgewirkt hatte. Von nun an weiß er, daß die angebliche frühe Verführung der Hysterikerinnen zwar nicht notwendigerweise auf biographischen Tatsachen beruht, aber dennoch eine Realität darstellt. Das Kind mit seinen Inzestwünschen verhält sich nämlich in seinen ersten Lebensjahren wie ein kleiner Ödipus. Eine solche Entdeckung wirft aber mehr Fragen auf als sie beantwortet, und er kann voraussehen, daß sie ihn noch weit führen wird, aber wohl oder übel wird er sie bis zum Ende verfolgen müssen.

Wenn die Analyse hält, was ich von ihr erwarte, werde ich sie systematisch bearbeiten und Dir dann vorlegen. Ich habe nichts völlig Neues bis jetzt gefunden, alle Komplikationen, die ich bis jetzt gewohnt bin. Ganz leicht ist es nicht. Ganz ehrlich mit sich sein, ist eine gute Übung. Ein einziger Gedanke von allgemeinem Wert ist mir aufgegangen. Ich habe die Verliebtheit in die Mutter und die Eifersucht gegen den Vater auch bei mir gefunden und halte sie jetzt für ein allgemeines Erlebnis früher Kindheit, wenn auch nicht immer so früher wie bei den hysterisch gemachten Kindern. Wenn das so ist, so versteht man die packende Macht des Königs Ödipus trotz aller Einwendungen, die der Verstand gegen die Fatumsvoraussetzungen erhebt, und versteht, warum das spätere Schicksalsdrama so elend scheitern mußte. Gegen jeden willkürlichen Einzelzwang, wie er in der Ahnfrau etc. Voraussetzung ist, bäumt sich unsere Empfindung, aber die griechische Sage greift einen Zwang auf, den jeder anerkennt, weil er dessen Existenz in sich verspürt hat. Jeder der Hörer war einmal im Keime und in der

[10] a. a. O., 192

> Phantasie ein solcher Ödipus und vor der hier in die Realität gezogenen Traumerfüllung schaudert jeder zurück mit dem ganzen Betrag der Verdrängung, der seinen infantilen Zustand von seinem heutigen trennt.[11]

Von diesem Augenblick an sucht Freud in der Literatur nach Beweisen, die weder seine eigene Analyse noch die seiner wenigen Patienten ihm bis dahin liefern konnten. Kaum hatte er das Geheimnis der griechischen Tragödie enträtselt, als er bei Shakespeare eine Bestätigung seiner Ansichten zu finden glaubt:

> Flüchtig ist mir durch den Kopf gegangen, ob dasselbe nicht auch dem Hamlet zugrunde liegen möchte. Ich denke nicht an Shakespeares bewußte Absicht, sondern glaube lieber, daß eine reale Begebenheit den Dichter zur Darstellung reizte, indem das Unbewußte in ihm das Unbewußte im Helden verstand. Wie rechtfertigt der Hysteriker Hamlet sein Wort »So macht Gewissen Feige aus uns allen«, wie erklärt er sein Zaudern, durch den Mord des Onkels den Vater zu rächen, derselbe, der unbedenklich seine Hofleute in den Tod schickt und geradezu vorschnell den Laertes ermordet? Wie besser, als durch die Qual, welche ihm die dunkle Erinnerung bereitet, er habe sich mit derselben Tat gegen den Vater aus Leidenschaft zur Mutter getragen »und wenn wir nach dem Verdienst behandelt werden, wer würde dann dem Auspeitschen entgehen«. Sein Gewissen ist sein unbewußtes Schuldbewußtsein. Und seine Sexualentfremdung im Gespräch mit Ophelia, ist die nicht typisch hysterische, seine Verwerfung des Instinkts, der Kinder gebären will, endlich seine Übertragung der Tat von seinem Vater auf Ophelia. Und gelingt es ihm nicht am Ende auf ebenso wunderbare Weise wie meinen Hysterikern, sich seine Bestrafung zu erzwingen, indem er dasselbe Schicksal erfährt wie der Vater, von demselben Nebenbuhler vergiftet wird.[12]

Freud hat den Zusammenhang zwischen den wesentlichen Aussagen eines literarischen Werkes und dem Unbewußten zwar noch nicht ausgesprochen, aber er ahnt bereits, welch große Hilfe ihm die Meisterwerke vor allem der Literatur bedeuten. In ihnen haben Menschen aller Zeiten ihre kühnsten Träume verwirklicht. Er empfindet eine seltsame Solidarität zwischen der Psychoanalyse und der Literatur, die beide aus denselben Quellen schöpfen und sich gegenseitig bereichern können. Ohne Zweifel war dieser Gedanke nur bei einem Manne möglich, der durch Bildung und Geschmack den Wert der Kunst sehr hoch, vielleicht zu hoch einschätzte. Die Beschäftigung mit der Kunst mußte tröstlich für ihn sein, da sie die berufliche Isolierung zum Teil ausglich, unter der er damals gerade furchtbar

[11] a. a. O., 193
[12] a. a. O., 194

litt. Sie vermochte seinen Mut zu stärken, indem sie ihm zeigte, daß die ungeheuren Dinge, auf die er bei seiner Analyse stieß, auch von anderen erlebt und beschrieben worden waren, die allgemein als Genies galten.

Um das Ergebnis dieser erstmaligen Analyse zu würdigen, müßte man mehr von Freuds geistig-seelischer Existenz wissen und von den Beschwerden und Störungen, an denen er bis zu diesem Zeitpunkt litt; sie schuf eine ganz neue, systematische und wissenschaftliche Methode der Selbsterkenntnis. In seinen Briefen an Fließ spricht Freud häufig von seiner Psychoneurose, die er Hysterie nennt, obwohl man hier vielleicht eher den später geprägten Begriff der Angsthysterie anwenden müßte. Das klinische Bild der Neurose war wie üblich nicht so klar, daß eine unfehlbare Diagnose möglich gewesen wäre. Obwohl Freud sich damals gerade sehr um die Benennung von Krankheiten bemühte, war ihm wahrscheinlich doch weniger daran gelegen, seinen Störungen einen Namen zu geben, als vielmehr durch seine eigene Krankheit seine Patienten besser zu verstehen. Natürlich ging es ihm auch um ihre Heilung. Einige seiner Beschwerden gehörten wahrscheinlich in den Bereich, den man heute als psychosomatische Medizin bezeichnet. So litt er zum Beispiel an furchtbarer Migräne; außerdem an einer schweren Naseninfektion, die dazu führte, daß Fließ, der Hals-Nasen-Ohren-Spezialist war, ihn zweimal operierte; er hatte übrigens die gleichen Beschwerden. Freud klagte auch über Verdauungsstörungen und starke Ermüdbarkeit. Andere Beschwerden waren offenbar seelischen Ursprungs, beispielsweise seine Reisephobie, deren Analyse er berichtet hat, die aber eigentlich keine echte Phobie war, denn sie hinderte ihn nicht daran, zu reisen; hierhin gehören auch die Versagungen, die er sich auferlegte, so daß er jahrelang auf eine Romreise verzichtete, obwohl sie zu seinen liebsten Träumen gehörte. Er litt unter Stimmungsschwankungen, Perioden schwerer Niedergeschlagenheit und Angst quälten ihn, immer wieder drängte sich ihm der Gedanke an den Tod auf: so bedrückte ihn häufig die Furcht vor Unfällen, andrerseits wünschte er oft, früh zu sterben. Wir sehen also, das Krankheitsbild ist nicht ganz einheitlich, die Symptome sind nicht ungewöhnlich, es ist eine Neurose, wie sie den Analytikern täglich begegnet.

In seinen Briefen an Fließ klagt Freud häufig über sein Schicksal, das er mit seinen Patienten teilte. Viele Jahre später dagegen ertrug er die unheilbare Krankheit, die 16 Jahre hindurch jeden Tag zu einer Qual werden ließ, ohne die geringste Klage. Selbst in den schlimmsten Augenblicken schier unerträglicher Schmerzen gab er seine Arbeit nie auf. Im Gegenteil, er brauchte ein gewisses ›Mittelelend‹, um schöpferisch zu sein.

Die Briefe an Fließ geben uns über die Selbstanalyse nur bis zum Jahre 1902 Auskunft, in diesem Jahr zerbrach die Freundschaft der beiden Männer. Freud hörte aber bestimmt nicht auf, an sich zu arbeiten, und nahm die Analyse immer wieder auf. Niemals behauptete er, daß sie erfolgreich beendet sei.
Wenn man den Maßstab der Schulmedizin anlegt, konnte man Freud nicht als geheilt betrachten; für die Seele gelten aber andere Gesichtspunkte als für den Leib. Eine seelische Heilung käme einer absoluten Vollkommenheit gleich. Man darf nicht vergessen, daß Freud sich ganz allein analysierte, er hatte keinen objektiven Partner, der ihm dabei half. Es war ihm auch nicht möglich, die Übertragungsphänomene zu studieren, die in jeder Behandlung eine so entscheidende Rolle spielen. Diese unvollendete Selbstanalyse mußte notwendigerweise gewisse neurotische Züge bestehen lassen, die sich später auf einige Schlußfolgerungen Freuds auswirkten und sogar die Geschichte der psychoanalytischen Bewegung beeinflußten. Man kann jedoch annehmen, daß sie immerhin so viel Erfolg hatte, ihm den seelischen Frieden zu gewähren, den er für seine ungeheure Aufgabe brauchte. So konnte die Welt in den darauffolgenden 40 Jahren seines Lebens sein schönes Antlitz bewundern, das streng wirkte und doch voller Besonnenheit zu sein schien.

9. Die Traumdeutung

Die ›Traumdeutung‹ gilt als Freuds Meisterwerk und bis jetzt als eine der sichersten Stützen der Psychoanalyse. Freud selbst spürte, daß er das Werk einer außergewöhnlichen Eingebung verdankte, und wenn eines Tages seine anderen Bücher teilweise abgeändert werden müßten, dieses würde unberührt bleiben, mit allem, was in ihm neu, aber doch wahrheitsgetreu war.
Es wäre wohl übertrieben, wollte man die ›Traumdeutung‹ als ein Zufallsergebnis hinstellen; aber ganz abwegig ist das nicht, da Freud die Bedeutung des Traumes entdeckte, als er Wesen und Ursache der Neurosen zu durchschauen versuchte. Es steht fest, daß sich die beiden Forschungswege ziemlich früh so eng verschlungen hatten, daß sie sich notgedrungen gegenseitig beeinflußten: die Neurosen hatten ihm die Bedeutung des Traumes gezeigt, der Traum wiederum gab ihm den Schlüssel zum Verständnis der Neurosen.
Dank einer entscheidenden Änderung seiner therapeutischen Technik konnte Freud die ungeheure Bedeutung des Traumes als psychisches Phänomen erahnen. In der Tat war es so, daß seine ›psychische Analyse‹ zunächst auf Hypnose und Suggestion beruhte. Dann aber wurden diese beiden Verfahren fallengelassen zugunsten gewisser Praktiken wie heftiger Vorwürfe, Handauflegen auf die Stirn usw. Sie waren dazu bestimmt, im Patienten einen Einfall aufsteigen zu lassen, der mit der Ursache seines Symptoms verbunden war. Als aber eines Tages eine Patientin Freud bat, den Ablauf ihrer Gedanken nicht zu unterbrechen, ging er darauf ein. Von nun an unterließ er jede Unterbrechung und kam so Schritt für Schritt zur Technik der sog. ›freien Assoziation‹, der die Psychoanalyse ihre ganze Originalität verdankt.
Von dem Augenblick an, da die Freiheit der Assoziation üblich wurde, begannen die Kranken spontan, ihre Träume zu erzählen, so daß Freud dazu überging, die Produkte des nächtlichen Seelenlebens genau so zu behandeln wie die anderen Symptome, die im Gespräch ans Licht gebracht wurden. Die Hysterikerinnen hatten gewissermaßen den Anstoß dazu gegeben, da sie infolge eines inneren Zwanges die Gedanken miteinander verbanden, die gleichzeitig in ihnen aufstiegen.
Es gab noch eine andere klinische Beobachtung, durch die Freud in seiner Forschung ermutigt wurde: die Analogie zwischen dem Traum und halluzinatorischen Zuständen, die gewissen Geisteskrankheiten eigen sind, z. B.: der rasch verlaufenden ›halluzi-

natorischen Psychose‹ (Amentia nach Meynert). Angeregt von dem Gedanken einiger Psychiater, die im Traumdelirium eine Art verborgener Wunscherfüllung sahen, kam Freud der Verdacht, daß es im Traum ebenso sei und daß der nächtliche Teil unseres Seelenlebens keineswegs absurd und konfus sei, sondern ebenso vernünftig und geordnet wie der des Wachbewußtseins.

Die eigentliche Bestätigung für seine Ahnung fand er erst durch die erste vollständige Analyse, die er von einem seiner Träume am 24. Juli 1895 machte, einem historischen Tage, wie er ihn halb im Scherz nannte. Es handelte sich um den Traum von ›Irmas Injektion‹. Freud hatte die Interpretation im Restaurant Bellevue in der Umgebung von Wien aufgeschrieben. Es ging ihm der Gedanke durch den Kopf, ob es wohl jemals eine Gedenktafel geben würde mit der Inschrift: »In diesem Hause wurde am 24. Juli 1895 dem Doktor Sigmund Freud das Geheimnis der Träume enthüllt.«[1] Keine Marmortafel erinnert an dieses unerhörte Ereignis, das genau wie viele andere dem Augenblick verborgen blieb. Der Erfolg jedoch, der der Traumdeutung seit mehr als 60 Jahren beschieden ist, setzt ihr allein schon ein Denkmal.

Man kann ohne weiteres annehmen, daß Freud sich nicht mit soviel Begeisterung dem Problem der Träume gewidmet hätte, wenn ihm nicht eine persönliche Neigung für diese Frage eigen gewesen wäre. Er war tatsächlich ein großer Träumer, und er gab sich wahrscheinlich von jeher die Mühe, seine Träume in eines jener Notizbücher zu schreiben, die er eines Tages zusammen mit anderen Aufzeichnungen vernichtete. Seine Träume faszinierten ihn. Darüber hinaus glaubte er offensichtlich ein wenig an sie, und in einem Brief an Martha schreibt er ihnen z. B. eine unbestimmte prophetische Bedeutung zu. Hier machte er bereits einige Bemerkungen, die sich seiner späteren Arbeit annähern. Er berichtet Martha ausführlich ein typisches Beispiel für einen Traum im Traum und wundert sich über die Feststellung, daß gewisse Träume wie der von seinem Doktorexamen periodisch wiederkehren, manchmal jahrelang.

Der Traum ist für Freud also nicht nur ein Objekt seiner Wissenschaft, sondern wie immer bei diesem Manne, der eine Vertiefung der Selbsterkenntnis anstrebte, eine Quelle von Fragen, die eng mit seinem Leben verbunden sind. In diesem Punkte kam er den traditionellen Traumdeutern näher als den Gelehrten seiner Zeit, die dem Traum keinerlei Bedeutung zusprachen und die antiken Vorstellungen in den Bereich des Aberglaubens verwiesen.

[1] Aus den Anfängen der Psychoanalyse, S. 277

Freud zeigte deutlich, für welche Seite er Partei ergreifen wollte, indem er sein Buch ›Die Traumdeutung‹ nannte. Die Rätsel der Nacht interpretierend, trat er die Nachfolge all derer an, die seit undenklichen Zeiten den Traum als eine geheime Botschaft, ob göttlich oder auch nicht, verstanden, deren Enthüllung für die Lebensführung wertvoll war. Wie jene behauptete er, daß der Traum einen Sinn habe und daß dieser Sinn die Person des Träumenden unmittelbar angehe.

Freuds Ziel besteht nicht darin, eine Wissenschaft des Traumlebens zu begründen, so wie die Autoren seiner Zeit sie verstanden; diese Wissenschaft hat er durch die ganze umfangreiche Literatur hindurch untersucht. Er berichtet im ersten Kapitel seines Buches, wie abstoßend oberflächlich er sie empfand, abgesehen von einigen Ausnahmen. Er wollte zeigen, daß der Traum nicht nur eine Art Zucken der schlafenden Seele sei, sondern ein bedeutungsvolles Phänomen, dem die Fülle und in gewissem Sinne auch die Würde der anderen seelischen Tätigkeiten eigen ist. Kurz: er will das Sprichwort widerlegen, indem er sagt: jeder Traum ist Wahrheit.

Die Abfassung der ›Traumdeutung‹ hat eine Arbeit von mehreren Jahren erfordert. Freud hat gesagt, daß er die Veröffentlichung absichtlich vier oder fünf Jahre hinausgezögert hat, weil er es vorzog, das Buch mit einer größeren Zahl besser fundierter Beweise zu veröffentlichen. Aber sein Gedächtnis muß ihn getrogen haben, denn seine Briefe an Fließ bezeugen, daß ihm die Idee dazu erst 1897 kam, zwei Jahre nach dem Beginn seiner Selbstanalyse. Es ist leicht einzusehen, daß diese beiden Arbeiten von Anfang an voneinander abhängig waren, da Freud das erste und bei weitem wichtigste Material seines Buches in der Analyse seiner eigenen Träume fand, die er dann systematisch weitertrieb. Freuds Plan, dieses Buch zu schreiben, fiel zeitlich mit einer Krise zusammen; er zwang sich schließlich zum Schreiben, um so den tiefen Schmerz zu überwinden, den der Tod seines Vaters ihm verursacht hatte. In diesem Buche ging es also um ihn selbst. Von sich selbst mußte er sprechen, um seine Anschauungen darzulegen, sein eigenes Seelenleben mußte er der Öffentlichkeit aussetzen. Dieser unangenehme Umstand erklärt sein Zögern besser als wissenschaftliche Zweifel: wenn er seine Entdeckung lange für sich behielt, dann liegt es daran, daß sie ihn selbst bloßstellte.

In den Briefen an Fließ wird das große Wagnis dieser Arbeit deutlich, die Freud sich zunächst als eine Art seelischer Hygiene auferlegt und die ihn schließlich immer mehr begeistert. Als er im Jahre 1897 erkennen muß, daß seine Verführungstheorie falsch ist, hofft er, daß der Traum seine Vorstellung noch retten kann. Danach hört er erst einmal auf zu schreiben, um die umfangreiche Literatur zu studieren, die sich mit diesem Thema befaßt. Mit großer Freude stellt er fest, daß kein Autor vor ihm ähnliche Gedanken geäußert hat, und ist von nun an überzeugt, daß er der erste ist. Er schreckt zunächst davor zurück, das Problem des Traumes historisch zu studieren, aber es läßt sich nicht umgehen. Da er in sein Buch ein Kapitel über allgemeine Psychologie aufnehmen will, muß das ganze Thema überarbeitet werden. Zwei Jahre lang arbeitet er, ohne an eine Veröffentlichung zu denken, aber am 28. Mai 1899 entschließt er sich plötzlich dazu und teilt Fließ sofort seinen Entschluß mit.

> Der Traum aber wird plötzlich, ohne besondere Motivierung, aber diesmal sicher. Ich hab' mir überlegt, daß es mit all den Verkleidungen nicht geht, daß es auch mit dem Verzicht nicht geht, denn ich bin nicht reich genug, den schönsten, den wahrscheinlich einzig überlebenden Fund, den ich gemacht habe, für mich zu behalten. Ich habe mich dann in diesem Dilemma benommen wie der Rabbi in der Geschichte vom Hahn und der Henne. Kennst Du sie? »Ein Ehepaar, das einen Hahn und eine Henne besitzt, beschließt, sich zu den Feiertagen einen Hühnerbraten zu gönnen, kann sich aber zur Wahl des Opfers nicht entschließen und wendet sich darum an den Rabbi. ›Rabbe, was sollen wir tun, wir haben nur einen Hahn und eine Henne. Wenn wir den Hahn schlachten, wird sich die Henne kränken, und wenn wir die Henne schlachten, wird sich der Hahn kränken. Wir wollen aber Huhn essen zum Feiertag; Rabbe, was sollen wir tun?‹ Der Rabbi: ›So schlacht's den Hahn.‹ – ›Da wird sich doch die Henne kränken!‹ – ›Ja, das ist wahr, also schlacht's die Henne.‹ – ›Aber Rabbi, dann kränkt sich ja der Hahn.‹ – Der Rabbi: ›Loß er sich kränken!‹«
> Der Traum wird also werden ... Leider haben die Götter vor die Abhandlung die Literatur zur Abschreckung gesetzt. Das erste Mal bin ich in ihr steckengeblieben. Diesmal werde ich mich durchbeißen; es steht ja ohnedies nichts Rechtes darin. So autochthon war noch keine meiner Arbeiten.[2]

Kaum hat Freud sich zur Veröffentlichung seines Buches entschlossen, als ihn der Mut zu verlassen droht: das Literaturstudium erfordert langwierige, eintönige Arbeit. Seine Vorgänger können ihm überhaupt nichts Neues bieten, im Gegenteil, ihre dürftigen Ausführungen setzen schließlich noch den Wert seiner eigenen Gedanken herab und verleiden ihm beinahe das ganze Thema.

> In der Literatur gibt es einzelne Produkte, die mir das erste Mal den Eindruck gemacht haben, daß ich am liebsten nie etwas mit der Sache zu tun gehabt hätte. Einer heißt Spitta (to spit = speien). Jetzt bin ich über die Klippe. Natürlich kommt man immer tiefer hinein, muß dann einmal abbrechen. Die ganze Sache löst sich mir

[2] a. a. O., 241–242

> wieder in einen Gemeinplatz auf. Der Traum sucht einen Wunsch jedesmal zu erfüllen, der sich in verschiedene verwandelt hat. Es ist der Wunsch, zu schlafen! Man träumt, um nicht erwachen zu müssen, weil man schlafen will. Tant de bruit.[3]

Das Kapitel, das der Literatur über den Traum gewidmet war, machte Freud viele Schwierigkeiten. Fließ hatte ihm dringend zu der Abfassung dieses Kapitels geraten, er hielt es für unentbehrlich, um dem Angriff der Fachleute zuvorzukommen. Es schien in seinem Buch keinen rechten Platz zu haben; Freud wußte nicht, wohin er es setzen sollte. Fließ wollte es weder am Anfang noch in der Mitte haben. Freud erklärt sich zuerst damit einverstanden, entschließt sich jedoch, es an den Anfang seines Buches zu setzen:

> Es geht Dir wie mir, das Geheimnis dürfte sein, wir mögen sie überhaupt nicht. Wenn wir aber den ›Wissenschaftlern‹ nicht ein Beil in die Hand geben wollen, das arme Buch zu erschlagen, müssen wir sie irgendwo dulden. Nun ist das Ganze so auf eine Spaziergangsphantasie angelegt. Anfangs der dunkle Wald der Autoren (die die Bäume nicht sehen), aussichtslos, irrwegreich. Dann ein verdeckter Hohlweg, durch den ich den Leser führe – mein Traummuster mit seinen Sonderbarkeiten, Details, Indiskretionen, schlechten Witzen, – und dann plötzlich die Höhe und die Aussicht und die Anfrage: Bitte, wohin wünschen Sie zu gehen?[4]

Außer dem historischen Kapitel, zu dem sich Freud verpflichtet gefühlt hatte, schreibt er noch ein psychologisches Kapitel, das ursprünglich nicht vorgesehen war. Es bereitete ihm ebenfalls Schwierigkeiten, wenn auch aus anderen Gründen. Es steht am Schluß des Buches und behandelt Traumvorgänge; man hält es allgemein für das schwierigste und abstrakteste Kapitel des ganzen Werkes. Freud hat gesagt, daß er es wie im Traum geschrieben habe; in einem Brief an Fließ jedoch erwähnt er, daß er es schlecht finde, aber nichts mehr daran ändern könne:

> [...] schon regen sich die Vorarbeiten für den letzten und heikelsten Abschnitt, den psychologischen, für den es mir noch an Begrenzung und Anordnung fehlt. Lesen soll ich auch etwas dazu, die Psychologen werden ohnedies genug zu schimpfen finden, aber so ein Ding wird, wie es einmal wird. Jeder Versuch, es besser zu machen, als es von selbst gerät, verleiht ihm etwas Gequältes. Es wird also 2467 Fehler haben, – die ich ihm lassen werde.[5]

Diese 2467 Fehler, die Freud im VII. Kapitel der ›Traumdeutung‹ gemacht zu haben glaubte, verlangten eine Erklärung,

[3] a. a. O., 243
[4] a. a. O., 249
[5] a. a. O., 252

aber sie fiel ihm nicht sofort ein. Erst als er Material für die ›Psychologie des Alltagslebens‹ sammelte, fiel ihm diese scheinbar unsinnige Zahl auf, die nach seiner Theorie jedoch eine ganz bestimmte Bedeutung haben mußte. Es gelang ihm, eine glänzende Analyse seiner 2467 Fehler, die man vollständig wiedergeben muß, um einen seiner wichtigsten Grundgedanken deutlich werden zu lassen, ohne den die Psychoanalyse teilweise unverständlich wäre: der unumstößliche Glaube an einen seelischen Determinismus:

> Du findest im Brief die Zahl 2467 als übermütige Willkürschätzung der Fehler, die sich im Traumbuch finden werden. Nun gibt es aber nichts Willkürliches, Undeterminiertes im Psychischen. Du wirst also auch mit Recht erwarten, daß das Unbewußte sich beeilt hat, die Zahl zu determinieren, die vom Bewußten freigelassen wurde. Nun hatte ich gerade vorher in der Zeitung gelesen, daß ein General E. M. als Feldzeugmeister in den Ruhestand getreten ist. Du mußt wissen, der Mann interessiert mich. Während ich als militärischer Eleve diente, kam er einmal, damals Oberst, in den Krankenstand und sagte zum Arzt: »Sie müssen mich aber in acht Tagen gesund machen, denn ich habe etwas zu arbeiten, worauf der Kaiser wartet.« Damals nahm ich mir vor, die Laufbahn des Mannes zu verfolgen, und siehe da, heute (1899) ist er am Ende derselben, Feldzeugmeister und schon im Ruhestande. Ich wollte ausrechnen, in welcher Zeit er diesen Weg zurückgelegt, und nahm an, daß ich ihn 1882 im Spital gesehen. Das wären also 17 Jahre. Ich erzähle meiner Frau davon und sie bemerkt: »Da müßtest Du also auch schon im Ruhestand sein?« Und ich protestiere: davor bewahre mich Gott. Nach diesem Gespräch setze ich mich an den Tisch, um Dir zu schreiben. Der frühere Gedankengang setzt sich aber fort und mit gutem Recht. Es war falsch gerechnet; ich habe einen festen Punkt in meiner Erinnerung. Meine Großjährigkeit, meinen 24. Geburtstag also, habe ich im Militärarrest gefeiert (weil ich mich eigenmächtig absentiert hatte). Das war also 1880; es sind 19 Jahre her. Da hast Du nun die Zahl 24 in 2467! Nimm nun meine Alterszahl 43 und gib 24 Jahre hinzu, so bekommst Du 67! Das heißt, auf die Frage, ob ich auch in den Ruhestand treten will, habe ich mir im Wunsche noch 24 Jahre Arbeit zugelegt. Offenbar bin ich gekränkt darüber, daß ich es in dem Intervall, durch das ich den Obersten M. verfolgt, selbst nicht weit gebracht habe, und doch wie in einer Art Triumph darüber, daß er jetzt schon fertig ist, während ich noch alles vor mir habe. Da darf man mit Recht sagen, daß nicht einmal die absichtslos hingeworfene Zahl 2467 ihrer Determinierung aus dem Unbewußten entbehrt.[6]

[6] Psychopathologie d. Alltagslebens. G. W. IV, 270. Der Abschnitt fängt an: »In einem Brief an einen Freund kündige ich ihm an, daß ich jetzt die Korrekturen der Traumdeutung abgeschlossen habe und nichts mehr an dem Werk ändern will, ›möge es auch 2467 Fehler enthalten‹. Ich versuche sofort, mir diese Zahl aufzuklären und füge die kleine Analyse noch als Nachschrift dem Briefe an. Am besten zitiere ich jetzt, wie ich damals geschrieben, als ich mich auf frischer Tat ertappte: [...]«

Freud betrachtete seine Arbeit bis zum Schluß mit gemischten Gefühlen: der Gedanke, der Nachwelt die ›Traumdeutung‹ zu schenken, tröstet ihn über manche trübe Stunde hinweg; dann wieder ist er traurig über die mangelhaften Voraussetzungen, die das Werk hat, und bittet Fließ, der das Manuskript korrigiert, ihm bei der Beseitigung der auffälligsten Fehler zu helfen. Im großen und ganzen mißfällt ihm die Art und Weise, wie er die Träume beschrieben hat.

> Was mir an ihnen mißfällt ist der Stil, der ganz unfähig war den edlen, einfachen Ausdruck zu finden, und in witzelnde, bildersuchende Umschreibungen verfallen ist. Ich weiß das, aber der Teil in mir, der es weiß und zu schätzen weiß, der produziert leider nicht.[7]

Das letzte Manuskript wurde dem Verleger im September 1899 geschickt, Ende Oktober bekam Fließ bereits ein Exemplar des Buches. Es erschien am 4. November 1899. Der Verleger zog es jedoch vor, auf das Titelblatt das Datum 1900 zu setzen, entweder weil er abergläubisch war oder weil ihn der Anbruch eines neuen Jahrhunderts so sehr beeindruckte oder weil er den prophetischen Charakter des Buches verstand.
Anderthalb Jahre lang wurde die ›Traumdeutung‹ von der Presse fast überhaupt nicht beachtet. Keine wissenschaftliche Zeitschrift erwähnte die Veröffentlichung, und außer einer wohlwollenden Rezension im ›Berliner Tageblatt‹ wurde sie von den Tageszeitungen einfach ignoriert. Die wenigen Gelehrten, die sich überhaupt äußerten, übten nur negative Kritik. So empörte sich beispielsweise einer darüber, »daß unkritische Leute nur zu gern mit diesen neuen Ideen spielen könnten und sich in vollständigem Mystizismus und chaotischer Willkürlichkeit verlieren könnten«; ein Berliner Professor bedauerte, daß »die phantasievollen Ideen eines Künstlers über den wissenschaftlichen Forscher triumphiert hätten«; im Jahre 1927 schrieb Professor Hoche aus Freiburg, Freuds Traumtheorie gehöre zu jener Kategorie »wohlbekannter Traumbücher, die man, auf billigem Papier gedruckt, in jeder Küche finden kann«.[8]

[7] Brief an Fließ, 11. 9. 1899: JBg. Bd. I, 417. Vergleiche den Brief vom 21. 9., wo Freud sagt: »Es steckt auch in mir irgendwo ein Stück Formgefühl, eine Schätzung der Schönheit als eine Art der Vollkommenheit und die gewundenen, auf indirekten Worten stolzierenden, nach dem Gedanken schielenden Sätze meiner Traumschrift haben ein Ideal in mir beleidigt. Ich tue auch kaum Unrecht, wenn ich diesen Formmangel als ein Zeichen fehlender Stoffbeherrschung auffasse. Aus den Anfängen der Psychoanalyse, S. 255

[8] JBg. Bd. I, 418 – Über die Reaktion der Öffentlichkeit schreibt Freud: (Aus den Anfängen der Psychoanalyse, 23. 3. 1900, S. 269) »Seine Aufnahme, die bisherige mindestens – hat mich zwar nicht gefreut; Verständnis ist spärlich, Lob nur wie Almosen, es ist den meisten offenbar unsympathisch, von einer Ahnung des Bedeu-

Die Folge war, daß das Buch zehn Jahre lang nicht verkauft wurde und völlig unbemerkt blieb.
Für Freud hatte die ›Traumdeutung‹ einschneidende Folgen, mehr als jedes andere Buch. Sie war die Frucht einer langwierigen Arbeit an sich selbst, die ihn aus einer schweren seelischen Krise erlöste. Die Überwindung dieser Krise gab ihm mehr Sicherheit, mehr Selbstvertrauen und Gelassenheit gegenüber dem Urteil anderer. Einige junge Leute wurden auf die ›Traumdeutung‹ aufmerksam, sie bildeten bald den Kern seiner ersten Schule und befreiten ihn so für immer aus seiner Isolierung.
Die ›Traumdeutung‹ hatte neun Auflagen in fast 30 Jahren, und Freud hat sie mehrmals durch seine Träume und Beobachtungen ergänzt, die er von seinen Schülern hatte. Schon von der Konzeption her ist sie ein so vielschichtiges, umfassendes Werk, daß der unvorbereitete Leser fürchten kann, sich zu verlieren. Sehr bald hielt Freud es für nötig, die Hauptgedanken in einer kürzeren Abhandlung zusammenzufassen, um sie gebildeten Laien verständlich zu machen. Bei ihnen hoffte er mehr Verständnis zu finden als bei den Fachleuten. Er schrieb also im Jahre 1901 eine gekürzte Fassung seines Meisterwerkes. Sie ist so verständlich, wie ein populärwissenschaftliches Buch nur sein kann, und doch sind alle wichtigen Punkte behandelt. Auf dieses kleine Buch ›Über den Traum‹ stützen wir uns jetzt, um in groben Zügen die Freudsche Traumtheorie wiederzugeben. Sie ist das Kernstück der psychoanalytischen Lehre und ein Instrument seiner täglichen Arbeit.
Der Traum ist keine nutzlose, unsinnige oder krankhafte Begleiterscheinung des Seelenlebens, wie die meisten Psychologen der damaligen Zeit glaubten. Er ist vielmehr ein sinnvolles Phänomen; seine Unverständlichkeit und Zusammenhanglosigkeit klären sich auf, sobald man ihn mit Hilfe einer wissenschaftlich erprobten Methode zu interpretieren versteht. Klüger als die Gelehrten waren die Menschen der Antike, die die Wahrheit des Traumes intuitiv erfaßten. Auch die Volksmeinung hielt daran fest, daß der Traum einen Sinn habe. Sowohl die Antike wie der primitive Volksglaube begingen den Irrtum, ihm eine prophetische Bedeutung beizumessen. Der Traum kann nämlich nichts voraussagen, er drückt vielmehr einen Wunsch aus, dessen Erfüllung er unmittelbar gewährt.

tungsvollen an ihm habe ich noch keine Spur gesehen. Ich erkläre mir's so, daß ich um 15–20 Jahre vorausgekommen bin.«
An einer anderen Stelle führt die Erfolglosigkeit seines Buches zu ernsthaften Zweifeln an sich selbst: (Aus den Anfängen der Psychoanalyse, S. 274) »Kein Kritiker … kann schärfer als ich sehen, welches Mißverständnis sich zwischen Problemen und Lösungen auftut, und zur gerechten Strafe wird es mir sein, daß keine der unentdeckten Provinzen im Seelenleben, die ich zuerst von den Sterblichen betreten, je meinen Namen führen oder meinen Gesetzen gehorchen wird.«

›Manifesten Trauminhalt‹ nennt man das, was der Träumende beim Erwachen erzählen kann; das Material, das die Traumanalyse erarbeitet, heißt der ›latente Trauminhalt‹. Die Umwandlung des latenten Traumes in den manifesten wird ›Traumarbeit‹ genannt. Die Analysenarbeit leistet die entgegengesetzte Umwandlung. Die Beziehungen zwischen latentem und manifestem Trauminhalt sind verschieden. Betrachtet man die Träume unter diesem Gesichtspunkt, dann ergeben sich drei Kategorien.

Zunächst gibt es die klaren und vernünftigen Träume, die unserem täglichen Leben entnommen zu sein scheinen. Sie kommen häufig vor, sind kurz und ziemlich uninteressant, weil sie keinen tiefen Eindruck hinterlassen. Dennoch ist ihr Traumcharakter unbestreitbar, wir würden sie niemals mit Produkten unseres wachen Seelenlebens verwechseln.

Die zweite Gruppe umfaßt ebenfalls vernünftige Träume. Ihr Sinn ist uns völlig klar, dennoch sind wir befremdet, denn wir verstehen nicht, warum uns gerade solche Inhalte beschäftigen. Es sind jene Träume, die uns beim Erwachen fragen lassen: ›Wie komme ich bloß auf solche Gedanken?‹

Zur dritten Gruppe gehören jene Träume, die bei den Psychologen die Meinung aufkommen ließen, Träume seien unnütze Produkte einer herabgesetzten Seelentätigkeit. Sie sind tatsächlich undurchsichtig, unverständlich und ohne Zusammenhang. Sie enthalten Rätsel, deren Sinn die Analyse zu ergründen vermag, indem sie den manifesten durch den latenten Trauminhalt ersetzt. Je dunkler ein Traum ist, desto mehr widersetzt er sich der Analyse, desto mehr scheint er sich zu weigern, seinen verborgenen Inhalt freizugeben.

Alle Kinderträume gehören zur Kategorie der leicht verständlichen Träume, die ganz offen und ohne Umschweife Wunscherfüllungen darstellen. Freud gewann diese Überzeugung, als er die Träume seiner Kinder sammelte:

Seine kleine Tochter Anna hatte sich an Erdbeeren den Magen verdorben und mußte einen Tag hungern. In der darauffolgenden Nacht hörte man sie zuerst ihren Namen aussprechen und dann »Erdbeere, Butterbrot, Brei ...« sagen. Das Kind träumt also von Essen und sieht im Traum gerade die Dinge, die es entbehren muß. Auch wenn die Träume der Kinder schwieriger zu durchschauen sind, lassen sie sich doch immer leicht auf eine Wunscherfüllung zurückführen. Freuds achtjähriger Sohn träumte, daß er mit Achilles in einem Streitwagen gefahren sei, den Diomedes lenkte. Der Vater weiß, daß er sich tags zuvor in die Lektüre griechischer Heldensagen versenkt hatte: die beiden Helden hatten ihn begeistert und zweifelsohne bedauerte er, nicht in ihrer Zeit zu leben.

In Bedürfnissituationen können die Träume der Erwachsenen den kindlichen Träumen ähnlich werden. Freud findet in den Reiseberichten des Forschers Nansen[9] eine Bestätigung dafür: als die Mannschaft den Winter im Eis bei dürftiger und eintöniger Kost zubringen mußte, träumte sie wie die Kinder jede Nacht von üppigen Mahlzeiten, von riesigen Mengen Tabak und der Schönheit ihrer fernen Heimat.

All die Träume dieses Typs lassen sich durch einen Wunschsatz ersetzen: Oh, hätte die Fahrt auf dem See doch länger gedauert — wäre ich doch schon aufgestanden und angezogen — hätte ich doch das Glück, im alten Griechenland zu leben; aber der Traum gibt mehr als diesen Wunsch. Er zeigt ihn als bereits erfüllt, stellt diese Erfüllung in Form von Bildern dar. Anders ausgedrückt, er verwandelt einen Gedanken in ein Bild und den Wunsch in eine reale und gegenwärtige Situation. Auch die einfachsten Kinderträume machen immer diese Wandlung durch.

Bestimmte Bedingungen müssen erfüllt sein, damit ein Gedanke in einen Traum aufgenommen werden kann. Er muß sich leicht in ein Bild verwandeln lassen und die Umgestaltung in eine Traumsituation ermöglichen. Das ist sozusagen die grammatische Regel, die für alle Arten von Träumen gilt, ob sie leicht durchschaubar oder rätselhaft, sinnvoll oder phantastisch erscheinen. Die verworrenen und düsteren Situationen, wie sie bei den Träumen der Erwachsenen üblich sind, ändern nichts am Sinn der Traumgebilde: immer sind sie Wunscherfüllungen. Bei Erwachsenen zeigt die auffallende Diskrepanz zwischen manifestem und latentem Trauminhalt lediglich, daß es sich um die verhüllte Erfüllung eines verborgenen oder verdrängten Wunsches handelt.

Wodurch gelingt es eigentlich dem latenten Trauminhalt, sich so zu verstellen, daß man ihn nicht mehr erkennen kann und er beim Erwachen dem Träumenden fremd vorkommt? Er verdankt diese Möglichkeit einigen speziellen Verfahren, die nicht nur im Traum vorkommen, sondern auch bei anderen Formen seelischer Tätigkeit, so zum Beispiel der Phantasie. Wie wir bereits gesehen haben, besteht einer dieser Vorgänge darin, abstrakte Begriffe in Bilder und Situationen umzuwandeln. Es gibt noch andere, die alle auf ihre Weise dazu beitragen, das Traummaterial in ganz bestimmter Weise zu verändern. In dieser sogenannten Traumarbeit hat Freud als erster das Modell des unbewußten künstlerischen Schaffens entdeckt.

[9] Traumdeutung. G. W. II/III, 196; Aus den Anfängen der Psychoanalyse, S. 224: »Nansens Träume werde ich sehr gut verwenden können, sie sind geradezu durchsichtig. Daß ein seelischer Zustand einfach typisch ist für den, der Neues wagt und Vertrauen in Anspruch nimmt, und der wahrscheinlich auf falschem Weg was Neues entdeckt und nicht so viel als er sich vorgestellt, das weiß ich aus eigenster Erfahrung.«

Die Traumarbeit besteht zum Teil in einer Verdichtung der ursprünglichen Elemente. Diesem Vorgang ist es zu verdanken, daß die durch die Analyse entdeckten latenten Inhalte immer viel zahlreicher sind als die manifesten Inhalte. Die Personen und Gegenstände, denen man im Traum begegnet, sind in der Tat meistens konstruierte Gebilde, Mischungen oder Überlagerungen ganz verschiedenartiger und unvereinbarer Züge; es sind Geschöpfe, die das Wachbewußtsein in Verwirrung bringen, aber dennoch sind sie jenen ganz ähnlich, die immer wieder in Fabeln und Mythen vorkommen, mit dem einzigen Unterschied, daß die mythischen Gestalten ein für allemal feststehen, während der Traum gewissermaßen jede Nacht seine Arbeit von vorn anfangen muß.

Freud hat ein nettes Beispiel für die Verdichtungsarbeit angeführt: er träumte, daß er in einem Eisenbahnabteil sitze und einen Zylinderhut aus durchsichtigem Glas auf dem Schoß halte. Dieser unsinnige Gegenstand ist eine Mischung aus zwei Bildern: erstens der Hut, und selbstverständlicherweise damit verbunden der Kopf dessen, dem er gehört; zweitens der Auer'sche Glühlichtstrumpf, ein durchscheinender Zylinder, der seinem Erfinder, Dr. Auer von Welsbach, einem Landsmann Freuds, zu Ansehen und Reichtum verholfen hat. Freud sagte sich:

> und ich weiß bald, daß ich eine Erfindung machen möchte, die mich reich und unabhängig werden läßt, und daß ich dann Reisen machen will, anstatt in Wien zu bleiben. Im Traume reise ich mit meiner Erfindung – dem allerdings noch nicht gebräuchlichen Hutzylinder aus Glas.[10]

Der Traum arbeitet auch mit Hilfe der sogenannten Verschiebung, deren Hauptergebnis in der Umkehrung oder Vertauschung der Werte besteht. Was im latenten Trauminhalt wichtig und bedeutend war, wird auf ein nebensächliches und unbedeutendes Objekt übertragen, so daß ein ursprünglich aufregendes Ereignis ganz banal wird und umgekehrt völlig wertlose Elemente eine ganz intensive Färbung und einen wichtigen Platz in einer Szene bekommen. Die Traumarbeit vermag eine unwesentliche Einzelheit in ein ernst zu nehmendes Ereignis zu verwandeln, sie kann die Situation von den Gefühlen trennen, die sie normalerweise begleiten, oder auch den für ihn wichtigsten Gedanken in einen entlegenen Winkel abdrängen. Nichts macht den Traum unverständlicher als diese trügerische Akzentverschiebung.

Der dritte Prozeß ist bei weitem der auffallendste. Er besteht darin, Gegenstände, Personen und Situationen durch entspre-

[10] Über den Traum. G. W. II/III, 665

chende bildliche Darstellungen zu ersetzen. Dieser Traumsymbolismus hat schon zu allen Zeiten den menschlichen Geist in Erstaunen versetzt und zu einer systematischen Entzifferung seiner Rätsel geführt. Zeichen, Anspielungen, Wortspiele, ja sogar das unsinnigste Geschwätz, all das ist dem Traum gut genug, um dem Wunsch Ausdruck zu verleihen, dessen Träger er ist, wobei er ihn niemals verrät, sondern nur verhüllt darstellt. Das Symbol ist nicht etwa ein Produkt der Traumarbeit, sondern im Gegenteil ihre treibende Kraft: das Symbol liefert den Stoff für die Verdichtung, Verschiebung und szenische Darstellung der Traumgedanken.

Natürlich taucht die Frage auf, was den Traum zu diesen umständlichen Verfahren zwingt. Warum drückt der Traum der Erwachsenen nicht auch so unmittelbar seine Wünsche aus wie die Kinderträume? oder mit anderen Worten: was hat es für eine Bewandtnis mit der Verdrängung, jenem merkwürdigen Phänomen, das den Wunsch dazu zwingt, nur in verhüllter Form in Erscheinung zu treten? Die Antwort auf diese Frage gibt der Traum nicht selbst, sondern eine Besonderheit unserer psychischen Konstitution:

> Wir nehmen an, daß es in unserem seelischen Apparat zwei gedankenbildende Instanzen gibt, deren zweite das Vorrecht besitzt, daß ihre Erzeugnisse den Zugang zum Bewußtsein offen finden, während die Tätigkeit der ersten Instanz an sich unbewußt ist und nur über die zweite zum Bewußtsein gelangen kann. An der Grenze der beiden Instanzen, am Übergang von der ersten zur zweiten, befindet sich eine Zensur, welche nur durchläßt, was ihr angenehm ist, anderes aber zurückhält. Dann befindet sich das von der Zensur Abgewiesene, nach unserer Definition, im Zustand der Verdrängung.[11]

Die Wünsche, die die Zensur am stärksten zurückdrängt, sind begreiflicherweise solche, die die Moral der einzelnen und der Gesellschaft mit der gleichen Strenge unterdrückt: erotische Wünsche, die den Forderungen des erwachsenen Ich um so weniger entsprechen als sie aus unzerstörbaren Erlebnisresten der frühen Kindheit stammen. Hinter den erotischen Wünschen, die sich mit Hilfe einer List in den Träumen eine Erfüllung verschaffen, entdeckt Freud den ursprünglichen ärgerniserregenden Wunsch nach Blutschande und Mord. Jeder Erwachsene hat ihn vergessen, dennoch bindet er ihn zeitlebens an seine Vergangenheit. Die folgende Stelle ist wie eine Offenbarung, die zum ersten Mal die allgemeingültige und ewige Bedeutung des Ödipus-Dramas erklärt:

[11] a. a. O., 689

Sein Schicksal ergreift uns darum, weil es auch das unsrige hätte werden können, weil das Orakel vor unserer Geburt denselben Fluch über uns verhängt hat wie über ihn. Uns allen vielleicht war es beschieden, die erste sexuelle Regung auf die Mutter, den ersten Haß und gewalttätigen Wunsch gegen den Vater zu richten; unsere Träume überzeugen uns davon. König Ödipus, der seinen Vater erschlagen und seine Mutter geheiratet hat, ist nur die Wunscherfüllung unserer Kindheit. Aber glücklicher als er, ist es uns seitdem, insofern wir nicht Psychoneurotiker geworden sind, gelungen, unsere sexuellen Regungen von unseren Müttern abzulösen, unsere Eifersucht gegen unsere Väter zu vergessen. Vor der Person, an welcher sich jener kindheitliche Urzeitwunsch erfüllt hat, schaudern wir zurück mit dem ganzen Betrag der Verdrängung, welche diese Wünsche in unserem Innern seither erlitten haben. Wie Ödipus leben wir in Unwissenheit der die Moral beleidigenden Wünsche, welche die Natur uns aufgenötigt hat, und nach deren Enthüllung möchten wir wohl alle den Blick abwenden von den Szenen unserer Kindheit.[12]

[12] Traumdeutung. G. W. II/III, 269

10. Zwei Träume

Es gibt keine bessere Möglichkeit, die Freud'sche Trauminterpretation zu verstehen, als Schritt für Schritt der ungewöhnlichen Selbstanalyse zu folgen, zu der Freud seine Leser führt. Er erzählt ihnen seine eigenen Träume, versucht immer wieder, ihren Sinn zu ergründen und alle Rätsel zu lösen. Eine Freudsche Traumanalyse ist ein Abenteuer, dessen Zeuge und Held man zugleich ist. Es ist ein Schauspiel, das man zunächst gleichgültig und vielleicht sogar erheitert anschaut, auf einmal aber wird eine ganz persönliche Angelegenheit daraus, und man wartet mit Spannung auf die Lösung.
In erster Linie lernt man aus diesen Interpretationen auf ganz konkrete Weise die Technik der Psychoanalyse. Sie wird so dem Leser vertrauter und erscheint ihm viel brauchbarer als durch rein theoretische Abhandlungen. Die Trauminterpretation war für Freud das unentbehrliche Werkzeug seiner Selbstanalyse, für den heutigen Leser ist sie immer noch die ›via regia‹ zum Verständnis seiner Bücher.
Um einen lebendigen Eindruck von der Methode zu vermitteln, die Freud im Jahre 1895 bei der Behandlung seiner Patienten anzuwenden begann, haben wir zwei persönliche Träume unter den zahlreichen Beispielen ausgesucht, die das Material der Traumdeutung bilden. Den ersten wählten wir wegen seiner Einfachheit und wegen des vertraulichen Tons seiner Analyse; den zweiten wegen seines bewundernswerten intellektuellen Aufbaus und der ästhetischen Gefühle, die er ausstrahlt. Eigentlich gehört der Traum von der ›Tischgesellschaft‹ nicht zur ›Traumdeutung‹. Vielmehr erzählt Freud ihn in dem schon erwähnten kleinen Buch ›Über den Traum‹, wo er auf ganz einfache Weise die Anfangsgründe seiner Traumwissenschaft zusammenträgt und ordnet. Er schildert genau die einzelnen Schritte des Weges, den der Träumende beim Erwachen zurückgelegt hatte:

»*Eine Gesellschaft, Tisch oder Table d'hôte ... Es wird Spinat gegessen ... Frau E. L. sitzt neben mir, wendet sich ganz mir zu und legt vertraulich die Hand auf mein Knie. Ich entferne die Hand abwehrend. Sie sagt dann: Sie haben immer so schöne Augen gehabt ... Ich sehe dann undeutlich etwas wie zwei Augen als Zeichnung oder wie die Kontur eines Brillenglases ...*«
Das ist der ganze Traum oder wenigstens alles, was ich von ihm erinnere. Er erscheint mir dunkel und sinnlos, vor allem aber befremdlich. Frau E. L. ist eine Person, zu der ich kaum je freund-

schaftliche Beziehungen gepflogen, meines Wissens herzlichere nie gewünscht habe. Ich habe sie lange Zeit nicht gesehen und glaube nicht, daß in den letzten Tagen von ihr die Rede war. Irgendwelche Affekte haben den Traumvorgang nicht begleitet.

Nachdenken über diesen Traum bringt ihn meinem Verständnis nicht näher. Ich werde aber jetzt absichts- und kritiklos die Einfälle verzeichnen, die sich meiner Selbstbeobachtung ergeben. Ich bemerke bald, daß es dabei vorteilhaft ist, den Traum in seine Elemente zu zerlegen und zu jedem dieser Bruchstücke die anknüpfenden Einfälle aufzusuchen.

Gesellschaft, Tisch oder Table d'hôte. Daran knüpft sich sofort die Erinnerung an das kleine Erlebnis, welches den gestrigen Abend beschloß. Ich war von einer kleinen Gesellschaft weggegangen in Begleitung eines Freundes, der sich erbot, einen Wagen zu nehmen und mich nach Hause zu führen. »Ich ziehe einen Wagen mit Taxameter vor«, sagte er, »das beschäftigt einen so angenehm; man hat immer etwas, worauf man schauen kann.« Als wir im Wagen saßen und der Kutscher die Scheibe einstellte, so daß die ersten sechzig Heller sichtbar wurden, setzte ich den Scherz fort. »Wir sind kaum eingestiegen und schulden ihm schon sechzig Heller. Mich erinnert der Taxameterwagen immer an die *Table d'hôte.* Er macht mich geizig und eigensüchtig, indem er mich unausgesetzt an meine Schuld mahnt. Es kommt mir vor, daß diese zu schnell wächst, und ich fürchte mich, zu kurz zu kommen, gerade wie ich mich auch an der Table d'hôte der komischen Besorgnis, ich bekomme zu wenig, müsse auf meinen Vorteil bedacht sein, nicht erwehren kann.« In entfernterem Zusammenhang hiermit zitiere ich:

»Ihr führt ins Leben uns hinein,
Ihr laßt den Armen schuldig werden.«

Ein zweiter Einfall zur Table d'hôte: vor einigen Wochen habe ich mich an einer *Gasthaustafel* in einem Tiroler Höhenkurort heftig über meine liebe Frau geärgert, die mir nicht reserviert genug gegen einige Nachbarn war, mit denen ich durchaus keinen Verkehr anknüpfen wollte. Ich bat sie, sich mehr mit mir als mit den Fremden zu beschäftigen. Das ist ja auch, *als ob ich an der Table d'hôte zu kurz gekommen wäre.* Jetzt fällt mir auch der Gegensatz auf zwischen dem Benehmen meiner Frau an jener Tafel und dem der Frau E. L. im Traum, *›die sich ganz mir zuwendet‹!* Weiter: Ich merke jetzt, daß der Traumvorgang die Reproduktion einer kleinen Szene ist, die sich ganz ähnlich so zwischen meiner Frau und mir zur Zeit meiner geheimen Werbung zugetragen hat. Die Liebkosung unter dem Tischtuch war die Antwort auf einen ernsthaft werbenden Brief. Im Traum ist aber meine Frau durch die mir fremde E. L. ersetzt.

Frau E. L. ist die Tochter eines Mannes, dem ich *Geld geschuldet* habe! Ich kann nicht umhin zu bemerken, daß sich da ein ungeahnter Zusammenhang zwischen den Stücken des Trauminhalts und meinen Einfällen enthüllt. Folgt man der Assoziationskette, die von einem Element des Trauminhalts ausgeht, so wird man bald zu einem anderen Element desselben zurückgeführt. Meine Einfälle zum Traume stellen Verbindungen her, die im Traume selbst nicht ersichtlich sind.

Pflegt man nicht, wenn jemand erwartet, daß andere für seinen Vorteil sorgen sollen, ohne eigenen Vorteil dabei zu finden, diesen Weltunkundigen höhnisch zu fragen: Glauben Sie denn, daß dies oder jenes *um Ihrer schönen Augen willen geschehen wird*? Dann bedeutet ja die Rede der Frau E. L. im Traume: ›Sie haben immer so schöne Augen gehabt‹ nicht anderes als: Ihnen haben die Leute immer alles zuliebe getan; Sie haben alles *umsonst gehabt*. Das Gegenteil ist natürlich wahr: Ich habe alles, was mir andere etwa Gutes erwiesen, teuer bezahlt. Es muß mir doch einen Eindruck gemacht haben, daß ich gestern den Wagen *umsonst gehabt habe*, in dem mich mein Freund nach Hause geführt hat.
Allerdings der Freund, bei dem wir gestern zu Gaste waren, hat mich oft zu seinem Schuldner gemacht. Ich habe erst unlängst eine Gelegenheit, es ihm zu vergelten, ungenützt vorübergehen lassen. Er hat ein einziges Geschenk von mir, eine antike Schale, auf der ringsum *Augen* gemalt sind, eine sog. Occhiale zur *Abwehr* des *Malocchio*. Er ist übrigens *Augenarzt*. Ich hatte ihn an demselben Abend nach der Patientin gefragt, die ich zur *Brillenbestimmung* in seine Ordination empfohlen hatte.
Wie ich bemerkte, sind nun fast sämtliche Stücke des Traumes in den neuen Zusammenhang gebracht. Ich könnte aber konsequenterweise noch fragen, warum im Traume gerade Spinat aufgetischt wird? Weil Spinat an eine kleine Szene erinnert, die kürzlich an unserem Familientische vorfiel, als ein Kind – gerade jenes, dem man die schönen Augen wirklich nachrühmen kann – sich weigerte, Spinat zu essen. Ich selbst benahm mich als Kind ebenso. Die Erwähnung dieses Gerichts stellt so eine Annäherung her zwischen meiner Jugend und der meines Kindes. »Sei froh, daß Du Spinat hast«, hatte die Mutter dem kleinen Feinschmecker zugerufen. »Es gibt Kinder, die mit Spinat sehr zufrieden wären.« Ich werde so an die Pflichten der Eltern gegen ihre Kinder erinnert. Die Goetheschen Worte:

»Ihr führt ins Leben uns hinein,
Ihr laßt den Armen schuldig werden.«

zeigen in diesem Zusammenhang einen neuen Sinn.
Ich werde hier haltmachen, um die bisherigen Ergebnisse der Traumanalyse zu überblicken. Indem ich den Assoziationen folgte, welche sich an die einzelnen, aus ihrem Zusammenhang gerissenen Elemente des Traumes anknüpften, bin ich zu einer Reihe von Gedanken und Erinnerungen gelangt, in denen ich wertvolle Äußerungen meines Seelenlebens erkennen muß. Dieses durch die Analyse des Traumes gefundene Material steht in einer innigen Beziehung zum Trauminhalt, doch ist diese Beziehung von der Art, daß ich das neu Gefundene niemals aus dem Trauminhalt hätte erschließen können. Der Traum war affektlos, unzusammenhängend und unverständlich; während ich die Gedanken hinter dem Traum entwickle, verspüre ich intensive und gut begründete Affektregungen; die Gedanken selbst fügen sich ausgezeichnet zu logisch verbundenen Ketten zusammen, in denen gewisse Vorstellungen als zentrale wiederholt vorkommen. Solche im Traum selbst nicht vertretene Vorstellungen sind in unserem Beispiel die Gegensätze von *eigennützig – uneigennützig*, die Elemente *schuldig sein – umsonst*

tun. Ich könnte in dem Gewebe, welches sich der Analyse enthüllt, die Fäden fester anziehen und würde dann zeigen können, daß sie zu einem einzigen Knoten zusammenlaufen, aber Rücksichten, nicht wirtschaftlicher, sondern privater Natur hindern mich, diese Arbeit öffentlich zu tun. Ich müßte zu vielerlei verraten, was besser mein Geheimnis bleibt, nachdem ich auf dem Wege zu dieser Lösung mir allerlei klargemacht, was ich mir selbst ungern eingestehe.[1]

Der ›Non-vixit-Traum‹, den wir jetzt wiedergeben, ist einer der schönsten und ergreifendsten der ganzen ›Traumdeutung‹. Seine Analyse ist viel ausführlicher als beim vorhergehenden Traum, dennoch verschweigt Freud auch hier eine ganze Menge. Er ist voller Ungewißheit und Dunkelheit, die sich langsam aufhellt. Das ständige Auf und Ab seiner Spannung macht ihn zu einem wirklichen kleinen Drama, dessen Entwicklung von einer seltenen Schönheit ist. Dieser Traum ist um so aufschlußreicher, als wir hier Persönlichkeiten begegnen, die wir bereits kennen: Lehrer und Freunde, die in Freuds Leben eine wichtige Rolle gespielt haben und denen er tiefe, zuweilen ambivalente Gefühle entgegenbrachte:

> Ich bin nachts ins Brückesche Laboratorium gegangen und öffne auf ein leises Klopfen an der Tür dem (verstorbenen) Professor Fleischl, der mit mehreren Freunden eintritt und sich nach einigen Worten an seinen Tisch setzt. Dann folgt ein zweiter Traum: Mein Freund Fl.* ist im Juli unauffällig nach Wien gekommen; ich begegne ihm auf der Straße im Gespräch mit meinem (verstorbenen) Freunde P.** und gehe mit ihnen irgendwohin, wo sie einander wie an einem kleinen Tisch gegenübersitzen, ich an der schmalen Seite des Tischchens vorne. Fl. erzählt von seiner Schwester und sagt: »In dreiviertel Stunden war sie tot«, und dann etwas wie: »Das ist die Schwelle.« Da P. ihn nicht versteht, wendet sich Fl. an mich und fragt mich, wieviel von seinen Dingen ich P. denn mitgeteilt habe. Darauf ich, von merkwürdigen Affekten ergriffen, Fl. mitteilen will, daß P. (ja gar nichts wissen kann, weil er) gar nicht am Leben ist. Ich sage aber, den Irrtum selbst bemerkend: *Non vixit.* Ich sehe dann P. durchdringend an, unter meinem Blicke wird er bleich, verschwommen, seine Augen werden krankhaft blau – und endlich löst er sich auf. Ich bin ungemein erfreut darüber, verstehe jetzt, daß auch Ernst Fleischl nur eine Erscheinung, ein Revenant war, und finde es ganz wohl möglich, daß eine solche Person nur so lange besteht, als man es mag, und daß sie durch den Wunsch des anderen beseitigt werden kann.[2]

Freud erzählt dieses schöne Beispiel, weil es ein wirkliches Verzeichnis der Traumrätsel enthält. Wir finden in diesem Traum

* Fließ
** Josef Paneth
[1] Über den Traum. G. W. II/III, 649
[2] Traumdeutung. G. W. II/III, 424

wirklich ganz typische Elemente: Der Träumende kritisiert beispielsweise selbst seinen Irrtum; die Toten kommen im Traum als Tote vor, und man hat ganz normale Beziehungen zu ihnen; schließlich die unsinnige Diskrepanz zwischen dem schrecklichen Schluß und der tiefen Befriedigung, die der Träumende dabei empfindet:

> [...] daß ich ›für mein Leben gern‹ die volle Lösung dieser Rätsel mitteilen möchte. Ich bin aber in Wirklichkeit unfähig, das zu tun – was ich nämlich im Traum tue –, die Rücksicht auf so teure Personen meinem Ehrgeiz aufzuopfern. Bei jeder Verhüllung wäre aber der mir wohlbekannte Sinn des Traumes zuschanden geworden.[3]

Freud begnügt sich damit, einige Elemente unter den bedeutsamsten herauszugreifen und unter zwei Gesichtspunkten zu betrachten: zuerst erläutert er das Problem des ›Non-vixit‹ und der leibhaftigen Gegenwart der Toten, dann erklärt er das unbegreifliche Glücksgefühl, das ihn überkam, als er seinen Freund ›aufgelöst‹ hatte.

> Das Zentrum des Traumes bildet eine Szene, in der ich P. durch einen Blick vernichte. Seine Augen werden dabei so merkwürdig und unheimlich blau, und dann löst er sich auf. Diese Szene ist die unverkennbare Nachbildung einer wirklich erlebten. Ich war Demonstrator am Physiologischen Institut, hatte den Dienst in den Frühstunden und *Brücke* hatte erfahren, daß ich einige Male zu spät ins Schülerlaboratorium gekommen war. Da kam er einmal pünktlich zur Eröffnung und wartete mich ab. Was er mir sagte, war karg und bestimmt; es kam aber gar nicht auf die Worte an. Das Überwältigende waren die fürchterlichen blauen Augen, mit denen er mich ansah, und vor denen ich verging – wie P. im Traum, der zu meiner Erleichterung die Rollen verwechselt hat. Wer sich an die bis ins hohe Greisenalter wunderschönen Augen des großen Meisters erinnern kann, und ihn je im Zorn gesehen hat, wird sich in die Affekte des jugendlichen Sünders von damals leicht versetzen können.
> Es wollte mir lange nicht gelingen, das »Non-vixit« abzuleiten, mit dem ich im Traum jene Justiz übe, bis ich mich besann, daß diese zwei Worte nicht als gehörte oder gerufene, sondern als *gesehene* im Traum so hohe Deutlichkeit besessen hatten. Dann wußte ich sofort, woher sie stammten. Auf dem Postament des Kaiser-Josef-Denkmals in der Wiener Hofburg sind die schönen Worte zu lesen:
>
> Saluti patriae *vixit*
> *non* diu sed totus
>
> Aus dieser Inschrift habe ich herausgeklaubt, was zu der einen, feindseligen Gedankenreihe in meinen Traumgedanken paßte, und was heißen sollte: Der Kerl hat ja gar nichts dreinzureden, er lebt

[3] a. a. O., 425

ja gar nicht. Und nun mußte ich mich erinnern, daß der Traum wenige Tage nach der Enthüllung des *Fleischldenkmals* in den Arkaden der Universität geträumt worden war, wobei ich das Denkmal *Brückes* wiedergesehen hatte und (im Unbewußten) mit Bedauern erwogen haben muß, wie mein hochbegabter und ganz der Wissenschaft ergebener Freund P. durch einen allzufrühen Tod seinen begründeten Anspruch auf ein Denkmal in diesen Räumen verloren. So setzte ich ihm dies Denkmal im Traum; mein Freund P. hieß mit dem Vornamen Josef.*

Nach den Regeln der Traumdeutung wäre ich nun noch immer nicht berechtigt, das non vivit, das ich brauche, durch non vixit, das mir die Erinnerung an das Josefsmonument zur Verfügung stellt, zu ersetzen. Ein anderes Element der Traumgedanken muß dies durch seinen Beitrag ermöglicht haben. Es heißt mich nun etwas darauf achten, daß in der Traumszene eine feindselige und eine zärtliche Gedankenströmung gegen meinen Freund P. zusammentreffen, die erstere oberflächlich, die letztere verdeckt, und in den nämlichen Worten: Non vixit ihre Darstellung erreichen. Weil er sich um die Wissenschaft verdient gemacht hat, errichte ich ihm ein Denkmal; aber weil er sich eines bösen Wunsches schuldig gemacht hat (der am Ende des Traumes ausgedrückt ist), darum vernichte ich ihn. Ich habe da einen Satz von ganz besonderem Klang gebildet, bei dem mich ein Vorbild beeinflußt haben muß. Wo findet sich nur eine ähnliche Antithese, ein solches Nebeneinanderstellen zweier entgegengesetzter Reaktionen gegen dieselbe Person, die beide den Anspruch erheben, voll berechtigt zu sein, und doch einander nicht stören wollen? An einer einzigen Stelle, die sich aber dem Leser tief einprägt; in der Rechtfertigungsrede des *Brutus* in *Shakespeares* »*Julius Cäsar*«: »Weil Cäsar mich liebte, wein' ich um ihn; weil er glücklich war, freue ich mich; weil er tapfer war, ehr' ich ihn, aber weil er herrschsüchtig war, erschlug ich ihn.« Ist das nicht der nämliche Satzbau und Gedankengegensatz wie in den Traumgedanken, die ich aufgedeckt habe? Ich spiele also den Brutus im Traum. Wenn ich nur von dieser überraschenden Kollateralverbindung noch eine andere bestätigende Spur im Trauminhalt auffinden könnte! Ich denke, dies könnte folgende sein: Mein Freund Fl. kommt im Juli nach Wien. Diese Einzelheit findet gar keine Stütze in der Wirklichkeit. Mein Freund ist im Monat Juli meines Wissens niemals in Wien gewesen. Aber der Monat Juli ist nach Julius Cäsar benannt und könnte darum sehr wohl die von mir gesuchte Anspielung auf den Zwischengedanken, daß ich den Brutus spiele, vertreten.[4]

Freud nimmt in einem späteren Kapitel die Deutung dieses Traumes wieder auf und geht hier besonders auf die Gefühle ein, die den Ablauf der Traumereignisse begleiten. Es geht ihm besonders darum, den verwickelten Zusammenhang zwischen

* Als Beitrag zur Überdeterminierung: Meine Entschuldigung für mein Zuspätkommen lag darin, daß ich nach langer Nachtarbeit am Morgen den weiten Weg von der Kaiser-Josef-Straße in die Währinger Straße zu machen hatte.

[4] Traumdeutung. G. W. II/III, 425

den so gegensätzlichen Gefühlen und dem manifesten Trauminhalt zu untersuchen:

Ich habe die Veranlassung dieses Traumes noch nicht mitgeteilt. Sie ist eine wesentliche und führt tief in das Verständnis des Traumes hinein. Ich hatte von meinem Freunde in Berlin (den ich mit Fl. bezeichnet habe) die Nachricht bekommen, daß er sich einer Operation unterziehen werde, und daß in Wien lebende Verwandte mir die weiteren Auskünfte über sein Befinden geben würden. Diese ersten Nachrichten nach der Operation lauteten nicht erfreulich und machten mir Sorge. Ich wäre am liebsten selbst zu ihm gereist, aber ich war gerade zu jener Zeit mit einem schmerzhaften Leiden behaftet, das mir jede Bewegung zur Qual machte. Aus den Traumgedanken erfahre ich nun, daß ich für das Leben des teuren Freundes fürchtete. Seine einzige Schwester, die ich nie gekannt, war, wie ich wußte, in jungen Jahren nach kürzester Krankheit gestorben. (Im Traum: Fl. erzählt von seiner Schwester und sagt: in dreiviertel Stunden war sie tot.) Ich muß mir eingebildet haben, daß seine eigene Natur nicht viel resistenter sei, und mir vorgestellt, daß ich auf weit schlimmere Nachrichten nun endlich doch reise – und zu spät komme, worüber ich mir ewig Vorwürfe machen könnte.* Dieser Vorwurf wegen des Zuspätkommens ist zum Mittelpunkt des Traumes geworden, hat sich aber in einer Szene dargestellt, in der der verehrte Meister meiner Studentenjahre *Brücke* mir mit einem fürchterlichen Blicke seiner blauen Augen den Vorwurf macht. Was diese Ablenkung der Szene zustande gebracht, wird sich bald ergeben; die Szene selbst kann der Traum nicht so reproduzieren, wie ich sie erlebt habe. Er läßt zwar dem anderen die blauen Augen, aber er gibt mir die vernichtende Rolle, eine Umkehrung, die offenbar das Werk der Wunscherfüllung ist. Die Sorge um das Leben des Freundes, der Vorwurf, daß ich nicht zu ihm hinreise, meine Beschämung (er ist *unauffällig* [zu mir] nach Wien gekommen), mein Bedürfnis, mich durch meine Krankheit für entschuldigt zu halten, das alles setzt den Gefühlssturm zusammen, der im Schlaf deutlich verspürt, in jener Region der Traumgedanken tobt.

An der Traumveranlassung war aber noch etwas anderes, was auf mich eine ganz entgegengesetzte Wirkung hatte. Bei den ungünstigen Nachrichten aus den ersten Tagen der Operation erhielt ich auch die Mahnung, von der ganzen Angelegenheit mit niemandem zu sprechen, die mich beleidigte, weil sie ein überflüssiges Mißtrauen in meine Verschwiegenheit zur Voraussetzung hatte. Andere Vorwürfe als solche, an denen ›etwas dran ist‹, haften bekanntlich nicht, haben keine aufregende Kraft. Zwar nicht in der Sache meines Freundes, aber früher einmal in viel jüngeren Jahren hatte ich zwischen zwei Freunden, die beide auch mich zu meiner Ehrung so nennen wollten, überflüssigerweise etwas ausgeplaudert, was der eine über den anderen gesagt hatte. Auch die Vorwürfe, die ich damals zu hören bekam, habe ich nicht vergessen. Der eine der

* Diese Phantasie aus den unbewußten Traumgedanken ist es, die gebieterisch non vivit anstatt non vixit verlangt. »Du bis zu spät gekommen, er lebt nicht mehr.«

beiden Freunde, zwischen denen ich damals den Unfriedenstifter machte, war Professor *Fleischl*, der andere kann durch den Vornamen Josef, den auch mein im Traum auftretender Freund und Gegner P.* führte, ersetzt werden.

Der in der Gegenwart geringfügige Ärger über die Mahnung, nichts zu verraten, holt sich aber Verstärkungen aus in der Tiefe fließenden Quellen und schwillt so zu einem Strom feindseliger Regungen gegen in Wirklichkeit geliebte Personen an. Die Quelle, welche die Verstärkung liefert, fließt im Infantilen. Ich habe schon erzählt, daß meine warmen Freundschaften wie meine Feindschaften mit Gleichaltrigen auf meinen Kinderverkehr mit einem um ein Jahr älteren Neffen zurückgehen, in dem er der Überlegene war, ich mich frühzeitig zur Wehr zu setzen lernte, wir unzertrennlich miteinander lebten und einander liebten, dazwischen, wie Mitteilungen älterer Personen bezeugen, uns rauften und – *verklagten*. Alle meine Freunde sind in gewissem Sinne Inkarnationen dieser ersten Gestalt, die ›früh sich einst dem trüben Blick gezeigt‹**, *Revenants*. Mein Neffe selbst kam in den Jünglingsjahren wieder, und damals führten wir Cäsar und Brutus miteinander auf. Ein intimer Freund und ein gehaßter Feind waren mir immer notwendige Erfordernisse meines Gefühlslebens; ich wußte beide mir immer von neuem zu verschaffen, und nicht selten stellte sich das Kindheitsideal soweit her, daß Freund und Feind in dieselbe Person zusammenfielen, natürlich nicht mehr gleichzeitig.[5]

An diesem Punkte der Analyse – das Ganze könnte man ebensogut als Erzählung, sogar als Abenteuerroman bezeichnen – zeigt Freud einige Hemmungen, denn er hat sich bis zu den Tiefen der Kindheit vorgewagt, wo jede menschliche Seele ihr Geheimnis preisgibt. In fast unpersönlichem Ton erklärt er den Ursprung dieser ›Revenants‹ und die ungeheure Macht, die sie immer noch auf ihn ausüben:

Auf welche Weise bei so bestehenden Zusammenhängen ein rezenter Anlaß zum Affekt bis auf den infantilen zurückgreifen kann, um sich durch ihn für die Affektwirkung zu ersetzen, das möchte ich hier nicht verfolgen. Es gehört der Psychologie des unbewußten Denkens an und fände seine Stelle in der psychologischen Aufklärung der Neurosen. Nehmen wir für unsere Zwecke der Traumdeutung an, daß sich eine Kindererinnerung einstellt, oder eine solche phantastisch gebildet wird etwa folgenden Inhalts: Die beiden Kinder geraten in Streit miteinander um ein Objekt – welches, lassen wir dahingestellt, obwohl die Erinnerung oder Erinnerungstäuschung ein ganz bestimmtes im Auge hat; – ein jeder behauptet, *er sei früher gekommen*, habe also das Vorrecht darauf; es kommt zur Schlägerei, Macht geht vor Recht; nach den Andeutungen des Traums könnte ich gewußt haben, daß ich im Unrecht bin *(den Irrtum selbst bemerkend)*; ich bleibe aber diesmal der Stärkere, be-

* hier wahrscheinlich wiederum Paneth

** Goethe, Faust I

[5] a. a. O., 484–487

haupte das Schlachtfeld, der Unterlegene eilt zum Vater, respektive Großvater, verklagt mich, und ich verteidige mich mit den mir durch die Erzählung des Vaters bekannten Worte: *Ich habe ihn gelagt, weil er mich gelagt hat,* so ist diese Erinnerung oder wahrscheinlicher Phantasie, die sich mir während der Analyse des Traums aufdrängt, ein Mittelstück der Traumgedanken, das die in den Traumgedanken waltenden Affektregungen, wie eine Brunnenschale die zugeleiteten Gewässer, sammelt. Von hier aus fließen die Traumgedanken in folgenden Wegen: Es geschieht dir ganz recht, daß du mir den Platz hast räumen müssen; warum hast du mich vom Platz verdrängen wollen? Ich brauche dich nicht, ich werde mir schon einen anderen verschaffen, mit dem ich spiele usw. Dann eröffnen sich die Wege, auf denen diese Gedanken wieder in die Traumdarstellung einmünden. Ein solches *›ôte-toi que je m'y mette‹* mußte ich seinerzeit meinem verstorbenen Freund Josef zum Vorwurf machen. Er war in meine Fußstapfen als Aspirant im *Brückeschen* Laboratorium getreten, aber dort war das Avancement langwierig. Keiner der beiden Assistenten rückte von der Stelle, die Jugend wurde ungeduldig. Mein Freund,* der seine Lebenszeit begrenzt wußte, und den kein intimes Verhältnis an seinen Vordermann band, gab seiner Ungeduld gelegentlich lauten Ausdruck. Da dieser Vordermann ein Schwerkranker war, konnte der Wunsch, ihn beseitigt zu wissen, außer dem Sinn: durch eine Beförderung auch eine anstößige Nebendeutung zulassen. Natürlich war bei mir einige Jahre vorher der nämliche Wunsch, eine freigewordene Stelle einzunehmen, noch viel lebhafter gewesen; wo immer es in der Welt Rangordnung oder Beförderung gibt, ist ja der Weg für der Unterdrückung bedürftige Wünsche geöffnet. *Shakespeares Prinz Hal* kann sich nicht einmal am Bett des kranken Vaters der Versuchung entziehen, einmal zu probieren, wie ihm die Krone steht. Aber der Traum straft, wie begreiflich, diesen rücksichtslosen Wunsch nicht an mir, sondern an ihm.[6]

Von den Kindheitserlebnissen oder vielmehr Phantasien geht Freuds Traumdeutung dazu über, sich mit dem Tod auseinanderzusetzen, mit seinem eigenen und mit dem anderer. Der Tod ist das schmerzvollste und bedeutendste Thema des Traums, und Freud empfindet eine uneingestehbare Freude, immer der Überlebende zu sein.

Man kann sich's nicht verbergen, daß schwere Selbstüberwindung dazu gehört, seine Träume zu deuten und mitzuteilen. Man muß sich als den einzigen Bösewicht enthüllen unter all den Edlen, mit denen man das Leben teilt. Ich finde es also ganz begreiflich, daß

* Paneth war schon sehr jung an Tuberkulose gestorben. Der erwähnte Assistent ist der Lehrer von Fleisch-Marxow; jeder wußte, daß er aufgegeben war, und auch Freud hätte seine Stelle gern übernommen.

[6] a. a. O., 487. Es wird aufgefallen sein, daß der Name Josef eine so große Rolle in meinen Träumen spielt. Hinter den Personen, die so heißen, kann ich mein Ich im Traum besonders leicht verbergen, denn Josef hieß auch der aus der Bibel bekannte *Traumdeuter.*

die *Revenants* nur so lange bestehen, als man sie mag, und daß sie durch den Wunsch beseitigt werden können. Das ist also das, wofür mein Freund Josef gestraft worden ist. Die Revenants sind aber die aufeinanderfolgenden Inkarnationen meines Kindheitsfreundes; ich bin also auch befriedigt darüber, daß ich mir diese Person immer wieder ersetzt habe, und auch für den, den ich jetzt zu verlieren im Begriff bin, wird sich der Ersatz schon finden. Es ist niemand unersetzlich.

Wo bleibt hier aber die Traumzensur? Warum erhebt sie nicht den energischsten Widerspruch gegen diesen Gedankengang der rohesten Selbstsucht und verwandelt die an ihm haftende Befriedigung nicht in schwere Unlust? Ich meine, weil andere einwurfsfreie Gedankenzüge über die nämlichen Personen gleichfalls in Befriedigung ausgehen und mit ihrem Affekt jenen aus der verbotenen infantilen Quelle decken. In einer anderen Schicht von Gedanken habe ich mir bei jener feierlichen Denkmalenthüllung gesagt: Ich habe so viele teure Freunde verloren, die einen durch Tod, die anderen durch Auflösung der Freundschaft; es ist doch schön, daß sie sich mir ersetzt haben, daß ich den einen gewonnen habe, der mir mehr bedeutet, als die anderen konnten, und den ich jetzt in dem Alter, wo man nicht mehr leicht neue Freundschaften schließt, für immer festhalten werde.*

So knüpft auch diese Reihe wieder an den Zwischengedanken des latenten Trauminhalts an, von dem die Wege nach entgegengesetzten Richtungen auseinandergehen: Es ist niemand unersetzlich. Sieh, nur *Revenants*; alles, was man verloren hat, kommt wieder. Und nun werden die assoziativen Bande zwischen den widerspruchsvollen Bestandteilen der Traumgedanken enger angezogen durch den zufälligen Umstand, daß die kleine Tochter meines Freundes denselben Namen trägt wie meine eigene kleine Jugendgespielin,** die mit mir gleichaltrige Schwester meines ältesten Freundes und Gegners. Ich habe den Namen »Pauline« mit *Befriedigung* gehört, und um auf dieses Zusammentreffen anzuspielen, habe ich im Traum einen Josef durch einen anderen Josef ersetzt und fand es unmöglich, den gleichen Anlaut in den Namen Fleischl und Fl. zu unterdrücken. Von hier aus läuft dann ein Gedankenfaden zur Namengebung bei meinen eigenen Kindern. Ich hielt darauf, daß ihre Namen nicht nach der Mode des Tages gewählt, sondern durch das Andenken an teure Personen bestimmt sein sollten. Ihre Namen machen die Kinder zu »*Revenants*«. Und schließlich, ist Kinder haben nicht für uns alle der einzige Zugang zur *Unsterblichkeit*?[7]

* Es handelt sich um Fließ, den Freud nicht für immer festhalten sollte, die Freundschaft zerbrach vielmehr kurze Zeit später.

** Fließ war über den frühen Tod seiner kleinen Schwester Pauline untröstlich. Er hatte gerade eine Tochter bekommen, der er den gleichen Namen gegeben hatte. Pauline war auch Freuds Nichte, die Schwester seines Neffen John; auf sie richteten sich die ersten erotischen Wünsche seiner Kindheit.

[7] a. a. O., 489–491

11. Traum und Wirklichkeit

Weder der Anbruch des neuen Jahrhunderts noch die Veröffentlichung der ›Traumdeutung‹ konnte zunächst Freuds materielle Situation bessern. Sie blieb unsicher, der Gedanke an die Zukunft war beängstigend. Freud mußte für seine sechs Kinder sorgen, er unterstützte außerdem seine Mutter und seine unverheirateten Schwestern. Seine Schwägerin Minna Bernays nahm er nach dem Tode ihres Bräutigams in seine Familie auf, sie blieb dort bis zu ihrem Tode. Die Ausgaben für den Lebensunterhalt seiner Familie waren äußerst hoch und seine Einnahmen so gering, daß er oft nicht wußte, wie er auskommen sollte. In den Jahren um 1900 war die Not besonders groß, und in den dunklen Stunden der Verzweiflung fürchtete er sogar, sein ganzes Leben in dieser Armut zubringen zu müssen.

Im Jahre 1897 begannen Freuds Briefe an Fließ eine innere Unruhe zu verraten. In diesem Jahr erkannte er, daß er seine Verführungstheorie nicht halten konnte. Wenn dieser Irrtum auch nicht seine ganze Psychologie bis auf den Grund erschütterte, so begann er doch an seinen therapeutischen Fähigkeiten zu zweifeln. Diese Unsicherheit wirkte sich negativ auf die Beziehungen zu seinen Patienten aus; sie war zum Teil schuld daran, daß die Zahl der Patienten schwankte und manchmal sogar beängstigend weit zurückging.

Hinzu kam, daß Freuds Kollegen sich immer mehr von ihm abwandten, je mehr sie seine Lehren kennenlernten, oder vielmehr zu kennen glaubten. Sie hätten ihm durch Empfehlung helfen können, aber wer hatte schon Lust, sich zu kompromittieren? Keiner wagte es, einer Dame der Gesellschaft eine so anstößige Behandlung zu empfehlen; so verlor Freud eine wichtige Einnahmequelle. Eines Tages, es war im Jahre 1897, stellte er melancholisch fest, daß er nur noch drei Patienten hatte, zwei, die er unentgeltlich behandelte, und, da er gerade mit der Selbstanalyse beschäftigt war, sich selbst. Dann wieder stürzten sich die Patienten wie eine Lawine auf ihn, wie er sagte. Er analysierte 10- bis 12mal am Tage und fühlte sich ganz erschöpft. Zu einer andern Zeit hat er wieder weniger zu tun, so daß ihm viel Zeit zum Träumen bleibt, aber er weiß kaum noch, wovon er leben soll. Ende 1899 ist die Situation so unerträglich geworden, daß Freud versucht, eine Stelle in einem Sanatorium zu bekommen, die ihm wenigstens ein festes Einkommen gebracht hätte, aber aus irgendwelchen Gründen wurde sein Gesuch abgelehnt.

1897 beantragte er seine Ernennung zum außerordentlichen Professor, wahrscheinlich um die furchtbare Unsicherheit zu beenden. Es war nur ein Ehrentitel, er verpflichtete zu keinen besonderen Aufgaben an der Universität, aber er vermochte in den Augen der Wiener Gesellschaft, wo nur Rang und Namen galt, sein Prestige zu erhöhen. Freud wandte sich an drei Professoren, einer von ihnen war Nothnagel, sein ehemaliger Lehrer. Seine Bemühungen waren ohne Erfolg. Sie scheiterten an der antisemitischen Haltung offizieller Kreise, aber zum großen Teil wohl auch an seiner inzwischen bekannten Einstellung zur Sexualität. Da niemand offen über diese Gründe sprach und Freud überall auf Schweigen stieß, gab er seine Bemühungen bald auf.

Von nun an mußte er jedes Jahr mit Bitterkeit feststellen, daß er übergangen wurde. Im Jahre 1900 wurden außer seinem alle Vorschläge bewilligt, die dem Minister vorgelegt worden waren. Immerhin erfuhr er mit Genugtuung, daß sein alter Freund Königstein, der Augenarzt, dem er seinerzeit seine Kokainversuche anvertraut hatte, endlich befördert wurde. Freud hätte zweifellos die Sache auf sich beruhen lassen, wenn nicht ein scheinbar belangloses Ereignis ihm Lust und Mut zu neuem Kampfe gegeben hätte.

Dieses Ereignis hatte überhaupt nichts mit seinem Beruf zu tun, sollte ihn aber bald zutiefst beeinflussen, wie er selbst sagte. Es handelt sich um seine erste Reise nach Rom, die er im Jahre 1901 unternahm. Von dieser Reise hatte er ein ganzes Leben lang geträumt, aber er konnte den Traum nicht verwirklichen wegen einer eigenartigen inneren Hemmung, die erst die Analyse zu überwinden vermochte. Die Tatsache, daß er den magischen Zauber durchbrechen konnte, der ihm bisher immer den Zugang zu dieser Stadt verwehrt hatte, dieses scheinbar so banale Ereignis hatte für ihn eine ungeheure Bedeutung: es bekräftigte nämlich seine psychologische Theorie über den Traum, was ihm wie eine Verheißung späterer Erfolge vorkam.

Es wurde bereits erwähnt, welche ambivalenten Gefühle Reisen in ihm hervorriefen, vor allem Eisenbahnfahrten, die heftige Angst auslösten, die er manchmal kaum überwinden konnte. Einerseits liebte er das Reisen, es war eine der wenigen Leidenschaften, die er ebenso wie seine Begeisterung für das Kartenspiel und die Archäologie sein Leben lang behielt, andrerseits lösten Reisen phobische Ängste bei ihm aus. Sie waren zwar nicht so stark, daß sie ihn gänzlich daran hinderten, machten ihm aber doch viel zu schaffen. Sein eigenartiges Verhältnis zu Rom deprimierte ihn: mehr als einmal hatte er sich voller Mut und Hoffnung auf den Weg gemacht, aber er kam nie weiter als

bis zum Trasimenischen See, als wenn er kein Recht hätte, weiterzufahren. Er mußte feststellen, daß die Stadt, die er so gerne erleben wollte, für ihn ein geheimnisvolles Tabu oder ein unerreichbares gelobtes Land bedeutete.
In den letzten Jahren des Jahrhunderts spielt Wilhelm Fließ natürlich die Hauptrolle in seinen Reiseplänen, mit denen er sich vor jedem ›Kongreß‹ beschäftigt. Mit Fließ in die ewige Stadt zu fahren, um dort über ewig gültige Wahrheiten zu sprechen, ist ein Glück, von dem Freud lange Zeit träumt. Dieser Wunsch bleibt jedoch unerfüllt, denn er wird allein nach Rom fahren, und Fließ wird bald aus seinem Leben verschwinden. Seinen »Freund aus Berlin«, wie er ihn im folgenden Abschnitt der ›Traumdeutung‹ nennt, bringt er nicht mit dem wirklichen Rom in Verbindung, sondern mit jenem symbolischen Ort, den er aus »Gesundheitsgründen« nicht besuchen kann, wie er mit ironischer Zurückhaltung bemerkt:

> Ich konnte merken, daß der Wunsch, welcher den Traum erregt, obzwar ein gegenwärtiger, doch eine mächtige Verstärkung aus tiefreichenden Kindererinnerungen bezieht. Es handelt sich hier um eine Reihe von Träumen, denen die Sehnsucht, nach Rom zu kommen, zugrunde liegt. Ich werde diese Sehnsucht wohl noch lange Zeit durch Träume befriedigen müssen, denn um die Zeit des Jahres, welche mir für eine Reise zur Verfügung steht, ist der Aufenthalt in Rom aus Rücksichten der Gesundheit zu meiden. So träume ich denn einmal, daß ich vom Coupéfenster aus Tiber und Engelsbrücke sehe; dann setzt sich der Zug in Bewegung, und es fällt mir ein, daß ich die Stadt ja gar nicht betreten habe. Ein andermal fährt mich jemand auf einen Hügel und zeigt mir Rom vom Nebel halb verschleiert und noch so fern, daß ich mich über die Deutlichkeit der Aussicht wundere. Der Inhalt dieses Traumes ist reicher, als ich hier ausführen möchte. Das Motiv »das gelobte Land von ferne sehen«, ist darin leicht zu erkennen. In einem dritten Traum bin ich endlich in Rom, wie mir der Traum sagt. Ich sehe aber zu meiner Enttäuschung eine keineswegs städtische Szenerie, einen kleinen Fluß mit dunklem Wasser, auf der einen Seite desselben schwarze Felsen, auf der anderen Wiesen mit großen schwarzen Blumen. Ich bemerke einen Herrn Zucker (den ich oberflächlich kenne) und beschließe, ihn um den Weg in die Stadt zu fragen. Es ist offenbar, daß ich mich vergebens bemühe, eine Stadt im Traume zu sehen, die ich im Wachen nicht gesehen habe. Wenn ich das Landschaftsbild des Traumes in seine Elemente zersetze, so deuten die weißen Blumen auf das mir bekannte *Ravenna*, das wenigstens eine Zeitlang als Italiens Hauptstadt Rom den Vorrang abgenommen hatte. Der dunkle Fels so nahe am Wasser erinnert lebhaft an das Tal *Tepl* bei Karlsbad. »Karlsbad« setzt mich nun in den Stand, mir den sonderbaren Zug zu erklären, daß ich Herrn Zucker um den Weg frage. Es sind hier in dem Material, aus dem der Traum gesponnen ist, zwei jener lustigen jüdischen Anekdoten zu erkennen, die so viel tiefsinnige, oft bittere Lebensweisheit verbergen

und die wir in Gesprächen und Briefen so gerne zitieren. Die eine ist die Geschichte von der »Konstitution«, des Inhalts, wie ein armer Jude ohne Fahrbillet den Einlaß in den Eilzug nach Karlsbad erschleicht, dann ertappt, bei jeder Revision vom Zuge gewiesen, und immer härter behandelt wird, und der dann einen Bekannten, welcher ihn auf einer seiner Leidensstationen antrifft, auf die Frage, wohin er reise, zur Antwort gibt: »Wenn's meine Konstitution aushält – nach Karlsbad.« Nahe dabei ruht im Gedächtnis eine andere Geschichte, von einem des Französischen unkundigen Juden, dem eingeschärft wird, in Paris nach dem Weg zur Rue Richelieu zu fragen. Auch *Paris* war lange Jahre hindurch ein Ziel meiner Sehnsucht, und die Seligkeit, in welcher ich zuerst den Fuß auf das Pflaster von Paris setzte, nahm ich als Gewähr, daß ich auch die Erfüllung anderer Wünsche erreichen werde. Das Um-den-Weg-Fragen ist ferner eine direkte Anspielung an Rom, denn nach Rom führen bekanntlich alle Wege. Übrigens deutet der Name Zucker wiederum auf Karlsbad, wohin wir doch alle mit der konstitutionellen Krankheit Diabetes Behafteten schicken. Der Anlaß dieses Traumes war der Vorschlag meines Berliner Freundes, uns zu Ostern in Prag zu treffen. Aus den Dingen, die ich mit ihm zu besprechen hatte, würde sich eine weitere Beziehung zu »Zucker« und »Diabetes« ergeben.[1]

Freuds Vorliebe für jüdische Anekdoten ist nicht zu übersehen. Er wandte sie geschickt auf seine eigene Situation an. In diesen bescheidenen literarischen Produkten sah er nicht nur eine »tiefsinnige und oft bittere Lebensweisheit«, sondern auch psychologische Rätsel wie jene anderen, die er zu ergründen versuchte. So hatte er kurz vor 1900 begonnen, einige zu sammeln. Sie bildeten den Kern eines Werkes: ›Der Witz und seine Beziehung zum Unbewußten‹, eines seiner ideenreichsten Bücher. Während der düsteren, unheilvollen Jahre, von denen wir jetzt sprechen, erwähnte er häufig jüdische Geschichten, natürlich waren es nicht gerade die lustigsten. Als Fließ seine Meinung über die ›Traumdeutung‹ erfahren wollte, erzählte er ihm die Geschichte von Onkel Jonas, der sich verlobt hatte: »Nun, lieber Onkel, wie ist deine Braut?« – »Das ist Geschmacksache, mir gefällt sie nicht.« In seinen Briefen taucht immer wieder der kleine Schmarotzer vom Karlsbader Zug auf. Er verkörpert seine Furcht, den ständigen Schicksalsschlägen zu erliegen. Seine ›Konstitution‹ wird vielleicht nicht einmal die Reise nach Karlsbad aushalten, wie könnte er dann wagen, nach Rom zu fahren.

Auf meiner letzten Italienreise, die mich unter anderem am Trasimener See vorbeiführte, fand ich endlich, nachdem ich den Tiber gesehen und schmerzlich 80 Kilometer weit von Rom umgekehrt war, die Verstärkung auf, welche meine Sehnsucht nach der ewigen

[1] Traumdeutung. G. W. II/III, 199

Stadt aus Jugendeindrücken bezieht. Ich erwog gerade den Plan, ein nächstes Jahr an Rom vorbei nach Neapel zu reisen, als mir ein Satz einfiel, den ich bei einem unserer klassischen Schriftsteller gelesen haben muß: es ist fraglich, wer eifriger in seiner Stube auf und ab lief, nachdem er den Plan gefaßt, nach Rom zu gehen, der Konrektor Winkelmann oder der Feldherr Hannibal. Ich war ja auf den Spuren Hannibals gewandelt; es war mir so wenig wie ihm beschieden, Rom zu sehen, und auch er war nach Kampanien gezogen, nachdem alle Welt in Rom ihn erwartet hatte. Hannibal, mit dem ich diese Ähnlichkeit erreicht hatte, war aber der Lieblingsheld meiner Gymnasialjahre gewesen; wie so viele in jenem Alter, hatte ich meine Sympathien während der Punischen Kriege nicht den Römern, sondern dem Karthager zugewendet. Als dann im Obergymnasium das erste Verständnis für die Konsequenzen der Abstammung aus landesfremder Rasse erwuchs, und die antisemitischen Regungen unter den Kameraden mahnten, Stellung zu nehmen, da hob sich die Gestalt des semitischen Feldherrn noch höher in meinen Augen. Hannibal und Rom symbolisierten dem Jüngling den Gegensatz zwischen der Zähigkeit des Judentums und der Organisation der katholischen Kirche. Die Bedeutung, welche die antisemitische Bewegung seither für unser Gemütsleben gewonnen hat, verhalf dann den Gedanken und Empfindungen jener früheren Zeit zur Fixierung. So ist der Wunsch, nach Rom zu kommen, für das Traumleben zum Deckmantel und Symbol für mehrere andere heißersehnte Wünsche geworden, an deren Verwirklichung man mit der Ausdauer und Ausschließlichkeit des Puniers arbeiten möchte, und deren Erfüllung zeitweilig vom Schicksal ebensowenig begünstigt scheint wie der Lebenswunsch Hannibals, in Rom einzuziehen.[2]

Hier fügt Freud eine Anekdote an, die wir schon wiedergegeben haben. Sie hatte einen unauslöschlichen Eindruck auf ihn gemacht. Es handelt sich um eine Begebenheit, die sein Vater, Jakob Freud, erlebte: Er wurde von einem Christen gedemütigt, der ihm die Mütze vom Kopfe schlug und ihn zwang, sie wieder aufzuheben. Diese entwürdigende Szene hatte der in seiner Ehre gekränkte Junge durch eine andere ersetzt, die seinen Stolz wieder belebte. Es war die Szene, in der Hannibals Vater Hamilkar seinen Sohn schwören läßt, an den Römern Rache zu nehmen. Der junge Sigmund hatte sich mit Hannibal identifiziert, um seinen Vater für die Schmach zu rächen, die er Rom zur Last legte. Die Identifikation war so stark, daß der Held von Karthago noch in den Träumen seines reifen Alters auftauchte und ihn an der Verwirklichung seines Wunsches hinderte.

Freud verbreitete sich nicht über die Gründe dieser merkwürdigen Versagung, die er sich auferlegt hatte. Erst durch seine Selbstanalyse vermochte er sie im Alter von 45 Jahren zu überwinden. Seine Verschwiegenheit, die vielleicht das Wesentliche

[2] a. a. O., 201–202

seiner Beziehung zu Rom im Dunkeln läßt, hat natürlich die Neugier vieler Autoren erregt und zu vielen mehr oder weniger abwegigen Vermutungen Anlaß gegeben. Die meisten Interpretationen spielen auf den Gegensatz an, der hier zwischen Rom und dem Judentum auftritt: Freud hätte den Papst heimlich verehrt (daher auch die Bewunderung für seinen Lehrer Brücke, dessen Name mit ›Pontifex‹ verwandt ist); er hätte eine uneingestandene Liebe zur Trinität empfunden (weil er die Gewohnheit hatte, drei Stufen auf einmal zu nehmen) und schließlich den unbewußten Wunsch, katholisch zu werden, um sich einen Platz in der Welt zu erobern. Solche Schlußfolgerungen finden natürlich nicht die geringste Bestätigung in Freuds Träumen, auch nicht dann, wenn man sie ausführlicher analysiert. Auch sein Leben gibt keine Anhaltspunkte dafür.

Wenn Freud das Geheimnis seiner Liebe und seines Hasses — zwei gegensätzliche und dennoch eng miteinander verbundene Gefühle, die er Rom gegenüber empfand — nicht bis ins letzte klärte, so hat er doch seinen Leser auf die einfachste Erklärung vorbereitet. Es fiel ihm aber besonders schwer, gerade diese Erklärung zu veröffentlichen. In seiner ›Traumdeutung‹ legt er in einer Fußnote nahe, daß ein Zusammenhang besteht zwischen dem Verbot, das er sich auferlegt hat, und einigen antiken Vorstellungen von der Symbolik Roms: ein Orakel, das den Tarquiniern gegeben worden war, versprach demjenigen die Herrschaft über Rom, der zuerst die Mutter küsse; Julius Cäsar träumte vom geschlechtlichen Verkehr mit seiner Mutter und schloß daraus, daß er das Land beherrschen werde; Herodot berichtet, daß Hippias die Barbaren nach Marathon führte, nachdem er geträumt hatte, er schlafe bei seiner Mutter: und wirklich kam er nach Athen zurück und gewann seine Herrschaft wieder. Diese unverhüllten Ödipusträume verraten ganz einfach einen brennenden Wunsch des Träumenden. Freud weist darauf hin, daß man sie zur Erklärung seiner Träume heranziehen kann.

So ist die zunächst maßlos und unsinnig erscheinende Bedeutung begreiflich, die er seiner ersten Romreise beimißt. Sie ist für ihn ein Höhepunkt, wie er selbst sagt, er erhofft von ihr eine unmittelbare Verbesserung seiner gesellschaftlichen Stellung. Nachdem er sich jahrelang gewehrt hatte, die Wahrheit zu erkennen, die hinter seinen Träumen und dem eigenartigen Symptom verborgen war, kommt er im Alter von 45 Jahren zu einem wesentlichen Punkte seiner Selbsterkenntnis und kann gleichzeitig seinen Fuß auf römischen Boden setzen. Das Ende dieser langen Heldengeschichte, die sich in seinem Innern abspielte und nach außen nur wie ein unbedeutendes Reiseerlebnis wirkt, gibt ihm die Hoffnung, auch bei anderen Gelegenheiten erfolgreich zu sein, wenn er sich nur entsprechend bewaffne.

In einem Brief an Fließ finden wir den einzigen Bericht über diese Reise. Freud spricht von dem wirklichen Rom und zeigt sich ein wenig enttäuscht:

> Nun sollte ich Dir über Rom schreiben, es ist schwer. Es war auch für mich überwältigend und die Erfüllung eines, wie Du weißt, lange gehegten Wunsches. Wie solche Erfüllungen sind, etwas verkümmert, wenn man zu lange auf sie gewartet hat, aber doch: ein Höhepunkt des Lebens. Während ich aber ganz ungestört bei der Antike war (das Stückchen Minervatempel neben dem Nervaforum hätte ich in seiner Erniedrigung anbeten können), ist mir ein freier Genuß des zweiten Rom nicht möglich geworden, die Tendenz hat mich gestört, unfähig, mein Elend und alles andere, von dem ich weiß, in Gedanken loszuwerden, habe ich die Lüge von der Erlösung der Menschheit, die so himmelragend ihr Haupt erhebt, nicht gut vertragen. Das dritte, italienische Rom finde ich hoffnungsvoll und sympathisch.[3]

Sobald Freud wieder in Wien war, nahm er seine Angelegenheit ernsthaft in die Hand: wenn er den Professorentitel haben wollte, mußte er auf irgendeine Weise den Widerstand des Ministers Wilhelm von Hartel brechen oder ihn umgehen. Er suchte tatkräftige Unterstützung und fand sie diesmal auch, so daß er endlich zum Ziel kam. Die Sache wurde fast einem Handel ähnlich: Freuds Gönnerin, die Baronin von Ferstel, die bei ihm in Behandlung war, bezahlte seine Ernennung mit einem Gemälde eines namhaften Künstlers, das sie dem Minister schenkte! Am 11. März 1902 beschrieb Freud seinem Freunde Fließ, der ihn beglückwünscht hatte, den genauen Verlauf dieses witzigen und undurchsichtigen Handels:

> Was so eine Exzellenz alles zustande bringt! Sogar, daß ich wieder einmal Deine traute Stimme in einem Brief vernehme.* Da Du aber so schnöde Dinge an die Nachricht knüpfest, von Anerkennung, Meisterschaft etc. fühle ich mich im gewohnten schädlichen Aufrichtigkeitsdrang verpflichtet, Dir zu schreiben, wie es denn endlich doch gegangen ist.
>
> Mein Verdienst nämlich. Als ich von Rom zurückkam, war die Lust am Leben und Wirken etwas gesteigert, die am Martyrium etwas verringert an mir. Meine Praxis fand ich recht eingeschmolzen, meine letzte Publikation zog ich vom Druck zurück, da ich kurz vorher an Dir meinen letzten Publikum verloren hatte.** Ich konnte mir denken, daß das Warten auf Anerkennung doch ein ziemliches

* Obwohl die beiden Männer noch nicht ganz entzweit waren, schrieb Fließ nur noch gelegentlich.

** Nestroy soll, als er einmal durchs Guckloch vor einem Benefice schauend nur zwei Personen im Parterre erblickte, ausgerufen haben: »Den einen ›Publikum‹ kenn' ich, der hat eine Freikarte. Ob der andere Publikum auch eine Freikarte hat, weiß ich nicht.«

[3] Aus den Anfängen der Psychoanalyse, S. 288

Stück meiner Lebenszeit in Anspruch nehmen würde und daß sich unterdes kein Nebenmensch um mich bekümmern würde. Und ich wollte doch Rom wiedersehen, meine Kranken pflegen und meine Kinder bei guter Stimmung erhalten. So beschloß ich denn, mit der strengen Tugend zu brechen und zweckmäßige Schritte zu tun wie andere Menschenkinder auch. Von etwas muß man sein Heil erwarten können und wählte den Titel zum Heiland.[4]

Freud beschreibt dann ganz ausführlich die einzelnen Schritte, die er sich auferlegt hatte. Exner, einer seiner früheren Lehrer, Nachfolger Brückes im Ordinariat für Physiologie und Fachreferent im Unterrichtsministerium, hatte ihm gesagt, daß der Minister gegen ihn eingenommen war. Aus diesem Grunde hatte er beschlossen, sich an eine alte Bekannte und frühere Patientin zu wenden. Sie war die Frau des Hofrates Gomperz, eines Philosophen, der ihm früher einmal die Übersetzung eines Buches von Stuart Mill überlassen hatte. Frau Gomperz besuchte den Minister und erzählte ihm, daß Freud schon so lange auf seine Beförderung warte: »Vier Jahre«, sagte der Minister, »und wer ist das?«
Freud erbat noch die Unterstützung zweier anderer Kapazitäten der Medizin, aber der Minister stellte sich taub, und so schien die Sache wieder im Sande zu verlaufen.
Da begann Baronin von Ferstel, eine einflußreiche und ehrgeizige Dame, auf eigene Faust zu handeln. Sie gebrauchte Mittel, die ihre Umgebung ihr an die Hand gab. Diese Mittel allein versprachen Erfolg in einer Gesellschaft, die mit Leidenschaft ihre Rangordnung verteidigte und an ihren Vorurteilen festhielt:

Sie ruhte nicht, bis sie die Bekanntschaft des Ministers in einer Gesellschaft gemacht, verstand es, sich ihm zu empfehlen und ließ ihn dann durch eine gemeinsame Freundin versprechen, daß er ihren Arzt, der sie gesund gemacht, zum Professor ernennen werde. Genügend aufgeklärt darüber, daß ein erstes Versprechen von ihm so gut wie nichts bedeute, stellte sie ihn dann persönlich, und ich glaube, wenn ein gewisser Böcklin sich in ihrem Besitz befände, anstatt in dem ihrer Tante ..., wäre ich drei Monate früher ernannt worden. So wird sich seine Exzellenz mit einem modernen Bild für die Galerie begnügen müssen, die er jetzt, natürlich nicht für die eigene Person, schaffen will. Endlich also, als der Minister zu Tische bei meiner Patientin war, machte er ihr gnädigst die Mitteilung, der Akt befinde sich schon beim Kaiser und sie werde die, der er von dem Vollzug der Ernennung Kunde gebe. Sie kam dann auch eines Tages strahlend und einen pneumatischen Brief des Ministers schwingend zur Arbeit. Es war also erreicht. Die Wiener Zeitung hat die Ernennung noch nicht gebracht, aber die Nachricht, daß sie

[4] a. a. O., 294

bevorstehe, hat sich von der amtlichen Stelle aus rasch verbreitet. Die Teilnahme der Bevölkerung ist sehr groß. Es regnet auch jetzt schon Glückwünsche und Blumenspenden, als sei die Rolle der Sexualität plötzlich von Sr. Majestät amtlich anerkannt, die Bedeutung des Traumes vom Ministerrat bestätigt, und die Notwendigkeit einer psychoanalytischen Therapie der Hysterie mit $^2/_3$ Majorität im Parlament durchgedrungen.
Ich bin offenbar wieder ehrlich geworden, die scheu gewordensten Verehrer grüßen auf der Straße von weitem.[5]

Freud stellt mit einer gewissen Bitterkeit fest, daß er seine erste Verbeugung vor der Autorität gemacht hat, und hofft daher auf eine Belohnung. Am Ende des Briefes kommt er wieder auf seine Person zurück. Es ist die letzte vertrauliche Mitteilung an seinen Freund Wilhelm Fließ.

In der ganzen Gesellschaft gibt es eine Person mit sehr langen Ohren, die in Deinem Brief nicht genug gewürdigt wird, das bin ich. Wenn ich die paar Schritte vor drei Jahren unternommen hätte, wäre ich vor drei Jahren ernannt worden und hätte mir mancherlei erspart. Andere sind ebenso klug, ohne erst nach Rom kommen zu müssen. Das also ist der ruhmreiche Vorgang, dem ich unter anderem auch Deinen freundlichen Brief verdanke. Ich bitte Dich, behalte den Inhalt dieses Schreibens für Dich.[6]

Mit diesem Brief endete der leidenschaftliche Briefwechsel, der ihn zehn Jahre lang mit seinem Freund verbunden hatte. Freud hat ihm sein Gepräge gegeben mit dem Talent eines Schriftstellers und einer unerbittlichen Wahrheitsliebe. Schon seit einiger Zeit wurden Fließ' Briefe immer seltener, und dann hörte Freud auch auf zu schreiben. Er hatte alles darangesetzt, diese Freundschaft zu erhalten. Hinter ihr verbargen sich heftige Leidenschaften, die aus der frühen Kindheit stammten und ihm lange Zeit verborgen waren. Mit Enttäuschung erkannte er durch seine Selbstanalyse den tieferen Grund seiner Anhänglichkeit. Außerdem spürte er, daß der Mann, den er auf der ganzen Welt am meisten verehrte, sein ›einziger Publikum‹, seine Ideen nicht ganz verstand oder annahm. Um der Wahrhaftigkeit willen ergab er sich schließlich in das Schicksal, seinen letzten Freund zu verlieren.

[5] a. a. O., 295
[6] a. a. O., 296

12. Freud und die Wissenschaft

Freud hat häufig auf die außerordentlichen Schwierigkeiten hingewiesen, gegen die er zehn Jahre lang ankämpfen mußte, um seine berufliche Isolierung zu überwinden. So sagt er in seiner Autobiographie:

> Durch mehr als ein Jahrzehnt nach der Trennung von Breuer hatte ich keine Anhänger. Ich stand völlig isoliert. In Wien wurde ich gemieden, das Ausland nahm von mir keine Kenntnis. Die »Traumdeutung«, 1900, wurde in Fachzeitschriften kaum referiert. Im Aufsatz »Zur Geschichte der psychoanalytischen Bewegung« habe ich als Beispiel für die Einstellung der psychiatrischen Kreise in Wien ein Gespräch mit dem Assistenten mitgeteilt, der ein Buch gegen meine Lehren geschrieben, aber die »Traumdeutung« nicht gelesen hatte. Man hatte ihm auf der Klinik gesagt, es lohne nicht der Mühe. Der Betreffende, seither Extraordinarius geworden, hat sich gestattet, den Inhalt jener Unterredung zu verleugnen und überhaupt die Treue meiner Erinnerung anzuzweifeln. Ich halte jedes Wort meines damaligen Berichts aufrecht.[1]

In der hier erwähnten ›Geschichte der psychoanalytischen Bewegung‹ – eine Abhandlung, die er 1914 geschrieben hat – erklärt er den tieferen Grund für diese demütigende Haltung, die man ihm in Wien viele Jahre lang entgegenbrachte. Sein Glaube an die Wissenschaft war so stark, daß es schwer für ihn war, diese Gründe zu durchschauen.

> Ich behandelte meine Entdeckungen wie indifferente Beiträge zur Wissenschaft und hoffte dasselbe von den anderen. Erst die Stille, die sich nach meinen Vorträgen erhob, die Leere, die sich um meine Person bildete, die Andeutungen, die mir zugetragen wurden, ließen mich allmählich begreifen, daß Behauptungen über die Rolle der Sexualität in der Ätiologie der Neurosen nicht darauf rechnen könnten, so behandelt zu werden wie andere Mitteilungen. Ich verstand, daß ich von jetzt ab zu denen gehörte, die »am Schlaf der Welt gerührt haben«, nach Hebbels Ausdruck, und daß ich auf Objektivitäten und Nachsicht nicht zählen durfte.[2]

Die Anerkennung, die Fachkreise Freud versagten, weil sie es nicht einmal der Mühe wert erachteten, seine Schriften zu lesen, diese Anerkennung konnte er vom breiten Publikum auch nicht erwarten. Die meisten Leute lasen seine Bücher mit einer übertriebenen, manchmal boshaften Neugier. Als er im Jahre 1901

[1] Selbstdarstellung. G. W. XIV, 74
[2] Zur Geschichte der psychoanalytischen Bewegung. G. W. X, 59

einen Vortrag vor der philosophischen Gesellschaft halten sollte, wurde ihm klar, wie die Öffentlichkeit eingestellt war. Dieser Vortrag wurde nach langem Hin und Her schließlich abgesagt.
Im allgemeinen sprach Freud nicht in der Öffentlichkeit, er beschränkte sich auf seine Lehrtätigkeit an der Universität. Nur vor den Mitgliedern des jüdischen Vereins ›B'nai-B'rith‹ hielt er gelegentlich Vorlesungen. Im Jahre 1897 war er dieser liberalen Gesellschaft beigetreten; er blieb bis zu seinem Tode Mitglied. Hier wußte er, daß die Zuhörer unvoreingenommen und wißbegierig waren, ihm Interesse und Sympathie entgegenbrachten. Wenn er hingegen anderswo sprach, konnte er zwar nicht gerade offene Feindseligkeiten, aber doch unangenehme Hintergedanken erwarten.
Ein einziges Mal hatte er die Einladung der philosophischen Gesellschaft angenommen, jedoch ohne jede Begeisterung. Bei der Vorbereitung seines Vortrags entschloß er sich dann abzusagen, weil der Gegenstand ihm zu heikel und daher unpassend für ein gemischtes und wahrscheinlich wenig seriöses Publikum zu sein schien, zumal man nicht einmal annehmen konnte, daß es an das Thema mit Ernst herangehen würde.

> Ich sagte brieflich ab (1. Woche). Darauf erschienen zwei Abgesandte bei mir und suchten mich doch zu nötigen. Ich riet ihnen dringend ab und forderte sie auf, sich den Vortrag eines Abends bei mir selbst anzuhören (2. Woche). In der dritten Woche hielt ich ihnen zweien den Vortrag und hörte, es sei wunderschön, ihr Publikum würde ihn anstandslos vertragen usw. Der Vortrag wurde also für die vierte Woche angesetzt. Einige Stunden vorher erhielt ich aber einen pneumatischen Brief, einige Mitglieder hätten doch Einwände erhoben und sie ließen mich bitten, meine Theorie zunächst durch unverfängliche Beispiele zu erläutern, dann anzukündigen, jetzt käme das Verfängliche und eine Pause zu machen, damit die Damen den Saal verlassen könnten. Ich habe natürlich sofort abgesagt, und der Brief, in dem ich es tat, war wenigstens gewürzt und gesalzen. Dies ist wissenschaftliches Leben in Wien![3]

Freud glaubte zunächst noch, daß seine wissenschaftliche Redlichkeit, die Überzeugungskraft und das Niveau seiner Schriften schließlich doch siegen würden über die Mißachtung der Fachleute und über ein unwissendes, aufgereiztes Publikum. Aber was nützten all diese Vorzüge, wenn niemand seine Bücher las? Was nützten gründliche Literaturstudien über den Traum, die er seinem Buche vorangeschickt hatte, und langwierige Beobachtungen, die er mit Recht für unwiderlegbare Beweise hielt? Schließlich verlor er den Mut und versuchte, sich mit der paradoxen Situation abzufinden, in den Augen der

[3] Aus den Anfängen der Psychoanalyse, S. 282

Leute als ein Heilkünstler mit zweifelhafter Moral zu gelten. Er versuchte, sich den Umständen anzupassen.

> Dies Schicksal stellte ich mir in folgender Weise vor: Es würde mir wahrscheinlich gelingen, mich durch die therapeutischen Erfolge des neuen Verfahrens zu erhalten, die Wissenschaft aber würde zu meinen Lebzeiten keine Notiz von mir nehmen. Einige Dezennien später würde ein anderer unfehlbar auf dieselben, jetzt nicht zeitgemäßen Dinge stoßen, ihre Anerkennung durchsetzen und mich so als notwendigerweise verunglückten Vorläufer zu Ehren bringen. Unterdes richtete ich's mir als Robinson auf meiner einsamen Insel möglichst behaglich ein.[4]

Als er mehr als zehn Jahre später diese Zeilen schrieb, schien Freud sich nicht mehr an all den Kummer zu erinnern, den seine Einsamkeit ihm bereitet hatte. Sie ist das Hauptthema seiner Briefe an Fließ gewesen. Damals brach er gerade mit Jung und sah, wie all seine großen Hoffnungen zerstört wurden, die er auf diesen Mann gesetzt hatte, der sich so sehr von ihm unterschied. Einige Jahre davor war ein für Freud ganz unverhofftes Ereignis eingetreten: der große Schweizer Psychiater Bleuler und seine besten Schüler hatten Freuds Ideen anerkannt. Er hatte darin ein Ende des Fluchs gesehen, der in Wien so schwer auf dem Schicksal der Psychoanalyse gelastet hatte, ein Ende des geistigen und gesellschaftlichen Ghettos, in das er gegen seinen Willen die neue Wissenschaft gebracht hatte. Seine ersten Schüler, die wie er Juden waren, lebten zwangsläufig auch in dieser Verbannung. Die Schweiz betrachtete er als die Vertreterin der europäischen Wissenschaft, als ein Land freier Menschen, die weder Rassentrennung noch -diskriminierung kennen. Er war glücklich, daß sich endlich ein solches Land seinen Ideen öffnete. Jung war stärker und jünger und besser als Freud gerüstet, um ihren gemeinsamen Ideen zum Durchbruch zu verhelfen. Freud hoffte, daß er sein geistiger Erbe würde und die Psychoanalyse unter seiner Obhut ein angemessenes Betätigungsfeld finden könnte, ohne ihr Ansehen zu gefährden.
Wir werden bald sehen, auf welch schwerem Irrtum diese Hoffnung beruhte. Einige Züge in Jungs Wesen hätten Freud von Anfang an aufmerksam machen müssen, sie hatten in der Tat die meisten seiner Wiener Anhänger beunruhigt. Jung war eine starke Natur, er war glänzend begabt und verfügte über eine umfassende Bildung und eine lebhafte Phantasie. Aber die Stärke verbarg eigenartige Schwächen, und wäre es nur sein Antisemitismus, den Professor Etiemble die schwerste Sünde unserer Zeit nennt. Man kann nicht stillschweigend darüber hinweggehen: Jung war ein Gegner der Juden und ist es geblie-

[4] Zur Geschichte der psychoanalytischen Bewegung. G. W. X, 60

ben. Die Artikel beweisen es, die er während des Krieges für die Zeitschrift der psychiatrischen Gesellschaft schrieb, die damals von einem Neffen Görings herausgegeben wurde. Freud wußte das alles. Einem seiner treuesten Freunde, dem Pastor Oskar Pfister, hat er einmal im Vertrauen gesagt, daß Jung seine negative Haltung seinetwegen, sozusagen aus Liebe zu ihm, aufgegeben habe. Man kann sich kaum vorstellen, wie groß Freuds Enttäuschung war, als er seinen Irrtum einsehen mußte. Er liebte ihn wie einen Sohn, Jung hätte ihm aus Dankbarkeit dafür die Tore der Wissenschaft weit öffnen können, statt dessen lief er ins Lager seiner Feinde über.

Diese Enttäuschung erklärt seine Klagen über die jüngste Vergangenheit der Psychoanalyse. Es war eine Zeit tiefster Einsamkeit, unter der er sehr gelitten haben muß, aber sie ersparte ihm wenigstens aufreibende innere Kämpfe und machte ihn unabhängig.

> Wenn ich aus den Verwirrungen und Bedrängnissen der Gegenwart auf jene einsamen Jahre zurückblicke, will es mir scheinen, es war eine schöne heroische Zeit; die »splendid isolation« entbehrte nicht ihrer Vorzüge und Reize. Ich hatte keine Literatur zu lesen, keinen schlecht unterrichteten Gegner anzuhören, ich war keinem Einfluß unterworfen, durch nichts gedrängt. Ich erlernte es, spekulative Neigungen zu bändigen und nach dem unvergessenen Rat meines Meisters Charcot dieselben Dinge so oft von neuem anzuschauen, bis sie von selbst begannen, etwas auszusagen. Meine Veröffentlichungen, für die ich mit einiger Mühe eine Unterkunft fand, konnten immer weit hinter meinem Wissen zurückbleiben, durften beliebig aufgeschoben werden, da keine zweifelhafte »Priorität« zu verteidigen war.[5]

Später kam es noch öfter vor, daß Freud das idealisierte, was Fließ gewöhnlich ›splendid isolation‹ nannte, um ihn zu trösten. Die Art, wie er hier von jener Zeit spricht, ist ganz typisch, sie zeigt deutlich die vielfältigen Widersprüche, die sein ganzes Leben lang sein Verhältnis zur Wissenschaft erschwert haben und andrerseits seinem Werk die persönliche Note verliehen.

Zweifellos war für Freud die Wissenschaft, zumindest die von Brücke und Charcot verkörperte, eine ganz universelle Macht, die alle Schranken zerbricht und sich über Rassendiskriminierungen hinwegsetzt, unter der er als Jude so sehr gelitten hat. Die Anerkennung der zeitgenössischen Wissenschaftler hätte bedeutet, daß er ein normaler Mensch werden würde und zu einer Gesellschaft gehört hätte, die die Dinge nach ihrem Wert beurteilte und nicht nach Gefühlsmomenten, die man weder beweisen noch widerlegen kann. Freud merkte sehr bald, daß

[5] a. a. O., 60

sich die außergewöhnliche Situation, ein Jude zu sein, den man menschlich nicht ganz anerkannte, im wissenschaftlichen Bereich ganz genau wiederholte, wenn auch unter anderem Vorwand. Wenigstens hier hoffte Freud, ein freier Mensch zu sein. Statt seine Ideen anzuhören und sachlich zu diskutieren, tat man sie mit einem Wort oder einer herablassenden Geste ab. Ähnlich behandelte ihn die Regierung, indem sie das Ansehen seiner Person herabzuwürdigen suchte. Diese Wiederholung, die sein Schicksal zu besiegeln schien, gefährdete ernsthaft die Zukunft der Psychoanalyse. Man nannte seine Erfindung ›Jüdische Wissenschaft‹, eine ironische Anspielung auf die ›Christian Science‹.

Freuds Einstellung zur Wissenschaft, die für ihn die höchste rechtmäßige Instanz darstellte, war recht zwiespältig. Einerseits repräsentierte sie die Wahrheit, der er mit aller Kraft dienen wollte und der er Rechenschaft zu schulden meinte, andererseits hatte sie ihn verstoßen und in ein Exil hineingetrieben, das seinen Glauben und seine Redlichkeit schlecht belohnte. Diese Einsamkeit rief in ihm heftige Gefühle der Abneigung wach, die er anscheinend nie ganz überwunden hat. Von Liebe und Haß, die hier so eng miteinander verbunden sind, leiten sich natürlich einige Besonderheiten der psychoanalytischen Bewegung ab, viel auffälliger allerdings noch schlagen sie sich im Aufbau seines Werkes nieder.

Bei Freud finden wir das unantastbare Ideal einer wissenschaftlichen Redlichkeit neben dem Wunsch, seine individuelle Eigenart zu behaupten und sich von jeglichem Zwang zu befreien. Diese beiden Forderungen waren nicht leicht aufeinander abzustimmen. So zwang ihn die wissenschaftliche Redlichkeit beispielsweise, sich allen möglichen Konventionen zu unterwerfen, vor allem in der Frage der ›Priorität‹; aber das gelang ihm nicht immer ganz, denn seine starke Ungeduld drängte ihn dazu, seine neuen Ideen zu verkünden. Die wenigen Verstöße, die er sich durch Unwissenheit, Leichtsinn oder Gleichgültigkeit auf diesem Gebiet zuschulden kommen ließ, hatten an sich keine großen Folgen, aber sie lasteten schwer auf seinem empfindlichen Gewissen. Das merkt man daran, daß er sich in seinen Werken, besonders in den Träumen, die er berichtet, häufig mit geistigem Diebstahl beschäftigt.

Freud schien dazu prädistiniert gewesen zu sein, sich mit Fragen der Priorität auseinanderzusetzen. Sie waren ihm keineswegs gleichgültig, aber seine zwiespältige Haltung der Wissenschaft gegenüber führte gelegentlich dazu, sie etwas leichtfertig zu behandeln, wodurch er sich natürlich der Kritik seiner Gegner aussetzte. Die erste Form seiner Behandlungsmethode verdankte er Josef Breuer, der diese Methode nicht mehr anwandte. In der

›Psychopathologie des Alltagslebens‹ erfahren wir, wie sehr es ihn aufregt, als auf irgendeiner Tagung die ›Breuer-Freud-Methode‹ Anlaß zu einem Versprechen gibt, was natürlich häufig vorkommt. Die meisten Unannehmlichkeiten in dieser Hinsicht hatte er jedoch zweifellos mit der ›Traumdeutung‹. Von diesem Buch sagt er, daß es wie kein anderes sein Eigen sei, dennoch mußte er es mehrmals gegen den Vorwurf der Unredlichkeit verteidigen.

Aus den Briefen an Fließ wissen wir, wie langweilig er es fand, die umfangreiche Literaturstudie zusammenzustellen, die er seinen eigenen Ausführungen voranschickt. Lag es nun an diesem Überdruß oder an der Abneigung, die er seinen Vorgängern gegenüber empfand, oder fürchtete er jemanden zu finden, der ihm zuvorgekommen war (eine Furcht, die er zumindest einmal in einem Brief erwähnt), auf jeden Fall war seine Aufzählung der Arbeiten über den Traum unvollständig, seine Bibliographie enthielt eine oder zwei auffällige Lücken. Natürlich wurde sie in den späteren Auflagen ergänzt, aber Freud war damit nie ganz zufrieden. Noch nach zwanzig Jahren scheint er Vorwürfe zu erwarten, als er an Pastor Pfister schreibt:

> Ich bin wirklich sehr unwissend über meine Vorgänger in der Traumdeutung, und wenn wir uns einmal drüben treffen, werden Sie mich gewiß als Plagiator schlecht empfangen. Aber es ist so ein Vergnügen, das Ding selbst zu befragen, anstatt die Literatur darüber.[6]

Später entstand ein kleiner Streit zwischen Freud und André Breton über die Frage, wer bestimmte Gedanken über den Traum zuerst veröffentlicht hätte. André Breton war einer der ersten in Frankreich, der Einspruch erhob. In seinen ›Vases communicants‹ hatte er behauptet, daß die Freudsche Traumsymbolik die Gedanken Volkelts wiederaufnahme. Volkelt ist ein Autor, der am Ende des letzten Jahrhunderts gelebt hat und den, wie Breton sagte, die Bibliographie der ›Traumdeutung‹ bemerkenswerterweise verschweigt. Freud antwortete sofort, ohne sich Zeit zu lassen, das Buch zu Ende zu lesen:

> Sehr geehrter Herr Breton!
> Seien Sie gewiß, daß ich Ihre »Vases communicants«, in dem die Traumdeutung eine so wichtige Rolle spielt, mit Aufmerksamkeit lesen werde. Bis jetzt bin ich noch nicht weit gekommen. Wenn ich Ihnen dennoch schon jetzt schreibe, liegt das daran, daß mir auf Seite 19 eine Ihrer »Unverschämtheiten« begegnet ist, die ich mir nicht leicht erklären kann.
> Sie werfen mir vor, daß ich in meiner Bibliographie Volkelt nicht erwähnt habe – Sie halten ihn für den Entdecker der Traumsymbo-

[6] Fr.-Pf., 23

lik –, obwohl ich mir seine Ideen angeeignet hätte. Das ist hart! Das ist ganz gegen meine Gewohnheit!
In Wirklichkeit hat nicht Volkelt die Traumsymbolik entdeckt sondern Scherner, dessen Buch 1861 erschien, während das von Volkelt 1878 herauskam. Beide Autoren werden in entsprechenden Abschnitten im Text öfter erwähnt und außerdem noch zusammen an der Stelle, wo Volkelt als Anhänger Scherners bezeichnet wird. Beide Namen sind außerdem in der Bibliographie enthalten. Ich darf deshalb wohl eine Erklärung von Ihnen verlangen.
Zu Ihrer Rechtfertigung muß ich noch sagen, daß Volkelt in der Bibliographie der französischen Ausgabe nicht erwähnt ist. (Mayerson 1926)[7]

Nach mehr als 30 Jahren hätte Freud sich wirklich nicht um eine so offensichtlich übertriebene Anschuldigung zu kümmern brauchen. Sie konnte seinen Ruf keineswegs schmälern. Er geriet jedoch so sehr außer Fassung, daß er am nächsten Tag einen zweiten Brief an Breton schrieb, in dem er alle zu rechtfertigen suchte: Breton selbst und seinen Übersetzer.
Breton hatte die ›Psychopathologie des Alltagslebens‹ gelesen und hatte es daher leicht, aus dieser streitsüchtig wirkenden Eile zu schließen, daß er einen besonders empfindlichen Punkt berührt haben mußte. Er hatte damit recht, mehr als er glaubte: Freud gehörte zu jenen tief veranlagten Menschen, bei denen die Zeit nichts verblassen läßt und die nie aufhören, über ihr Leben nachzudenken. Der Vorwurf eines jungen, leidenschaftlichen und rechtschaffenen Mannes mußte den 76jährigen an manchen früheren Streit erinnern, in dem er einmal der Angreifer, ein anderes Mal der Angegriffene war oder in dem er sich selbst als schuldig empfand. Kurz vor seinem Bruch mit Jung hatte er diesem heftige Vorwürfe gemacht, in einem Artikel seine Gedanken verwendet zu haben, ohne seinen Namen zu nennen. Früher war er einmal in einen bedauerlichen Streit um die Priorität verwickelt. Damals war Wilhelm Fließ der Ankläger, ein Mann, dessen Freundschaft eine so große Rolle in seinem Leben gespielt hatte.
In dieser ziemlich schwierigen Angelegenheit ging es um die Frage der Bisexualität, die von 1897 an Gegenstand einer Diskussion zwischen beiden anläßlich ihres ›Kongresses‹ in Breslau war. Fließ legte Wert auf die Feststellung, daß er sie als erster erwähnt hatte. Einige Jahre später stellte sich bei Freud in diesem Punkte eine Amnesie ein, die er in der ›Psychopathologie des Alltagslebens‹ analysierte:

Im Sommer des Jahres 1901 erklärte ich einmal einem Freunde, mit dem ich damals in regem Gedankenaustausch über wissenschaftliche

[7] Brief an André Breton. In: André Breton, Les Vases Communicants. Paris 1932, S. 200–207

Fragen stand: Diese neurotischen Probleme sind nur dann zu lösen, wenn wir uns ganz und voll auf den Boden der Annahme einer ursprünglichen Bisexualität des Individuums stellen. Ich erhielt zur Antwort: »Das habe ich dir schon vor zweieinhalb Jahren in Br. gesagt, als wir jenen Abendspaziergang machten. Du wolltest damals nichts davon hören.« Es ist nun schmerzlich, so zum Aufgeben seiner Originalität aufgefordert zu werden. Ich konnte mich an ein solches Gespräch und diese Eröffnung meines Freundes nicht erinnern. Einer von uns beiden mußte sich da täuschen; nach dem Prinzip der Frage *cui prodest?* mußte ich das sein. Ich habe im Laufe der nächsten Woche in der Tat alles so erinnert, wie mein Freund es in mir erwecken wollte; ich weiß selbst, was ich damals zur Antwort gab: Dabei halte ich noch nicht, ich will mich darauf nicht einlassen. Aber ich bin seither um ein Stück toleranter geworden, wenn ich irgendwo in der medizinischen Literatur auf eine der wenigen Ideen stoße, mit denen man meinen Namen verknüpfen kann, und wenn ich dabei die Erwähnung meines Namens vermisse.[8]

Diese letzte Behauptung entspricht vielleicht der Wahrheit nicht ganz: Freud wurde in Fragen der wissenschaftlichen Priorität keineswegs gelassener, vielmehr wurde er sogar plötzlich ohnmächtig, als er zehn Jahre später Jung ein ähnliches Vergehen ihm gegenüber vorwarf. Der Vorfall ereignete sich in München – Freud war zum ersten Mal in diese Stadt gefahren, um den erkrankten Freund Fließ zu besuchen. Von da an blieb München mit dieser Periode seines Lebens eng verknüpft.
Der Streit um die Bisexualität hatte noch ein bedauerliches Nachspiel. Im Jahre 1903 veröffentlichte Otto Weininger, ein junger Wiener Philosoph, ein Buch mit dem Titel: ›Geschlecht und Charakter‹.[9] In diesem Buch stellte er die Idee der Bisexualität in den Vordergrund. Als Fließ erfuhr, daß Weininger mit einem Freud-Schüler namens Swoboda eng befreundet war, glaubte er natürlich sofort, Weiningers Gedanken stammten von Freud.
Auf die Fragen des Freundes hin erklärte Freud, daß Swoboda nicht sein Schüler, sondern sein Patient sei. Möglicherweise habe er ihm im Verlaufe einer Sitzung die bisexuelle Konstitution des Menschen erklärt, ohne ihn jedoch mit der Theorie näher vertraut zu machen. Aber Fließ gab sich damit nicht zufrieden. Es blieb für ihn die Frage, ob Freud sich mit Swoboda über dieses Thema unterhalten und ihm das Manuskript von Fließ gegeben habe.
Es half schließlich kein Ausweichen mehr, Freud gab zu, daß er es getan hatte. Ein dunkles Verlangen, Fließ seiner Originalität zu berauben, hatte ihn dazu getrieben. Dieser Wunsch paßte

[8] Psychopathologie des Alltagslebens. G. W. IV, 159
[9] Otto Weininger, Geschlecht und Charakter. Wien 1903

durchaus zu den sehr komplexen Motiven ihrer Freundschaft. Fließ war darüber weniger beleidigt als vielmehr sehr wütend. Er brach endgültig mit Freud und forderte ihn zwei Jahre später durch die Veröffentlichung einiger besonders persönlicher Briefe heraus.

Im Jahre 1905 gab er einem seiner Freunde die Anregung, ein kleines Buch zu veröffentlichen, in dem Freud, Swoboda und Weininger des Plagiats beschuldigt wurden. Da Weininger ein Jahr nach der Veröffentlichung seines Buches Selbstmord begangen hatte, mußten Freud und Swoboda sich alleine verteidigen. Freud wandte sich an die Presse. Swoboda tat es, indem er ein Buch veröffentlichte, worin er Fließ' Ansprüche auseinanderlegte und diskutierte. Seiner Ansicht nach machte Fließ sich durch offensichtliche Verfolgungsideen verdächtig. Juristisch gesehen war die Sache zweifellos nicht ganz eindeutig. Menschlich gesehen bedeutete sie für Freud eine schmerzliche Erfahrung, eine jener Enttäuschungen, mit denen er sich sein ganzes Leben lang auseinandersetzen mußte. Auf diese Weise lernte er nicht nur sich selbst besser kennen, sondern gewann auch ganz neue Kenntnisse über den Menschen schlechthin.

Freuds körperliche und seelische Gesundheit war nicht besser als die anderer Menschen. Sein Heroismus — das war es wirklich — beruhte allein auf dem Verzicht, die Last seiner Schwierigkeiten durch Vergessen, Leugnen oder Beschönigen abzuschütteln. Kein Erlebnis, das ihn beunruhigt oder schmerzlich berührt hatte, keine Aufgabe, die er sich gestellt hatte, verschwanden je wieder aus seinem Leben. Mit 80 Jahren schreibt er einen wunderbaren Brief an Romain Rolland. Er beschreibt darin die Analyse seiner Erinnerungsstörung, die er vor 30 Jahren auf seiner ersten Reise nach Athen erlebt hat. Diese Analyse widmet er ihm zum Geburtstag. In hohem Alter noch denkt er an den Mann, der sich wie er einen Weg durch das Labyrinth der Träume bahnte, und er scheut nicht vor einer öffentlichen Diskussion der schwierigen Frage des geistigen Eigentums zurück, die ihn sein ganzes Leben lang verfolgt und beunruhigt hat.

Der Artikel heißt: ›Josef Popper-Lynkeus und die Theorie des Traumes‹. Es ist das eine der beiden Arbeiten, die Freud einem Gelehrten widmete, diesmal war es weder ein Mediziner noch ein Psychologe, sondern ein Physiker, dessen Buch 1899 erschienen war, so daß er durch die ›Traumdeutung‹ sozusagen um seinen Ruhm gebracht worden war. Freud kannte ihn nicht persönlich, obwohl er in Wien wohnte. Sein Buch hatte er nicht zitieren können, da es zur gleichen Zeit wie die ›Traumdeutung‹ erschienen war. Der Artikel, den er 23 Jahre später schrieb, ist sowohl eine aufrichtige Huldigung an Popper-Lynkeus als auch eine genaue Analyse der damaligen Situation:

Über den Anschein wissenschaftlicher Originalität ist viel Interessantes zu sagen. Wenn in der Wissenschaft eine neue Idee auftaucht, die zunächst als Entdeckung gewertet und in der Regel als solche auch bekämpft wird, so weist die objektive Erforschung bald nach, daß sie eigentlich doch keine Neuheit ist. In der Regel ist sie schon wiederholt gemacht und dann wieder vergessen worden, oft zu sehr weit voneinander entfernten Zeiten. Oder sie hat wenigstens Vorläufer gehabt, wurde undeutlich geahnt oder unvollkommen ausgesprochen. Das ist zu genau bekannt, als daß es einer weiteren Ausführung bedürfte.

Aber auch die subjektive Seite der Originalität ist der Verfolgung würdig. Ein wissenschaftlicher Arbeiter mag sich einmal die Frage stellen, woher die ihm eigentümlichen Ideen kommen, die er an sein Material herangebracht hat. Dann findet er von einem Teil derselben ohne viel Besinnen, auf welche Anregungen er zurückgeht, welche Angaben von anderer Seite er dabei aufgegriffen, modifiziert und in ihren Konsequenzen ausgeführt hat. Von einem anderen Teil seiner Ideen kann er nichts Ähnliches bekennen, er muß annehmen, diese Gedanken und Gesichtspunkte seien in seiner eigenen Denktätigkeit – er weiß nicht wie – entstanden, durch sie stützt er seinen Anspruch auf Originalität.

Sorgfältige psychologische Untersuchung schränkt diesen Anspruch dann noch weiter ein. Sie deckt verborgene, längst vergessene Quellen auf, aus denen die Anregung der anscheinend originellen Ideen erflossen ist, und setzt an Stelle der vermeintlichen Neuschöpfung eine Wiederbelebung des Vergessenen in der Anwendung auf einen neuen Stoff. Daran ist nichts zu bedauern; man hatte ja kein Recht zu erwarten, daß das »Originelle« etwas Unableitbares, Indeterminiertes sein würde. Auf solche Weise hat sich auch für meinen Fall die Originalität vieler neuer Gedanken, die ich in der Traumdeutung und in der Psychoanalyse verwendet hatte, verflüchtigt. Nur von einem dieser Gedanken kenne ich die Herkunft nicht. Er ist geradezu der Schlüssel meiner Auffassung des Traumes geworden und hat mir dazu verholfen, seine Rätsel zu lösen, soweit sie bis heute lösbar geworden sind. Ich knüpfte an den fremdartigen, verworrenen, unsinnigen Charakter so vieler Träume an und kam auf die Idee, daß der Traum so werden müsse, weil in ihm etwas nach Ausdruck ringt, was den Widerstand anderer Mächte des Seelenlebens gegen sich hat. Im Traume rühren sich geheime Regungen, die mit dem sozusagen offiziellen ethischen und ästhetischen Bekenntnis des Träumers im Widerspruch stehen; darum schämt sich der Träumer dieser Regungen, wendet sich tagsüber von ihnen ab, will nichts von ihnen wissen, und wenn er ihnen zur Nachtzeit nicht jede Art von Ausdruck verwehren kann, zwingt er sie zur Traumentstellung, durch die der Trauminhalt verworren und unsinnig erscheint. Die seelische Macht im Menschen, die diesem inneren Widerspruch Rechnung trägt, und zugunsten der konventionellen oder auch der höheren sittlichen Ansprüche die primitiven Triebregungen des Traumes entstellt, nannte ich die Traumzensur.

Gerade dieses wesentliche Stück meiner Traumtheorie hat aber Popper-Lynkeus selbst gefunden. Man vergleiche das nachstehende Zitat aus seiner Erzählung »Traum wie Wachen« in den »Phantasien eines Realisten«, die sicherlich ohne Kenntnis meiner 1900 veröffentlichten »Traumtheorie« geschrieben worden sind, wie ich auch damals Lynkeus' »Phantasien« noch nicht kannte:

»Von einem Manne, der die merkwürdige Eigenschaft hat, niemals Unsinn zu träumen [...] Diese herrliche Eigenschaft, zu träumen wie zu wachen, beruht auf Deinen Tugenden, auf Deiner Güte, Deiner Gerechtigkeit, Deiner Wahrheitsliebe: Es ist die moralische Klarheit Deiner Natur, die mir alles an Dir verständlich macht.«

»Wenn ich aber recht bedenke«, erwiderte der andere, »so glaube ich beinahe, alle Menschen seien so wie ich beschaffen, und gar niemand träume jemals Unsinn! Ein Traum, an den man sich so deutlich erinnert, daß man ihn nacherzählen kann, der also kein Fiebertraum ist, hat immer Sinn. Und es kann gar nicht anders sein! Denn was miteinander in Widerspruch steht, könnte sich ja nicht zu einem Ganzen gruppieren. Daß Zeit und Ort oft durcheinandergerüttelt werden, benimmt dem wahren Gehalt des Traumes gar nichts, denn sie beide sind gewiß ohne Bedeutung für seinen wesentlichen Inhalt gewesen. Wir machen es ja oft im Wachen auch so: denke an das Märchen, an so viele sinnvolle Phantasiegebilde, zu denen nur ein Unverständiger sagen würde: Das ist widersinnig, denn das ist nicht möglich!«

»Wenn man nur die Träume immer richtig zu deuten wüßte, so wie Du es eben mit dem meinen getan hast«, sagt der Freund.

»Das ist gewiß keine leichte Aufgabe, aber es müßte bei einiger Aufmerksamkeit dem Träumenden wohl immer gelingen. Warum es meistens nicht gelingt? Es scheint bei euch etwas Verstecktes in den Träumen zu liegen, etwas Unkeusches eigener und höherer Art, eine gewisse Unheimlichkeit in eurem Wesen, die schwer auszudenken ist; und darum scheint euer Träumen so oft ohne Sinn, sogar ein Widersinn zu sein. Es ist aber im tiefsten Grunde nicht so; ja, es kann gar nicht anders sein, denn es ist immer derselbe Mensch, ob er wacht oder träumt.«

Ich glaube, was mich dazu befähigt hat, die Ursache der Traumentstellung aufzufinden, war mein moralischer Mut. Bei *Popper* war es die Reinheit, Wahrheitsliebe und moralische Klarheit seines Wesens.[10]

[10] Josef Popper-Lynkeus und die Theorie des Traumes. G. W. XIII, 357

13. Die Entstehung der psychoanalytischen Bewegung

Trotz der Dokumente, die wir über diese Zeit haben, ist es nicht leicht, die Anfänge der späteren ›Wiener Psychoanalytischen Vereinigung‹ zu rekonstruieren. Das liegt sicher daran, daß weder Freud noch die Gruppe, die sich um ihn gebildet hatte, sich bewußt war, eine Bewegung ins Leben zu rufen, deren Geschichte man eines Tages aufschreiben würde. In der ›Geschichte der psychoanalytischen Bewegung‹, einer Arbeit aus dem Jahre 1914, die wir schon erwähnt haben, beschränkt sich Freud darauf, ganz kurz zu erwähnen, wie sich nach und nach junge Leute um ihn scharten und seine Isolierung beendeten, mit der er sich schon fast abgefunden hatte:

> Vom Jahre 1902 an scharte sich eine Anzahl jüngerer Ärzte um mich in der ausgesprochenen Absicht, die Psychoanalyse zu erlernen, auszuüben und zu verbreiten. Ein Kollege, welcher die gute Wirkung der analytischen Therapie an sich selbst erfahren hatte, gab die Anregung dazu. Man kam an bestimmten Abenden in meiner Wohnung zusammen, diskutierte nach gewissen Regeln, suchte sich in dem befremdlichen neuen Forschungsgebiete zu orientieren und das Interesse anderer dafür zu gewinnen. Eines Tages führte sich ein absolvierter Gewerbeschüler durch ein Manuskript bei uns ein, welches außerordentliches Verständnis verriet. Wir bewogen ihn, die Gymnasialstudien nachzuholen, die Universität zu besuchen und sich den nichtärztlichen Anwendungen der Psychoanalyse zu widmen. Der kleine Verein erwarb so einen verläßlichen und eifrigen Sekretär, ich gewann an *Otto Rank* den treuesten Helfer und Mitarbeiter.[1]

Freud läßt hier Rudolf Reitler unerwähnt; er war der erste Arzt, der nach ihm die Psychoanalyse ausübte. Zusammen mit Max Kahane besuchte er seit langem seine Vorlesungen an der Universität. Wilhelm Steckel soll die Anregung zur ersten Zusammenkunft gegeben haben. Er war Arzt und selbst an schweren neurotischen Störungen erkrankt, so daß er sich 1901 oder 1902 von Freud hatte behandeln lassen. Max Kahane verließ im Jahre 1907 die Gruppe, ohne im eigentlichen Sinne Psychoanalytiker gewesen zu sein; er wandte nämlich die Methode gar nicht an. Einige Jahre später verursachte Adlers Austritt die erste Spaltung in der Bewegung; Steckels Ausscheiden hatte zwar weniger schwerwiegende ›ideologische‹ Folgen, brachte Freud aber andere, ernsthafte Schwierigkeiten.

[1] Zur Geschichte der psychoanalytischen Bewegung. G. W. X, 63

Es begann damit, daß sich einige Leute jeden Mittwochabend in Freuds Wartezimmer zusammenfanden. Diese Sitzungen erhielten den bescheidenen Titel: ›Psychologische Mittwoch-Gesellschaft‹. Die meisten Mitglieder, außer Steckel, hatten noch nichts veröffentlicht; dieser hatte ein Buch über Koitus im Kindesalter geschrieben; man diskutierte daher hauptsächlich Freuds Arbeit und rein theoretische Probleme. Steckel, der als Feuilletonist für das ›Neue Wiener Tageblatt‹ arbeitete, veröffentlichte jede Woche einen Bericht über diese Diskussionen. Im Jahre 1908 nahm die alte ›Psychologische Mittwoch-Gesellschaft‹ den Namen ›Wiener Psychoanalytische Vereinigung‹ an. Noch zwei Jahre lang hielt sie ihre Sitzungen in der Berggasse 19 ab, dann aber wurde Freuds Wartezimmer zu klein, so daß man sich von da an im ›Doktorenkollegium‹ traf.
In den ersten Jahren brachte diese langsam anwachsende Gesellschaft keine große Veränderung in Freuds Tagesablauf, der notwendigerweise den Aufgaben seines Berufes angepaßt und daher streng geregelt war. Die Behandlung seiner Patienten und die Abfassung seiner Schriften nahmen den größten Teil seiner Zeit in Anspruch. Freud führte ein sehr einfaches Leben im Kreise seiner Familie und einiger alter Freunde, meist Mediziner, die er in seiner Jugend kennengelernt hatte. Seine Freizeitbeschäftigungen waren nicht sehr mannigfaltig, aber er hielt an ihnen fest und opferte sie niemals ganz, auch später nicht, als er sein Privatleben gegen die lästigen Verpflichtungen verteidigen mußte, die seine Berühmtheit ihm auferlegten. Er machte täglich einen Spaziergang, den er meist dazu benutzte, sich neue Zigarren zu kaufen; jeden Samstag abend spielte er Karten mit seinen Freunden, Professor Königstein und Dr. Rie, später mit seinen Kindern, als sie alt genug geworden waren, seine Partner zu sein. Von Zeit zu Zeit ging er ins Theater oder in die Oper, aber es kam nur selten vor; am meisten interessierte ihn die Sammlung antiker Gegenstände, die er seit einigen Jahren betrieb. Sie nahm in seinem Leben mehr Raum ein als irgendeine andere Freizeitbeschäftigung.
Diese Liebe zur Archäologie deutet darauf hin, daß Freud sich für die Vergangenheit besonders interessierte, nicht nur für die Kindheit eines Menschen, sondern auch, wie er selbst sagte, »für alle menschlichen Formen der Vorgeschichte«. Wie wir schon gesehen haben, verglich er sich gerne mit jenen Forschern, die versunkene Welten wieder auferstehen ließen. In ihrem Leben und Werk fand er manche deutliche Ähnlichkeit mit sich selbst. In den Briefen an Fließ erfahren wir sein Interesse und seine Bewunderung für Burckhardts ›Griechische Kulturgeschichte‹ und für die ›Ilias‹ von Schliemann, wo der Autor seine Entdekkung Trojas mit einem Traum seiner Kindheit in Verbindung

bringt, der nie aufgehört hatte, ihn zu beeinflussen. »Der Mann war glücklich«, sagte er, »als er den Schatz des Priamos fand, denn Glück gibt es nur als Erfüllung eines Kinderwunsches.«
Er kommt öfter auf dieses Gesetz des Glückes zurück, das seine Liebe zur Archäologie erklärt und seine Forschung beherrscht: »Das Glück ist die nachträgliche Erfüllung eines prähistorischen Wunsches. Darum macht Reichtum so wenig glücklich; Geld ist kein Kinderwunsch.«[2] Und an einer anderen Stelle heißt es: »Meine Vorliebe für das Prähistorische in allen menschlichen Formen ist im gleichen geblieben.«[3]
Die Freude am Reisen war ebenfalls eine große Leidenschaft, obwohl er meistens kein Geld dazu hatte. Außerdem stand ihr jene innere Hemmung im Wege, die er später durch die Selbstanalyse überwand. In den ersten Jahren dieses Jahrhunderts werden Reisen für ihn zum Bedürfnis, sind sie doch die einzige Abwechslung in seinem zurückgezogenen Leben und eine willkommene Gelegenheit, das verhaßte Wien zu verlassen.
Das Klima der Stadt rechtfertigte ausgedehnte Sommerferien. Freuds Familie verbrachte im allgemeinen drei Monate auf dem Land, mehr oder weniger weit von Wien entfernt, je nach der augenblicklichen finanziellen Lage. Freud reiste meist Ende Juli zu seiner Familie und machte von dort aus Abstecher nach Deutschland, Südtirol und vor allem Italien, wohin er fast jedes Jahr fuhr. Sein Reiseprogramm war sehr vielfältig und wickelte sich mit einer atemberaubenden Geschwindigkeit ab, so daß seine Frau schließlich nicht mehr mitfuhr, weil sie den Anstrengungen nicht gewachsen war. Seine Reisegefährten waren von da an seine Schwägerin Minna, Fließ zur Zeit der ›Kongresse‹, sein Bruder Alexander und in späteren Jahren seine jüngste Tochter Anna, die sein Werk fortsetzte und die er im Alter dankbar seine Antigone nannte. Auf zahlreichen Ferienreisen begleitete ihn Sandor Ferenzci, der einzige Schüler, mit dem er wirklich befreundet war.
Eine seiner Reisen zu Beginn des Jahrhunderts verdient erwähnt zu werden, weil sie ihm jahrelang ein kleines Rätsel aufgab, dessen Lösung wir in einem berühmten Brief an Romain Rolland finden, der unter dem Titel ›Eine Erinnerungsstörung auf der Akropolis‹ 1936 veröffentlicht worden ist, mehr als 30 Jahre nach der scheinbar unbedeutenden Episode, die hier analysiert wird. Romain Rolland war 70, Freud 80 Jahre alt:

> Verehrter Freund!
> Dringend aufgefordert, etwas Geschriebenes zur Feier Ihres siebzigsten Geburtstages beizutragen, habe ich mich lange bemüht,

[2] Aus den Anfängen der Psychoanalyse, S. 209
[3] a. a. O., 236

etwas zu finden, was Ihrer in irgendeinem Sinne würdig wäre, was meiner Bewunderung Ausdruck geben könnte für Ihre Wahrheitsliebe, Ihren Bekennermut, Ihre Menschenfreundlichkeit und Hilfsbereitschaft. Oder was die Dankbarkeit für den Dichter bezeugen würde, der mir soviel Genuß und Erhebung geschenkt hat. Es war vergeblich; ich bin um ein Jahrzehnt älter als Sie, meine Produktion ist versiegt. Was ich Ihnen schließlich zu bieten habe, ist die Gabe eines Verarmten, der »einst bessere Tage gesehen hat«.
Sie wissen, meine wissenschaftliche Arbeit hatte sich das Ziel gesetzt, ungewöhnliche, abnorme, pathologische Erscheinungen des Seelenlebens aufzuklären, das heißt, sie auf die hinter ihnen wirkenden psychischen Kräfte zurückzuführen und die dabei tätigen Mechanismen aufzuzeigen. Ich versuchte dies zunächst an der eigenen Person, dann auch an anderen, und endlich in kühnem Übergriff auch am Menschengeschlecht im ganzen. Ein solches Phänomen, das ich vor einem Menschenalter, im Jahre 1904, an mir erlebt und nie verstanden hatte, tauchte in den letzten Jahren in meiner Erinnerung immer wieder auf; ich wußte zunächst nicht warum. Ich entschloß mich endlich, das kleine Erlebnis zu analysieren und teile Ihnen hier das Ergebnis dieser Studie mit. Dabei muß ich Sie natürlich bitten, den Angaben aus meinem persönlichen Leben mehr Aufmerksamkeit zu schenken, als sie sonst verdienten.[4]

Freud erzählt dann die Vorgeschichte des kleinen Ereignisses, das immer wieder in seiner Erinnerung auftauchte. Er fuhr mit seinem Bruder Alexander nach Italien. Alexander war zehn Jahre jünger als er, also genauso alt wie Romain Rolland, worauf Freud besonders hinweist. Von Triest aus wollten die beiden nach Korfu fahren, um sich dort einige Tage auszuruhen, aber ein Freund riet ihnen davon ab und empfahl ihnen, lieber nach Athen zu reisen. Sie sahen eine Menge Hindernisse, die sich diesem Vorschlag in den Weg stellten. Er verdarb ihnen die Laune, ohne daß sie wußten weshalb. Trotzdem lösten die beiden Freunde Fahrkarten und fuhren nach Athen, ohne daß sie sich wirklich dazu entschlossen hatten.

Als ich dann am Nachmittag nach der Ankunft auf der Akropolis stand, und mein Blick die Landschaft umfaßte, kam mir plötzlich der merkwürdige Gedanke: Also existiert das alles so wie wir es auf der Schule gelernt haben! Genauer beschrieben, die Person, die eine Äußerung tat, sonderte sich, weit schärfer als sonst merklich, von einer anderen, die diese Äußerung wahrnahm, und beide waren verwundert, wenn auch nicht über das gleiche. Die eine benahm sich so, als müßte sie unter dem Eindruck einer unzweifelhaften Beobachtung an etwas glauben, dessen Realität ihr bis dahin unsicher erschienen war. Mit einer mäßigen Übertreibung: als ob jemand, entlang des schottischen Loch Nes spazierend, plötzlich den ans Land gespülten Leib des vielberedeten Ungeheuers vor sich

[4] Brief an Romain Rolland (Eine Erinnerungsstörung auf der Akropolis). G. W. XVI, 250

sähe und sich zum Zugeständnis gezwungen fände: Also existiert sie wirklich, die Seeschlange, an die wir nicht geglaubt haben! Die andere Person war aber mit Recht erstaunt, weil sie nicht gewußt hatte, daß die reale Existenz von Athen, der Akropolis und dieser Landschaft jemals ein Gegenstand des Zweifels gewesen war. Sie war eher auf eine Äußerung der Entzückung und Erhebung vorbereitet.[5]

Freud analysiert seine Erinnerungsstörung genau wie jeden Traum nach dem Prinzip, das er auch in der ›Psychopathologie des Alltagslebens‹ anwendet, in der er besondere Symptome wie Fehlleistungen, Vergessen und Versprechen untersucht. Bei der Analyse der Erinnerungsstörung trifft er die gleiche Entstellung, die man bei all diesen seelischen Vorgängen feststellen kann. Es sind scheinbar harmlose Fälschungen, deren Ursache wie immer tief in der Vergangenheit zu suchen ist. Das Echte und das Falsche mischen sich in diesem vorübergehenden Entfremdungsgefühl, das Freud auf der Akropolis zu der Ansicht verleitete, daß er in seiner Jugend wirklich an der Existenz Athens gezweifelt hatte:

Es ist nicht wahr, daß ich in den Gymnasialjahren je an der realen Existenz von Athen gezweifelt habe. Ich habe nur daran gezweifelt, daß ich Athen je werde sehen können. So weit zu reisen, es »so weit zu bringen«, erschien mir als außerhalb jeder Möglichkeit. Das hing mit der Enge und Armseligkeit unserer Lebensverhältnisse in meiner Jugend zusammen. Die Sehnsucht zu reisen war gewiß auch ein Ausdruck des Wunsches, jenem Druck zu entkommen, verwandt jenem Drang, der so viel halbwüchsige Kinder dazu antreibt, von Hause durchzugehen. Es war mir längst klargeworden, daß ein großes Stück der Lust am Reisen in der Erfüllung dieser frühen Wünsche besteht, also in der Unzufriedenheit mit Haus und Familie wurzelt. Wenn man zuerst das Meer sieht, den Ozean überquert, Städte und Länder als Wirklichkeit erlebt, die so lange ferne, unerreichbare Wunschdinge waren, so fühlt man sich wie ein Held, der unwahrscheinlich große Taten vollbracht hat. Ich hätte damals auf der Akropolis meinem Bruder fragen können: Weißt Du noch, wie wir in unserer Jugend Tag für Tag denselben Weg gegangen sind, von der ... straße ins Gymnasium, am Sonntage dann jedesmal in den Prater oder auf eine der Landpartien, die wir schon so gut kannten, und jetzt sind wir in Athen und stehen auf der Akropolis! Wir haben es wirklich weit gebracht! Und wenn man so Kleines mit Größerem vergleichen darf, hat nicht der erste Napoleon während der Kaiserkrönung in Notre-Dame sich zu einem seiner Brüder gewendet – es wird wohl der älteste, Josef, gewesen sein – und bemerkt: »Was würde Monsieur notre Père dazu sagen, wenn er jetzt dabei sein könnte?«
Hier stoßen wir aber auf die Lösung des kleinen Problems, warum wir uns schon in Triest das Vergnügen an der Reise nach Athen

[5] a. a. O., 250

verstört hatten. Es muß so sein, daß sich an die Befriedigung, es so weit gebracht zu haben, ein Schuldgefühl knüpft; es ist etwas dabei, was unrecht, was von alters her verboten ist. Das hat mit der kindlichen Kritik am Vater zu tun, mit der Geringschätzung, welche die frühkindliche Überschätzung seiner Person abgelöst hatte. Es sieht aus, als wäre es das Wesentliche am Erfolg, es weiter zu bringen als der Vater, und als wäre es noch immer unerlaubt, den Vater übertreffen zu wollen.

Zu dieser allgemein giltigen Motivierung kommt noch für unseren Fall das besondere Moment hinzu, daß in dem Thema Athen und Akropolis an und für sich ein Hinweis auf die Überlegenheit der Söhne enthalten ist. Unser Vater war Kaufmann gewesen, er besaß keine Gymnasialbildung, Athen konnte ihm nicht viel bedeuten. Was uns im Genuß der Reise nach Athen störte, war also eine Regung der Pietät. Und jetzt werden Sie sich nicht mehr verwundern, daß mich die Erinnerung an das Erlebnis auf der Akropolis so oft heimsucht, seitdem ich selbst alt, der Nachsicht bedürftig geworden bin und nicht mehr reisen kann.[6]

In diesem Brief zeichnet er sich positiver als seine Biographen es je tun werden. Vom Jahre 1904 schreibt er, als wenn er damals schon seines Erfolges sicher gewesen sei. In Wirklichkeit ist er aber noch weit davon entfernt, berühmt zu werden. Die vier verflossenen Jahre haben an seinem Ansehen nicht viel geändert, aber hie und da, sogar im Ausland, las man die ›Traumdeutung‹, und die ›Psychologische Mittwoch-Gesellschaft‹, so uneinheitlich und schwach sie noch war, begann einen gewissen Einfluß auszuüben. Jedes Jahr wurde die Zahl seiner Schüler größer. Wiener aller möglichen Fachrichtungen, Mediziner und Nichtmediziner kamen zu ihm. Die einen trieb die wissenschaftliche Neugier, andere litten an seelischen Störungen, die ihre Neigung zu der neuen Wissenschaft irgendwie glaubwürdig erscheinen ließen. Zu Beginn des Jahres 1908 zählte die ›Wiener Psychoanalytische Gesellschaft‹ 32 Mitglieder. Von 1907 an – einem bedeutenden Jahr für die psychoanalytische Bewegung – bekam sie zahlreiche Besucher aus der Schweiz, England, Amerika und Deutschland, die den Kern der späteren internationalen Gesellschaft bildeten. Das weitere Schicksal der Psychoanalyse hing so sehr von besonderen Umständen ab, daß manchmal ihr ganzer Erfolg auf dem Spiele stand. Zu den Besonderheiten der psychoanalytischen Bewegung gehörte das manchmal gefährliche Anwachsen ihrer Mitgliederzahl, außerdem die Schwierigkeit der Mitglieder, sich zu orientieren, denn man darf nicht vergessen, daß es weder ein Dogma noch eine vollständige Lehre gab; sie hatten nur einen Menschen, an dem sie sich ausrichten konnten, und dieser besaß als Stütze nur einige Ideen und eine geniale Intuition. Schließlich ist noch der

[6] a. a. O., 256

besondere Charakter dieser Wissenschaft zu erwähnen, die weder Tradition noch Vergangenheit hat und jeden Forscher zunächst einmal auf die eigene Subjektivität zurückverweist. Um Streitigkeiten zu vermeiden, die Freud zweifellos voraussah und die auch wirklich eintrafen, hatte er sich zu Beginn ein Verfahren ausgedacht, das jedem, der es wünschte, die Gelegenheit geben sollte, ohne Unannehmlichkeiten aus der Gruppe auszuscheiden. Ernest Jones erwähnt ein Rundschreiben aus dem Jahre 1907, in dem er diesen Vorschlag erläutert:

> Ich machte Ihnen die Mitteilung, daß ich mich entschlossen habe, die kleine Vereinigung, die sich jeden Mittwoch abend bei mir zu treffen pflegte, und der auch Sie angehörten, mit Beginn dieses Arbeitsjahres aufzulösen und sie unmittelbar darauf von Neuem ins Leben zu rufen. Eine kurze Äußerung, die Sie bis zum 1. Okt. d. J. unserem Sekretär, Herrn Otto Rank, schriftlich zukommen lassen, wird hinreichen, Ihre Mitgliedschaft neu zu begründen; im Falle aber solche Äußerung bis zu dem genannten Termin ausbleibt, werden wir annehmen müssen, daß Sie nicht mehr zur Vereinigung zählen. Ich brauche wohl nicht ausdrücklich zu betonen, wie sehr ich mich mit Ihrem Wiedereintritt freuen würde.
> Gestatten Sie mir, diese Ihnen wahrscheinlich überflüssig erscheinende Maßregel kurz zu begründen. Es heißt nur dem natürlichen Wandel menschlicher Beziehungen Rechnung tragen, wenn man annimmt, daß dem einen oder anderen aus unserer Anzahl die Zugehörigkeit zu unserer Vereinigung nicht mehr dasselbe bedeutet wie vor Jahren, sei es, daß sein Interesse sich erschöpft habe oder daß seine Muße und Lebensführung sich widersetzen, oder daß persönliche Beziehungen ihn abzuhalten drohen. Vermutlich wird er dennoch Mitglied verblieben sein, weil er befürchtet, daß sein Austritt im Lichte einer unfreundlichen Handlung betrachtet werden könnte. In all diesen Fällen soll die Auflösung und Neugründung der Vereinigung die persönliche Freiheit des einzelnen wiederherstellen und es ihm ermöglichen, ohne Trübung des persönlichen Verhältnisses zu den anderen dem Vereine fernzubleiben.
> Wenn Sie nach diesen Ausführungen an die Zweckmäßigkeit einer solchen Vereinserneuerung glauben, werden Sie wohl auch damit einverstanden sein, daß dieselbe in regelmäßigen Intervallen, – etwa alle drei Jahre – wiederholt werde.[7]

Dieses System bewährte sich auf die Dauer nicht und wurde nach 1910 ganz aufgegeben. Ernest Jones hat zweifellos recht, wenn er darin einen Beweis für Freuds Taktgefühl sieht. Freud hat sich immer Mühe gegeben, sich nicht in die heiklen Angelegenheiten der Gesellschaft einzumischen, dennoch war er häufig gezwungen, die Rolle eines Schiedsrichters zu spielen. Die Maßnahme, die Mitgliedschaft jährlich neu zu begründen, kann aber auch als ein nicht ganz eingestandener Wunsch interpre-

[7] JBg. Bd. II, 22

tiert werden, die Zusammensetzung der Gruppe zu verändern. Sie ließ in mancher Hinsicht zu wünschen übrig. Freud empfand für einige seiner Schüler eine nicht gerade übermäßig große Sympathie. Das bezeugt Ludwig Binswanger, der Schweizer Psychiater, der 1907 nach Wien kam. Freud hat nach einer Sitzung einmal zu ihm gesagt: »Haben Sie diese Bande gesehen!« Ein Abschnitt aus der ›Geschichte der psychoanalytischen Bewegung‹ drückt dieselbe Enttäuschung weniger hart aus:

> Der kleine Kreis dehnte sich bald aus, wechselte im Laufe der nächsten Jahre vielfach in seiner Zusammensetzung. Im ganzen durfte ich mir sagen, in dem Reichtum und der Mannigfaltigkeit der Begabungen, die er umschloß, stand er kaum hinter dem Stab eines beliebigen klinischen Lehrers zurück. Von Anfang an waren jene Männer darunter, die in der Geschichte der psychoanalytischen Bewegung später so bedeutungsvolle, wenn auch nicht immer erfreuliche Rollen spielen sollten. Aber diese Entwicklung konnte man damals noch nicht ahnen. Ich durfte zufrieden sein, und ich meine, ich tat alles, um den anderen zugänglich zu machen, was ich wußte und erfahren hatte. Von übler Vorbedeutung waren nur zwei Dinge, die mich endlich dem Kreise innerlich entfremdeten. Es gelang mir nicht, unter den Mitgliedern jenes freundschaftliche Verhältnis herzustellen, das unter Männern, welche dieselbe schwere Arbeit leisten, herrschen soll, und ebensowenig die Prioritätsstreitigkeiten zu ersticken, zu denen unter den Bedingungen der gemeinsamen Arbeit reichlicher Anlaß gegeben war. Die Schwierigkeiten der Unterweisung in der Ausübung der Psychoanalyse, die ganz besonders groß sind und an vielen der heutigen Zerwürfnisse die Schuld tragen, machten sich bereits in der privaten Wiener psychoanalytischen Vereinigung geltend. Ich selbst wagte es nicht, eine noch unfertige Technik und eine im steten Fluß begriffene Theorie mit jener Autorität vorzutragen, die den anderen wahrscheinlich manche Irrwege und etliche Entgleisungen erspart hätte. Die Selbständigkeit der geistigen Arbeiter, ihre frühe Unabhängigkeit vom Lehrer, ist psychologisch immer befriedigend; ein Gewinn in wissenschaftlicher Hinsicht ergibt sich aus ihr nur, wenn bei diesen Arbeiten gewisse, nicht allzu häufig vorkommende persönliche Bedingungen erfüllt sind. Gerade die Psychoanalyse hätte eine lange und strenge Zucht und Erziehung zur Selbstzucht gefordert. Der Tapferkeit wegen, die sich in der Hingabe an eine so verpönte und aussichtslose Sache erwies, war ich geneigt, den Mitgliedern der Vereinigung mancherlei angehen zu lassen, woran ich sonst Anstoß genommen hätte.[8]

Mit der Erinnerung an diese Zeit berühren wir auch die Zerwürfnisse, die nach und nach dazu führten, daß Adler, Jung und Otto Rank sich von der Gruppe distanzierten. Freud verlor auf diese Weise sogar seinen Schüler Sandor Ferenzci, den er wie

[8] Zur Geschichte der psychoanalytischen Bewegung. G. W. X, 63

einen Sohn liebte. Diese Streitigkeiten, die in der Öffentlichkeit lebhaft diskutiert wurden, rückten die psychoanalytische Bewegung in ein ungünstiges Licht, und es ist durchaus begreiflich, daß sie zu spöttischen Bemerkungen Anlaß gaben. Dennoch wäre es unangebracht, sie mit den Meinungsverschiedenheiten innerhalb einer politischen Partei zu vergleichen. Die verschiedenen psychoanalytischen Gesellschaften beriefen sich nämlich nicht auf ein fertiges Lehrgebäude, sondern hatten nur zwei bis drei Grundideen gemeinsam, die von Freud nicht zu trennen waren, gleichgültig was man von ihm hielt. Es war noch nicht abzusehen, wie sie sich weiterentwickeln würden. Freud hat sich immer gegen den Gedanken einer Orthodoxie gewehrt; es ging ihm nicht um ein vollständiges und starres Begriffssystem, er wollte lediglich an einigen wenigen Auffassungen festhalten, ohne die ihm eine gemeinsame Arbeit nicht möglich erschien. So schreibt er in dem 1926 erschienenen ›Handwörterbuch‹ von Marcuse:

> Die Psychoanalyse ist kein System wie die philosophischen, das von einigen scharf definierten Grundbegriffen ausgeht, mit diesen das Weltganze zu erfassen sucht, und dann, einmal fertig gemacht, keinen Raum mehr hat für neue Funde und bessere Einsichten. Sie haftet vielmehr an den Tatsachen ihres Arbeitsgebietes, sucht die nächsten Probleme der Beobachtung zu lösen, tastet sich an der Erfahrung weiter, ist immer unfertig, immer bereit, ihre Lehren zurechtzurücken oder abzuändern. Sie verträgt es so gut wie die Physik oder die Chemie, daß ihre obersten Begriffe unklar, ihre Voraussetzungen vorläufig sind, und erwartet eine schärfere Bestimmung derselben von zukünftiger Arbeit.[9]

Die Psychoanalyse ist und bleibt eine empirische Wissenschaft. Sie kann daher keine ›Schule‹ hervorbringen, sie wird vielmehr von all denen angewandt, die ohne jede Einschränkung das anerkennen, was Freud in dem ›Handbuch‹ als gemeinsame Basis beschreibt:

> Die Existenz unbewußter psychischer Prozesse; die Theorie des Widerstandes und der Verdrängung, die Anerkennung der frühkindlichen Sexualität und des Ödipuskomplexes sind die wichtigsten Bestandteile der Pychoanalyse und die Basis der Theorie. Wer sie nicht annimmt, darf sich nicht zu den Psychoanalytikern zählen.

Genau den gleichen Gedanken findet man in einem Brief, den er 1917 an Georg Groddeck schrieb. Groddeck, ein Berliner Arzt und Schriftsteller, lehnte es im Gegensatz zu vielen anderen ab,

[9] Heinrich Meng: Aus meiner psychoanalytischen Anfangszeit. In: Acta psychotherapeutica, psychosomatica et orthopaedagogica. Bd. X, S. 354. Basel 1962

zu seinen Schülern zu gehören. In seinem wunderbaren ›Buch vom Es‹, das so gründliche Sachkenntnis und so viel literarisches Talent verrät, sprach er zum ersten Mal die Idee einer psychosomatischen Medizin aus. Zugleich gab er dem Freudschen Unbewußten einen neuen Namen und einen unvorhergesehenen Reichtum.

> Ich merke, Sie bitten mich dringend, Ihnen doch amtlich zu bestätigen, daß Sie kein Psychoanalytiker sind, daß Sie nicht zur Schar der Anhänger gehören, sondern sich als etwas Besonderes, Eigenständiges ausgeben dürfen. Ich tue Ihnen offenbar einen großen Gefallen, wenn ich Sie von mir stoße, dahin, wo Adler, Jung und andere stehen. Aber ich kann es nicht tun, ich muß Anspruch auf Sie erheben, muß behaupten, daß Sie ein prächtiger Analytiker sind, der das Wesen der Sache unverlierbar erfaßt hat. Wer erkennt, daß Übertragung und Widerstand die Drehpunkte der Behandlung sind, der gehört nun einmal rettungslos zum wilden Heer.[10]

Die Kämpfe innerhalb der psychoanalytischen Bewegung entstanden alle um jene oben zitierten Punkte – Theorie des Unbewußten, des Widerstandes und der Verdrängung, Bedeutung der Sexualität und des Ödipuskomplexes – die Freud für so wichtig hielt, daß sie von allen angenommen werden sollten, die sich auf ihn beriefen. Jede Spaltung wurde in der Tat mit der teilweisen oder vollständigen Ablehnung dieser Grundideen motiviert. Gelegentlich wurden sie auch zu sehr abgewandelt oder erweitert, so daß ihr ursprünglicher Sinn dabei verlorenging. So gewann beispielsweise bei Adler die Bewußtseinspsychologie wieder ihre alte Herrschaft zurück, und die Neurose hatte nichts mehr mit der kindlichen Sexualität zu tun, sondern mit Organminderwertigkeiten und sozialen Gegebenheiten; nach Jungs Auffassung gab es zwar ein Unbewußtes, aber es enthielt keine sexuellen Inhalte und war in das sogenannte beruhigende kollektive Unbewußte einbezogen, durch das die Metaphysik wie durch eine Hintertür wieder in die Psychologie eindrang. Bei Rank erklärt das »Trauma der Geburt« alle seelischen Schwierigkeiten und machte so das Ödipusdrama überflüssig. Über 30 Jahre lang scheinen alle ›Irrlehren‹, gleich welchen Wahrheitskern sie auch immer enthielten, das Ziel zu haben, einen früheren Stand der Psychologie wiederherzustellen oder, mit anderen Worten, auf geschickte Weise Freuds ärgerniserregende Theorien zunichte zu machen. Im Gegensatz zu einer weitverbreiteten Auffassung hat Freud diese Absicht nicht immer als erster vorausgesehen.
Man fragt sich, warum diese Meinungsverschiedenheiten immer Anlaß zu einem aufsehenerregenden Bruch gaben, statt daß

[10] Br., 316

man ruhig und sachlich untereinander diskutierte. Das liegt daran, daß hier wie überall die Ideen nicht die Hauptursache der Konflikte darstellten. Vielleicht waren sie überhaupt nicht der wahre Grund. Es läßt sich nicht leugnen, daß der angebliche Starrsinn Freuds, seine herrische und eigensinnige Art, die man ihm so oft übelgenommen hat, in diesen bedauernswerten Auseinandersetzungen weniger ins Gewicht fielen als seine geistige Autorität, die seine begabtesten Schüler oft in schwierige Situationen brachte. Freud hat im Laufe der Zeit viele Menschen verloren, mit denen ihn eine tiefe Zuneigung verband. Zeitlebens unterhielt er aber auch Freundschaften mit Leuten, die nach Herkunft, wissenschaftlichen Interessen und Geisteshaltung von ihm sehr verschieden waren. Zwei typische Beispiele seien herausgegriffen: der Psychiater Ludwig Binswanger und der Pfarrer Oskar Pfister blieben ihm treu über alle Wechselfälle der psychoanalytischen Bewegung hinweg. Sie gaben dabei weder ihre wissenschaftlichen Ideen noch ihre religiösen Überzeugungen auf. Diese Freiheit gestand Freud ihnen taktvoll zu und gewährte sie über ein viertel Jahrhundert lang wie eine Gnade. Die Haltung dieser beiden Männer war ihm zweifellos lieber als die mancher unaufrichtiger Schüler, die ihn nachahmten und deren Unterwürfigkeit manchmal nicht weit vom Haßgefühl entfernt war. Wenn man den Briefwechsel liest, den er mit beiden Männern bis zu seinem Lebensende unterhielt, spürt man, wie sehr ihn diese Freundschaft beglückte und daß es nicht seine Schuld war, wenn er dieses Glück nicht öfter fand.
Ludwig Binswanger hatte sich die Aufgabe gestellt, eine Verbindung zwischen der Psychoanalyse und der Psychiatrie herzustellen oder, genauer gesagt, zwischen den beiden Disziplinen, die sich noch fremd waren, Grundlagen für gemeinsame Arbeiten zu schaffen. Nach dem aufsehenerregenden Bruch mit Jung hatte Freud kurze Zeit daran gedacht, ihn zum Thronfolger der Bewegung zu ernennen, aber Binswanger ging auf seine Absichten nicht ein; er dachte an seine Karriere und seine Forschungsarbeit auf dem Gebiet der Psychiatrie. Freuds Enttäuschung über diese Absage änderte nichts an seiner glühenden Begeisterung für den jungen Gelehrten. Viele Jahre später hatte er das Bedürfnis, ihm zu gestehen:

> Wir haben einander durch ein Vierteljahrhundert die Treue gehalten wie selbstverständlich und wenig Aufhebens davon gemacht.[11]

Oskar Pfister, der seine Ideen immer auf temperamentvolle und geistreiche Weise verteidigte, wurde von Freud sein »lieber Gottesmann« genannt oder auch »ein wahrer Diener Gottes«, ob-

[11] Ludwig Binswanger: Erinnerungen an Sigmund Freud. S. 109. Bern 1956

wohl Freud die Existenz Gottes, ja sogar der Begriff Gott immer »sehr unwahrscheinlich« war. Pfister, Theologe und Doktor der Philosophie, brachte als erster die Psychoanalyse mit der Pädagogik in Verbindung. Er verstand es, die Psychoanalyse anzuwenden, ohne die Pflichten seines geistlichen Amtes zu verletzen, das er bis zu seinem Ruhestand in Zürich ausübte. Wenn er auch manchmal Freuds provozierende Bemerkungen, vor allem auf dem Gebiet der Sexualität hinnahm, verstand er es aber doch, ihm die Stirn zu bieten und ihm offen seine Meinung zu sagen. Als Freud ›Die Zukunft einer Illusion‹ veröffentlichte, eine Abhandlung, in der er die Religion als eine Kollektivneurose bezeichnete, antwortete Pfister mit der ›Illusion einer Zukunft‹. Aber niemals nahm die Polemik zwischen den beiden Männern einen bissigen Ton an, den Freud weit schlechter ertragen konnte als Kritik. Eines Tages fragte Freud den Pfarrer boshafterweise, warum die Psychoanalyse nicht von einem frommen Menschen, sondern einem ganz und gar gottlosen Juden erfunden wurde. Pfister antwortete:

> Ei nun, weil Frömmigkeit noch nicht Entdeckergenie ist, und weil die Frommen zum guten Teil gar nicht wert waren, solche Leistungen zu zeigen. Übrigens sind Sie erstens kein Jude, was mir bei meiner maßlosen Bewunderung für Amos, Jesaja, Jeremias, den Dichter des Hiobs und des Predigers sehr leid tut, und zweitens sind Sie nicht gottlos, denn wer für die Wahrheit lebt, lebt in Gott, und wer für die Befreiung der Liebe streitet, bleibt nach Johannes 4.16 in Gott. Wenn Sie Ihre Einfügung in die großen Zusammenhänge, die für mich so notwendig ist wie die Synthese der Noten einer Beethovenschen Symphonie zum musikalischen Ganzen, ins Bewußtsein erheben und erleben würden, so möchte ich auch von Ihnen sagen: »Ein besserer Christ war nie.«[12]

[12] Fr.-Pf., S. 64

14. Zur Psychopathologie des Alltagslebens

Die ›Traumdeutung‹ war für Freud der Beginn einer ungewöhnlich fruchtbaren Phase, sowohl was die Anzahl der Bücher als auch die Vielfalt und Originalität der Themen angeht. Alle Bücher dieser folgenden Jahre lassen sich eigentlich von der Theorie des Traumes ableiten, entweder unmittelbar, wie in den ›Bruchstücken einer Hysterie-Analyse‹, in denen der Traum einer Kranken – sie wurde unter dem Namen Dora berühmt – einen schwierigen Fall weitgehend erklärt, oder mehr indirekt, wie in der ›Psychopathologie des Alltagslebens‹ und dem ›Witz und seine Beziehung zum Unbewußten‹, wo Freud eine tiefe Analogie zwischen den Traummechanismen und gewissen Erscheinungen des Wachbewußtseins entdeckt. Sogar die ›Drei Abhandlungen zur Sexualtheorie‹ bekamen entscheidende Impulse von der ›Traumdeutung‹, obwohl sie unabhängig von ihr sind.

Das Erscheinungsdatum der verschiedenen Werke gibt eine falsche Vorstellung von ihrer Entstehung. In Wirklichkeit wurden sie alle zur gleichen Zeit zwischen 1897 und 1900 geplant und sogar ausgearbeitet. Das bezeugen die Briefe an Fließ, die schon die Entwürfe enthalten. Von 1897 an interessiert Freud sich für Witze und sammelt jüdische Geschichten, zuerst, weil sie ihm gefallen, dann, um zu begreifen, was ihn dazu treibt, sie häufig in seinen Werken zu erwähnen. Im Jahre 1898 fällt ihm auf, daß er scheinbar ohne Grund den Namen eines Dichters vergessen hat, den er gut kennt. Darüber ist er so sehr erstaunt, daß er sich vornimmt, dieses kleine Rätsel zu lösen, weil er plötzlich seine Bedeutung für die Selbstanalyse erkennt: damit beginnt die Erforschung der kleinen Anomalien des täglichen Lebens. Hierzu gehören Vergessen von Namen und Ereignissen, Fehlleistungen, Versprechen, Verschreiben und Erinnerungstäuschungen. Es sind lauter Phänomene, die genau wie der Traum bis dahin der wissenschaftlichen Beobachtung entgangen waren, weil man sie für wertlos hielt.

Während dieser ganzen Schaffensperiode war Freud sich der tiefen Einheit bewußt, die alle seine Werke verband. So kam es, daß er die ›Drei Abhandlungen zur Sexualtheorie‹ und ›Der Witz und seine Beziehung zum Unbewußten‹ zur gleichen Zeit schrieb. Er hatte die Manuskripte auf zwei nebeneinander stehenden Tischen ausgebreitet. Diese Einheit beruhte nicht nur auf der Kontinuität seiner Forschungsarbeit, die sich jahrelang fast ausschließlich mit dem Traum und der Sexualität befaßte, sondern vielmehr noch auf der Arbeit an sich selbst, aus der eine Lebensarbeit wurde. Die ›Psychopathologie des Alltagslebens‹ erwähnt Freud zum ersten Mal in einem Brief an Fließ, wo er das Vergessen eines Namens, den des Dichters Julius Mosen, kurz analysiert. Dieses belanglose Vergessen behandelte Freud wie ein neurotisches Symptom und entdeckte, daß er den Namen des Dichters aus ganz persönlichen Gründen verdrängt hatte; die Verdrängung wurde durch infantile Motive verursacht. Die Ersatznamen, die ihm eingefallen waren, stellten einen Kompromiß dar zwischen der verdrängenden Kraft und den verdrängten Ideen; auf ähnliche Weise kommen Mischgebilde in Träumen zustande. Es ist auffällig, daß Freud den Inhalt der Analyse hier nicht wiedergibt und diesen Fall auch nicht in die Sammlung anderer persönlicher Beispiele aufnimmt.[1]

Ein anderes Beispiel für das Vergessen eines Eigennamens, verbunden mit einer Erinnerungstäuschung, wurde zugleich in einem Brief an Fließ, in einem 1898 veröffentlichten Artikel und im ersten Kapitel der ›Psychopathologie des Alltagslebens‹ erwähnt, wo es als Modellfall für solche Störungen hingestellt wird. Ernest Jones glaubte hier, einem wichtigen Ereignis in Freuds Leben auf der Spur zu sein, vielleicht einem von jenen, die ihn zur Selbstanalyse getrieben haben. Wie so oft hat Freud nur einen Teil der Interpretation veröffentlicht. In seinem Brief an Fließ faßt er sie kurz zusammen und zweifelt daran, ob er damit seine Leser überzeugen wird:

> Ein zweites Beispiel von Namensvergessen hat sich noch leichter gelöst. Den Namen des großen Malers, der das Weltgericht von Orvieto gemacht hat, das Größte, was ich bisher gesehen, konnte ich nicht finden, und dafür trat Botticelli, Boltraffio ein, mit der Sicherheit des Unrichtigen. Endlich erfuhr ich den Namen: Signorelli und wußte aus Eigenem sofort den Vornamen: Luca als Beweis, daß es nur ein Verdrängen, kein echtes Vergessen war. Es ist klar, warum sich Botticelli vorgeschoben, das Verdrängte war nur Signor, das doppelte B in den beiden Ersatznamen findet seine Aufklärung in der zur Verdrängung wirksamen Erinnerung, deren Inhalt in Bosnien spielt und mit einer Rede, Herr, was läßt sich da machen? anfängt. Ich verlor den Namen Signorelli auf einem kleinen Ausflug in der Herzegowina, den ich von Ragusa aus mit einem Berliner Assessor (Freyhau) machte, mit dem ich unterwegs auf Bilder zu sprechen kam. In dem Gespräch, das also als verdrängend dahinter erinnert wurde, handelt es sich um Tod und um Sexualität. Die Silbe Trafio ist wohl Anklang an das auf der ersten Reise gesehene Trafoi! Wem soll ich das nun glaubwürdig machen?[2]

[1] Aus den Anfängen der Psychoanalyse, S. 225
[2] a. a. O., 227

Trotz seiner Befürchtung, nicht verstanden zu werden, wagte Freud, den ›Fall Signorelli‹ 1898 zu veröffentlichen, zwei Jahre vor der ›Traumdeutung‹. Vermutlich tat er es, weil das scheinbar unmotivierte Vergessen eines Namens geeignet erschien, die Realität der Verdrängung deutlich zu machen. Wie erklärt es sich, daß ein gut bekannter Name unwiederbringlich verlorengeht, während man ihn sonst immer zur Verfügung hat? Oder vielmehr: was widersetzt sich der Erinnerung, und weshalb ist eine richtige Reproduktion nicht möglich?

Dem sich um den entfallenen Namen Bemühenden kommen andere – *Ersatznamen* – zum Bewußtsein, die zwar sofort als unrichtig erkannt werden, sich aber doch mit großer Zähigkeit immer wieder aufdrängen. Der Vorgang, der zur Reproduktion des gesuchten Namens führen soll, hat sich gleichsam verschoben und so zu einem unrichtigen Ersatz geführt. Meine Voraussetzung ist nun, daß diese Verschiebung nicht psychischer Willkür überlassen ist, sondern gesetzmäßige und berechenbare Bahnen einhält. Mit anderen Worten, ich vermute, daß der oder die Ersatznamen in einem aufspürbaren Zusammenhang mit dem gesuchten Namen stehen, und hoffe, wenn es mir gelingt, diesen Zusammenhang nachzuweisen, dann auch Licht über den Hergang des Namensvergessens zu verbreiten.[3]

Bei dem Beispiel ›Signorelli‹ wird das Entfallen des Namens von ganz unbedeutenden Umständen begleitet. Das ist meistens so bei dieser Art Störung. Freud reist in Begleitung eines Berliner Assessors, den er kaum kennt, von Ragusa in die Herzegowina. Im Laufe der Unterhaltung fragt er seinen Bekannten, ob er schon in Orvieto gewesen sei und dort die berühmten Fresken des ... besichtigt habe.

Das Namenvergessen erklärt sich erst, wenn ich mich an das in jener Unterhaltung unmittelbar vorhergehende Thema erinnere, und gibt sich als eine Störung des neu auftauchenden Themas durch das vorhergehende zu erkennen. Kurz ehe ich an meinen Reisegefährten die Frage stellte, ob er schon in Orvieto gewesen, hatten wir uns über die Sitten der in Bosnien und in der Herzegowina lebenden Türken unterhalten. Ich hatte erzählt, was ich von einem unter diesen Leuten praktizierenden Arzt-Kollegen gehört hatte, daß sie sich voll Vertrauen in den Arzt und voll Ergebung in das Schicksal zu zeigen pflegen. Wenn man ihnen ankündigen muß, daß es für den Kranken keine Hilfe gibt, so antworten sie: »Herr, was ist da zu sagen? Ich weiß, wenn er zu retten wäre, hättest Du ihn gerettet!« – Erst in diesen Sätzen finden sich die Worte und Namen Bosnien, Herzegowina, Herr vor, welche sich in eine Assoziationsreihe zwischen *Signorelli* und *Botticelli* – *Boltraffio* einschalten lassen.[4]

[3] Zur Psychopathologie des Alltagslebens. G. W. IV, 6
[4] a. a. O., 7

Da diese verdrängende Kraft es nicht auf den Namen Signorelli abgesehen hatte, auch nicht auf irgend etwas, das mit dem Maler zu tun hatte, versucht Freud zu ergründen, welcher Gegenstand der vorangegangenen Unterhaltung die Verdrängung veranlaßt haben könnte.

Ich nehme an, daß der Gedankenreihe von den Sitten der Türken in Bosnien usw. die Fähigkeit, einen nächsten Gedanken zu stören, darum zukam, weil ich ihr meine Aufmerksamkeit entzogen hatte, ehe sie noch zu Ende gebracht war. Ich erinnere mich nämlich, daß ich eine zweite Anekdote erzählen wollte, die nahe bei der ersten in meinem Gedächtnis ruhte. Diese Türken schätzen den Sexualgenuß über alles und verfallen bei sexuellen Störungen in eine Verzweiflung, welche seltsam gegen ihre Resignation bei Todesgefahr absticht. Einer der Patienten meines Kollegen hatte ihm einmal gesagt: »Du weißt ja, *Herr,* wenn das nicht mehr geht, dann hat das Leben keinen Wert«. Ich unterdrückte die Mitteilung dieses charakteristischen Zuges, weil ich das Thema nicht in einem Gespräch mit einem Fremden berühren wollte. Ich tat aber noch mehr; ich lenkte meine Aufmerksamkeit auch von der Fortsetzung der Gedanken ab, die sich bei mir an das Thema Tod und Sexualität hätten knüpfen können. Ich stand damals unter der Nachwirkung einer Nachricht, die ich wenige Wochen vorher während eines kurzen Aufenthaltes in *Trafoi* erhalten hatte. Ein Patient, mit dem ich mir viel Mühe gegeben, hatte wegen einer unheilbaren sexuellen Störung seinem Leben ein Ende gemacht. Ich weiß bestimmt, daß mir auf jener Reise in die Herzegowina dieses traurige Ereignis und alles, was damit zusammenhängt, nicht zur bewußten Erinnerung kam. Aber die Übereinstimmung *Trafoi – Boltraffio* nötigt mich, anzunehmen, daß damals diese Reminiszenz trotz der absichtlichen Ablenkung meiner Aufmerksamkeit in mir zur Wirksamkeit gebracht worden ist.[5]

Hier wird deutlich, daß Freud den psychischen Mechanismus, der das Vergessen verursacht, genauso analysiert wie einen Traum, bei dem es ihm um den latenten Inhalt geht. Obwohl es sich offensichtlich um zwei verschiedene Bereiche handelt, haben die beiden Phänomene doch ganz wesentliche Züge gemeinsam, vor allem jene Entstellung der Tatsachen, durch die ihr Sinn halb verschwiegen, halb ausgedrückt wird.

Es waren Motive, die mich veranlaßten, mich in der Mitteilung meiner Gedanken (über die Sitten der Türken usw.) zu unterbrechen, und die mich ferner beeinflußten, die daran sich knüpfenden Gedanken, die bis zur Nachricht in Trafoi geführt hätten, in mir vom Bewußtwerden auszuschließen. Ich wollte also etwas vergessen, ich hatte etwas verdrängt. Ich wollte allerdings etwas anderes vergessen als den Namen des Meisters von Orvieto; aber dieses andere

[5] a. a. O., 7

brachte es zustande, sich mit dessen Namen in assoziative Verbindung zu setzen, so daß mein Willensakt das Ziel verfehlte und *ich das eine wider Willen* vergaß, während ich *das andere mit Absicht* vergessen wollte. Die Abneigung, zu erinnern, richtete sich gegen den einen Inhalt; die Unfähigkeit, zu erinnern, trat an einem anderen hervor. Es wäre offenbar ein einfacherer Fall, wenn Abneigung und Unfähigkeit, zu erinnern, denselben Inhalt beträfen.[6]

Aus diesem Fall zieht Freud nur ganz vorsichtige Schlüsse. Er sagt nicht, daß man seine Erklärung auf jedes Vergessen von Eigennamen anwenden kann. Er läßt auch ganz einfache Fälle gelten, die von Psychologen bereits beschrieben worden sind. Daneben gibt es aber solche, die durch Verdrängung zustande kommen.

Der Aufbau der ›Psychopathologie des Alltagslebens‹ läßt deutlich erkennen, wie Freud sich Schritt für Schritt in dieses neue Gebiet hineinwagt, zu dem ihm eine ganz persönliche Erfahrung Zugang gewährt hat. Nachdem er in seiner Selbstanalyse die nötige Sicherheit in der Beurteilung gewisser Phänomene gewonnen hat – zum Beispiel Vergessen eines Eigennamens, verbunden mit Erinnerungstäuschung –, versucht er andere harmlose Gedächtnisstörungen empirisch zu erklären, wie Vergessen von fremdsprachlichen Worten und Wortfolgen. Schließlich wendet er sich allen vorübergehenden Störungen des Verhaltens zu, die man nach seiner Definition ›Fehlleistungen‹ nennt. Das Buch zeigt ganz deutlich, daß es Freud nicht um abstrakte Darlegungen ging; er hütete sich vor zu eiligen Verallgemeinerungen, im Gegenteil, er ging einem offenbar unbedeutenden Erlebnis auf den Grund. Ein belangloses Vergessen, einer jener Irrtümer, auf die sonst kein Mensch achtet, hat ihm geoffenbart, was er sich nicht eingestehen wollte: der tiefe Schmerz, den der Selbstmord eines Patienten in ihm hervorrief. Die Gewißheit, daß eine Verbindung zwischen den so verschiedenen Bereichen besteht, gibt ihm das Recht, seine Methode auf alle ähnlichen Funktionsstörungen anzuwenden.

Um die nötigen Beispiele zu bekommen, mußte Freud die Ergebnisse seiner Selbstanalyse heranziehen; er konnte ja auch das Material nicht verwenden, das von seinen Patienten stammte, denn er wollte hier nicht die Erscheinungsformen der Neurose untersuchen, sondern sozusagen Störungen des normalen, gesunden Menschen. Seine Schüler machten sich zur Gewohnheit, für ihn Beispiele von Versprechen, Fehlleistungen und Symptomen aller Art zu sammeln, aber zunächst standen ihm nur wenige Fälle zur Verfügung. Das Beispiel, das er zu Beginn des zweiten Kapitels seiner ›Psychopathologie‹ beschreibt, ist amüsant und lehrreich zugleich.

[6] a. a. O., 8

Es ist Sommer; Freud trifft auf einer Reise einen jungen Mann, der Jude ist. Die beiden kennen sich, der junge Mann hat seine Arbeiten zum Teil gelesen. Er beklagt sich bitter über die untergeordnete Stellung, zu der ihn sein Judentum zwingt, und schließt seine leidenschaftliche Rede mit einem Vers von Vergil, in dem Dido die Nachwelt anruft, sie für die Schmach zu rächen, die Aeneas ihr angetan hat.

Exoriare ..., vielmehr er wollte so schließen, denn er brachte das Zitat nicht zustande und suchte eine offenkundige Lücke der Erinnerung durch Umstellen von Worten zu verdecken: *Exoriar(e) ex nostris ossibus ultor!* Endlich sagte er geärgert: »Bitte, machen Sie nicht ein so spöttisches Gesicht, als ob Sie sich an meiner Verlegenheit weiden würden, und helfen Sie mir lieber. An dem Vers fehlt etwas. Wie heißt er eigentlich vollständig?«
Gerne, erwidere ich und zitiere, wie es richtig lautet: *Exoriar(e) aliquis nostris ex ossibus ultor!*
»Zu dumm, ein solches Wort zu vergessen. Übrigens, von Ihnen hört man ja, daß man nichts ohne Grund vergißt. Ich wäre doch zu neugierig, zu erfahren, wie ich zum Vergessen dieses unbestimmten Pronomen *aliquis* komme.«
Ich nahm diese Herausforderung bereitwilligst an, da ich einen Beitrag zu meiner Sammlung erhoffte. Ich sagte also: das können wir gleich haben. Ich muß Sie nur bitten, mir *aufrichtig* und *kritiklos*, alles mitzuteilen, was Ihnen einfällt, wenn Sie ohne bestimmte Absicht Ihre Aufmerksamkeit auf das vergessene Wort richten.
»Gut, da komme ich also auf den lächerlichen Einfall, mir das Wort in folgender Art zu zerteilen: *a* und *liquis*.«
Was soll das? – »Weiß ich nicht.« – Was fällt Ihnen weiter dazu ein? – »Das setzt sich so fort: Reliquien – Liquidation – Flüssigkeit – Fluid. Wissen Sie jetzt schon etwas?«
Nein, noch lange nicht. Aber fahren Sie fort.
»Ich denke«, fuhr er höhnisch lachend fort, »an Simon von Trient, dessen Reliquien ich vor drei Jahren in einer Kirche in Trient gesehen habe. Ich denke an die Blutbeschuldigung, die gerade jetzt wieder gegen die Juden erhoben wird, und an die Schrift von Kleinpaul, der in all diesen angeblichen Opfern Inkarnationen, sozusagen Neuauflagen des Heilands sieht.«
Der Einfall ist nicht ganz ohne Zusammenhang mit dem Thema, über das wir uns unterhielten, ehe Ihnen das lateinische Wort entfiel.
»Richtig. Ich denke ferner an einen Zeitungsartikel in einem italienischen Journal, den ich kürzlich gelesen. Ich glaube, er war überschrieben: Was der hl. Augustinus über die Frauen sagt. Was machen Sie damit?«
Ich warte.
»Also jetzt kommt etwas, was ganz gewiß außer Zusammenhang mit unserem Thema steht.«
Enthalten Sie sich gefälligst jeder Kritik und –
»Ich weiß schon. Ich erinnere mich eines prächtigen alten Herrn, den ich vorige Woche auf der Reise getroffen. Ein wahres Original. Er

sieht aus wie ein großer Raubvogel. Er heißt, wenn Sie es wissen wollen, Benedikt.«

Doch wenigstens eine Aneinanderreihung von Heiligen und Kirchenvätern: Der heilige Simon, St. Augustinus, St. Benediktus. Ein Kirchenvater hieß, glaube ich, Origines. Drei dieser Namen sind übrigens auch Vornamen wie Paul im Namen Kleinpaul.

»Jetzt fällt mir der heilige Januarius ein und sein Blutwunder– ich finde, das geht mechanisch so weiter.«

Lassen Sie das; der heilige Januarius und der heilige Augustinus haben beide mit dem Kalender zu tun. Wollen Sie mich nicht an das Blutwunder erinnern?

»Das werden Sie doch kennen! In einer Kirche zu Neapel wird in einer Phiole das Blut des heiligen Januarius aufbewahrt, welches durch ein Wunder an einem bestimmten Festtag wieder flüssig wird. Das Volk hält viel auf dieses Wunder und wird sehr aufgeregt, wenn es sich verzögert, wie es einmal zur Zeit einer französischen Okkupation geschah. Da nahm der kommandierende General – oder irre ich mich? war es Garibaldi? – den geistlichen Herrn beiseite und bedeutete ihm mit einer sehr verständlichen Gebärde auf die draußen aufgestellten Soldaten, er hoffe, das Wunder werde sich sehr bald vollziehen. Und es vollzog sich wirklich ...«

Nun und weiter? Warum stocken Sie?

»Jetzt ist mir allerdings etwas eingefallen ... das ist aber zu intim für die Mitteilung ... Ich sehe übrigens keinen Zusammenhang und keine Nötigung, es zu erzählen.«

Für den Zusammenhang würde ich sorgen. Ich kann Sie ja nicht zwingen, zu erzählen, was Ihnen unangenehm ist; dann verlangen Sie aber auch nicht von mir zu wissen, auf welchem Wege Sie dieses Wort *aliquis* vergessen haben.

»Wirklich? Glauben Sie? Also ich habe plötzlich an eine Dame gedacht, von der ich leicht eine Nachricht bekommen könnte, die uns beiden recht unangenehm wäre.«

Daß ihr die Periode ausgeblieben ist?

»Wie können Sie das erraten?«

Das ist nicht mehr schwierig. Sie haben mich genügend darauf vorbereitet. Denken Sie an die Kalenderheiligen, an das Flüssigwerden des Blutes zu einem bestimmten Tage, den Aufruhr, wenn das Ereignis nicht eintritt, die deutliche Drohung, daß das Wunder vor sich gehen muß, sonst ... Sie haben ja das Wunder des heiligen Januarius zu einer prächtigen Anspielung auf die Periode der Frau verarbeitet.

»Ohne daß ich es gewußt hätte. Und Sie meinen wirklich, wegen dieser ängstlichen Erwartung hätte ich das Wörtchen *aliquis* nicht reproduzieren können?«

Das scheint mir unzweifelhaft. Erinnern Sie sich doch an Ihre Zerlegung in *a-liquis* und an die Assoziationen: Reliquien, Liquidation, Flüssigkeit. Soll ich noch den als Kind hingeopferten heiligen Simon, auf den Sie von den Reliquien her kamen, in den Zusammenhang einflechten?

»Tun Sie das lieber nicht. Ich hoffe, Sie nehmen diese Gedanken, wenn ich sie wirklich gehabt habe, nicht für ernst. Ich will Ihnen dafür gestehen, daß die Dame Italienerin ist, in deren Gesellschaft ich auch Neapel besucht habe. Kann das aber nicht alles Zufall sein?«

Ich muß es Ihrer eigenen Beurteilung überlassen, ob Sie sich alle diese Zusammenhänge durch die Annahme eines Zufalls aufklären können. Ich sage Ihnen aber, jeder ähnliche Fall, den Sie analysieren wollen, wird Sie auf ebenso merkwürdige »Zufälle« führen.[7]

Diese Analyse zeigt deutlich die eigentliche Ursache des Vergessens: der junge Mann ist von zwei gegensätzlichen Vorstellungen erfüllt: einerseits wünscht er sich eine Nachkommenschaft, die ihn rächt, andrerseits ist ihm eine Vaterschaft zu dem Zeitpunkt unerwünscht. So kann er weder den einen noch den anderen Gedanken vollständig ausdrücken. Freud behauptet, daß es sich mit den anderen Fehlleistungen genauso verhält, ob sie nun das Gedächtnis, die Sprache oder irgendwelche ungewöhnliche Verhaltensweisen betreffen. Versprechen, Verschreiben, Verlesen, Vergessen von Eindrücken und Vorhaben, Irrtümer, Ungeschicklichkeiten, Erinnerungstäuschungen — alles entsteht durch die Interferenz zweier Absichten, von denen die eine manifest, die andere verdrängt ist und dadurch die Unordnung hervorruft.

Das Versprechen setzt also die Verdrängung einer Aussage voraus, die der Sprechende oder sein Gesprächspartner unschicklich, verletzend oder unpassend finden könnte. Die Aussage wird also unterdrückt, kommt aber gegen den Willen des Sprechenden zum Vorschein, indem sie den manifesten Wortlaut modifiziert, sich mit ihm vermischt oder ganz einfach seinen Platz einnimmt. Auf Grund des Versprechens, das daraus resultiert, genügt der verdrängte Inhalt den Anforderungen der Zensur und bahnt sich dennoch einen Weg nach ›oben‹.

Die Fehlleistung ist, genau wie der Traum, ein Kompromiß zwischen zwei einander widerstreitenden Absichten, die beide nach einem Ausdruck drängen. Dieser ist aber nur möglich durch gewisse Zugeständnisse auf beiden Seiten, und so kommen im Gedankenablauf eine Entstellung, ein Bruch oder eine offenbare Verfälschung zustande. Die Fehlleistung widersetzt sich genauso heimtückisch der Analyse wie der Traum. Daher wird ihr im allgemeinen jeglicher Wert abgesprochen. Wer aber Opfer oder Zeuge eines Versprechens wird, ist oft nahe daran, seine Bedeutung zu erraten.

Die zahlreichen Beispiele für Versprechen und andere Fehlleistungen, die Freud anführt, sind zu bekannt, als daß man viel über sie reden müßte. Sie haben am meisten dazu beigetragen, die Grundideen der Psychoanalyse bekannt zu machen. Wenn es heute nicht mehr möglich ist, einen Schnitzer mit Vergeßlich-

[7] a. a. O., 14–17

keit oder Zerstreutheit zu entschuldigen, so liegt es an der ›Psychopathologie des Alltagslebens‹. Das gilt sogar für Leute, die sie nicht gelesen haben. Die kleinen alltäglichen Fehler, die harmlosen Irrtümer, die den normalen Menschen zeitweise fast zu einem Geistesgestörten machen, werden in diesem Werk mit solcher Eindringlichkeit untersucht und beschrieben, daß auch der skeptischste Leser die psychoanalytische Methode annehmen muß. Es genügt natürlich nicht, sich über einige Fehlleistungen lustig zu machen, um die Freud'schen Ideen insgesamt anzunehmen. Daß dieses einzigartige Buch dennoch so beliebt ist, beweist einen beachtlichen Wandel in der Geisteshaltung; insofern ist es ein epochemachendes Werk.

Für Freud sollte die ›Psychopathologie des Alltagslebens‹ eine Verbindung herstellen zwischen der Psychologie des Kranken und des Gesunden. Bisher waren die beiden Gebiete streng getrennt. Zum ersten Mal zeigte er die Gemeinsamkeit auf und das Verschwimmen der Grenzen. Es ist eine geistreiche und zugängliche Variante der ›Traumdeutung‹.

So seltsam es dem heutigen Leser auch vorkommen mag, dieses Buch, das so voller Fröhlichkeit und Entdeckungsfreude steckt, war für Freud eine Art persönliches Tagebuch, das ihm dazu verhalf, mit seinen Schwierigkeiten fertig zu werden. Zweifellos hat das Bekenntnis hier einen unpersönlichen, heiteren Ton, der über seinen dramatischen Charakter hinwegtäuscht. Man braucht nur an die Anforderungen zu denken, die Freud sich selbst stellte, und an die Strenge seines wissenschaftlichen ›Über-ichs‹, um zu begreifen, was es für ihn bedeutet hat, nacheinander alle Irrtümer zu behandeln, die ihm in der ›Traumdeutung‹ unterlaufen waren. Sie bezogen sich auf Namen, Daten, Hinweise und Zitate. Er kam in der ›Psychopathologie‹ nicht deshalb wieder darauf zurück, um sich zu entschuldigen, sondern um ihre Gründe zu erforschen. Er gab dadurch zu, daß diese Irrtümer[8] ihn sehr beunruhigten. Außer der ›Traumdeutung‹ und der ›Psychopathologie‹ gibt es kaum ein wissenschaftliches Werk, das mit soviel Wahrhaftigkeit die genaue Beobachtung von Tatsachen mit der Spannung und dem inneren Aufruhr des Bekenntnisses verbindet.

Der unsichtbare Mensch, der zur Zeit der ›Psychopathologie‹ Freuds Gedanken durchkreuzt, seine Handlungen stört und sogar die Abfassung seiner Arbeiten beeinträchtigt, ist zweifellos Wilhelm Fließ. Die Freundschaft der beiden ist in diesem Jahr (1901) schon zerrüttet. Kann man vielleicht sagen, daß Freud das Buch schrieb, um sich seinem Freund verständlich zu machen, um sich zu beklagen, weil er ihn verließ, und sich zu

[8] Die meisten Irrtümer, die Freud in der ›Traumdeutung‹ gefunden hat, werden in den Briefen an Fließ erwähnt.

rechtfertigen, so wie andere in solchen Situationen ein Gedicht oder einen Roman schreiben? Der Brief an Fließ, der das Buch begleitete, könnte diese Vermutung fast bestätigen.

> Es ist gar nicht zu verhehlen, daß wir beide ein Stück auseinander geraten sind, an dem und jenem merke ich die Distanz ... Du bist hier an die Grenze Deiner Scharfsichtigkeit gekommen, nimmst Partei gegen mich und sagst mir, was alle meine Bemühungen entwertet: »Der Gedankenleser liest bei den anderen nur seine eigenen Gedanken.« Wenn ich so einer bin, so wirf mein Alltagsleben nur ungelesen in den Papierkorb. Es ist voll von Beziehungen auf Dich, manifesten, zu denen Du das Material geliefert, und versteckten, bei denen das Motiv auf Dich zurückgeht. Das Motto ist auch von Dir geschenkt. Von allem Bleibenden des Inhalts abgesehen, kann es Dir Zeugnis für die Rolle ablegen, die Du bei mir bis jetzt gespielt hast. Nach solcher Ankündigung darf ich Dir dann wohl die Arbeit wortlos schicken, wenn sie in meine Hände gelangt.[9]

[9] Aus den Anfängen der Psychoanalyse, S. 286

15. Die Sexualtheorie

Die günstige Aufnahme, die die ›Psychopathologie des Alltagslebens‹ erfahren hatte, schien für die Psychoanalyse eine neue Ära der friedlichen Durchdringung einzuleiten; aber dieser Beginn einer Aussöhnung fand keine Fortsetzung, denn schon im darauffolgenden Jahr sollten die ›Drei Abhandlungen zur Sexualtheorie‹ Freuds Beziehung zum Publikum auf lange Zeit hinaus stören. Während die ›Traumdeutung‹ als ein Gewebe aus Hirngespinsten oder absurden Ammenmärchen angesehen worden war, riefen die ›Drei Abhandlungen‹ einen wahren Skandal hervor, und Freud als Halbwissenschaftler, der er war, galt von da an als obszön und gefährlich. Mit Sicherheit hat ihm keines seiner anderen Bücher so viel üble, verständnislose Nachrede und Haß eingebracht.

Die Überschriften der ›Drei Abhandlungen‹: ›Die sexuellen Abirrungen‹ — ›Die infantile Sexualität‹ — ›Die Umgestaltung der Pubertät‹ — reichen aus, um die Ursache der allgemeinen Empörung zu begreifen, die sonst schwer faßbar wäre. Wieviel zu jener Zeit auf diesem Gebiet auch geheuchelt wurde — und mit Sicherheit war es sehr viel —, so konnte trotzdem die Sexualität nicht vollständig aus der Wissenschaft ausgeschlossen werden: Ob man es wollte oder nicht, es gab die Sexologie; Werke wie die ›Psychopathia sexualis‹ von Krafft-Ebing hatten dies ohne allzuviel Aufsehen bewiesen. Also war es eigentlich nicht der Gegenstand, über den man sich entrüstete, sondern die Tatsache, daß Freud die von der Sexologie durchgeführte Katalogisierung der Perversionen und Abirrungen sprengte und die Grenze zwischen dem Normalen und Perversen aufhob, ja sogar die zwischen der Sexualität des Erwachsenen und der vermeintlichen Unschuld des Kindes. Die Sexologie, die Anomalien beschrieb und klassifizierte, hatte für den normalen Leser nichts Beunruhigendes, da er in ihr eine Bestätigung seiner Gesundheit fand. Im Gegensatz dazu entwarf Freud in seinen ›Drei Abhandlungen‹ ein revolutionäres Bild des Menschen, das anzunehmen man sich weigerte. Der herkömmlichen Vorstellung einer Sexualität, die zu einem gegebenen Zeitpunkt in der Pubertät — mit all ihrer Integrität und ihren Normen im menschlichen Leben in Erscheinung tritt, setzte Freud den Begriff eines angeborenen sexuellen Instinkts entgegen, der vom ersten Tag an seiner Befriedigung entgegenstrebt und alle Übergangsphasen durchlaufen muß, ehe er der Fortpflanzung dient. Diese Auffassung setzt eine beträchtliche Erweiterung des Begriffs ›Sexualität‹ voraus. Sie wird nämlich — zum Teil von der engen Gebundenheit an die Geschlechtsorgane befreit — zu einer körperlichen Funktion, die — das ganze Sein umfassend — zu einer komplizierten Entwicklung fähig ist. Diese neue Auffassung der Sexualität gestattete, auch solche Erscheinungsformen mit einzubeziehen, die Kinder und vermeintlich ›Perverse‹ betrafen und bis dahin als abnorm und nichtexistent galten. Ebenso war es erlaubt, diese Phänomene nicht mehr nach dem mehr oder weniger schockierenden Grad ihrer Abweichung von der Norm zu klassifizieren, sondern nach der Entwicklungsstufe ihrer ›libido‹, deren Stillstand jedes Phänomen genau aufzeigt.

Es ist nicht Freuds Ziel in den ›Drei Abhandlungen‹, die Sexualität zu definieren, sondern an Hand von zahlreichen Neurose- und Perversionsstudien aufzuzeigen, daß die gebräuchliche Definition der Realität nicht entspricht, es sei denn, man leugne das Vorhandensein unzähliger Fälle von Abirrungen. Die Behauptung, die Sexualität habe die körperliche Vereinigung zweier Personen verschiedenen Geschlechts zum Ziel, wie sie die übliche Definition aufstellt, bedeutet, dem Studium alle Abweichungen zu entziehen, die ja gerade zeigen, daß der sexuelle Instinkt notwendigerweise von Natur aus weder an ein Ziel noch an ein als Norm definiertes Liebesobjekt gebunden ist. Dagegen schlägt Freud vor, das Studium der normalen Sexualität ausgehend von diesen häufigen Abweichungen zu betreiben, bei denen sich der Instinkt in so bemerkenswerter Weise von seinem vermeintlichen Endzweck gelöst hat.

Freud teilt die Perversionen in zwei Gruppen ein, je nachdem ob sie einen Bezug auf einen Partner haben, hier Liebesobjekt genannt — wie es bei der Homosexualität der Fall ist —, oder sich auf einen Zweck beziehen, wie im Falle des Fetischismus, Exhibitionismus, Voyeurismus, Sadismus und Masochismus etc. Freud stellt fest, daß dies alles bis zu einem gewissen Grad auch in den Handlungen des normalen Menschen zu finden ist. Er sagt, die Homosexualität könne kaum als Perversion bezeichnet werden; sie gehe vielmehr der bisexuellen Veranlagung, die allen gemeinsam ist, voran, und es gäbe kaum einen Neuropathen, dem die Analyse nicht dazu verhelfen könne, einen Teil seiner Inversion in der Wahl des Sexualobjektes aufzudecken. Über die anderen Perversionen, die noch widernatürlicher erscheinen und gemeinhin Aversionen erwecken, sagt Freud:

> Vielleicht gerade bei den abscheulichsten Perversionen muß man die ausgiebigste psychische Beteiligung zur Umwandlung des Sexualtriebes anerkennen. Es ist hier ein Stück seelischer Arbeit geleistet, dem man trotz seines greulichen Erfolges den Wert einer Idealisierung des Triebes nicht absprechen kann. Die Allgewalt der Liebe zeigt sich vielleicht nirgends stärker als in diesen ihren Verwirrun-

gen. Das Höchste und das Niedrigste hängen in der Sexualität überall am innigsten aneinander (»vom Himmel durch die Welt zur Hölle«).[1]

Durch die Analyse werden bei Neuropathen die perversen Tendenzen aufgedeckt, gleichgültig, ob sie wegen ihres Sexualziels oder ihrer Wahl des Liebesobjektes als pervers bezeichnet werden müssen. Der Perverse und der Neurotiker unterscheiden sich nur dadurch, daß der eine seine Wünsche tatsächlich befriedigt, während der andere aus Ekel, Scham und einem unbewußten Schuldgefühl heraus seine Begierden so weit zurückdrängt, daß er ihnen nur in Gedanken nachkommt. Auf dieser Tatsache beruht die bekannte Formulierung Freuds, die Neurose sei das Negativ der Perversion. Das Sexualschicksal des Einzelmenschen ist gleichzeitig von der konstitutionellen Disposition wie auch von historischen Umständen bedingt, die frühzeitig der psychischen Entwicklung eine bestimmte Richtung geben. Es kann den Menschen sowohl zu einem Perversen als auch zu einem Neurotiker werden lassen, zu einem noch normalen Menschen oder, was am häufigsten vorkommt, zu einem Mischtyp, in dem alle drei Möglichkeiten nebeneinander zu finden sind.

Das eigenständigste Kapitel ist das zweite. Es behandelt das Problem der infantilen Sexualität. Eingangs erörterte Freud die Frage, warum dieses Problem meist unbeachtet gelassen oder sogar einfach verleugnet wird. Er führt dies darauf zurück, daß die meisten Menschen ihre ersten Lebensjahre vergessen haben und damit auch die Erinnerung an die starken Emotionen dieser Zeit, die so ausschlaggebend für ihre Persönlichkeitsbildung waren. Diese allgemein verbreitete Amnesie erklärt, warum das Sexualleben des Kindes, obwohl es so leicht zu beobachten wäre, so lange von Eltern und Erziehern unbemerkt blieb.

Schon vom ersten Lebenstage an kann das Kind lustvolle Körpersensationen empfinden; seine sexuellen Instinkte entwickeln sich dann fortschreitend bis ungefähr zum 4. Lebensjahr. Dann folgt bis zur Pubertät eine Periode des Stillstands, die sich vom 5. bis zum 11. Lebensjahr erstreckt. Freud verwendet für sie den von Fließ vorgeschlagenen Ausdruck ›Latenzperiode‹. Diese individuell verschiedene, mehr oder weniger vollkommene Unterbrechung scheint nur die Entwicklung des Menschen auszuzeichnen. Sie leitet einen bemerkenswerten Prozeß ein, der Sublimierung genannt wird. Diese vermag die nun brachliegenden sexuellen Instinkte von ihrem ursprünglichen Ziel abzulenken und zum Wohle der Gesellschaft den verschiedenartigsten schöpferischen Aufgaben zuzuführen. Bei der normal-sexuellen Entwicklung, bei Perversion und Neurose ist die Sublimation

[1] Drei Abhandlungen zur Sexualtheorie. G. W. V, 61

eine der großen Auswegmöglichkeiten der Libidoentwicklung, die von Natur aus dramatisch kompliziert und vielfach gefährdet ist.

Die Verbindung zwischen den Perversionen und der kindlichen Sexualität gründet sich auf der Annahme der Instinkte, häufiger ›Triebe‹ genannt. Durch ihre *Quelle* und ihr *Ziel* unterscheiden sich die einzelnen Triebe voneinander und erhalten daher ihr spezifisches Gepräge. Immer stellt irgendeine von einem Teil des Körpers ausgehende Erregung die Quelle dar. Das Ziel ist die Befriedigung dieser Erregung. Der Körper besitzt ›erogene Zonen‹ — benannt analog den ›hysterogenen Zonen‹, von denen man bei der Hysterie spricht. Sie können der Ausgangspunkt der erotischen Sensationen sein. Beim Säugling ist in gewisser Weise der ganze Körper von erogenen Zonen überzogen. Trotzdem sind auch bei ihm gewisse erogene Zonen empfindlicher als andere, so zum Beispiel der Mund mit seinen Schleimhäuten und die Genitalien.

Die Geschlechtsorgane des Kindes sind noch wenig entwickelt und spielen bei den kindlichen Sexualäußerungen eine verhältnismäßig geringe Rolle. Hiervon leitete sich das Mißverständnis ab, auf das Freud bei seinen Kritikern stieß. Sie gaben dem Wort ›Sexualität‹ den Sinn, den Freud für die Phase der abgeschlossenen Sexualentwicklung vorbehalten wissen wollte. Ehe sie der Fortpflanzung dient, findet die Libido andere Ausdrucks- und Vollzugsmittel, sie stützt sich auf nichtsexuelle, lebenswichtige Organfunktionen. So zieht der Säugling aus der Nahrungsaufnahme einen Lustgewinn, sie löst die schmerzhafte Spannung des Hungergefühls und ist gleichzeitig von der Wonne des Saugens begleitet. Freud stimmt hier mit anderen Autoren überein und betrachtet das Saugen als die erste sexuelle Lust des Kindes:

> Wir würden sagen, die Lippen des Kindes haben sich benommen wie eine *erogene Zone*, und die Reizung durch den warmen Milchstrom war wohl die Ursache der Lustempfindung. Anfangs war wohl die Befriedigung der erogenen Zone mit der Befriedigung des Nahrungsbedürfnisses vergesellschaftet. Die Sexualbetätigung lehnt sich zunächst an eine der zur Lebenserhaltung dienenden Funktionen an und macht sich erst später von ihr selbständig. Wer ein Kind gesättigt von der Brust zurücksinken sieht, mit geröteten Wangen und seligem Lächeln in Schlaf verfallen, der wird sich sagen müssen, daß dieses Bild auch für den Ausdruck der sexuellen Befriedigung im späteren Leben maßgebend bleibt. Nun wird das Bedürfnis nach Wiederholung der sexuellen Befriedigung von dem Bedürfnis nach Nahrungsaufnahme getrennt, eine Trennung, die unvermeidlich ist, wenn die Zähne erscheinen und die Nahrung nicht mehr ausschließlich eingesogen, sondern gekaut wird. Eines fremden Objektes bedient sich das Kind zum Saugen nicht, sondern

lieber einer eigenen Hautstelle, weil diese ihm bequemer ist, weil es sich so von der Außenwelt unabhängig macht, die es zu beherrschen noch nicht vermag, und weil es sich solcherart gleichsam eine zweite, wenngleich minderwertige, erogene Zone schafft. Die Minderwertigkeit dieser zweiten Stelle wird es später mit dazu veranlassen, die gleichartigen Teile, die Lippen, einer anderen Person zu suchen. (»Schade, daß ich mich nicht küssen kann«, möchte man ihm unterlegen.)[2]

Diese Organisationsperiode wird durch die vorherrschende Rolle, die die Lippen- und Mundschleimhäute in ihr spielen, als ›orale Phase‹ bezeichnet. Ihr folgt, ohne sie jedoch völlig zu beenden, eine zweite Phase, in der eine andere in bezug zur Nahrung stehende Öffnung die wichtigste erogene Zone darstellt: der Anus. Diese zweite Entwicklungsperiode wird als ›anal-sadistische Phase‹ bezeichnet, weil sie mit einem aggressiven Verhalten des Kindes verbunden ist. Ihre Kennzeichen sind aber denen der vorangehenden Zeit gleich: sie stützt sich auf eine wichtige physiologische Funktion, ihr Ziel ist von der Betätigung einer erogenen Zone bestimmt. Sie ist autoerotisch, weil sie kein sexuelles ›Objekt‹ besitzt. Die Analerotik ist hauptsächlich mit der Zurückhaltung der Fäkalien verbunden. Dadurch wird eine erhöhte Erregung der Schleimhäute erreicht. Dieser Zeit mißt man eine besondere Bedeutung für die letztliche Ausformung des Charakters bei.

Da die entsprechenden Organe noch nicht zur Reife gelangt sind, kann sich die eigentliche genitale Aktivität des Kindes nur in Form infantiler Onanie entfalten. Deren Auftreten und Verschwinden entspricht bestimmten Entwicklungsphasen. Während das Kind noch genährt wird, stellt sich die erste Phase ein, die zweite während der kurzen Zeit, in der es sich sexuell entfaltet, um das vierte Lebensjahr, und die dritte endlich während der Pubertät. Sie wurde als einzige schon immer aufmerksam beobachtet. Zwischen dem zweiten und fünften Lebensjahr fühlt sich das Kind oft von einer bestimmten Person seiner Umgebung erotisch angezogen. Dadurch wird diese Periode ungeachtet des unbestimmten Charakters hinsichtlich der Objektwahl zu einer der wichtigsten für die endgültige sexuelle Formation.

So stellt für das Kind während der ersten Lebensjahre der eigene Körper die Quelle seiner Lust dar. Seine Bedürfnisbefriedigung kennt weder Grenze noch Gesetz. Das Gefühl der Scham ist ihm während dieser Zeit völlig fremd. Das Kind liebt es, sich unbekleidet zu zeigen und entblößt ebenso gerne den Körper anderer. Es zieht Lust aus Schmerz, den es anderen zufügt ebenso wie aus dem, der ihm selbst widerfährt. Das Kind ist, wie schon so oft festgestellt wurde, von Natur aus grausam und mitleids-

[2] a. a. O., 82–83

los. Kurz gesagt, im ganzen verhält es sich, als hätte es eine angeborene Veranlagung zu Perversionen, die besonders den Geschmack und die Moral verletzen. Der einzige Unterschied zwischen dem Kind und dem pervertierten Erwachsenen besteht darin, daß das Kind zu allen sich bietenden Befriedigungsarten bereit ist, während der erwachsene Pervertierte elektiv an eine bestimmte Abart fixiert ist. Das drückt Freud mit seiner bekannten Formulierung aus, nach der das Kind ›polymorph pervers‹ ist.

Keine andere seiner Ideen rief so viel lautstarke Empörung hervor wie diese Definition, obwohl sie doch offensichtlich keinerlei moralische Wertung enthält.[3]

Man warf Freud vor, die unantastbare Reinheit des Kindes beschmutzt und das Bildnis des Menschen befleckt zu haben, da er die glückliche Makellosigkeit seiner ersten Lebensjahre durch eine dunkle Geschichte unfaßlichen Schreckens ersetzt hätte. Dabei vergaß man natürlich ernsthafte und mutige Schriftsteller wie Schopenhauer und Rousseau, die schon vor ihm ebenfalls seltsame Vorgänge in dem für die bürgerliche Moral und Konvention der Poesie so notwendigem Paradies der Kindheit aufgedeckt hatten. Ebenfalls sah man nicht ein — oder wollte es mit Sicherheit nicht wahrhaben —, daß eine Idee als Arbeitshypothese — sozusagen zum Werkstattgebrauch — weder etwas mit der Moralität ihres Erfinders zu tun haben noch seinen eigenen Wünschen oder der Empfindlichkeit seiner Gefühle entsprechen muß. Freud, der später die Analyse seines fünfjährigen Jungen — des berühmten kleinen Hans — mit solcher Liebe, Zartheit und Scheu wiedergab, die man seinen Kritikern gewünscht hätte, mußte es erdulden, gemeinhin als Ungeheuer betrachtet zu werden, und auf Verständnis verzichten.

Wenn man sich die Kontroversen jener Zeit vor Augen führt, ist man erstaunt, daß viele Menschen empört waren und nur wenige erkannten, wie großartig Freud diesen Kampf darstellte, in den das Kind gleich zu Anbeginn seines Lebens gewaltsam hineingestellt wurde und in dem es um seine Reife und Gesundheit streiten mußte. Dem jungen Tier gegenüber, dem es noch gleicht, besitzt das kleine Kind weit weniger Widerstands-

[3] Dies ist der Ursprung aller Mißverständnisse, die Freudsche Ethik und in der Psychoanalyse enthaltene Philosophie betreffen. Freud verleugnete weder die Moral noch das übersinnliche Streben des Menschen; er wollte nur nicht darüber reden, da andere hierzu berufen wären und nach ihm sein würden. Seine pädagogische Regel hieß Aufhebung des moralischen Urteils und Ablehnung voreiliger Synthese. Selbst vielen seiner Anhänger fiel dies schwer. Ludwig Binswanger (a. a. O., S. 98) berichtet, wie überrascht er eines Tages war, als er Freud sagen hörte: »Der Geist ist alles« — und dann: »Die Menschen wußten immer, daß sie einen Verstand haben, meine Aufgabe ist es, ihnen zu zeigen, daß sie auch Instinkte besitzen . . . Aber die Menschen sind immer unzufrieden, sie können nichts abwarten, sie wollen immer sofort fertige und abgerundete Dinge . . .«

kräfte und sieht sich doch gleich vielen Gefahren gegenübergestellt. Da sein Wesen noch unfertig ist und seine Mittel schwach sind, läuft es ständig Gefahr, zu erliegen oder diese Proben nur teilweise zu bestehen. Kaum geboren, stellt das Leben ihm schon existenzbedrohende Aufgaben und fordert von ihm Leistungen und Verzichte, für die es weder körperlich noch geistig entsprechend ausgerüstet und entwickelt ist.

Jedes Mal, wenn es sich an einen neuen Zustand zu gewöhnen hat, muß es auf das Glück des alten, gewohnten Stadiums verzichten, auf ein Glück, von dem es sich um so schwerer losreißt, als dieses ihm vollkommen erschien und die Lust dort mit einem Gefühl der absoluten Sicherheit verbunden war. Vom mütterlichen Blutkreislauf oftmals unter den größten Schmerzen abgetrennt, muß es selbständig werden; d. h. es muß auch auf das intensive Behagen verzichten, das ihm die eigenen Körperprodukte bereiteten, und dieses sehr bald aufgeben. Scham und Ekel treten an dessen Stelle. Kurz darauf wird seine Beziehung zu den Eltern durch den Ödipuskomplex gestört, der ihn seine erste Liebe und seinen ersten Haß erleben läßt. Sein Lebensglück hängt zum großen Teil davon ab, wie es diesen Primitivkonflikt löst. Es kann auch nicht reifen, wenn es sich nicht langsam von den geliebten Objekten befreit. Die völlige intellektuelle Entfaltung wird ihm nur dann erreichbar, wenn es die ursprünglich von der Sexualität geweckte Neugierde von ihm lösen kann, um sie auf die mannigfaltigen Objekte seiner Umwelt zu übertragen. Die Pubertät ist nur das letzte dieser Stadien, die immer wieder unter schmerzhaftem Verzicht überwunden werden müssen. Für eine kurze Zeit versetzt sie den jungen Menschen zurück in die erotische Sphäre seiner Kindheit. Jetzt jedoch zwingt ihn die Inzestschranke, sich abzusondern. Wie die Helden in den Märchen, die allein durch den verzauberten Wald irren, macht er das Glück seiner gefährlichen Reise nur, wenn er aus dem elterlichen Haus geht, ohne sein Herz dort zu lassen oder hinter sich zu blicken.

Wenn man diese langwierige Entwicklung in Betracht zieht, deren geradliniger Verlauf immer wieder von vielen Hindernissen gefährdet wird, könnte es verwundern, daß Individuen sie überhaupt ohne allzu viele Zwischenfälle bis zum Ende zu durchlaufen vermögen und zu ausgewogenen Menschen werden, die liebesfähig sind und über ihre Aktions- und Gedankenfähigkeiten frei verfügen können. Unter dem Aspekt der Psychoanalyse gibt es solche Menschen auch kaum. Gemeint sind Individuen, denen es gelang, die unzerstörbaren Tendenzen der infantilen Sexualität harmonisch miteinander zu verschmelzen und sie dadurch ihrem gesamten Gefühlsleben verfügbar zu machen. Die meisten wurden durch konstitutionelle

Gegebenheiten, Familienumstände oder andere schwerwiegende Ursachen auf ihrem Weg aufgehalten oder auf eine frühere Entwicklungsstufe zurückgedrängt. Sie weisen mehr oder minder krankhafte Abweichungen auf, wenn sie nicht die Begabung besitzen, ihre Seinsschwierigkeit in ein Werk, eine Tat, eine bildnerisch oder sonst kulturell schöpferische Idee umsetzen zu können.

Die ›Drei Abhandlungen zur Sexualtheorie‹ sind jedoch nur der Grundstein des Gebäudes, an dem Freud während seines ganzen Lebens arbeitete. (Die Ausgabe von 1905 mußte übrigens im Lauf der Jahre mit ständig wachsender Auflage nachgedruckt werden.) Freud selbst griff die in ihnen enthaltenen Gedanken in seinen späteren Arbeiten wieder auf, zum Beispiel in seinen ersten ›Vorlesungen‹[4] und in seiner Autobiographie. Einige Probleme, die er in den ›Drei Abhandlungen‹ angeschnitten hatte, konnten erst viel später gelöst werden; Gedanken, die Freud dort nur oberflächlich streifte, wurden später zum Ausgangspunkt vieler Arbeiten seiner Schüler. Das Buch selbst aber blieb das, was es von Anfang an gewesen war: das unumstößliche Fundament seiner Theorie. Die Zeit hat es nicht nur unangetastet gelassen, sondern auch die Exaktheit der Ansicht bis in die letzten Feinheiten bestätigt.

Unzählige Beobachtungen, die seit mehr als fünfzig Jahren direkt an Kindern und vor allem an Säuglingen durchgeführt wurden, bestätigten immer wieder die erstaunlichen Behauptungen, die Freud allein durch die Analyse seiner erwachsenen Kranken aufgestellt hatte. Was 1905 als Produkt einer krankhaften Einbildung galt, ist jetzt von Spezialisten und selbst einem großen Teil der Öffentlichkeit als unbestreitbare wissenschaftliche Wahrheit anerkannt. Die verrufenen ›Drei Abhandlungen‹ bewirkten neben anderem direkt einen irreversiblen Umschwung, der sich im Laufe der letzten fünfzig Jahre in der Erziehung des Kleinkindes und den pädagogischen Methoden vollzogen hat. Die Verleumder Freuds hätten nicht besser widerlegt werden können.

Mit der Analyse von Kindern begann man um 1908. Der Schweizer Pfarrer Oskar Pfister übte sie als erster praktisch aus. Sein pädagogisches Konzept war von Freuds Theorien inspiriert. Er nannte es ›Pedanalyse‹. Mit unerschütterlicher Begeisterung widmete er ihr sein Leben. Freud nannte ihn seinen ›lieben Gottesmann‹; wir sprachen schon von der Freundschaft, die er für Pfister empfand, obwohl er sachlich weit davon entfernt war, alle seine Ideen zu teilen. Pfister war Theologe und Philosoph. Sein religiöser Glaube blieb leidenschaftlich und aufrichtig und geriet niemals in Konflikt mit seinen psychoanalyti-

[4] G. W. XI

schen Überzeugungen, die für ihn allerdings späterhin der Anlaß zu ernsthaften Schwierigkeiten mit seinen kirchlichen Vorgesetzten wurden. Freud bewunderte Pfisters Liebe zum Leben, seinen Frohsinn und seine Kraft grenzenlos und interessierte sich, obwohl er zu dieser Zeit noch sehr unsicher in der praktischen Anwendung seiner Theorie war, von Anfang an lebhaft für Pfisters pädagogische Arbeiten. Schon 1908 veröffentlichte Pfister einen Artikel über ›Wahnvorstellung und Schülerselbstmord‹. Freud schrieb ihm anläßlich dieser Veröffentlichung zum ersten Mal:

> [...] ich muß noch meiner Befriedigung darüber Ausdruck geben, daß unsere psychiatrischen Forschungen bei einem Seelsorger Aufnahme gefunden haben, dem der Zugang zu so vielen Seelen jugendlicher und vollwertiger Individuen freisteht. Wir pflegen unserer Psychoanalyse halb scherzhaft, doch eigentlich auch im Ernst vorzuwerfen, daß sie eines Normalzustandes bedarf, um ihre Anwendung zuzulassen, und daß sie an den organisierten Abnormitäten des Seelenlebens eine Schranke findet, so daß sie eigentlich das Optimum ihrer Bedingungen dort antrifft, wo man sie nicht braucht, beim Gesunden, und nun sollte ich meinen, daß dieses Optimum unter den Verhältnissen, in denen Sie wirken, realisiert wird.[5]

Manchmal beschuldigte Freud Pfister, daß er zumindest in seinen Worten zu Fragen der Sexualität etwas zaghaft sei. Pfister prüfte den Vorwurf ernsthaft und hielt seinerseits Freud vor, er unterschätze die Bedeutung der Sublimierung, durch die seiner Meinung nach die psychoanalytische Kur einen hohen erzieherischen Wert erhalte. Vielleicht bedingt durch sein Temperament oder, wie er es ausdrückte, durch enttäuschende Erfahrungen mit seinen eigenen Patienten, blieb Freud in diesem Punkte ziemlich pessimistisch:

> Der Dauererfolg der Psychoanalyse hängt gewiß vom Eintreffen zweier Ausgänge ab: der Befriedigungsabfuhr und der Bewältigung und Sublimierung des störrischen Triebes; wenn es uns zumeist nur mit dem ersten glückt, so liegt dies zum großen Teil am Material: seit langer Zeit schwer leidende Menschen, die vom Arzt sittliche Hebung nicht erwarten, oft minderwertiges Material. Bei Ihnen Jugendliche, in frischen Konflikten befindliche Personen, die auf Ihre Person eingestellt, zur Sublimierung, und zwar zur bequemsten Form derselben, zur religiösen Sublimierung bereit sind. Sie zweifeln wohl nicht daran, daß der Erfolg zunächst bei Ihnen auf dem gleichen Wege wie bei uns zustande kommt, vermittelst der erotischen Übertragung auf Ihre Person. Aber Sie sind in der glücklichen Lage, auf Gott weiter zu leiten und jenen, in dem einen Punkte glücklichen Zustand früherer Zeiten herzustellen, in dem die

[5] Fr.-Pf. 18. 1. 1909, 11

religiöse Gläubigkeit die Neurosen erstickte. Für uns besteht diese Chance der Erledigung nicht, unser Publikum – gleichgültig welcher Rassenherkunft – ist irreligiös, wir sind es zumeist auch selbst in ganz gründlicher Weise, und da die anderen Wege der Sublimierung, durch die *wir* uns die Religion ersetzen, den meisten Patienten zu schwierig sind, läuft unsere Kur zumeist in das Aufsuchen der Befriedigung aus. Dazu kommt, daß wir in der sexuellen Befriedigung an sich nichts Verbotenes oder Sündhaftes erblicken können, sondern sie als ein werthaftes Stück unserer Lebensbetätigung anerkennen. Sie wissen, unsere Erotik schließt das ein, was Sie in der Seelsorge ›Liebe‹ heißen, und will durchaus nicht auf den groben sinnlichen Genuß eingeschränkt werden. So müssen unsere Kranken bei den Menschen suchen, was wir ihnen nicht von höherer Seite versprechen können, und was wir ihnen in eigener Person versagen müssen. Wir haben es natürlich darum auch viel schwerer, und beim Auflösen der Übertragung geht uns mancher Erfolg zugrunde.[6]

Freuds Pessimismus gegenüber den Möglichkeiten, seine Kranken ›sittlich zu erheben‹, findet sich in seinem Skeptizismus zu Erziehungsfragen wieder. Eine Äußerung, die man ihm über dieses Thema zuschreibt, ist nicht unbedingt authentisch, enthält aber zweifelsohne etwas Wahres. Als eine Mutter ihn fragte, was sie machen solle, um ihre Kinder vernünftig und den Ideen der psychoanalytischen Wissenschaft entsprechend zu erziehen, soll er geantwortet haben: »Sie können es machen wie Sie wollen, es wird in jedem Falle schlecht sein.« Trotzdem trat er 1907 mit einem Artikel öffentlich für eine der kindlichen Neugierde und Intelligenz entsprechende sexuell aufgeklärte Erziehung ein. Bei dieser Gelegenheit führte er zum ersten Mal den kleinen Hans an – hier Herbert genannt –, dessen Fall er wenig später publizierte. Mit drei Jahren war Hans, ein überaus aufgeweckter Junge, ganz allein hinter das Geheimnis der Geburt einer kleinen Schwester gekommen. Freud fand dadurch seine Behauptung von der sexuellen Neugierde der Kinder bestätigt.
Der kleine Hans wurde als erstes Kind psychoanalytisch behandelt und durch die Analyse geheilt. Mit fünf Jahren entwickelte er eine starke Phobie, die sich vor allem auf Pferde bezog. Dadurch kam es langsam so weit, daß er das Haus nicht mehr verließ. Die Eltern des Kindes zählten seit Jahren zu den ersten Anhängern Freuds. Vor der Heirat hatte er die junge Frau behandelt. Der Vater besuchte regelmäßig Freuds Vorlesungen, und er war es auch – nicht Freud –, der die Analyse leitete. Freud hatte nur eine einzige Unterredung mit dem kleinen Hans, aber zahlreiche Gespräche mit dem Vater, der seine Zustimmung zur Veröffentlichung des Falles gab. Es ist die be-

[6] Fr.-Pf. 9. 2. 1909, 12–13

kannte Arbeit ›Analyse der Phobie eines fünfjährigen Knaben‹, eine der fünf Falldarstellungen, die den rein klinischen Teil von Freuds Werk ausmachen. Freud verfolgte mit gespannter Aufmerksamkeit das kluge, aber notgedrungen sehr wenig orthodoxe Vorgehen des Vaters. Zu seiner Überraschung wurde die Analyse ein voller Erfolg, und sicherlich war es für Freud eine ganz besondere Freude, als ihn vierzehn Jahre später ›der kleine Hans‹ besuchte, nun ein schöner, kräftiger junger Mann, der kurz vor der Ehe stand. Bemerkenswert ist eines: Hans erinnerte sich zwar an Freud, hatte aber die Analyse völlig aus dem Gedächtnis verloren.
Der Erfolg dieser ersten Kinderanalyse änderte nichts an Freuds Zweifeln über die technischen Möglichkeiten des Verfahrens. Dies sagt er bereits in den ersten Zeilen seiner Darstellungen:

> Ich meine, es wäre einer anderen Person überhaupt nicht gelungen, das Kind zu solchen Bekenntnissen zu bewegen; die Sachkenntnis, vermöge welcher der Vater die Äußerungen seines 5jährigen Sohnes zu deuten verstand, hätte sich nicht ersetzen lassen, die technischen Schwierigkeiten einer Psychoanalyse in so zartem Alter wären unüberwindbar geblieben. Nur die Vereinigung der väterlichen und der ärztlichen Autorität in einer Person, das Zusammentreffen des zärtlichen Interesses mit dem wissenschaftlichen bei derselben, haben es in diesem einen Falle ermöglicht, von der Methode eine Anwendung zu machen, zu welcher sie sonst ungeeignet gewesen wäre.[7]

Die außergewöhnliche Entwicklung der Kinderanalyse und aller von ihr abgeleiteten psychotherapeutischen Techniken haben gezeigt, daß Freud wenigstens einmal der sonstige Scharfblick abging. Muß man denn annehmen, daß ihn, nachdem er den kindlichen psychischen Mechanismus bis zu einem bis dahin unbekannten Grad erforscht hatte, innere Gründe, Hemmungen oder noch bestehende Zweifel davon abhielten weiter zu forschen? Tatsache ist, daß Freud diesem Forschungsgebiet gegenüber, in dem sich hervorragende Frauen wie Helga Hug-Hellmuth und Mélanie Klein hervortaten, sein Leben lang ungewöhnliche Zurückhaltung bewahrte. Freud gab diese skeptische, seiner klassischen Forderung nach Sicherheit und Klarheit entsprechende Haltung nicht auf, ob aus Behutsamkeit oder Mißtrauen gegenüber der Erforschung der dunkelsten Phänomene der psychischen Prozesse im Kinde, ist nicht klar. Auch die Berufswahl und die glänzenden Erfolge seiner Tochter Anna konnten ihm seine Bedenken nicht nehmen.

[7] Analyse der Phobie eines fünfjährigen Knaben. G. W. IV, 243

16. Zwei Werke aus dem Jahre 1905

Das durch die ›Drei Abhandlungen über die Sexualität‹ hervorgerufene Aufsehen fand weitere Nahrung durch den kasuistischen Beitrag, den Freud unter dem Titel ›Bruchstück einer Hysterie-Analyse‹ im gleichen Jahr publizierte. Außer den üblichen Gründen der Empörung brachte ihm die Analyse von Dora auch solche Vorwürfe ein, die offensichtlich besser fundiert waren, da Freud die ärztliche Schweigepflicht verletzt und sehr intime Einzelheiten seiner Patientin – einem 18jährigen Mädchen – ohne deren Einverständnis veröffentlicht hatte. Allgemein erschien dieses Verhalten deshalb besonders unverantwortlich, weil sich die Analyse hauptsächlich auf die Interpretation zweier Träume stützte, die perverse Tendenzen bei der Patientin aufzeigten. Anstand und die übliche Moral verboten es, solche Neigungen einem jungen Mädchen zuzuschreiben. Die Aufregung nahm solche Formen an, daß sie den Blick der Kritiker trübte: Einer blieb trotz der Eindeutigkeit des Textes hartnäckig der Meinung, Dora sei 14 Jahre.

Freud hatte es lange hinausgeschoben, diese Arbeit, die gleichzeitig seine Theorie über den Traum und die in den ›Studien über Hysterie‹ dargelegten Behauptungen bestätigte, zu veröffentlichen. Er hielt den fertigen Text sechs Jahre zurück und wartete auf eine Änderung im Befinden des jungen Mädchens, damit ihr die Erinnerung an diese Zeit ihres Lebens nicht mehr so schmerzlich wäre. Dora lebte in einer kleinen Provinzstadt und war in Wien völlig unbekannt. Erst 1923 erfuhr sie durch einen Analytiker von der Publikation. Ihm hatte sie von ihrer Behandlung bei Freud erzählt, und es war ihm natürlich ein leichtes, sie zu identifizieren.

Freud traf der Vorwurf der Indiskretion um so mehr, als er in diesem Punkt besonders verletzlich war. Er spricht es selbst an einer Stelle seines Traumes ›non vixit‹ aus. Um diesem Vorwurf vorzubeugen, hatte er nach einem Namen gesucht, der die völlige Anonymität des jungen Mädchens garantierte und gleichzeitig für keinen Menschen seiner Umgebung einen unangenehmen Klang hatte. An einer Stelle seiner ›Psychopathologie des Alltagslebens‹ erklärt er, warum sich ihm aus der Vielzahl der möglichen Namen nur der Name ›Dora‹ aufgedrängt hatte.

> Im Begriffe, die Krankengeschichte einer meiner Patientinnen für die Publikation herzurichten, erwäge ich, welchen Vornamen ich ihr in der Arbeit geben soll. Die Auswahl scheint sehr groß; gewiß schließen sich einige Namen von vornherein aus, in erster Linie der

echte Name, sodann die Namen meiner eigenen Familienangehörigen, an denen ich Anstoß nehmen würde, etwa noch andere Frauennamen von besonders seltsamem Klang; im übrigen aber brauchte ich um einen solchen Namen nicht verlegen zu sein. Man sollte erwarten und ich erwarte selbst, daß sich mir eine ganze Schar weiblicher Namen zur Verfügung stellen wird. Anstatt dessen taucht ein einzelner auf, kein zweiter neben ihm, der Name Dora. Ich frage nach seiner Determinierung. Wer heißt denn nur sonst Dora? Ungläubig möchte ich den nächsten Einfall zurückweisen, der lautet, daß das Kindermädchen meiner Schwester so heißt. Aber ich besitze so viel Selbstzucht oder Übung im Analysieren, daß ich den Einfall festhalte und weiterspinne. Da fällt mir auch sofort eine kleine Begebenheit des vorigen Abends ein, welche die gesuchte Determinierung bringt. Ich sah auf dem Tisch im Speisezimmer meiner Schwester einen Brief liegen mit der Aufschrift: »An Fräulein Rosa W.« Erstaunt frage ich, wer so heißt, und werde belehrt, daß die vermeintliche Dora eigentlich Rosa heißt und diese ihren Namen beim Eintritt ins Haus ablegen mußte, weil meine Schwester den Ruf »Rosa« auch auf ihre eigene Person beziehen kann. Ich sagte bedauernd: Die armen Leute, nicht einmal ihren Namen können sie beibehalten! Wie ich mich jetzt besinne, wurde ich dann für einen Monat still und begann an allerlei ernsthafte Dinge zu denken, die ins Unklare verliefen, die ich mir jetzt aber leicht bewußt machen könnte. Als ich dann am nächsten Tag nach einem Namen für eine Person suchte, die ihren eigenen nicht beibehalten durfte, fiel mir kein anderer als Dora ein. Die Ausschließlichkeit beruht hier auf fester inhaltlicher Verknüpfung, denn in der Geschichte meiner Patientin rührte ein auch für den Verlauf der Kur entscheidender Einfluß von der im fremden Haus dienenden Person, von einer Gouvernante, her.[1]

Bei der Beobachtung von Dora hat sich Freud zum ersten Mal dazu bekannt, den wissenschaftlichen Interessen den Vorrang vor den Prinzipien der medizinischen Moral zu geben. Er hat es auf sich genommen, alles zu sagen, ohne dabei die Derbheit der Worte abzuschwächen. Obwohl seine Kollegen das Gegenteil dachten, fiel Freud dieser Entschluß sehr schwer: Jahrelang empfand er darüber ein Mißbehagen, das sich eines Tages in einer Symptomhandlung ausdrückte:

Diese kleine Begebenheit fand Jahre später eine unerwartete Fortsetzung. Als ich einmal die längst veröffentlichte Krankengeschichte des nun Dora genannten Mädchens in meiner Vorlesung besprach, fiel mir ein, daß ja eine meiner beiden Hörerinnen den gleichen Namen Dora, den ich in den verschiedensten Verknüpfungen so oft auszusprechen hatte, trage, und ich wandte mich an die junge Kollegin, die mir auch persönlich bekannt war, mit der Entschuldigung, ich hätte wirklich nicht daran gedacht, daß sie auch so heiße, sei aber gern bereit, den Namen in der Vorlesung durch einen anderen

[1] Zur Psychopathologie des Alltagslebens. G. W. IV, 268–269

zu ersetzen. Ich hatte nun die Aufgabe, rasch einen anderen zu wählen, und überlegte dabei, jetzt dürfe ich nur nicht auf den Vornamen der anderen Hörerin kommen und so den psychoanalytisch bereits geschulten Kollegen ein schlechtes Beispiel geben. Ich war also sehr zufrieden, als mir zum Ersatze für *Dora* der Name *Erna* einfiel, dessen ich mich nun im Vortrag bediente. Nach der Vorlesung fragte ich mich, woher wohl der Name Erna stammen möge, und mußte lachen, als ich merkte, daß die gefürchtete Möglichkeit sich bei der Wahl des Ersatznamens dennoch, wenigstens teilweise, durchgesetzt hatte. Die andere Dame hieß mit ihrem Familiennamen *Lucerna*, wovon *Erna* ein Stück ist.[2]

In seinem Vorwort zum Fall Dora legt Freud die Gründe dar, die es ihm verwehrten, in seiner analytischen Arbeit und auch bei der Publikation seiner Schriften die Diskretion zu berücksichtigen. Daß diese Erklärung die Öffentlichkeit nicht zufriedenstellte, darf uns nicht verwundern; nicht einmal alle seine Schüler konnte sie völlig überzeugen:

> Die Veröffentlichung meiner Krankengeschichten bleibt für mich eine schwer zu lösende Aufgabe, auch wenn ich mich um jene einsichtslosen Übelwollenden weiter nicht bekümmere. Die Schwierigkeiten sind zum Teil technischer Natur, zum andern Teil gehen sie aus dem Wesen der Verhältnisse selbst hervor. Wenn es richtig ist, daß die Verursachung der hysterischen Erkrankungen in den Intimitäten des psycho-sexuellen Lebens der Kranken gefunden wird, und daß die hysterischen Symptome der Ausdruck ihrer geheimsten verdrängten Wünsche sind, so kann die Klarlegung eines Falles von Hysterie nicht anders, als diese Intimitäten aufdecken und diese Geheimnisse verraten. Es ist gewiß, daß die Kranken nie gesprochen hätten, wenn ihnen die Möglichkeit einer wissenschaftlichen Verwertung ihrer Geständnisse in den Sinn gekommen wäre, und ebenso gewiß, daß es ganz vergeblich bliebe, wollte man die Erlaubnis zur Veröffentlichung von ihnen selbst erbitten. Zartfühlende, wohl auch zaghafte Personen würden unter diesen Umständen die Pflicht der ärztlichen Diskretion in den Vordergrund stellen und bedauern, der Wissenschaft hierin keine Aufklärungsdienste leisten zu können. Allein ich meine, der Arzt hat nicht nur Pflichten gegen den einzelnen Kranken, sondern auch gegen die Wissenschaft auf sich genommen. Gegen die Wissenschaft, das heißt im Grunde nichts anderes als gegen die vielen anderen Kranken, die an dem Gleichen leiden oder noch leiden werden. Die öffentliche Mitteilung dessen, was man über die Verursachung und das Gefüge der Hysterie zu wissen glaubt, wird zur Pflicht, die Unterlassung zur schimpflichen Feigheit, wenn man nur die direkte persönliche Schädigung des einen Kranken vermeiden kann. Ich glaube, ich habe alles getan, um eine solche Schädigung für meine Patientin auszuschließen.[3]

[2] a. a. O., 270
[3] Bruchstück einer Hysterie-Analyse. G. W. V, 163

Freud erinnerte daran, daß nur einer seiner Kollegen, wahrscheinlich Wilhelm Fließ, von Doras Behandlung wußte und daß er die Veröffentlichung mehrere Jahre hinausgeschoben hatte. Danach beschließt er sein Vorwort in festem Ton mit einem Anflug von Hochmut und Trauer, mit der Feststellung, die Notwendigkeit sich zu rechtfertigen sei für ihn erniedrigend:

> Ich weiß, daß es – in dieser Stadt wenigstens – viel Ärzte gibt, die – ekelhaft genug – eine solche Krankengeschichte nicht als einen Beitrag zur Psychopathologie der Neurose, sondern als einen zu ihrer Belustigung bestimmten Schlüsselroman lesen wollen. Dieser Gattung von Lesern gebe ich die Versicherung, daß alle meine etwa später mitzuteilenden Krankengeschichten durch ähnliche Garanten des Geheimnisses vor ihrem Scharfsinn behütet sein werden, obwohl meine Verfügung über mein Material durch diesen Vorsatz eine ganz außerordentliche Einschränkung erfahren muß.
> In dieser einen Krankengeschichte, die ich bisher den Einschränkungen der ärztlichen Diskretion und der Ungunst der Verhältnisse abringen konnte, werden nun sexuelle Beziehungen mit aller Freimütigkeit erörtert, die Organe und Funktionen des Geschlechtslebens bei ihren richtigen Namen genannt, und der keusche Leser kann sich aus meiner Darstellung die Überzeugung holen, daß ich mich nicht gescheut habe, mit einer jugendlichen weiblichen Person über solche Themata in solcher Sprache zu verhandeln. Ich soll mich nun wohl auch gegen diesen Vorwurf verteidigen? Ich nehme einfach die Rechte des Gynäkologen – oder vielmehr sehr viel bescheidenere als diese – für mich in Anspruch und erkläre es als ein Anzeichen einer perversen und fremdartigen Lüsternheit, wenn jemand vermuten sollte, solche Gespräche seien ein gutes Mittel zur Aufreizung oder zur Befriedigung sexueller Gelüste.[4]

Freud schließt mit einem Zitat aus einem Buch von Richard Schmidt: ›Beiträge zur indischen Erotik‹:

> »Es ist jämmerlich, solchen Verwahrungen und Beteuerungen einen Platz in einem wissenschaftlichen Werke einräumen zu müssen, aber man mache mir darob keine Vorwürfe, sondern klage den Zeitgeist an, durch den wir glücklich dahin gekommen sind, daß kein ernstes Buch mehr seines Lebens sicher ist.«[5]

Freud täuschte sich, wenn er dachte, keiner seiner Patienten würde der Veröffentlichung seines Falles zustimmen. Die anderen Beobachtungen, die mit der Analyse der Erinnerungen des Präsidenten Schreber die Sammlung seiner kasuistischen Beiträge ausmacht, wurden mit ausdrücklicher Genehmigung der Beteiligten veröffentlicht: der Vater des kleinen Hans, der

[4] a. a. O., 165
[5] a. a. O., 165

Wolfs- und der Rattenmann hatten sich freiwillig in den Dienst der Sache gestellt. Es ist überhaupt zu bemerken, daß die Psychoanalyse von Anfang an mehr Verständnis und Unterstützung bei den Patienten fand als bei den Ärzten und Psychiatern. Einige berühmte Patienten, wie der Wolfsmann, konnten einen Teil ihrer Fortschritte für sich in Anspruch nehmen.

Die die Intimsphäre der Patienten betreffenden Probleme und die entschiedene Parteinahme Freuds für eine wissenschaftlich begründete Indiskretion stießen nicht nur außerhalb der Bewegung auf Widerstand. Freud konnte sich davon überzeugen, daß auch einige seiner Schüler und vor allem die Schweizer nicht bereit waren, sich ohne weiteres über die Grenzen des bürgerlichen Anstands hinwegzusetzen und der öffentlichen Meinung Trotz zu bieten. Schon 1909, also lange vor seinem Bruch mit Freud, bekannte Jung gegenüber Ernest Jones, er halte es nicht für nötig, daß sich die Patienten so lange bei widerwärtigen Einzelheiten aufhielten: es wäre später äußerst unangenehm, ihnen in Gesellschaft wieder zu begegnen. Es sei besser, sich darauf zu beschränken, diese Themen nur zu streifen, da die Patienten verständen, ohne daß man direkt darüber sprechen müsse.[6] Selbst Pastor Pfister konnte sich trotz seines Mutes, mit dem er dem Zorn seiner Vorgesetzten begegnete, nicht immer dazu entschließen, ohne Umschweife über seine klinischen Fälle zu berichten. Freud warf ihm dies in einem Brief vor, in dem er noch einmal die Wichtigkeit seines eigenen Grundsatzes hervorhob.

> Ich meine also, die Analyse leidet an dem Erbübel der – Tugend; sie ist das Werk eines zu anständigen Menschen, der sich also auch zur Diskretion verpflichtet glaubt. Nun sind diese psychoanalytischen Dinge erst in einer gewissen Vollständigkeit und Ausführlichkeit begreiflich sowie die Analyse selbst erst geht, wenn der Patient von den ersetzenden Abstraktionen zu den kleinen Details herabsteigt. Die Diskretion ist also mit einer guten Darstellung einer Psychoanalyse unvereinbar; man muß ein schlechter Kerl werden, sich hinaussetzen, preisgeben, verraten, sich benehmen wie ein Künstler, der für das Haushaltungsgeld der Frau Farben kauft oder mit den Möbeln für das Modell einheizt. Ohne ein solches Stück Verbrechertum gibt es keine richtige Leistung.[7]

Freud hätte neben moralischen Bedenken und neben seiner Berufsethik noch ein anderer Grund davon abhalten können, den Fall Dora zu veröffentlichen: Die Darstellung der Analyse war tatsächlich sehr fragmentarisch, weil sie sich nur auf die detail-

[6] JBg., Bd. II, 148
[7] Fr.-Pf. 5. 6. 1910, 36

lierte Interpretation zweier Träume beschränkte und leicht als nicht überzeugend gelten konnte. Außerdem war die Behandlung des jungen Mädchens nach drei Monaten abgebrochen worden und konnte bei weitem nicht als Erfolg bezeichnet werden. Sie war viel mehr ein Beispiel für ein ziemlich unangenehmes Mißlingen, von dem Freud wußte, daß man es gegen ihn benützen könne. Das junge Mädchen, das an einer ›kleinen Hysterie‹, verbunden mit nervösem Husten, Aphonie, Migräne und Depression litt, hatte ihn zwar von ihren Symptomen befreit, aber keineswegs geheilt verlassen. 1905 kannte Freud ihren Zustand noch gut genug, um sich keinen Illusionen über den Erfolg der Behandlung hinzugeben. Eine echte Heilung war nach einer Behandlungszeit von drei Monaten so gut wie ausgeschlossen, Freud hatte sie aber – ohne zu wissen, daß zu dieser Zeit seine Theorie noch sehr unvollkommen war – versprochen.
Gerade der Wunsch, aus diesen Fehlern zu lernen, veranlaßte ihn nach langem Zögern, sich zur Veröffentlichung des Falles zu entschließen. Es war eine der ersten Behandlungen, bei denen Freud nicht nur eine Symptomheilung angestrebt, sondern dem Patienten die völlige Freiheit seiner Assoziationen gelassen hatte, um dadurch zum Verständnis des Ursprungs und der Struktur der Krankheit zu gelangen. Unterschiede zwischen den in den ›Studien über Hysterie‹ behandelten Fällen und dem Bericht über Dora erklären nicht den Wechsel der Methode, die völlig unerwartet den Schwerpunkt der Behandlung verschob. Bis dahin war es tatsächlich das Ziel der Behandlung, die Symptome zu beseitigen. Doras Behandlung zwang Freud zur Vertiefung seiner Auffassung von der Übertragung, einem Phänomen, dessen Vorhandensein er schon lange kannte, ohne aber seine entscheidende Funktion völlig erfaßt zu haben. Der relative Mißerfolg der Behandlung ist vor allem auf diese Verkennung ihrer Bewegkraft zurückzuführen. Dieser Bewegkraft schrieb er später alle weiteren Erfolge zu.

> Was sind die Übertragungen? Es sind Neuauflagen, Nachbildungen von den Regungen und Phantasien, die während des Vordringens der Analyse erweckt und bewußt gemacht werden sollen, mit einer für die Gattung charakteristischen Ersetzung einer früheren Person durch die Person des Arztes. Um es anders zu sagen: Eine ganze Reihe früherer psychischer Erlebnisse wird nicht als vergangen, sondern als aktuelle Beziehung zur Person des Arztes wieder lebendig. Es gibt solche Übertragungen, die sich im Inhalt von ihrem Vorbilde in gar nichts bis auf die Ersetzung unterscheiden. Das sind also, um in dem Gleichnisse zu bleiben, einfache Neudrucke, unveränderte Neuauflagen. Andere sind kunstvoller gemacht, sie haben eine Milderung ihres Inhaltes, eine *Sublimierung*, wie ich sage, erfahren und vermögen selbst bewußt zu werden, indem sie sich an irgendeine geschickt verwertete reale Besonderheit an der Person

oder in den Verhältnissen des Arztes anlehnen. Das sind also Neubearbeitungen, nicht mehr Neudrucke.[8]

Späteren Arbeiten anderer Psychoanalytiker bleibt es vorbehalten, die Übertragung als ein allgemein verbreitetes Phänomen zu zeigen, das in den meisten zwischenmenschlichen Beziehungen mit verschiedener Intensität zu finden ist. Damals stellte Freud nur fest, daß es in jeder Arzt-Patient-Beziehung vorkommt und ihm sowohl Mißerfolg wie Erfolg verschiedener Behandlungen zuzuschreiben seien.

> Die psychoanalytische Kur schafft die Übertragung nicht, sie deckt sie bloß, wie anderes im Seelenleben Verborgene, auf. Der Unterschied äußert sich nur darin, daß der Kranke spontan bloß zärtliche und freundschaftliche Übertragungen zu seiner Heilung wachruft; wo dies nicht der Fall sein kann, reißt er sich so schnell wie möglich, unbeeinflußt vom Arzte, der ihm nicht »sympathisch« ist, los. In der Psychoanalyse werden hingegen, entsprechend einer veränderten Motivanlage, alle Regungen, auch die feindseligen, geweckt, durch Bewußtmachen für die Analyse verwertet, und dabei wird die Übertragung immer wieder vernichtet. Die Übertragung, die das größte Hindernis für die Psychoanalyse zu werden bestimmt ist, wird zum mächtigsten Hilfsmittel derselben, wenn es gelingt, sie jedesmal zu erraten und dem Kranken zu übersetzen.[9]

Doras Krankengeschichte enthält eine Lehre, die sowohl für die psychoanalytische Praxis als auch für die Entwicklung der Freud'schen Theorie von großer Bedeutung war: Die geringste Fehleinschätzung, das kleinste Nicht-Verstehen oder eine Nachlässigkeit in der Nutzbarmachung der Übertragung rächen sich früher oder später, in extremen Fällen sogar durch Flucht des Patienten. Im unklaren über ihre tieferen Gefühle, verstand es Dora, sich an ihrem Arzt zu rächen. Auch sie griff, wie viele andere Neurotiker, unbewußt auf ein Mittel zurück: sie weigerte sich, gesund zu werden, um ihm zu zeigen, wie unfähig und wenig seiner Aufgabe gewachsen er sei.
So viel Ärgernis das ›Bruchstück einer Hysterie-Analyse‹ erregt hatte, so wenig Aufsehen verursachte das von Freud gleich anschließend veröffentlichte Buch ›Der Witz und seine Beziehung zum Unbewußten‹. Das Werk stellt einen Beitrag zur Sprache und zur Ästhetik dar und ist verhältnismäßig schwer eingängig. Es gehört zu den am wenigsten verstandenen und heutzutage bekannten Schriften Freuds. Viele der angeführten Witze lassen sich schwer in andere Sprachen übertragen; daher ist es auch das am wenigsten übersetzte seiner Bücher.

[8] Bruchstück einer Hysterie-Analyse. G. W. V, 279–280
[9] a. a. O., 281

Diese der Psychopathologie entfernte Studie scheint von einer Bemerkung Fließ' angeregt zu sein. Er war erstaunt, in Freuds Briefen so viele komische Geschichten, Wortspiele und schlechte Witze zu finden. Freud begründete es mit der Häufigkeit der spontanen Sprachschöpfungen in den Assoziationen und Traumberichten seiner Patienten. Zum Schluß jedoch stellte er sich die Frage, warum sich solche Phänomene so oft an unbewußtem Material beobachten lassen, und ob nicht ein bis dahin unbekannter Zusammenhang zwischen ihnen und den sonst üblichen, bewußten Witzen bestehe. 1897 erklärte er Fließ, er habe die Lösung des Problems gefunden. Zu dieser Zeit war er von der Arbeit an der ›Traumdeutung‹ völlig in Anspruch genommen und stellte daher die Arbeit über den Witz vorerst zurück. 1898 regte die Lektüre des Buches ›Komik und Humor‹ von Theodor Lipps Freud erneut in dieser Richtung an. Ihm verdankte er den Mut, seine Studien wieder aufzunehmen. Er begann mit eingehenden Untersuchungen und Überlegungen, die mehrere Jahre in Anspruch nahmen — obwohl es sich dabei doch um einen Gegenstand handelte, aus dem die Psychoanalyse allem Anschein nach nur indirekten Nutzen ziehen konnte. In seinem Vorwort rechtfertigt Freud seine Bemühungen um diese scheinbar nebensächliche Forschung, die seiner sonstigen Beschäftigung weit entfernt zu sein schien.

> Ob das Thema des Witzes solcher Bemühung wert ist? Ich meine, daran ist nicht zu zweifeln. Wenn ich von persönlichen, während der Entwicklung dieser Studien aufzudeckenden, Motiven absehe, die mich drängen, Einsicht in die Probleme des Witzes zu gewinnen, kann ich mich auf die Tatsache des intimen Zusammenhanges alles seelischen Geschehens berufen, welche einer psychologischen Erkenntnis auch auf einem entlegenen Gebiet einen im vorhinein nicht abschätzbaren Wert für andere Gebiete zusichert. Man darf auch daran mahnen, welch eigentümlichen, geradezu faszinierenden Reiz der Witz in unserer Gesellschaft äußert. Ein neuer Witz wirkt fast wie ein Ereignis von allgemeinstem Interesse; er wird wie die neueste Siegesnachricht von dem einen dem anderen zugetragen. Selbst bedeutende Männer, die es für mitteilenswert halten, wie sie geworden sind, welche Städte und Länder sie gesehen, und mit welchen hervorragenden Menschen sie verkehrt haben, verschmähen es nicht, in ihre Lebensbeschreibung aufzunehmen, diese und jene vortrefflichen Witze hätten sie gehört.[10]

Tatsächlich ist der Unterschied zwischen ›Der Witz und seine Beziehung zum Unbewußten‹ und den ›Drei Abhandlungen zur Sexualtheorie‹ nicht so groß, wie wir annehmen. An beiden arbeitete er ja übrigens zur gleichen Zeit. So verschieden sie erscheinen, beide Arbeiten haben die Lust gemeinsam zum

[10] Der Witz und seine Beziehung zum Unbewußten. G. W. VI, 12–13

Thema – Freuds Thema schlechthin, das bald zu einem Prinzip erhoben werden sollte. Der psychologische Wert des Witzes besteht in dem Vergnügen, das er bereitet und das, wie jede Lust, den Erwachsenen ebenso wehmütig wie vernunftmäßig zu den Spielen seiner Kindheit zurückführt:

> In der Zeit, da das Kind den Wortschatz seiner Muttersprache handhaben lernt, bereitet es ihm ein offenbares Vergnügen, mit diesem Material »spielend zu experimentieren« (*Groos*), und es fügt die Worte, ohne sich an die Sinnbedingung zu binden, zusammen, um den Lusteffekt des Rhythmus oder des Reimes mit ihnen zu erzielen. Dieses Vergnügen wird ihm allmählich verwehrt, bis ihm nur die sinnreichen Wortverbindungen als gestattete erübrigen. Noch in spätere Jahre ragen dann die Bestrebungen, sich über die erlernten Einschränkungen im Gebrauche der Worte hinauszusetzen, indem man dieselben durch bestimmte Anhängsel verunstaltet, ihre Formen durch gewisse Veranstaltungen verändert (Reduplikationen, Zittersprache) oder sich sogar für den Gebrauch unter den Gespielen eine eigene Sprache zurechtmacht, Bemühungen, welche dann bei den Geisteskranken gewisser Kategorien wieder auftauchen.
> Ich meine, welches immer das Motiv war, dem das Kind folgte, als es mit solchen Spielen begann, in weiterer Entwicklung gibt es sich ihnen mit dem Bewußtsein, daß sie unsinnig sind, hin und findet das Vergnügen in diesem Reiz des von der Vernunft Verbotenen. Es benützt nun das Spiel dazu, sich dem Drucke der kritischen Vernunft zu entziehen. Weit gewaltiger sind aber die Einschränkungen, die bei der Erziehung zum richtigen Denken und zur Sonderung des in der Realität Wahren vom Falschen Platz greifen müssen, und darum ist die Auflehnung gegen den Denk- und Realitätszwang eine tiefgreifende und lang anhaltende; [...] Die Macht der Kritik ist in dem späteren Abschnitt der Kindheit und in der über die Pubertät hinausreichenden Periode des Lernens meist so sehr gewachsen, daß die Lust am »befreiten Unsinn« sich nur selten direkt zu äußern wagt. Man getraut sich nicht, Widersinn auszusprechen; aber die für den Buben charakteristische Neigung zu widersinnigem, zweckwidrigem Tun scheint mir ein direkter Abkömmling der Lust am Unsinn zu sein. In pathologischen Fällen sieht man leicht diese Neigung soweit gesteigert, daß sie wieder die Reden und Antworten des Schülers beherrscht; bei einigen in Neurose verfallenen Gymnasiasten konnte ich mich überzeugen, daß die unbewußt wirkende Lust an dem von ihnen produzierten Unsinn an ihren Fehlleistungen nicht minderen Anteil hatte als ihre wirkliche Unwissenheit.[11]

Wenn der ›Witz‹ auch an die ›Sexualtheorie‹ anknüpft durch die Stellung, die derselbe Begriff – die Lust – in beiden Werken einnimmt, so leitet er sich doch noch viel unmittelbarer von der ›Traumdeutung‹ ab, die während dieser ganzen Zeit die Hauptarbeitsquelle Freuds darstellte. Dieser Zusammenhang zeigt sich

[11] a. a. O., 140–141

schon deutlich in der Komposition des Buches, das wie die ›Traumdeutung‹ zwei verschiedene Stoffe behandelt: die Sekundärliteratur über den Gegenstand und die Musterfälle, die jede Kategorie des Witzes erläutern sollen. Die zahlreichen, verschiedenartigen Beispiele verleihen dem Werke einen unterhaltenden Charakter, der in krassem Gegensatz zu dem Ernst und der schon beinahe pedantischen Genauigkeit der Analyse steht. Freud entnahm die Beispiele teils anderen Sammlungen, zum Teil schlagfertigen Antworten berühmter Persönlichkeiten, wie dem österreichischen Minister Dr. Unger, der ihm seine besten Bonmots lieferte, oder literarischen Werken, zum Beispiel von Heine und Lichtenberg, deren spezielle Technik schon allein ein ganzes Buch erforderten. Seine Hauptquelle war aber offensichtlich die jüdische Tradition, der er unlösbar schon von Kindheit an mit seinem ganzen Wesen verbunden war.[12]

Freud hatte offensichtlich großes Vergnügen an dem Zusammenstellen seiner Beispiele, die übrigens bemerkenswert gut ausgewählt sind. Dem Leser verdirbt er teilweise das Vergnügen durch häufiges Einflechten ausführlicher philosophischer Betrachtungen, die manchmal die Ausführung seiner Idee etwas stören. Natürlich mußte er sich hier wie bei der ›Traumdeutung‹ zu peinlich genauer Arbeitsweise zwingen, um trotz allem den Forderungen der wissenschaftlichen Publikationen gerecht zu werden. Hier stoßen wir noch einmal auf Freuds persönliche Schwierigkeit mit den Fragen des geistigen Eigentums und der Priorität. Übrigens ist es auffallend, daß er weniger auf seinem eigenen Wissensgebiet Angst in dieser Richtung empfand, sondern vielmehr auf fremden, wenn dorthin seine Werke übergriffen und sich dann den Vorwürfen der Spezialisten aussetzten.

Die Werke anderer Autoren verhelfen in diesem Falle Freud dazu, die allgemein gebräuchlichen Definitionen des Lachens und der Komik, des Humors und des Witzes auf das Wesentliche zu reduzieren. Aber was ist nun all diesen Verbalerzeugnissen gemeinsam, deren Mechanismus so schwer zu erfassen ist? Freud sagt, daß sie alle gemeinsam dem Lustprinzip folgen und sich deshalb einer bestimmten Technik bedienen, die keineswegs nur ihnen vorbehalten ist, sondern außerdem noch viele andere seelischen Leistungen verlangt. Erstaunlicherweise gleicht diese Technik in mehr als einem Punkte der Verarbeitung und Arbeit des Traumes. Der Witz ist nur die Bearbeitung eines unbewußten, infantilen Materials, das der Erwachsene nicht ohne weiteres ausdrücken darf, will er nicht gegen den Anstand verstoßen. Um diese Grundtendenzen – die Freud am Unsinn und am freien Wortspiel und die von der Gesellschaft verbotene

[12] 1898 begann er jüdische Geschichten zu sammeln (vgl. Briefe an Fließ).

Aggressivität – zu äußern, bedient sich der Witz derselben technischen Verfahren, die es auch dem Traum erlauben, sich einen unzeitgemäßen oder unerlaubten Wunsch zu erfüllen. Wie der Traum übersetzt auch er die Gedanken in Bilder, verdichtet und verschiebt seine Elemente. So gelingt es ihm, seine Gedanken gleichzeitig zu verschleiern und zu verraten. Endlich findet auch er – wie der Traum – einen Sinn in seinem Unsinn. Diese Technik stellt die enge Verwandtschaft der beiden Phänomene dar, die auf der anderen Seite bei weitem nicht die gleiche soziale Bedeutung besitzen: man träumt allein, der Witz aber benötigt immer ein Publikum.

> Der Traum ist ein vollkommen asoziales seelisches Produkt; er hat einem anderen nichts mitzuteilen; innerhalb einer Person als Kompromiß der in ihr ringenden seelischen Kräfte entstanden, bleibt er dieser Person selbst unverständlich und ist darum für eine andere völlig uninteressant. Nicht nur daß er keinen Wert auf Verständlichkeit zu legen braucht, er muß sich sogar hüten, verstanden zu werden, da er sonst zerstört würde; er kann nur in der Vermummung bestehen. Er darf sich darum ungehindert des Mechanismus, der die unbewußten Denkvorgänge beherrscht, bis zu einer nicht mehr redressierbaren Entstellung bedienen. Der Witz dagegen ist die sozialste aller auf Lustgewinn zielenden seelischen Leistungen. Er benötigt oftmals dreier Personen und verlangt seine Vollendung durch die Teilnahme eines anderen an dem von ihm angeregten seelischen Vorgange. Er muß sich also an die Bedingung der Verständlichkeit binden, darf die im Unbewußten mögliche Entstellung durch Verdichtung und Verschiebung in keinem weiteren Ausmaße in Anspruch nehmen, als soweit dieselbe durch das Verständnis der dritten Person redressierbar ist. Im übrigen sind die beiden, Witz und Traum, auf ganz verschiedenen Gebieten des Seelenlebens erwachsen und an weit voneinander entlegenen Stellen des psychologischen Systems unterzubringen. Der Traum ist immer noch ein, wiewohl unkenntlich gemachter, Wunsch; der Witz ist ein entwickeltes Spiel. Der Traum behält trotz all seiner praktischen Nichtigkeit die Beziehung zu den großen Interessen des Lebens bei; er sucht die Bedürfnisse auf dem regressiven Umwege der Halluzination zu erfüllen, und er verdankt seine Zulassung dem einzig während des Nachtzustandes regen Bedürfnis zu schlafen. Der Witz hingegen sucht einen kleinen Lustgewinn aus der bloßen, bedürfnisfreien Tätigkeit unseres seelischen Apparats zu ziehen, später einen solchen als Nebengewinn während der Tätigkeit desselben zu erhaschen, und gelangt so *sekundär* zu nicht unwichtigen, der Außenwelt zugewendeten Funktionen. Der Traum dient vorwiegend der Unlustersparnis, der Witz dem Lusterwerb; in diesen beiden Zielen treffen aber alle unsere seelischen Tätigkeiten zusammen.3

[13] Der Witz und seine Beziehung zum Unbewußten. G. W. VI, 204–205

17. Das Ende der Isolierung

Das Jahr 1906 war in Freuds Leben von besonderer Bedeutung; die Analyse hörte auf, seine persönliche Angelegenheit zu sein, für die er nahezu allein kämpfte, um seinen Ideen zur Anerkennung zu verhelfen; sie fing an bekanntzuwerden, und man begann auch außerhalb Wiens über sie zu diskutieren. Sie wurde allmählich zur ›Sache‹, wie man sie bald nannte. Durch ein zufälliges Zusammentreffen – vielleicht bezeichnete es Freud anders – bedeutete dieses Jahr auch den Beginn seiner Beziehungen zu Jung und den endgültigen Bruch mit Fließ, der sich sechs Jahre lang hingezogen hatte.

Freud war nun fünfzig Jahre alt. Zum ersten Male hatte die kleine Gruppe der Wiener Anhänger seinen Geburtstag gefeiert. Zu dieser Gelegenheit, die später der Anlaß zu Festlichkeiten und weltweiten Sympathiebeweisen wurde, hatten ihm seine Schüler eine Medaille geschenkt, die auf der Vorderseite Freuds Profil, auf der Rückseite Ödipus im Gespräch mit der Sphinx zeigte. Sie ist umrahmt von dem Vers aus ›König Ödipus‹ von Sophokles: »Der das berühmte Rätsel löste und ein gar mächtiger Mann war.«

Ernest Jones berichtet über eine wichtige Begleiterscheinung dieser Begebenheit:

> Bei der Überreichung der Medaille ereignete sich ein merkwürdiger Zwischenfall. Als Freud die Inschrift las, wurde er blaß, unruhig und fragte mit erstickter Stimme, wer diese Idee gehabt habe. Er benahm sich wie ein Mensch, dem ein Geist erschienen ist, und so war es auch. Nachdem ihm Federn gesagt hatte, er sei es gewesen, enthüllte er ihnen den Grund seines Verhaltens: Als junger Student sei er einmal um die großen Arkaden der Wiener Universität herumgegangen und habe die Büsten früher berühmter Professoren betrachtet. Damals habe er sich in der Phantasie ausgemalt, daß dort seine künftige Büste stände, was an sich für einen ehrgeizigen Studenten noch nichts Besonderes gewesen wäre – aber auch, daß darunter eben gerade diese Worte graviert seien, die er nun auf der Medaille vor sich sehe.
>
> Vor gar nicht langer Zeit konnte ich nun seinen Jugendtraum verwirklichen, als ich der Universität Wien Freuds Büste übergab, die der Bildhauer Königsberger 1921 gemacht hatte und auf der jene Zeile von Sophokles eingraviert wurde. Die feierliche Enthüllung fand am 4. Februar 1955 statt. Es ist dies ein sehr seltenes Beispiel für einen Fall, bei dem der Tagtraum eines Jünglings sich in allen Einzelheiten verwirklichte, wenn auch achtzig Jahre dazu nötig waren.[1]

[1] JBg. Bd. II, 27–28

Das wichtigste Ereignis dieses Jahres war für Freud jedoch der Beginn des Briefwechsels mit C. G. Jung, einem der ersten ausländischen Psychiater, der über seine Theorie ernsthaft nachgedacht und sogar begonnen hatte, sie anzuwenden. Er war Assistent bei Professor Bleuler in der berühmten psychiatrischen Klinik Burghölzli, die eines der für Psychiater wichtigsten Ausbildungszentren Europas darstellte. Jung war offensichtlich ein hochwillkommener Gast für die junge psychoanalytische Bewegung, der nicht allzu viele hervorragende Persönlichkeiten angehörten. Sein Anschluß hat in ihrem Begründer sehr gemischte Gefühle hervorgerufen. Durch diese unerwartete Bestätigung wurde Freud geblendet. Sie bedeutete für ihn die Möglichkeit eines unerhörten Aufstiegs in der Wissenschaft und damit eine der bedeutenden Stellungen in Europa. Der junge Gelehrte aus dem Ausland, der von selbst zu ihm gekommen war und ihm außerdem noch die Sympathien seines berühmten Professors überbrachte, beeindruckte ihn vom ersten Augenblick an durch die Kraft seines Geistes, die Vielseitigkeit seiner Kultur und vor allem durch seinen Mut; denn Freuds Ideen öffentlich zu vertreten bedeutete zu jener Zeit, seinen guten wissenschaftlichen Ruf aufs Spiel zu setzen. Dankerfüllt und verblendet, sah er in Jung den idealen Streiter seiner ›Sache‹, der ihm beistehen oder sogar ihn in seinem Kampf völlig ersetzen könne. Schon in den ersten Briefen, die sie austauschten, ließ er vielleicht zu gut erkennen, in welcher Beziehung er seiner Unterstützung bedürfe.[2]

Jung hatte schon sehr bald die ›Traumdeutung‹ gelesen und sie sogar dreimal in seiner Arbeit über den Okkultismus erwähnt. Schon 1904 hatte Freud von Bleuler selbst die wichtige Nachricht erhalten, daß der Züricher Professor sich seit mehreren Jahren für die Psychoanalyse interessiere und — auf Betreiben seines Oberarztes Jung — nach Anwendungsmöglichkeiten der neuen Methode auf dem unerforschten Gebiet der Schizophrenie suche. Bleuler untersuchte und lehrte die dementia praecox nach den Methoden des großen deutschen Psychiaters Kraepelin und war eine in der ganzen Welt geachtete Persönlichkeit. Seine Anerkennung zu finden war schon allein schmeichelhaft für ihn und hatte darüber hinaus noch eine unschätzbare wissenschaftliche Bedeutung. Freud war davon zutiefst beeindruckt und übertrug all seine Dankbarkeit auf Jung, der ja auch tatsächlich in diesem Falle die tätige Kraft gewesen war.

Hier nun ein Wort zu ›Burghölzli‹, wo die Psychoanalyse plötzlich so wertvolle Verbündete gefunden hatte. Natürlich arbeiteten hier vor allem Schweizer, aber auch Studenten und Mediziner des Auslands, die dort zuweilen mehrere Jahre verbrachten.

[2] Jg., Briefe von 1907 und 1908

Trotz ihres weltoffenen Charakters war die berühmte psychiatrische Klinik ein ziemlich sonderbarer Ort, dem die Schweizer, um ihre Meister Forel und Bleuler geschart, einen nahezu mystischen Anstrich verliehen. Sie waren nicht nur durch wissenschaftliche Interessen miteinander verbunden, sondern ebenso durch religiöse Überzeugung und gleiche Lebensauffassung. Zum größten Teil waren sie Vegetarier und Abstinenzler. All diese Gegebenheiten wirkten wie eine Schranke zwischen ihnen und ihren ausländischen Kollegen. Diese sektiererhafte Haltung, die sich so offensichtlich von den Lebensgewohnheiten Freuds und seiner Wiener Anhänger unterschied, stand in krassem Gegensatz zu ihrem Enthusiasmus für die neue Psychologie. Ärzte, die bei Bleuler und Jung arbeiteten, sahen voraus, daß der Mystizismus von Burghölzli Probleme für eine Annäherung zwischen Zürich und Wien mit sich bringe. Zu ihnen gehörte Karl Abraham, der drei Jahre bei Bleuler gewesen war und die Klinik gut kannte; er versuchte von Anfang an, Freud die Unvereinbarkeit vor Augen zu führen, die ihm von schlechter Vorbedeutung zu sein schien. Freud hatte aber in Jung solch große Hoffnungen gesetzt und war von dem Mann, den er zu seinem Nachfolger bestimmt hatte, so restlos begeistert, daß ihn lange Zeit keine Warnung zur Besinnung bringen konnte.
In den Augen seiner Wiener Schüler, von denen die einen aus Einsicht, die anderen aus Eifersucht die Bevorzugung der Neuhinzugekommenen nur mit Besorgnis sahen, mußte Freuds Begeisterung für die Schweizer als blind gelten. Wenn die Zukunft auch den Skeptikern recht gab, so hatte doch Freuds gefühls- und verstandesmäßige Bindung tiefere Gründe, die bei weitem nicht alle selbstsüchtig waren. Wir haben schon oft betont, daß Freud Schüler Brückes war und blieb, für den die ganze Wissenschaft vor allem auf Beobachtungen und gemessenen Tatsachen beruhte. Seinen Forschungsarbeiten hatte er selbst aber nicht diese experimentelle Basis geben können, die den vagen Charakter seiner Theorie beendigt und ihn allein zufriedengestellt hätte. Entgegen seinen etwaigen Hoffnungen schienen seine ersten Schüler auch kaum das Bedürfnis zu haben, die Psychoanalyse auf gefestigtere Grundlagen zu stellen. Sie wären dazu auch kaum befähigt gewesen. Aus der Arbeit ›Zur Geschichte der psychoanalytischen Bewegung‹ ist ersichtlich, wie sehr Freud unter ihrem wissenschaftlichen Desinteresse gelitten hat.
So lieferte ihm die Bleuler'sche Schule genau die noch fehlende Laboratoriumserfahrung, nach der er sich, trotz seines Bewußtseins recht zu haben, im Grunde immer gesehnt hatte. Jung und seine Schüler hatten tatsächlich eine Versuchsmethode entwickelt, um die Assoziationen zu erforschen. Ursprünglich von Wundts Psychologie abgeleitet und zur Diagnostik der demen-

tia praecox angewandt, diente sie besonders zur Demonstration von Freuds Ideen über die Reproduzierbarkeit der Erinnerungen und von da ausgehend dem Kernpunkt der Theorie des Unbewußten. Der Beweis war um so wertvoller, als Jung seine Tests aufgrund seiner vielfältigen Erfahrungen abgewandelt hatte, indem er sich nicht auf Normen festlegte und sie zum Ausgangspunkt nahm, sondern viele Fehlerquellen berücksichtigte, die ja zum Erstaunen des Beobachters die Resultate allzu leicht abweichen ließen.

Diese Tests, die ›Assoziationsversuche‹ genannt wurden, dürfen nicht mit der von Freud erfundenen Methode der freien Assoziation verwechselt werden; sie haben weder den gleichen Ausgangspunkt noch das gleiche Ziel. Die ›Assoziationsversuche‹ haben nur diagnostischen Wert, während die freien Assoziationen Gegenstand der Behandlung sind. In der Folgezeit hat Jung seine Methode, die nur didaktisch interessant blieb, aufgegeben. Freud hatte sich ihrer eigentlich nie richtig bedient.

Die ›Assoziationsversuche‹ entsprechen in gewisser Weise den als ›projektiv‹ bezeichneten psychologischen Tests, wie z. B. dem ›Rorschach‹, dem ›Thematic Aperception Test‹, dem ›Szondy‹ usw. Jung hat sie in seinen Arbeiten mehrfach beschrieben und erklärt sie auch ausführlich in einer der Abhandlungen, die in seinem Buch ›Seelenprobleme der Gegenwart‹ zusammengefaßt sind:

> Der Versuchsleiter verfügt über eine Wortreihe, die sogenannten Reizwörter, die er wahllos herausgesucht hat und die untereinander in keinem Sinnzusammenhang stehen und so die Vorbedingung für einen Versuch reiner Assoziationen darstellen. Hierzu als Beispiel: Wasser, rund, Stuhl, Gras, blau, Messer, helfen, Gewicht, bereit. Wenn man diese Wörter, eines nach dem anderen der Versuchsperson anbietet, geht von dieser Reihenfolge keine Suggestion aus (was aber immer der Fall ist, wenn mehrere Wörter aus demselben Themenkreis stammen). Der Versuchsleiter fordert nun die Versuchsperson auf, auf jedes Reizwort so schnell wie möglich mit dem ersten Wort, das ihr in den Sinn kommt, zu reagieren. Auf das Wort ›Wasser‹, das der Versuchsleiter ihr sozusagen zuruft, wird die Versuchsperson so schnell wie möglich mit dem ersten Wort antworten, das ihr dazu einfällt, zum Beispiel mit ›naß‹ oder ›grün‹ oder ›H_2O‹ oder ›waschen‹, etc ... Der Versuchsleiter mißt die Reaktionszeit mit einer Stoppuhr, die Fünfzigstelsekunden anzeigt. Die Uhr wird gedrückt, sobald man die letzte Silbe des Reizwortes ausspricht und gestoppt, sobald die Versuchsperson die erste Silbe des Reaktionswortes auszusprechen beginnt. Die abgelaufene Zeit, Reaktionszeit genannt, wird notiert. Ich verwende fünfzig oder mehr Reaktionen; bei einer zu großen Anzahl wird sich allerdings eine Ermüdungserscheinung nachteilig bemerkbar machen.[3]

[3] C. G. Jung: l'Homme à la découverte de son âme. (Hrsg. u. ins Frz. übers. v. Cahen-Salabelle) Genève 1950, S. 136 f.

An einer anderen Stelle erklärt Jung, wie diese Methode, die urspünglich zur Untersuchung des normalen Assoziationsablaufes ausgearbeitet wurde, dazu führte, nicht das ursprünglich Gesuchte zu erforschen, sondern die vielen Fehlermöglichkeiten, die die normale Reaktion beeinflussen. Das anfangs auf normale Reaktionszeit und unauffällige Reaktionsworte gerichtete Versuchsinteresse konzentrierte sich zum Schluß völlig auf den ›Irrtum bei der Reaktion‹:

> Im Verlauf des Versuchs bemerkt man, daß die Reaktionszeiten sehr verschieden sind, zum Teil kurz, zum Teil lang und daß verschiedene Antworten nicht störungsfrei gegeben werden: die Versuchsperson vergißt die eingangs gegebene Ermahnung, mit einem einzigen Wort zu antworten und antwortet mit einem ganzen Satz, oder sie läßt den Sinn des Reizwortes ganz außer acht und antwortet mit einer Klangähnlichkeit, was auch ein leichter Verstoß gegen die vorangegangenen Angaben ist. Ebenfalls kommen andere Zwischenfälle vor: Nachdem der Versuchsleiter das Wort ›Wasser‹ gesprochen hat, passiert es vielleicht, daß die Versuchsperson antwortet: ›Wasser – nun – grün‹, was eine Wiederholung des Reizwortes bedeutet, oder sie sagt außerdem noch: ›Grün, ach, ich wollte sagen blau‹: der Versuchsperson unterlief ein Lapsus. Vielleicht beginnt sie auch zu lachen und antwortet völlig unangemessen. ›Ja‹ oder ›Nein‹ können dann der geforderten Antwort vorangesetzt sein. Oder die Versuchsperson versteht das deutlich ausgesprochene Reizwort nicht oder nur schlecht, oder sie reagiert mit einem stereotypen Wort, das heißt mit demselben Reaktionswort auf verschiedene Reizworte. Manche Versuchspersonen antworten zum Beispiel mehrfach mit ›schön‹. All diese Störungen, ob sie nun verlängerte Reaktionszeit oder Fehlen einer Antwort sind, werden als Hinweis auf bestehende Komplexe gedeutet. Tatsächlich konnte man feststellen, daß Reizworte, die irgendeine Störung bedingen, bei der Versuchsperson immer mit einem Gefühlsinhalt zusammenfallen, der in irgendeiner Weise ein Tabu der Intimsphäre betrifft. Geht das Interesse für ein Reizwort nicht tiefer als bis zur Oberfläche des Bewußtseins, so verläuft die Reaktion normal und unauffällig; sticht sie aber die vom Innenleben aufgerichteten Schutzdämme an und durchbricht sie und dringt so in die Intimität des Ich ein, so verursacht sie eine Störung der äußeren Reaktion, indem sie im Inneren einen Automatismus auslöst, mit dem die Versuchsperson nicht gerechnet hatte, der ihre Aufmerksamkeit in Anspruch nimmt, sie gleichsam überwältigt und daran hindert, die gegebenen Richtlinien zu befolgen.[4]

Jungs Ausführung verhilft dazu, uns ein Bild des Begriffs ›Komplex‹ zu machen, der so häufigen Wandlungen unterworfen wurde und durch seine Verbreitung und Unbestimmtheit nach und nach jede genaue Bedeutung eingebüßt hat. Der Begriff wurde übrigens weder von Jung noch von Freud erfunden, sondern von Ziehen, einem deutschen Psychiater, der der Psycho-

[4] a. a. O., 137 f.

analyse äußerst ablehnend gegenüberstand. Im Sinne Jungs verstanden, ist er ein streng experimentaler Begriff, der ›einen affektiv gefärbten psychischen Inhalt‹ bezeichnet, unbewußt oder in unterschiedlichem Grad bewußt sein kann und beim Versuch die Wahl der Reaktionsworte irgendwie beeinflußt. Später vervollständigte Jung seine Assoziationsexperimente durch die Einführung zweier Geräte, eines Galvanometers, der die unwillkürlichen, vegetativen Funktionsänderungen der Organe registrierte, und eines Pneumographen, der Rhythmus und Tiefe des Atems bei der Versuchsperson maß. Die übereinstimmenden Resultate dieser verschiedenen Untersuchungen erlaubten es ihm, die Behauptung aufzustellen, ›die Komplexe seien affektive Größen‹ oder, anders ausgedrückt, affektive Phänomene, die exakte Messungen zuließen. Die Versuchssituation stellt sie natürlich nicht her, sie kann sie nur sichtbar machen und ihre Stärke durch die angeschlossenen Geräte in Zahlen ausdrücken. So können sie, gleichgültig für welchen Zweck, festgestellt werden. Der beim Experiment zum Vorschein gekommene ›Komplex‹ kann nach Jungs Meinung der Gegenstand einer wissenschaftlichen Erklärung sein.

> Was ist nun also wissenschaftlich gesehen ein affektbeladener Komplex? Er ist das emotionelle, lebhafte und anhaltende Bild einer psychischen Situation, ein Bild, das außerdem mit dem normalen bewußten Verhalten und der Umwelt unvereinbar ist; dieses Bild ist mit einem besonders starken inneren Zusammenhang ausgestattet, mit einer Art eigener Totalität und einer gewissen Autonomie: Nur flüchtig kann es sich den Anordnungen des Bewußten unterwerfen und verhält sich dementsprechend im Bereich des Bewußtseins wie ein mit eigenem Leben ausgestatteter Fremdkörper. Mit Willensanstrengung kann gewöhnlich ein Komplex verdrängt werden, und es ist möglich, ihn unter Kontrolle zu halten. Keiner Anstrengung gelingt es aber, ihn aufzulösen, und er tritt bei jeder sich bietenden Gelegenheit immer wieder mit ursprünglicher Stärke in Erscheinung. Experimentelle Forschungen scheinen zu beweisen, daß die Kurve seiner Wirksamkeit oder Stärke wellenförmig verläuft, wobei die Wellenlänge im Verlauf von Stunden, Tagen oder einigen Wochen sich verändern kann. Dieses Problem ist noch nicht durchleuchten.[5]

Jung unterschied so viele unterschiedliche Komplexe, wie es für den Menschen verschiedene Möglichkeiten der Traumatisierung, der Störung und Beschwerden gibt. Von ihm angeregt, sprach man vom Vater-, Mutter-, Bruder-, Schwesterkomplex . . . etc., und obwohl er klar gesagt hatte, daß der so bezeichnete affektive Inhalt an sich noch nicht krankhaft ist, so ließ er es doch gerne gelten, daß man ›Komplexe hatte‹, was verstehen ließ,

[5] a. a. O., 198 f.

daß man sie wie eine Krankheit bekam. Was es auch damit für eine Bewandtnis hatte, Jung behandelte die Komplexe immer wie Blutsauger, von denen sich der gesunde Mensch befreien sollte, und wenn er—wie so oft—Freud vorwarf, er habe seinen Vaterkomplex schlecht bewältigt, so bestätigte er mit dieser Formulierung die allgemein übliche Auffassung seiner Idee.

Hier taucht nun die Frage auf, ob außer der Gemeinsamkeit der Benennung noch ein anderer Zusammenhang zwischen Jungs ›Komplextheorie‹ und dem ›Ödipuskomplex‹ besteht, der, wie Freud in seinen ›Drei Abhandlungen zur Sexualtheorie‹ sagt, das ›Schibboleth‹ seiner Psychologie ist. Es soll hierbei gar nicht von der späteren Erweiterung gesprochen werden, die der Jung'sche Komplexbegriff erfuhr; er wurde gleichsam ein unabhängiges Selbst oder, wie ich es ausdrücken möchte, ein ›Teil der menschlichen Seele‹ (âme parcellaire).

Es scheint, daß der Begriff schon immer sehr unterschiedliche psychische Realitäten umfaßt hat. Für Jung ›hat‹ man Komplexe; die Komplexe beherrschen uns; es handelt sich hierbei wohlgemerkt um eine Art vorübergehenden, akzidentellen Besitzes, der älteren oder jüngeren Ursprungs sein kann, vielleicht mit Erlebnissen verbunden ist, mit Krisen, Traumata oder irgendwelchen Lebensschwierigkeiten. Sie gehören zur Psyche des Menschen; ob man sie ›hat‹ oder nicht, sie kommen und gehen, erscheinen und verschwinden willkürlich. Jung — das sei abschließend bemerkt — vergleicht sie mit boshaften Dämonen oder mit Kobolden aus verbreiteten Phantasievorstellungen, die mit ihren schlechten Streichen den Taten der Menschen entgegenwirken. Sie spielen im Inneren der Seele die Rolle kleiner, abgetrennter Persönlichkeiten, und diese sind es auch, die bei den Geisteskranken die Halluzinationen und Visionen hervorrufen.

Man sieht sofort, daß der ›Ödipuskomplex‹ — der nur ein Begriff Freuds ist, ebenso wie der Kastrationskomplex, der mit dem Wort ›Komplex‹ untrennbar verbunden ist — mit den kleinen Dämonen nicht viel gemeinsam hat, für die Freud übrigens eine andere psychologische Erklärung fand. Die ödipale Situation ist wirklich durch eine ›infantile‹ Konfliktsituation bestimmt, die alle Menschen ausnahmslos erleben und irgendwie bewältigen müssen: es ist hier also nicht die Frage, ob man ihn ›hat‹ oder nicht, man durchlebt ihn notwendigerweise, und es kommt nicht darauf an, daß man sich davon befreit, sondern die Art und Weise, wie man ihn auflöst, damit er zum Glück und zur Bereicherung des Lebens beiträgt. Mit keinem Laboratoriumsversuch kann man Ausmaß und Bedeutung dieser infantilen Situation messen, von der sich nicht nur die Konflikte herleiten lassen, sondern ebenso — wenn die Situation gut gelöst ist — die Ausgewogenheit und das Wohlgefühl des erwachsenen Menschen.

Nicht ohne weiteres läßt sich der Zeitpunkt bestimmen, an dem das Wort ›Komplex‹ im Werk Freuds zum ersten Mal auftaucht, denn alle seine Bücher sind bei jeder Neuauflage überarbeitet und mit Ergänzungen versehen worden, die oft ohne Zeitangabe blieben. Der ›Ödipuskomplex‹ jedoch erscheint unter diesem Namen noch nicht in der Erstausgabe der ›Traumdeutung‹ und der ›Drei Abhandlungen‹, sondern erst in den späteren Auflagen, so daß man als Zeitpunkt seines ersten Auftauchens frühestens 1905 angeben könnte, eine Zeit also, in der Freud schon mit Bleuler korrespondierte und die Arbeiten der Schweizer bereits kannte. Gleichgültig, ob er ihn direkt von Jung übernommen oder selbst geprägt hat — es gelangen ihm ja häufig wirklich gute Wortschöpfungen —, Tatsache ist, daß er ihn benutzte, weil er ihn, seiner eigenen Aussage nach, für sehr brauchbar hielt. Zudem fragte er aus einem wenig ausgeprägten Empfinden für terminologische Genauigkeit heraus nicht nach einer klaren Begriffsbestimmung.

Die Geschichte dieses Begriffes, der heute in die Umgangssprache eingegangen ist und praktisch alles darstellt, was man von Freud weiß, veranschaulicht sehr deutlich, wie sich Ideen verbreiten, von ihrem ursprünglichen Weg abkommen, eine Verbindung mit anderen eingehen, Siege davontragen und wieder verschwinden. Das Wort ›Komplex‹ entstammt ursprünglich dem Laboratorium und bezeichnete anfangs unzeitgemäße und unpassende Gemütsbewegungen, die in mehr oder minder kritischen Situationen den Menschen bloßstellten und seinen Handlungen im Wege standen. Vater-, Mutter-, Bruder-, Schwesterkomplexe ... kamen dann sehr gelegen, um alle Störungen des Menschen und seine Verhaltensschwierigkeiten zu erklären, die vom Standpunkt Freuds aus betrachtet zu den Neurosen gehörten. Danach verlor der Begriff den etwas magischen Beiklang, den er durch Jungs Psychologie erhalten hatte, um sich allem zu nähern, was an Minderwertigkeitsgefühle angrenzte — übrigens ein Begriff, der sowohl Freud wie auch Jung völlig fremd war und in dem Freud nichts sah als eine Abschwächung des ›Kastrationskomplexes‹, der aber dagegen einen wesentlichen Kernpunkt der Adler'schen Psychologie darstellt. ›Komplexe haben‹ bedeutet heute nicht mehr, von ihnen ›besessen‹ zu sein, sondern sich durch organische oder intellektuelle Unzulänglichkeit unterlegen zu fühlen; mag diese Minderwertigkeit nun erfunden oder begründet sein, immer wird sie sich im sozialen Leben störend bemerkbar machen. Der Begriff des Minderwertigkeitskomplexes oder kurz des Komplexes verweist unbedingt auch auf Freud. Aber es war für ihn nicht von Vorteil, daß er nach und nach all seinen Zusammenhang mit der Psychologie des Unbewußten verlor und daher auch mit dem Gedankengut Freuds.

Wie wir schon erwähnten, verwendete Freud kaum die ›Assoziationsversuche‹; er maß ihnen nur für hartnäckige Fälle einen Wert bei, besonders bei den psychotischen Zuständen wie der dementia praecox. Er unternahm nichts gegen die Unklarheit, die sich durch die Jung'schen ›Komplexe‹ in seine Theorie einzuschleichen drohten. Er selbst verwendete manchmal das Wort, obwohl er, wie ein Brief an Pfister aus dem Jahre 1910 zeigt, nicht aufhörte ihm zu mißtrauen.

> Mit den Komplexen heißt es überhaupt vorsichtig sein; so unentbehrlich der Begriff bei verschiedenen Hantierungen und Demonstrationen ist, wenn man Theorie macht, soll man doch stets dafür einsetzen, was hinter ihm steckt [...] Er ist doch zu vag und inadäquat.[6]

Man sieht, daß sich Freud selbst im Jahre 1910, als die Beziehungen zwischen Wien und Zürich unmerklich anfingen sich zu verschlechtern, keine übermäßigen Sorgen machte um die möglichen Schäden, die seiner Theorie mehr durch Jungs begriffliche Abweichung als durch dessen damalige Arbeiten zugefügt werden könnten. Ein mißtrauischerer Geist jedoch hätte voraussehen können, daß es kein so weiter Weg ist von Jungs ›Komplex‹, der von seinen infantilen Wurzeln nahezu völlig abgetrennt und so gewissermaßen ›psychologisiert‹ worden war, bis zu den Archetypen, die später als rein symbolische Figuren die leiblichen Eltern ersetzten. Aber Freud hat Jung geliebt und war überzeugt, es könnte für sein Werk keinen besseren Verfechter und würdigeren Vollender geben als ihn. Wenn er dann darüber nachdachte, was seine eifersüchtigen und scharfsichtigen Schüler als schlechte Zeichen deuteten, entschuldigte er ihn vor sich und anderen damit, daß er es als Pfarrerssohn, der in festgefügter moralischer und religiöser Tradition erzogen und seinem Milieu noch sehr verhaftet war, viel schwerer hätte als jeder andere, seine Vorurteile zu überwinden und seine etwas ungezügelte Natur seiner Persönlichkeit harmonisch einzufügen. Diese Argumente führte er Karl Abraham gegenüber an, der ihm als Schüler besonders nahe stand, seine gefühlsmäßige Abneigung Jung gegenüber nur schlecht verbarg und sehr bald in Konflikt mit ihm geriet.

1908 fand der erste Internationale Kongreß in Salzburg statt, der – übrigens auf Veranlassung Jungs hin – ›Zusammenkunft für Freud'sche Psychologie‹ genannt wurde. Im Gegensatz zu den folgenden Kongressen dauerte er nur einen Tag, hatte kei-

[6] Fr.-Pf. 10. 1. 1910, 29

nen Präsidenten, keinen Sekretär, kein Komitee und nicht einmal eine Tagesordnung. Der ausbrechende Streit zwischen Jung und Abraham um die dementia praecox – das Hauptarbeitsgebiet von Burghölzli – war die einzige Trübung dieses historischen Tages. Jung vertrat die Ansichten seines Chefs Bleuler, nach denen die dementia praecox ein hirnorganisches Zustandsbild sei, als dessen Ursache man ein ›Psychotoxin‹ annahm. Abraham hingegen vertrat Freuds Anschauung über diese Krankheit. Er sagte, die dementia praecox sei nicht auf eine Zerstörung der geistigen Fähigkeiten zurückzuführen, sondern auf eine massive Blockierung des Gefühlsprozesses. Zu alledem vergaß er noch, die Arbeiten von Jung und Bleuler zu erwähnen, die er nicht unbedingt für wertvoll hielt. Jung nahm dieses Versäumnis, was wirklich ein Vergessen im Sinne Freuds war, sehr übel. Um Abraham versöhnlicher zu stimmen, schrieb Freud ihm einen Brief, in dem er ihm seine Pläne darlegte, der aber mehr Zeugnis von seiner Güte als von seiner Diplomatie ablegt.

> Lieber u. geehrter Herr Kollege!
> Ich freue mich sehr, daß Sie Salzburg als eine erfreuliche Gelegenheit auffassen. Ich habe ja selbst kein Urteil, da ich mitten drin stehe, meine Neigung geht aber auch dahin, diese erste Zusammenkunft als eine verheißungsvolle Probe zu betrachten ...
> Im Zusammenhang mit letzterer richte ich aber noch eine Bitte an Sie, von deren Erfüllung vielleicht allerlei abhängen kann. Ich entsinne mich, daß Ihr Vortrag zu einem kleinen Conflikt zwischen Ihnen u. Jung geführt hat, wenigstens schloß ich es aus einigen Worten, die Sie nachher an mich richteten. Nun halte ich ja eine Concurrenz zwischen Ihnen beiden für unvermeidlich, auch für harmlos innerhalb gewisser Grenzen; in der Behandlung der Sache selbst zögerte ich nicht, Ihnen Recht zu geben und Jungs Empfindlichkeit auf sein Schwanken zurückzuführen. Aber ich möchte es nicht, daß sich eine ernste Verstimmung zwischen Sie beide dränge. Wir sind noch so wenige, daß Uneinigkeiten, zumal auf Grund persönlicher »Complexe« zwischen uns, ausgeschlossen sein sollten. Es muß uns auch wichtig sein, daß Jung den Rückweg zu der von ihm jetzt verlassenen Auffassung findet, die Sie so consequent vertreten haben. Ich glaube, es ist Aussicht dafür vorhanden; Jung schreibt mir auch, daß Bleuler sich sehr beeinflußt zeigt und beinahe geneigt ist, die organische Natur der Dementia praecox wieder fallen zu lassen. Sie tun mir also gerade einen persönlichen Gefallen, wenn Sie Jung von Ihrer Publikation vorher Mitteilung machen und ihn auffordern, seinen damaligen Einspruch, dem Sie Rechnung tragen wollen, mit Ihnen zu erörtern. Eine solche Liebenswürdigkeit wird der keimenden Verunreinigung gewiß ein Ende machen, würde mich sehr erfreuen und mir zeigen, daß wir alle aus der Übung der Psychoanalyse auch praktischen Vorteil für unsere eigenen Seelentätigkeiten zu ziehen imstande sind. Lassen Sie sich die kleine Überwindung nicht schwer werden.

Seien Sie tolerant und vergessen Sie nicht, daß Sie es eigentlich leichter als Jung haben, meinen Gedanken zu folgen, denn erstens sind Sie völlig unabhängig, und dann stehen Sie meiner intellektuellen Constitution durch Rassenverwandtschaft näher, während er als Christ und Pastorssohn nur gegen große innere Widerstände den Weg zu mir findet. Um so wertvoller ist dann sein Anschluß. Ich hätte beinahe gesagt, daß erst sein Auftreten die Psychoanalyse der Gefahr entzogen hat, eine jüdisch nationale Angelegenheit zu werden.[7]

Abraham fügte sich Freuds Bitte und schrieb Jung einen versöhnlichen Brief, mit dem er jedoch nicht viel Erfolg hatte. Abraham sah schon damals voraus, daß Jung nicht lange der Bewegung angehören würde. Freud antwortete ihm aber auf seine Bedenken folgendes: »Wir Juden haben es im ganzen leichter, da uns das mystische Element abgeht.« In seinem nächsten Brief schreibt er:

Ich werde mich bemühen, gutzumachen, was möglich ist, wenn ich Ende September, wie besprochen, nach Zürich komme. Verstehen Sie mich recht; ich kann Ihnen nichts vorwerfen; ich vermute bei mir, daß der verhaltene Antisemitismus der Schweizer, der mich schonen will, verstärkt auf Sie geworfen wird. Ich meine nur, wir müßten als Juden, wenn wir irgendwo mittun wollen, ein Stück Masochismus entwickeln, bereit sein, uns etwas Unrecht tun zu lassen. Es geht sonst nicht zusammen.
Sie können sicher sein, daß, wenn ich Oberhuber heißen würde, meine neuen Ideen trotz aller anderen Faktoren weit weniger Widerstand antreffen würden.[8]

Die den Eifersüchteleien, den ideologischen Unterschieden und der Gegensätzlichkeit der Temperamente entspringenden Streitigkeiten sollten die sieben Jahre anhalten, in denen Freud und Jung versuchten, gemeinsam an der ›Sache‹ zu arbeiten. Schon 1909, während ihrer gemeinsamen Amerikareise, hatte sich Jung innerlich weit von dem entfernt, was er drei Jahre früher selbst als ›das bedeutendste Ereignis seines Lebens‹ bezeichnet hatte. Freud jedoch sah in ihm den Josua, der dazu bestimmt war, das Gelobte Land der Psychiatrie zu betreten, das er, Moses, nur von weitem erblicken durfte. Bis zuletzt sah er nicht die tiefen Unvereinbarkeiten, die den Bruch ahnen ließen, oder wollte sie nicht sehen.

[7] Abr., Mai 1908: JBg., Bd. II, 66–67
[8] JBg., Bd. II, 69

18. Die Amerikareise

Freud gehörte zu den Menschen, die man sich als jungen Mann kaum vorstellen kann, weil bei ihnen das Alter nicht als natürliches Ergebnis ihres Lebens erscheint, sondern vielmehr als Würde, eine Art angeborener Vornehmheit, die ihren Zügen eine etwas distanzierte Weisheit verleiht. Allgemein bekannt war er erst im Alter von mehr als fünfzig Jahren; mit siebzig wurde er zu einer der berühmtesten Persönlichkeiten seiner Zeit. Durch all die vielen Fotografien und literarischen Zeugnisse hindurch, die uns ein Bild von ihm vermitteln wollen, ist es für uns nicht leicht, das wahre Gesicht des schon nahezu legendären Greises zu erkennen, das gleichzeitig durchdringend und heiter erscheint. Stefan Zweig erfaßte sein Wesen, wenn er in seiner ›Heilung durch den Geist‹ schreibt:

> Jahre und Jahre verzweifeln vor seinem Antlitz alle Karikaturisten, denn nirgends finden sie in diesem völlig ebenmäßig ausgeformten Oval rechten Ansatz für die zeichnerische Übertreibung. Vergebens legt man sich Bild um Bild seiner jüngeren Jahre nebeneinander, ihnen irgendeinen vorherrschenden Zug, etwas charakterologisch Wichtiges abzuspähen. Aber die Züge des Dreißigjährigen, Vierzig- und Fünfzigjährigen sagen nicht mehr als: ein schöner Mann, ein männlicher Mann, ein Herr mit regelmäßigen, beinahe allzu regelmäßigen Zügen. Wohl deutet das dunkle, gesammelte Auge den geistigen Menschen an, aber beim besten Willen findet man in diesen verblaßten Photographien nicht mehr als eben eines jener von gepflegtem Bart umrahmten Arztantlitze idealisch männlicher Art, wie sie Lenbach und Makart zu malen liebten, dunkel, weich und ernst, aber im letzten nicht aufschlußreich. Und schon meint man jeden charakterologischen Versuch vor diesem in seine eigene Harmonie eingeschlossenen Antlitz aufgeben zu müssen. Da beginnen plötzlich die letzten Bilder zu sprechen. Erst das Alter, das sonst bei den meisten Menschen die individuellen Wesenszüge auflöst und zu grauem Lehm zerbröckelt, erst die patriarchalische Zeit setzt bei Freud den bildnerischen Meißel an, erst Krankheit und Greisenjahre meißeln unwidersprechlich eine Physiognomie aus einem bloßen Gesicht. Seit das Haar ergraut, der Bart nicht mehr so voll das harte Kinn, nicht mehr so dunkel den scharfen Mund verschattet, seit der knochig plastische Unterbau seines Antlitzes zutage tritt, enthüllt sich etwas Hartes, unbedingt Offensives, der unerbittlich und fast verbissen vordringende Wille seiner Natur. Von tiefer her, düsterer, dringlicher, schraubender bohrt sich einem jetzt der früher bloß betrachtende Blick entgegen, eine bittere Mißtrauensfalte schneidet wie eine Wunde scharf die freigelegte, furchige Stirn hinab. Und gespannt wie über einem ›Nein‹ oder ›Das ist nicht wahr‹ schließen sich die schmalen Lippen. Zum erstenmal spürt man die

Wucht und die Strenge des Freudschen Wesens in seinem Antlitz und spürt auch: nein, dies ist kein good grey old man, sanft und umgänglich geworden im Alter, sondern ein harter unerbittlicher Prüfer, der sich von nichts täuschen läßt und über nichts täuschen lassen will. Ein Mensch, vor dem man Furcht hätte zu lügen[...][1]

Das Bild, das Ernest Jones von ihm zeichnet, hebt sich deutlich von dieser imposanten Patriarchenfigur ab, die Stefan Zweig in seinem Buch entwirft. Freud war allerdings mindestens fünfzig Jahre alt und Jones selbst, von jedem literarischen Anspruch weit entfernt, konnte ihn mit der Unbefangenheit und dem Scharfblick des Nahestehenden betrachten:

Der damals zweiundfünfzigjährige Freud fing gerade erst an, die ersten Zeichen von Ergrauung zu zeigen. Er hatte einen auffallend gut geformten Kopf mit dichtem, dunklem, gutgepflegtem Haar, einen hübschen Schnurrbart und einen Spitzbart. Er war ungefähr einen Meter fünfundsiebzig groß, etwas korpulent – wenn auch wohl sein Taillenumfang nicht seine Brustweite überschritt –, und man sah ihm die sitzende Lebensweise an [...]. Er hatte etwas Lebhaftes, vielleicht auch Unruhiges oder sogar Beunruhigtes an sich, mit seinem rasch hervorschießenden Blick, der ernst und eindringlich wirkte. Ich empfand in seiner Art und in seinen Bewegungen eine leichte feminine Note, was vielleicht der Grund dafür war, daß ich ihm gegenüber eine etwas helfende oder schützende Haltung entwickelte im Gegensatz zu der filialen Haltung, die für viele andere Analytiker charakteristisch war. Er sprach mit vollkommen klarer Diktion, ein Glück für den dankbaren Ausländer, und mit freundlicher Stimme, die in leiser Tonlage angenehmer klang als in lauter. Trotz meiner fehlerhaften Aussprache des Deutschen verstand er mich gut; aber für die Anwendung des falschen Artikels schien er sehr empfindlich zu sein! Ich kann mich zum Beispiel erinnern, wie ungeduldig er wurde, als ich von »die Schnee« sprach.[2]

Die Tatsache, daß Freud gleichzeitig sowohl stark ausgeprägte väterliche Züge als auch eine gewisse feminine Note besaß, wie Jones scharfsinnig bemerkt, entspricht auch seiner ganzen sonstigen Haltung. Wenn nötig, konnte er mit beispiellosem, unbeugsamem Mut der ganzen Welt begegnen – ebenso war er aber auch fähig zu entsagen und versuchte oft, seine praktische Verantwortlichkeit für die Bewegung auf einen anderen, stärkeren als ihn zu übertragen. Dieser Mann, der für die Rolle des Vaters und Meisters wie geschaffen war, konnte sich wie sonst keiner für Rat und Hilfe anderer empfänglich zeigen. Sein Briefwechsel beweist dies, besonders ein Brief an Oskar Pfister, in dem er ohne Umschweife seine Freude darüber erkennen läßt, daß ihn Pfister verstand und ihm half:

[1] St. Zweig: Die Heilung durch den Geist. S. 264–265. Frankfurt 1952
[2] JBg. Bd. II, 61–62

Das Matterhorn deckt nun meine Briefschulden auf dem Schreibtisch. Ich lasse mir das Partikelchen Schweiz gerne gefallen in dem symbolischen Sinne, zu dem Sie mich angeleitet, als eine Huldigung des einzigen Landes, in dem ich reich begütert bin, Sinn und Gemüt starker und guter Männer mir geneigt weiß. An persönliche Verteidigung denke ich nicht. Mit Absicht habe ich meine Person immer nur als Exempel vorangestellt, nie als Modell, geschweige denn als Venerabile. Ist es doch leicht, dem Matterhorn einen anderen und weniger erhebenden Sinn zu geben. Der Maßstab 1:50 000 mag ungefähr der sein, in dem das Schicksal unsere Wünsche erfüllt, und wir selbst unsere Vorsätze durchführen [. . .].
Auch einer dritten Bedeutung des Matterhorns will ich gedenken. Es erinnert mich an einen merkwürdigen Mann, der mich eines Tages besuchte, einen wahren Diener Gottes, dessen Begriff und Existenz mir recht unwahrscheinlich waren. In dem Sinne nämlich, daß es ihm ein Bedürfnis ist, jedem, den er trifft, etwas Gutes auf seelischem Wege zu erweisen. So haben Sie auch mir wohlgetan. Nach Ihrem Zureden fragte ich mich, warum ich mich denn wirklich nicht glücklich fühlte, und ich habe bald die Antwort gefunden. Ich verzichtete auf den undurchführbaren Vorsatz, auf ehrliche Weise reich zu werden, beschloß nach dem zufälligen Austritt eines Patienten keinen Ersatz für ihn anzunehmen, und seither bin ich wohl und heiter und gebe Ihnen recht. Diesem Vorsatz aber bin ich seither schon dreimal treu geblieben; ohne Ihren Besuch und Ihre Einwirkung hätte ich mich nie dazu gebracht.[3]

Es könnte erstaunen, daß Freud sich manchmal ratlos und etwas erschöpft fühlte, besorgt um sein Werk und in der Einteilung seines Lebens immer unentschlossen war. Und das zu einem Zeitpunkt, als die ersten Zeichen des Erfolges aus dem Ausland bei ihm eintrafen. Es handelte sich dabei um ein Phänomen, das die Psychoanalytiker heute gut kennen und das Freud selbst später beschrieb und als die Krankheit derer, ›die am Erfolg scheitern‹ bezeichnete. Dieses ›Scheitern am Erfolg‹ war es auch, das ihn so lange zurückhielt, nach Rom zu fahren, ihn an der Realität Athens hatte zweifeln lassen und ihm das Recht auf seinen Erfolg abzusprechen schien. Nachdem er 1909 eine Vorlesungsreihe in Amerika zugesagt hatte, ergriff ihn Schlaffheit, eine Art Apathie, und er, der sonst voller unerschöpflicher Reiselust war und sich seine Reisen bis ins Detail ausmalte, schien schon im voraus enttäuscht und bereitete nicht einmal seine Reise vor. An Pfister schrieb er kurz vor seiner Abreise einen Brief, der interessanterweise diesen Zustand der Depression betont:

Ich bin noch ganz leistungsunfähig. Das heurige Jahr hat mir mehr angetan als frühere. Ich mag mich auch gar nicht vorbereiten für

[3] Fr.-Pf. 10. 5. 1909, 20–21

Amerika. Vielleicht, daß die Berührung mit Jung und Ferenczi (auch dieser einer der Besten) etwas hervorlockt. Zum Glück bin ich auch nicht mehr so notwendig und darf allmählich zum Ornament einschrumpfen; es steckt vielleicht ein Stück Vorsehung darin.[4]

Tatsächlich aber konnte Freud über die Bedeutung dieser Einladung nicht hinwegsehen, da sie von einer großen amerikanischen Universität ausging und für die Psychoanalyse den Eintritt in die Welt bedeuten mußte. Wahrscheinlich verbarg seine Apathie nur die Unruhe vor dieser Prüfung, deren Ausgang ihm zweifelhaft schien. Mit Jung und Ferenczi, den beiden Schülern, die ihn begleiteten, sprach er verständlicherweise darüber nicht. Obwohl er den Vorlesungen scheinbar keinerlei Bedeutung beimaß und sich sogar weigerte, sie vorzubereiten, gestand er später den ihm am nahestehendsten Personen, daß er einen Vorwand hatte finden müssen, um seiner Aufregung Herr zu werden: Er hatte sich selbst eingeredet, er führe nach Amerika, halte bei dieser Gelegenheit einige Vorlesungen, wolle aber vor allem ein wildes Stachelschwein sehen. Tatsächlich sah er es auch und kehrte mit dem Gefühl, seine schwere Aufgabe erfüllt zu haben, nach Hause zurück.
Freud war von Stanley Hall, dem Präsidenten der Clark University in Worcester, Massachusetts, anläßlich der zwanzigjährigen Gründungsfeier der Universität eingeladen worden. Stanley Hall war eine der hervorragendsten Persönlichkeiten der Experimentalpsychologie. Für die eben erst ins Leben gerufene amerikanische Psychoanalyse — sie hatte damals nur ein einziges hervorragendes Mitglied: A. A. Brill — war seine offizielle Unterstützung offensichtlich eine unschätzbare Hilfe. Freud jedoch beeilte sich keineswegs, die Einladung anzunehmen. Es mißfiel ihm, im August zu reisen, da ihm auf diese Weise drei Wochen seiner Praxistätigkeit verlorengingen. Dazu meinte er: »Amerika sollte Geld einbringen und nicht Geld kosten.« Schließlich wurde die Feierlichkeit auf die erste Septemberwoche verschoben. Nun hatte Freud keinen Grund mehr abzusagen. Die Reise wurde großzügig bezahlt, so daß er Ferenczi mitnehmen konnte, und da Jung ebenfalls eine Einladung erhalten hatte, beschlossen die drei Männer, gemeinsam zu reisen.
Sie trafen in Bremen zusammen und hielten sich dort einen Tag auf. Freud lud seine Reisegefährten zum Mittagessen ein; hierbei ereignete sich ein symptomatischer Zwischenfall, der ihn, obwohl er ihn sofort analysierte, doch stark beeindruckte. Freud und Ferenczi hatten Jung bedrängt, mit ihnen Wein zu trinken, und er — als fanatischer Anhänger der Grundsätze von Burghölzli streng gegen Alkohol eingestellt — gab dem Drängen

[4] Fr.-Pf. 16. 8. 1909, 26

nach. Als Freud diesen kleinen Sieg errungen hatte, wurde er zur Bestürzung seiner Begleiter ohnmächtig. Drei Jahre später wiederholte sich, anläßlich einer ernsthaften Auseinandersetzung mit Jung, der gleiche Zwischenfall in München. Freud hatte auch hier, nachdem er der Überlegene gewesen war, wieder nachgeben müssen. Das Essen in Bremen hatte noch unerwartete Konsequenzen: Es trug zum Zerwürfnis Jungs mit seinem Chef Bleuler bei, der Freud später ernsthaft vorwarf, er habe seinen Schüler zum Alkoholismus verführt.
Die Ankunft der drei Männer in New York verursachte kein großes Aufsehen. Freud besichtigte die Stadt. Am meisten interessierte ihn das Metropolitan Museum mit seinen griechischen Antiquitäten. Am 4. September reiste er von New York nach Worcester ab, wo am nächsten Tag seine Vorlesungen beginnen sollten. Jones, der sich mit ihm schon in New York getroffen hatte, schreibt über Freuds erstes Zusammentreffen mit dem amerikanischen Publikum:

> In Neuengland fielen die Freudschen Theorien keineswegs auf unvorbereiteten Boden. Als ich im Herbst vorher (1908) bei Morton Prince in Boston gewesen war, hatte ich zwei oder drei Kolloquien abgehalten, an denen sechzehn Personen teilgenommen hatten, darunter Putnam, Professor für Neurologie in Harvard, E. W. Taylor, sein späterer Nachfolger, Werner Münsterberg, Professor für Psychologie an derselben Universität, Boris Sidis und G. W. Waterman. Der einzige, bei dem ich wirklich Erfolg gehabt hatte, war Putnam. Im Mai des folgenden Jahres, nicht lange vor Freuds Besuch, hatte dann ein wichtiger Kongreß stattgefunden, an dem Putnam und ich Vorträge mit anschließender angeregter Diskussion gehalten hatten. So wurde Freuds Kommen begierig erwartet.
> Freud hatte noch keine Ahnung, worüber er sprechen solle, oder behauptete es wenigstens, und dachte zuerst daran, Jungs Anregung zu folgen und seine Vorlesungen dem Thema des Traumes zu widmen. Aber als er mich nach meiner Meinung fragte, riet ich ihm, ein allgemeineres Thema zu wählen. Nach einiger Überlegung stimmte er mir bei, daß die Amerikaner das Thema »Traum« nicht »praktisch« genug, wenn nicht sogar komisch finden würden. So entschied er sich dafür, eine allgemeinere Darstellung der Psychoanalyse zu geben. Auf jede einzelne Vorlesung bereitete er sich eine halbe Stunde vorher auf einem Spaziergang in Ferenczis Begleitung vor, was uns ein Bild davon gibt, wie harmonisch und flüssig ihm die Gedanken zuströmten.
> Freud hielt seine fünf Vorlesungen in deutscher Sprache, ohne irgendwelche Notizen, in ernstem Unterhaltungston, der tiefen Eindruck machte. Eine Dame unter der Zuhörerschaft brannte darauf, ihn von sexuellen Dingen sprechen zu hören, und bat mich, ihn darum zu ersuchen. Als ich ihrer Bitte entsprach, erwiderte er: »In bezug auf die Sexualität lasse ich mich weder ab- noch zubringen.«[5]

[5] JBg. Bd. II, 76–77

Freuds in Amerika gehaltene Vorlesungen zeigen das gleiche Bemühen um didaktische Klarheit wie alle seine anderen für die Öffentlichkeit bestimmten Darstellungen. Zuerst erinnerte er an die Verdienste Breuers um die Findung der psychoanalytischen Methode und erwähnte seine Arbeiten über die Hysterie. Im Folgenden sprach er über den Traum, die Fehlleistungen, die infantile Sexualität und das Wesen und die Tendenz dieser psychischen Erkrankungen, in denen paradoxerweise das Individuum seine Befriedigung findet. Abschließend erörterte er – wohl mit besonderem Blick auf Amerika – das Problem der Triebverdrängung und ihrer Exzesse, die für die Gesundheit des Einzelnen nicht weniger schädlich sind als für die ganze Kultur.

> Wir sollten uns nicht so weit überheben, daß wir das ursprünglich Animalische unserer Natur völlig vernachlässigen, dürfen auch nicht daran vergessen, daß die Glücksbefriedigung des einzelnen nicht aus den Zielen unserer Kultur gestrichen werden kann. Die Plastizität der Sexualkomponenten, die sich in ihrer Fähigkeit zur Sublimierung kundgibt, mag ja eine große Versuchung herstellen, durch deren immer weiter gehende Sublimierung größere Kultureffekte zu erzielen. Aber so wenig wir darauf rechnen, bei unseren Maschinen mehr als einen gewissen Bruchteil der aufgewendeten Wärme in nutzbare mechanische Arbeit zu verwandeln, so wenig sollten wir es anstreben, den Sexualtrieb in seinem ganzen Energieausmaß seinen eigentlichen Zwecken zu entfremden. Es kann nicht gelingen, und wenn die Einschränkung der Sexualität zu weit getrieben werden soll, muß es alle Schädigungen eines Raubbaues mit sich bringen.
> Ich weiß nicht, ob Sie nicht Ihrerseits die Mahnung, mit welcher ich schließe, als eine Überhebung auffassen werden. Ich getraue mich nur der indirekten Darstellung meiner Überzeugung, indem ich Ihnen einen alten Schwank erzähle, von dem Sie die Nutzanwendung machen sollen. Die deutsche Literatur kennt ein Städtchen *Schilda*, dessen Einwohnern alle möglichen klugen Streiche nachgesagt werden. Die Schildbürger, so wird erzählt, besaßen auch ein Pferd, mit dessen Kraftleistungen sie sehr zufrieden waren, an dem sie nur eines auszusetzen hatten, daß es soviel teuern Hafer verzehrte. Sie beschlossen, ihm diese Unart schonend abzugewöhnen, indem sie seine Ration täglich um mehrere Halme verringerten, bis sie es an die völlige Enthaltsamkeit gewöhnt hätten. Es ging eine Weile vortrefflich, das Pferd war bis auf einen Halm im Tag entwöhnt, am nächsten Tage sollte es endlich haferfrei arbeiten. Am Morgen dieses Tages wurde das tückische Tier tot aufgefunden; die Bürger von Schilda konnten sich nicht erklären, woran es gestorben war.[6]

Freud war sehr ergriffen, als ihm zum Abschluß der Feierlichkeiten der Ehrendoktor der Universität verliehen wurde. Seine Dankrede begann er mit den Worten: »Dies ist die erste offi-

[6] Über Psychoanalyse. G. W. VIII, 59–60

zielle Anerkennung unserer Bemühungen.« In seiner ›Selbstdarstellung‹ rief er sich die Menschen zurück, denen er sein positives Lebensgefühl und besonders diese Ehrung verdankte, die so unerwartet wie ein Tagtraum über ihn kam.

> Hall war ein mit Recht angesehener Psycholog und Pädagog, der die Psychoanalyse schon seit Jahren in seinen Unterricht einbezogen hatte; es war etwas vom ›Königsmacher‹ in ihm, dem es gefiel, Autoritäten ein- und wieder abzusetzen. Wir trafen dort auch James J. Putnam, den Neurologen von Harvard, der sich trotz seines Alters für die Psychoanalyse begeisterte und mit dem ganzen Gewicht seiner allgemein respektierten Persönlichkeit für ihren kulturellen Wert und die Reinheit ihrer Absichten eintrat. An dem ausgezeichneten Manne, der in Reaktion auf eine zwangsneurotische Anlage vorwiegend ethisch orientiert war, störte uns nur die Zumutung, die Psychoanalyse an ein bestimmtes philosophisches System anzuschließen und in den Dienst moralischer Bestrebungen zu stellen. Auch eine Zusammenkunft mit dem Philosophen William James hinterließ mir einen bleibenden Eindruck. Ich kann nicht die kleine Szene vergessen, wie er auf einem Spaziergang plötzlich stehen blieb, mir seine Handtasche übergab und mich bat vorauszugehen, er werde nachkommen, sobald er den herannahenden Anfall von Angina pectoris abgemacht habe. Er starb ein Jahr später am Herzen; ich habe mir seither immer eine ähnliche Furchtlosigkeit angesichts des nahen Lebensendes gewünscht.[7]

Seine Amerikareise hatte Freud gezeigt, daß die Psychoanalyse nun kein Wahngebilde mehr war, sondern ein wertvolles Stück der Realität, das hervorragende Männer in zunehmendem Maße zu schätzen wußten. Er selbst jedoch konnte noch nicht recht daran glauben; verwundert und etwas ungläubig schrieb er nach seiner Rückkehr an Pfister:

> Es ist eine der erfreulichsten Phantasien, daß noch anderswo, ohne daß man es ahnt, ordentliche Menschen sich in unsere Gedanken und Bestrebungen hineinfinden, die dann doch plötzlich zum Vorschein kommen. So erging es uns ja auch mit Stanley Hall. Wer konnte wissen, daß drüben in Amerika, eine Bahnstunde weit von Boston, ein würdiger alter Herr sitzt, der ungeduldig auf das Jahrbuch wartet, alles liest und versteht, und dann, wie er es selbst ausdrückt, für uns die Glocken läutet?[8]

Trotz der persönlichen Genugtuung und dem Nutzen, den die Reise sowohl ihm als auch der Bewegung eingebracht hatte, behielt Freud Amerika doch in keiner guten Erinnerung. Es schienen ihn weder die Städte noch die Schönheiten der Natur interessiert zu haben, ausgenommen die Niagarafälle; bei deren

[7] Selbstdarstellung. G. W. XIV, 77–78
[8] Fr.-Pf. 4.10. 1909, 27

Besuch er aber durch eine Bemerkung des Führers gekränkt worden war. Er hatte auf ihn gedeutet und gesagt: »Bitte lassen Sie den alten Herrn vorangehen!« Überhaupt irritierte ihn alles in diesem Land, von dem er zu Jones sagte, es wäre »ein Irrtum, ein gigantischer Irrtum zweifellos – aber eben doch ein Irrtum«. Er, der sonst immer versuchte, gerecht zu sein, konnte dieses Vorurteil nie recht überwinden, selbst als seine Ideen Amerika völlig erobert hatten.

Diese Abneigung ist nicht auf eine soziale oder entschiedene politische Meinung zurückzuführen, sondern auf den schlechten Gesundheitszustand, der ihm seinen Aufenthalt teilweise verleidete. Jahrelang führte er alle Beschwerden, die sich bei ihm einstellten, auf die schlechte amerikanische Ernährung zurück. Ohne Zweifel fühlte er sich dort nicht wohl und konnte sich zudem bei niemandem aus seiner Umgebung darüber beklagen. Außerdem war es Freud ein tiefes Bedürfnis, sich zu erklären und verstanden zu werden. Er verstand die Amerikaner aber in jeder Beziehung sehr schlecht. Ihre Sprache, ihre Lebensart und ihre Auffassung von wissenschaftlicher Arbeit nötigten ihm keine Sympathie ab. Heute, mehr als fünfzig Jahre nach seiner Reise, kann man sich fragen, ob trotz des enormen Beifalls, mit dem es ihn bedacht hat, Amerika Freud besser verstanden hat.

Freud verfolgte natürlich mit großem Interesse die Fortschritte der psychoanalytischen Bewegung in der Neuen Welt. Er unterhielt rege Verbindung zu Putnam, der zuerst an dem von Jung geleiteten ›Jahrbuch‹ mitarbeitete; und als dieser sich dann endgültig von ihm getrennt hatte und damit auch seine Zeitschrift verschwand, wurde Putnam Mitarbeiter der ›Internationalen Zeitschrift für ärztliche Psychoanalyse‹, dem offiziellen Organ der internationalen Gesellschaft. Stanley Hall ›läutete noch eine Zeitlang die Glocken‹, dann schloß er sich Adlers Ideen an, die übrigens in den Vereinigten Staaten das größte Echo fanden. Später hatte Freud viele Patienten und Schüler aus Amerika, die ihm seine Brieffreunde schickten, vor allem Jones, als er sich in Kanada niedergelassen hatte. Als nach dem Ersten Weltkrieg in Wien Hunger und grauenhaftes Elend herrschten, waren gerade diese amerikanischen Patienten und Kollegen Freuds Rettung: Sie bewahrten ihn vor dem Hungertod.

Freuds Einstellung zu Amerika lag sicherlich eine tiefe Abneigung gegenüber dem in diesem Land herrschenden Puritanismus zugrunde, der es einerseits für Freuds Ideen empfänglich machte, gleichzeitig aber auch die wenigen wissenschaftlichen Tatsachen Freuds, die er über alles stellte, gefährdete. Logischerweise mußte die Psychoanalyse dort besonderen Erfolg haben, wo der sexuellen Moral engere Grenzen als üblich gesteckt waren und Heuchelei im sexuellen Bereich an der Tagesordnung war; hier aber lief sie auch Gefahr, ihr eigentliches Wesen zu verlieren. Mehrere Jahre nach seiner Amerikareise legte sich Freud gewissenhaft Rechenschaft ab über die Problematik, der die Psychoanalyse in Amerika als Mode unterworfen war. 1925 schrieb er beispielsweise in seiner Autobiographie:

> Sie hat auch den Boden in Amerika seit unserem Besuch nicht mehr verloren, sie ist unter den Laien ungemein populär und wird von offiziellen Psychiatern als wichtiger Bestandteil des medizinischen Unterrichts anerkannt. Leider hat sie dort auch viel Verwässerung erfahren. Mancher Mißbrauch, der nichts mit ihr zu tun hat, deckt sich mit ihrem Namen, es fehlt an Gelegenheiten zu gründlicher Ausbildung in Technik und Theorie. Auch stößt sie in Amerika mit dem Behaviourism zusammen, der sich in seiner Naivität rühmt, das psychologische Problem überhaupt ausgeschaltet zu haben.[9]

Diese Zeilen lassen vermuten, daß Freud über die Entwicklung der amerikanischen Psychoanalyse nicht sehr glücklich war; obwohl sie sich auf ihn berief und seiner Theorie treu blieb, letzten Endes aber hinsichtlich der extremen Individualisierung seiner Gedanken das förderte, was nicht in seinem Sinne war. Daß die psychoanalytische Therapeutik, der die europäische Psychoanalyse und er stets präzise klinische Indikationen bewahrt hatten, auf die breite Masse angewendet werden könnte – indem man sich weniger darum sorgte, das Individuum zu sich selbst zu bringen, als es den sozialen Normen anzupassen und dadurch zu nivellieren –, entmutigte ihn so sehr, daß ihn zeit seines Lebens die verschiedenen Abänderungen seiner Lehre beunruhigten. Es ist wahr, daß er sich keinen Illusionen hingab und daß er, abgesehen von einigen Momenten, niemals das Gefühl hatte, jemand könne seine Gedankengänge vollständig nachvollziehen und verstehen. Das ist auch der Grund, weshalb er im Alter – gefeiert und mit Ehren überhäuft – keine ungetrübte Freude aus seinem Ruhm ziehen konnte. Das, was er Pfister gegenüber 1920 in einem Brief äußerte, waren wahrscheinlich die Gedanken, die er bis an sein Lebensende vertrat:

> Es ist wahr, die Sache geht überall vorwärts, aber mein Vergnügen daran scheinen Sie zu überschätzen. Was man von persönlicher Befriedigung aus der Analyse schöpfen kann, habe ich schon zur Zeit, da ich allein war, genossen, und seit der Anschluß Anderer gekommen ist, mich mehr geärgert als gefreut. Die Art, wie die Menschen es annehmen und verarbeiten, hat mir keine andere Meinung von ihnen beigebracht als ihr früheres Benehmen, da sie es verständnislos ablehnten. Es muß doch in jener Zeit ein unheilbarer Riß zwischen mir und den anderen entstanden sein.[10]

[9] Selbstdarstellung. G. W. XIV, 78–79
[10] Fr.-Pf. 25. 12. 1920, 81–82

Welcher Art seine Enttäuschung in Amerika auch war, fest steht, daß seine Reise eine wichtige Etappe in der Verbreitung seiner Idee darstellte. Das Jahr 1909 hatte übrigens in der ganzen Welt etwas von einem allgemeinen Erwachen an sich; so in Kanada, angeregt durch Ernest Jones, und selbst in Australien, wo ein presbyterianischer Pfarrer in Sidney eine kleine Gruppe gegründet hatte und vor verschiedenen Gesellschaften Kolloquien über die Psychoanalyse hielt. Ohne die solide Ausgangsbasis und die glückliche Hand, die Pfister besaß, mußte der Presbyterianer seine Entlassung hinnehmen, die mit der ›Anlehnung an Freud'sches Gedankengut‹ begründet war. Gegen Ende desselben Jahres schrieb ein französischer Mediziner, Pr. Morichau-Beauchant de Poitiers, Freud einen Brief, der den ersten Beitrag Frankreichs zur psychoanalytischen Bewegung darstellt, sich völlig isoliert fand und jahrelang ohne erkennbare Folgeerscheinungen blieb. Freud muß auf diese Wirkungslosigkeit oder, mehr noch, auf diesen Widerstand Frankreichs um so empfindlicher reagiert haben, als dieses Land für ihn ebenso mit dem Bild seines Lehrers Charcot als auch mit der Idee der intellektuellen Freiheit untrennbar verbunden war.

Die Abwesenheit von Freud und Jung hatten 1909 einen nationalen Kongreß unmöglich gemacht; im folgenden Jahr fand dann der zweite Kongreß, diesmal in Nürnberg, statt; daran beteiligten sich die wichtigsten Mitglieder der europäischen Länder wie auch ein amerikanischer Delegierter. Freud träumte schon seit einiger Zeit davon, die wissenschaftliche Zusammenarbeit der Analytiker zu intensivieren. Er betraute Ferenczi mit der Aufgabe, diese Frage dem Kongreß zu unterbreiten. Gleichzeitig sollte er ein Arbeitsprogramm und einen detaillierten Organisationsplan vorlegen. Das Programm von Ferenczi, der Zürich als Sitz der zukünftigen Gesellschaft und Jung als Präsidenten vorschlug, rief lebhaften Protest der Wiener Psychoanalytiker hervor, für den der Redner verantwortlich gemacht wurde. Gewisse Vorschläge von Ferenczi zielten darauf ab, dem Präsidenten unumschränkte Vollmachten einzuräumen, so auch das Recht, alle Artikel und Vorträge von Psychoanalytikern vor der Veröffentlichung vorgelegt zu bekommen. Niemand war willens, einer solchen Diktatur zuzustimmen; so setzten lebhafte Diskussionen ein, deren Atmosphäre und Verlauf Jones beschreibt:

> Hier zeigte sich schon jene Haltung Ferenczis, die später so viel Unstimmigkeiten zwischen den europäischen und den amerikanischen Psychoanalytikern verursachen sollte, daß ich persönlich Jahre brauchte, um sie zu schlichten. Die Diskussion, die nach Ferenczis Rede einsetzte, nahm solche Schärfe an, daß man sie auf den nächsten Tag verschieben mußte. Es war natürlich keine Rede davon,

daß seine extremen Anträge angenommen wurden; aber die Wiener, vor allem Adler und Stekel, setzten sich auch ärgerlich der Ernennung von Schweizer Analytikern zum Präsidenten und Sekretär entgegen, womit ja ihre eigenen langjährigen treuen Dienste ignoriert würden. Freud selbst sah einen Vorteil darin, für seine weitere Arbeit eine breitere Basis zu haben als die, welche die Wiener Judenschaft bieten konnte, und fand es notwendig, seine Wiener Kollegen davon zu überzeugen. Als er erfuhr, daß mehrere von ihnen in Stekels Hotelzimmer eine Protestsitzung abhielten, ging er zu ihnen hinauf und richtete an sie einen leidenschaftlichen Appell, ihm ihre Zustimmung zu geben. Er betonte, wieviel heftige Feindseligkeit sie umgäbe und daß es notwendig sei, sich auf Außenstehende stützen zu können, um ihr zu begegnen. Dann erklärte er, dramatisch seinen Rock zurückwerfend: »Meine Feinde wären froh, mich verhungern zu sehen; sie würden mir am liebsten den Rock vom Leibe reißen.«[11]

Letzten Endes einigten sie sich mehr schlecht als recht dank verschiedener Schlichtungsversuche für kurze Zeit: Die Internationale Gesellschaft wurde gegründet und Jung zum Präsidenten gewählt. Um die Wiener zu entschädigen, stimmte Freud zu, neben Jungs ›Jahrbuch‹ eine neue Zeitschrift erscheinen zu lassen, in deren Leitung sich Adler und Stekel, die beiden Häupter der Verschwörung, teilten. Endlich meinte er, das beste Mittel, den Frieden zu sichern, bestehe darin, daß er sich zurückzöge und in der Wiener Vereinigung nur noch die Rolle eines Mitarbeiters oder wissenschaftlichen Beraters übernehme. Die Idee, das Rampenlicht zu verlassen, schien ihn schon mehrere Jahre hindurch stark beschäftigt zu haben, nachdem man ihn allein gelassen hatte; er mußte dem leidenschaftlichen Eifer seiner Schüler Einhalt gebieten. All dies kommt in einem Brief zum Ausdruck, den er Ferenczi schrieb. Er kommentiert darin diesen Kongreß oder, wie er sagt, diesen ›Reichstag von Nürnberg‹, der dem Anfangsstadium der Bewegung ein Ende setzte.

[. . .] Kein Zweifel, daß er außerordentlich gelungen war, und doch haben wir beide persönlich am wenigsten Glück gehabt. Mein Vortrag fiel offenbar ab, ich weiß nicht warum; er enthielt doch vieles was des Interesses wert gewesen wäre. Vielleicht verriet er zu sehr meine innere Müdigkeit. Ihr temperamentvolles und geistreiches Plaidoyer hatte das Unglück so viel Widerspruch zu entfesseln, daß man an den Dank für bedeutsame Anregung vergaß. Jede Gesellschaft ist undankbar, das macht nichts. Aber wir haben beide ein wenig Schuld daran, da wir die Wirkung auf die Wiener nicht genug berechnet haben: es wäre leicht gewesen, die kritischen Anspielungen ganz wegzulassen und das direkte Versprechen wissenschaftlicher Freiheit aufzunehmen, und wir hätten ihnen die Gegenwehr ziemlich erschwert. Ich glaube, meine lang aufgespeicherte Ab-

[11] JBg. Bd. II, 90–91

neigung gegen den Wiener Kreis und Ihr Bruderkomplex haben da mitgewirkt, uns kurzsichtig zu machen.
Aber das ist nicht das Wesentliche. Wichtiger ist, daß wir ein großes Stück Arbeit vollbracht haben, das auf die Gestaltung der Zukunft einen tiefgreifenden Einfluß nehmen wird. Es freut mich zu konstatieren, daß wir beide uns in ungetrübter Übereinstimmung befunden haben und ich danke Ihnen herzlich für Ihre doch erfolgreiche Unterstützung. Die Ereignisse werden jetzt weiter gehen. Es ist mir klar geworden, daß jetzt der Moment ist, um einen lange keimenden Entschluß auszuführen. Ich lege die Führerschaft der Wiener Gruppe nieder und ziehe mich somit von jeder offiziellen Einflußnahme zurück. Die Führerschaft werde ich Adler übertragen, nicht aus Neigung oder Befriedigung, sondern weil er doch die einzige Persönlichkeit ist und weil in dieser Stellung er möglicherweise genötigt wird, den gemeinsamen Boden mitzuvertheidigen. Ich habe ihm bereits Mittheilung gemacht, den anderen werde ich's am Mittwoch offiziell sagen. Ich glaube nicht einmal, daß sie es bedauern werden; es war schon nahe daran, daß ich in die peinliche Rolle des unzufriedenen und überflüssigen Alten geriet. Das will ich denn doch nicht und darum gehe ich lieber vorzeitig, aber freiwillig. Die Führer sind dann alle von gleichem Alter und Position und können sich frei entfalten und miteinander ausgleichen.[12]

[12] Fer. 3. 4. 1910: JBg. Bd. II, 92–93

19. Uneinigkeit und Abfall

Entgegen Freuds Erwartungen leitete der zweite Internationale Kongreß in Nürnberg, auf dem die Gründung der Internationalen psychoanalytischen Vereinigung beschlossen worden war, nicht eine Zeit des Friedens ein, sondern einen kleinen Krieg, der fast ohne Unterbrechung vier lange Jahre dauern sollte. Durch die Abgabe der Führung der Wiener Vereinigung an Adler hatte Freud die mehr oder minder latente Eifersucht in der Gruppe entfesselt. Zwischen Adler und Stekel, dem Chefredakteur und dem Herausgeber der auf dem Kongreß gegründeten neuen Zeitschrift, dem ›Zentralblatt für Psychoanalyse‹, verschlechterte sich das Verhältnis zunehmend. Adler verließ die Redaktion und verkündete immer lauter, daß er sich lösen wolle. Auf dem Kongreß in Weimar 1911 tat er es dann wirklich und gründete eine neue Gruppe unter dem Namen ›Verein für Freie Psychoanalyse‹. Im darauffolgenden Jahr folgte Stekel seinem Beispiel. Auf dem Münchner Kongreß 1913 lösten sich Jung und die Mehrzahl der sich in seinem Gefolge befindlichen Schweizer Analytiker. In seiner ›Geschichte der psychoanalytischen Bewegung‹ (1914) kommentiert Freud ausführlich diese Ereignisse, die zweimal die Einheit seines Werkes bedroht hatten und selbst dann, als der Erfolg zum Greifen nahe war, einen Schatten auf sein Leben warfen.

> Die Enttäuschung, welche sie mir bereiteten, wäre zu vermeiden gewesen, wenn man besser auf die Vorgänge bei den in analytischer Behandlung Stehenden geachtet hätte. Ich verstand es nämlich sehr wohl, daß jemand bei der ersten Annäherung an die unliebsamen analytischen Wahrheiten die Flucht ergreifen kann, hatte auch selbst immer behauptet, daß eines jeden Verständnis durch seine eigenen Verdrängungen aufgehalten wird (respektive durch die sie erhaltenden Widerstände), so daß er in seinem Verhältnis zur Analyse nicht über einen bestimmten Punkt hinauskommt. Aber ich hatte es nicht erwartet, daß jemand, der die Analyse bis zu einer gewissen Tiefe verstanden hat, auf sein Verständnis wieder verzichten, es verlieren könne. Und doch hatte die tägliche Erfahrung an den Kranken gezeigt, daß die totale Reflexion der analytischen Erkenntnisse von jeder tieferen Schicht her erfolgen kann, an welcher sich ein besonders starker Widerstand vorfindet; hat man bei einem solchen Kranken durch mühevolle Arbeit erreicht, daß er Stücke des analytischen Wissens begriffen hat und wie seinen eigenen Besitz handhabt, so kann man an ihm doch erfahren, daß er unter der Herrschaft des nächsten Widerstandes alles Erlernte in den Wind schlägt und sich wehrt wie in seinen schönsten

Neulingstagen. Ich hatte zu lernen, daß es bei Psychoanalytikern ebenso gehen kann wie bei den Kranken in der Analyse.[1]

Für Freud sind also die unbewußten Widerstände der ersten Analytiker Ursache für die wechselvolle Geschichte dieser vier Jahre, die die Bewegung schwächten oder sie mindestens eines Teils der verdienten Führer beraubte. Um die Wahrheit zu sagen, hätte Freud hinzufügen müssen, daß die meisten seiner Schüler nur einen sehr intellektualisierten Ansatz einer Analyse erfahren hatten und ihre Behandlung zu kurz und oberflächlich gewesen war, als daß man sich davon einen dauerhaften Erfolg hätte versprechen können. Stekel, der eine Charakterneurose hatte, war bei Freud einige Wochen in Analyse gewesen; unglücklicherweise kannten sich die beiden Männer viel zu gut, als daß der eigentlich unerläßliche Abstand zwischen Arzt und Patient immer hätte gewahrt werden können. Später, als die Begriffe des Widerstandes, der Übertragung und der Gegenübertragung sich technisch präzisiert hatten, wurde klar, daß zur richtigen Ausbildung eines Analytikers eine Analyse notwendig sei, die in allen Punkten der Analyse von Patienten gleichen muß. Nur so kann er sich über seine Handlungen wirklich im klaren sein und wird frei von neurotischen Verhaltensweisen. Für alle Institute wurde es nun Pflicht, Lehranalysen zu machen, heute sind sie absoluter Regelfall. Anfangs jedoch wäre die gleiche Maßnahme nicht denkbar gewesen: Diesen unbekannten Menschen, die so mutig zu ihm kamen und für ihn Ärzte und keine Patienten waren, selbst wenn ihr seelisches Gleichgewicht psychoanalytisch betrachtet nicht allen Prüfungen standhielt, konnte Freud keine Bedingungen auferlegen. Anscheinend hat Freud in der ersten Zeit diejenigen jungen Kollegen analysiert, die ihn darum baten oder bei denen es sich als notwendig erwies. Die übrigen machten es wie alle Studierenden, bezogen ihr Wissen aus Büchern, genauer gesagt aus Freuds Werken, die für sie das einzige ihnen zur Verfügung stehende Studienmaterial darstellten.
Auch noch andere Gründe erschwerten es, die Lehranalyse zur Pflicht zu machen: Die ersten Ausbildungskandidaten waren ja auch nicht mehr ganz jung, in der Mehrzahl waren sie bereits Ärzte, andere kamen aus den verschiedensten Berufen. Eine Lehranalyse, wie man sie heute verlangt, hätte ihnen große Opfer an Zeit, Kraft und vor allem an Geld abverlangt. Da sie ausnahmslos arm waren, wäre vor allem die finanzielle Belastung empfindlich gewesen. Freud selbst war niemals begütert. In der Zeit, als er Schüler ausbildete, konnte er seine Unterweisungen meist nur auf ausgedehnten Spaziergängen in Form

[1] Zur Geschichte der psychoanalytischen Bewegung. G. W. X, 91–92

improvisierter Gespräche abhalten, während derer der Kandidat gleichzeitig analysiert und in die Theorie eingeführt wurde. Diese ›sokratischen‹ Gespräche waren lange Zeit die einzige Ausbildung der zukünftigen Analytiker. Ihr inneres Engagement konnte kaum dem Abbruch der ›Übertragung‹ dienen, das langsame Lösen von der Person des Therapeuten wurde erschwert. Keine Analyse, der dieser Prozeß fehlt, kann als wirklich gelungen angesehen werden.

In Ermangelung einer systematischen Analyse, die allein die Gewähr für eine therapeutische Behandlung bietet, waren die Schüler natürlich zu diffuser psychoanalytischer Tätigkeit gezwungen, die sich im täglichen Leben nicht immer glücklich auswirkte. Selbstverständlich analysierte jeder lieber andere als sich selbst und bewies dabei natürlich auch weit mehr Scharfblick. Daraus erwuchsen Kritik und Vorwürfe, besonders dort, wo die analytische Wahrheit an die Stelle der herkömmlichen Moral trat. Unter dem Deckmantel des analytischen Verstehens ließ man der Eifersucht, der Antipathie und dem Haß freien Lauf, die unter anderen Umständen wahrscheinlich einen verborgeneren Weg eingeschlagen hätten. Und schließlich wendeten sich diese starken Gefühle, die die kleine, ursprünglich einmütige Männergemeinschaft gleichzeitig zusammenhielten und trennten, gegen ihr Oberhaupt, ihren Meister, der als Spender alles Wissens und aller Hilfe dazu gezwungen war, im Licht der Öffentlichkeit seine väterliche Rolle zu spielen.

Freud war für seine Schüler natürlich nicht nur genialer Gelehrter wie andere auch, die sich auf ihrem Fachgebiet einen Namen erworben hatten; er war Schöpfer ohne Vorgänger, ohne Konkurrenten, verkörperte gleichzeitig Vergangenheit und Zukunft einer neuen Wissenschaft. Seine Schüler mußten davon nicht nur eine Erweiterung ihres Wissens erwarten, sondern eine Umwandlung ihrer ganzen Erkenntnisse. Da die Schüler nur vom ›Meister‹ geschickte Patienten behandeln konnten, hatte dieser Umstand nicht nur moralische Konsequenzen, sondern war auch mit starker materieller Abhängigkeit verbunden. Die ehrgeizigsten unter ihnen sahen schon mit Furcht für immer ihren Weg von dem Mann verlegt, dem sie alles verdankten, der sie aber auch dadurch praktisch in den Schatten stellte.

Freud belastete sich nicht sehr mit diesem heiklen Thema; in seiner ›Geschichte der psychoanalytischen Bewegung‹ finden wir aber dennoch eine aufschlußreiche Bemerkung über Adler, die aber später genausogut für einige andere seiner ehemaligen Schüler gepaßt hätte:

> Über das persönliche Motiv seiner Arbeit darf man auch vor der Öffentlichkeit sprechen, da er es selbst in Gegenwart eines kleinen

Kreises von Mitgliedern der Wiener Gruppe geoffenbart hat. »Glauben Sie denn, daß es ein so großes Vergnügen für mich ist, mein ganzes Leben lang in Ihrem Schatten zu stehen?« Ich finde nun nichts Verwerfliches darin, wenn ein jüngerer Mann sich frei zu dem Ehrgeiz bekennt, den man als eine der Triebfedern seiner Arbeit ohnedies vermuten würde. Aber selbst unter der Herrschaft eines solchen Motives müßte man es zu vermeiden wissen, daß man nicht werde, was die Engländer mit ihrem feinen sozialen Takt *unfair* heißen, wofür den Deutschen nur ein weit gröberes Wort zur Verfügung steht. Wie wenig dies *Adler* gelungen ist, zeigt die Fülle von kleinlichen Bosheiten, die seine Arbeiten entstellen, und die Züge von unbändiger Prioritätssucht, die sich in ihnen verraten. In der Wiener Psychoanalytischen Vereinigung bekamen wir einmal direkt zu hören, daß er die Priorität für die Gesichtspunkte der »Einheit der Neurosen« und der »dynamischen Auffassung« derselben für sich beanspruche. Es war eine große Überraschung für mich, da ich immer geglaubt hatte, diese beiden Prinzipien seien von mir vertreten worden, ehe ich noch *Adler* kennen gelernt hatte.[2]

Aber nicht allein Freuds erdrückende Autorität war die Ursache von Konflikten und ein Grund für Unbehagen, sondern auch seine Zuneigung, die er ungleich auf seine Schüler verteilte und die dadurch zu sehr an väterliche Liebe erinnerte. So schätzte er wohl Adlers intellektuelle Fähigkeiten, hielt ihn aber als Mensch für sauertöpfisch und langweilig und fühlte sich so von ihm in keiner Weise angezogen. Im Gegensatz dazu machte er keinen Hehl aus seiner aufrichtigen Zuneigung, die er für Jung empfand. Lange Jahre hindurch bewies er zum Beispiel Rank und Ferenczi gegenüber eine Neigung und Besorgtheit und sogar eine Zärtlichkeit, die sich stark von der Härte abhob, derer er anderen, weniger begabten, aber manchmal treueren Schülern gegenüber fähig sein konnte. Otto Rank zum Beispiel, der auf Freuds Anraten hin noch spät seine Ausbildung gemacht hatte, übte die Psychoanalyse nie in Wien aus, und da er außerordentlich arm war, konnte sich niemand vorstellen, wovon er überhaupt lebte. Wahrscheinlich unterstützte ihn Freud, ohne daß jemand etwas davon erfuhr. Ernest Jones nimmt sogar an, daß er ihm eines Tages eine Reise nach Griechenland anbot. Was Ferenczi anbetrifft – er war der einzige, den er in seine Familie eingeführt hatte und der ihn immer auf seinen Urlaubsreisen begleitete –, so behandelte er ihn nahezu wie einen Adoptivsohn und gestand ihm einmal sogar ein, daß er gehofft hatte, er heirate seine älteste Tochter. Durch diese enge Bindung forderte Ferenczi von Freud uneingeschränkte Liebe, Vertrauen und ständige Offenheit. Diese übertriebene Forderung zeigt klar seinen infantilen Charakter; oft verdarb sie die Ferien der bei-

[2] a. a. O., 94–95

den Männer und verursachte viele kleine Dramen, die Freud hinterher zu schlichten versuchte. Nach ihrer Sizilienreise, 1910, auf der Ferenczi sehr unglücklich gewesen war, schrieb Freud ihm einen ergreifenden Brief, der einen sonst völlig unbekannten Aspekt von Freuds Beziehungen zu seinen Schülern erkennen läßt:

> Lieber Freund
> Ihr Brief hat mich daran gemahnt, daß ich derselbe bin, der in Syrakus Papyrus gepflückt, sich in Neapel mit dem Bahnpersonal herumgerauft und in Rom Antiquitäten eingekauft hat. Die Identität ist wiederhergestellt. Es ist merkwürdig, wie leicht man der Neigung zu Isolierung von Persönlichkeitsbildungen nachgibt.
> Sie werden es mir glauben, daß ich nur mit warmen und sympathischen Gefühlen an Ihre Gesellschaft auf der Reise zurückdenke, obwohl Sie mir oft wegen Ihrer Enttäuschung leid getan haben und ich Sie in manchen Stücken anders haben wollte. Die Enttäuschung daher, weil Sie gewiß erwartet, in unausgesetzter geistiger Anregung zu schwimmen, während mir nichts zuwiderer ist als das Posieren und ich gerade aus Gegensinn mich dann oft gehen lasse. So war ich zumeist wahrscheinlich ein ganz gewöhnlicher älterer Herr, und Sie haben erstaunt den Abstand von Ihrem Phantasie-Ideal ermessen. Anderseits hätte ich gewünscht, daß Sie sich aus der infantilen Rolle reißen, als gleichberechtigter Kumpan neben mich hinstellen, was Ihnen nicht gelang, und ferner in praktischer Hinsicht, daß Sie Ihr Stück Aufgabe, die Orientierung in Raum und Zeitlichkeit verläßlicher durchgeführt hätten. Sie waren aber gehemmt und verträumt.[3]

Ferenczi, der für Freud die gleiche verschlingende Zuneigung wie für seinen leiblichen Vater empfand, die ihn auch zwanzig Jahre später zu dem verhängnisvollen Wechsel seiner psychoanalytischen Technik führen sollte, beruhigte sich keineswegs durch diese wohlmeinende Erklärung. Freud entschloß sich, in einem zweiten Brief deutlicher zu werden:

> Es ist merkwürdig, wie viel besser Sie sich in der Schrift, als in der Rede darstellen können. Natürlich wußte ich sehr viel oder das meiste von dem, was Sie schreiben und brauche Ihnen jetzt nur wenige Aufklärungen dazu zu geben. Warum ich Sie nicht ausgeschimpft und damit den Weg zu einer Verständigung eröffnet habe. Ganz richtig, es war Schwäche von mir, ich bin auch nicht jener ps. a. Übermensch, den wir konstruiert haben, habe auch die Gegenübertragung[4] nicht überwunden. Ich konnte es nicht, wie ich es

[3] Fer., 2. 10. 1910: Br. 281

[4] Unter ›Gegenübertragung‹ versteht man alle unbewußten – also nicht analysierten – affektiven Reaktionen, die in der analytischen Situation beim Analytiker gegenüber seinem Patienten auftreten. Die Analyse der ›Gegenübertragung‹, die wie die ›Übertragung‹ ein Wiederaufleben infantiler Affekte und deshalb irrational ist, stellt einen sehr wichtigen Teil der therapeutischen Aufgabe dar.

bei meinen drei Söhnen nicht kann, weil ich sie gerne habe und sie mir dabei leid tun.

Daß ich kein Bedürfnis nach jener vollen Eröffnung der Persönlichkeit *mehr* habe, haben Sie nicht nur bemerkt, sondern auch verstanden und auf seinen traumatischen Anlaß richtig zurückgekehrt. [...] Seit dem Fall Fließ mit dessen Überwindung Sie mich gerade beschäftigt haben, ist dieses Bedürfnis bei mir erloschen. Ein Stück homosex. Besetzung ist eingezogen und zur Vergrößerung des eigenen Ichs verwendet worden. Mir ist das gelungen, was dem Paranoiker mißlingt. – Nehmen Sie noch hinzu, daß ich zumeist weniger wohl war, mehr unter meinen Darmbeschwerden gelitten habe, als ich eingestehen wollte, und mir oftmals vorhielt: Wer *seines Konrads*[5] nicht besser Herr ist, soll eigentlich nicht auf Reisen gehen. Damit hätte die Aufrichtigkeit beginnen müssen und Sie schienen mir nicht gefestigt genug, um nicht in Übersorgen zu verfallen.

Mit den Unannehmlichkeiten, die Sie mir bereitet haben – eine gewisse passive Resistenz mit eingeschlossen – wird es so gehen wie mit den Reiseerinnerungen überhaupt; durch einen Selbstläuterungsprozeß schwinden die kleinen Störungen und das Schöne bleibt allein für den intellektuellen Gebrauch übrig.

Daß Sie große Geheimnisse bei mir vermuten und sehr neugierig auf dieselben sind, war deutlich zu sehen, aber auch leicht als infantil zu erkennen. Sowie ich Ihnen *alles* Wissenschaftliche mitgetheilt, so habe ich Ihnen nur wenig Persönliches verborgen und die Angelegenheit mit dem *Nationalgeschenk* war, glaube ich, indiskret genug. Meine Träume um die Zeit gingen, wie ich Ihnen andeutete, ganz auf die Fließgeschichte, an der Sie mitleiden zu lassen, durch die eigene Natur der Sache schwierig war.

So werden Sie bei näherer Durchsicht finden, daß die Abrechnung zwischen uns keine so große zu sein braucht, wie Sie vielleicht anfangs gemeint haben.

Ich will Sie lieber auf die Gegenwart hinlenken [...][6]

Leider wurde Freuds Briefwechsel mit seinen nächsten Schülern nicht vollständig veröffentlicht. Nur er könnte die Gründe dieser Krisen aufdecken, die die Psychoanalyse nahezu während ihrer ganzen Entwicklung erschütterten und sogar noch Freuds Alter verdüsterten, als er schon von Krankheit geplagt war. Zweifellos mußte man stark sein, um angesichts dieses imposanten Mannes, der so viele Widersprüche in sich vereinigte, frei zu bleiben und ihm zugleich liebevoll zugetan zu sein. Einigen, wie Ernest Jones und Karl Abraham, gelang es, ein selbständi-

[5] Diesen Ausdruck finden wir häufig in Freuds Briefen; er entstammt einem Roman des Schweizer Schriftstellers Carl Spitteler und bezeichnet bei ihm den Darm und seine Funktionen. Die berühmte Zeitschrift ›Imago‹ hat ihren Namen von diesem Roman erhalten, dessen Themen in verblüffender Weise denen des Ödipuskomplexes ähneln, wie sie die Psychoanalyse beschreibt. Hanns Sachs, der mit Otto Rank die Zeitschrift redigierte und selbst Schriftsteller war, galt als großer Verehrer Carl Spittelers.

[6] Fer., 6. 10. 1910: JBg. Bd. II, 106–107

ges Werk zu vollbringen und dabei trotzdem harmonische und gesunde Beziehungen zu ihm zu unterhalten. Andere tauschten ihre Unabhängigkeit gegen blinde Hörigkeit ein. Einige lösten sich von ihm und verkündeten laut ihre Gleichberechtigung. Die letzte Gruppe endlich versuchte, ihm täglich neu ein Drama der Liebe und Auflehnung vorzuführen und lief dabei Gefahr, ihre mißliche Lage noch zu verschlechtern und tatsächlich zu scheitern.

Durch die jeweilige psychische und intellektuelle Gesamtstruktur und die soziale Situation jedes einzelnen wurden hier verschiedene Lösungen bedingt. Die Juden, empfindlich gegen jeden Zwang und durch ihre Tradition stark an familiäre Bindung gewöhnt, hatten es offensichtlich am schwersten; den Engländern, denen Freud ein ›subtiles soziales Taktgefühl‹ zusprach, gelang es durchweg, eine elegante Lösung zu finden; diejenigen Schweizer, die nicht dem Beispiel Jungs gefolgt waren, blieben mit ebensoviel gesundem Menschenverstand wie Vernunft bei Freud. Freud konnte in keiner Weise durch seine Handlungsweisen die jeweilige Auslese beeinflussen: Er war dazu bestimmt, zu veranlassen und an sich selbst alle Kompromißlösungen zu erfahren, gute wie schlechte, gesunde und kranke, durch die sich ›Söhne‹ schon von jeher zu befreien suchen.

Zu Unrecht verwundert man sich, daß in der ersten Analytikergeneration so viele zu finden waren, deren Persönlichkeit wenig ausgewogen war, sich schlecht an die sozialen Notwendigkeiten anpaßten oder sogar mit schweren seelischen Störungen belastet waren. Wer allerdings hätte mehr die Dringlichkeit und Bedeutung der Freud'schen Revolution empfinden können, als Menschen, die selbst tiefe, eigene Erfahrung mit ihr hatten? Wenn auch die allgemein verbreitete Ansicht, alle Psychiater seien geistig krank, nicht wahr ist, so haben sie doch zumindest eine besondere Beziehung zu diesen Krankheiten, die zum großen Teil ihre Berufswahl bestimmte. Den Begabten, die ihre Fähigkeiten nicht zu nutzen wußten, bot die Psychoanalyse gleichzeitig einen Ausweg wie einen außergewöhnlichen intellektuellen Nährstoff; die Leidenschaftlichen und Hilfsbedürftigen erblickten in ihr eine Möglichkeit, ihrem vermeintlichen Schicksal zu entrinnen. Ihre Geschichte ist tragischerweise nicht nur von äußerlich sichtbaren, kindlich erscheinenden Krisen gekennzeichnet, sondern auch von Selbstmord und Geisteskrankheiten.

Schon von Jugend an lebte Freud in einem Milieu, dem Geisteskrankheiten und seelische Schmerzen, vor allem aber die Tuberkulose eine tragische Atmosphäre verliehen hatten. Sein Freund Paneth war in der Blüte seiner Jahre dahingerafft worden; er hatte die lange Qual Ernst von Fleischls mit ansehen müssen, einer seiner Kollegen hatte nahezu vor seinen Augen Selbstmord begangen.[7] All das hatte ihn zutiefst erschüttert und seine Todesgedanken immer wieder aufleben lassen. Sie verließen ihn nicht mehr und nahmen dann auch in seinem Werk eine zentrale Stellung ein. Später begingen mehrere seiner Schüler Selbstmord, so der Schweizer Analytiker Honegger, Otto Groß – ein junger Mann aus Graz, dessen Arbeiten sich durch außerordentliche intellektuelle Brillanz auszeichneten –, Viktor Tausk, dessen Tod für die Psychoanalyse mit Sicherheit einen besonderen Verlust darstellte. An dieser Stelle muß auch erwähnt werden, daß Otto Rank von einer langwierigen Krankheit befallen wurde, die ihn letzten Endes zum Wahnsinn trieb, und ebenfalls der einige Jahre später erfolgende Zusammenbruch Ferenczis, des einzigen wirklichen Freundes, den Freud unter seinen Schülern gefunden hatte. Es scheint, daß Otto Rank die Belastung des Ersten Weltkrieges nicht bewältigen konnte, ebenso Groß und Tausk, die am Ende der Feindseligkeiten Selbstmord begingen. Zu bemerken ist, daß sich in den letzten Werken von Tausk, besonders dem ›Trauma der Geburt‹, das beträchtlich von der Freud'schen Linie abweicht und den Bruch der beiden Männer bewirkte, ein starker, keineswegs von Krankheit diktierter Gedanke zum Ausdruck kommt. Was Ferenczi anbetrifft, so starb er, bevor seine verwegenen und vom Leiden geprägten Gedanken Freud dazu gebracht hatten, sich von ihm zu trennen.

Es wäre völlig falsch, alle psychoanalytischen Mißhelligkeiten auf rein psychologische, in der Hauptsache unbewußte Ursachen zurückführen zu wollen. Freud selbst ging nicht so weit, und obwohl er sich im Innersten von den groben, theoretischen Entstellungen, die seine Lehre erfahren mußte, verletzt fühlte, verkannte er doch nie den Wert einer Diskussion zur Klarstellung von Gedanken. Tatsächlich hatte die Psychoanalyse Menschen zusammengeführt, die in Geschmack, Temperament und Bildung so verschieden waren, daß ihr Zerwürfnis gleich auf den ersten Blick hatte vorausgesehen werden können. Adler und Jung zum Beispiel hatten absolut nichts miteinander gemeinsam. Adler kam aus einem intellektuellen Milieu, in dem man sich hauptsächlich mit Politik beschäftigte. Seine Frau war Russin und fühlte sich sehr mit Trotzkij und den emigrierten Revolutionsführern verbunden. Er selbst gründete eine kleine

[7] Cf. M., 16. 9. 1883, Br. 57–64. Freud verleiht hier der Erschütterung Ausdruck, die der Selbstmord von Nathan Weiß, seinem Mitarbeiter und Freund, in ihm auslöste. Dieser Brief ist besonders interessant, weil Freud in ihm ausführlich die Familiengeschichte und gefühlsmäßige Situation des jungen Menschen in einer Weise beschreibt, die in Umrissen bereits einige seiner zukünftigen Ideen erkennen läßt.

sozialistische Psychoanalytikergruppe, deren Mitglieder ausnahmslos mit ihm die Wiener Vereinigung verließen. Fest steht, daß seine ›Individualpsychologie‹ auf der Vorherrschaft des Ichs und der Bewußtheit basiert und seine politische Überzeugung und Nietzsches Machtprinzip sehr gut widerspiegelt, das er krönte, indem er es in sein geistiges Gebäude miteinbezog.
Jung seinerseits stand allen sozialen Fragen so fern als nur möglich; sein Interesse galt schon immer der Esoterik, den Phänomenen des Okkultismus und der Religion, den Hauptproblemen des Symbolismus. Für ihn war vermutlich von Anfang an die Psychoanalyse nicht Endziel, sondern ein Mittel, das man sich dienstbar machen mußte, um eine größtmögliche Synthese herzustellen. In der letzten Ausformung seiner Theorie vom ›kollektiven Unbewußten‹ und den ›Archetypen‹ zeigt er sich darin seinen eigenen Gedanken treu.
Nach einer kurzen gemeinsamen Begegnung unter Freuds Fahne setzte jeder der beiden Anführer der Abtrünnigen seinen eigenen Weg wieder fort, der sich ja tatsächlich nie mit dem des anderen gekreuzt hatte. Möglicherweise hätte Freud die Abspaltung der beiden nicht so stark gekränkt, hätten sie diese nicht als Fortschritt für die Psychoanalyse und als Sieg der Jugend bezeichnet, was ihn bei seiner Empfindlichkeit gegenüber dem Alter natürlich besonders kränkte. Hauptsächlich um diesem Selbstbewußtsein entgegenzutreten, schrieb er 1914 die ›Geschichte der psychoanalytischen Bewegung‹, in der er die von den beiden in Anspruch genommenen Neuerungen und deren wirklich Neues und Wertvolles gegeneinander abwog.

> Die beiden rückläufigen, von der Psychoanalyse wegstrebenden Bewegungen, die ich nun zu vergleichen habe, zeigen auch die Ähnlichkeit, daß sie durch gewisse hochragende Gesichtspunkte wie sub specie aeternitatis um ein günstiges Vorurteil werben. Bei *Adler* spielt die Relativität aller Erkenntnis und das Recht der Persönlichkeit, den Wissensstoff individuell künstlerisch zu gestalten, diese Rolle; bei *Jung* wird auf das kulturhistorische Recht der Jugend gepocht, Fesseln abzuwerfen, in welche sie das tyrannische, in seinen Anschauungen erstarrte Alter schlagen möchte. Diese Argumente machen einige abweisende Worte notwendig. Die Relativität unserer Erkenntnis ist ein Bedenken, welches jeder anderen Wissenschaft ebensowohl entgegengesetzt werden kann wie der Psychoanalyse. Es entstammt bekannten reaktionären, der Wissenschaft feindlichen Strömungen der Gegenwart und will den Schein einer Überlegenheit in Anspruch nehmen, die uns nicht gebührt. Keiner von uns kann ahnen, welches das endgültige Urteil der Menschheit über unsere theoretischen Bemühungen sein wird. Man hat Beispiele dafür, daß die Abweisung der nächsten drei Generationen noch von der nächstfolgenden korrigiert und in Anerkennung verwandelt wurde. Es bleibt dem einzelnen nichts übrig, als seine auf Erfahrung gestützte Überzeugung mit all seinen Kräften zu vertreten, nach-

dem er die eigene kritische Stimme sorgfältig und die der Gegner mit einiger Aufmerksamkeit angehört hat. Man begnüge sich damit, seine Sache ehrlich zu führen, und maße sich nicht ein Richteramt an, das einer fernen Zukunft vorbehalten ist.[8]

Nachdem Freud bemerkt hatte, daß Adlers Ideen von der Relativität der wissenschaftlichen Wahrheit weder von ihm noch von seinen Schülern – die ihn als Messias feierten – ernst genommen wurden, untersuchte er Jungs Argument für die jugendliche Selbstbefreiung:

> Das *Jung*sche Argument ad captandam benevolentiam ruht auf der allzu optimistischen Voraussetzung, als hätte sich der Fortschritt der Menschheit, der Kultur, des Wissens, stets in ungebrochener Linie vollzogen. Als hätte es niemals Epigonen gegeben, Reaktionen und Restaurationen nach jeder Revolution, Geschlechter, die durch einen Rückschritt auf den Erwerb einer früheren Generation verzichtet hätten. Die Annäherung an den Standpunkt der Menge, das Aufgeben einer als unliebsam empfundenen Neuerung, machen es von vornherein unwahrscheinlich, daß die *Jung*sche Korrektur der Psychoanalyse den Anspruch auf eine befreiende Jugendtat sollte erheben können. Endlich sind es nicht die Jahre des Täters, welche hierüber entscheiden, sondern der Charakter der Tat.[9]

Freud untersuchte, was in den beiden abgespaltenen Theorien an realanalytischem Gehalt übrigblieb, und stellte fest, daß sich Adlers Theorie vollkommen auf den Aggressionstrieb stützte und da sie der Liebe keinerlei Raum ließ, die Menschen anstatt anzuziehen zurückstoßen müßte. Die Tatsache, daß solch eine trostlose Anschauung überhaupt Anhänger finden konnte, beweist wieder einmal, daß die von ihren eigenen sexuellen Nöten geplagte Menschheit jeder Konstruktion zustimmt, die es ihr erlaubt, diese Nöte zu überwinden. Allerdings muß man der Adler'schen Lehre mehr Bedeutung zuerkennen als Jungs ›Modifikation‹, die einen ausgeprägten Gegensatz zu Lichtenbergs Messer darstellt: Es ist ohne Griff und Klinge. Jung wechselte die Klinge des Messers aus und gab ihm einen anderen Griff, da er aber die Fabrikmarke beibehielt, gab er immer vor, es handle sich um den gleichen Gegenstand.

> Von den beiden hier behandelten Bewegungen ist die *Adler*sche unzweifelhaft die bedeutsamere; radikal falsch, ist sie doch durch Konsequenz und Kohärenz ausgezeichnet. Sie ist auch noch immer auf eine Trieblehre gegründet. Die *Jung*sche Modifikation dagegen hat den Zusammenhang der Phänomene mit dem Triebleben gelockert; sie ist übrigens, wie ihre Kritiker (Abraham, Ferenczi,

[8] Zur Geschichte der psychoanalytischen Bewegung. G. W. X, 103–104
[9] a. a. O., 105

Jones) hervorgehoben, so unklar, undurchsichtig und verworren, daß es nicht leicht ist, Stellung zu ihr zu nehmen. Wo man sie antastet, muß man darauf vorbereitet sein, zu hören, daß man sie mißverstanden hat, und man weiß nicht, wie man zu ihrem richtigen Verständnis kommen soll. Sie stellt sich selbst in eigentümlich schwankender Weise vor, bald als »ganz zahme Abweichung, die das Geschrei nicht wert sei, das sich darum erhoben habe« (*Jung*), bald als neue Heilsbotschaft, mit der eine neue Epoche für die Psychoanalyse beginne, ja, eine neue Weltanschauung für alle übrigen.

Unter dem Eindruck der Unstimmigkeiten zwischen den einzelnen privaten und öffentlichen Äußerungen der *Jung*schen Richtung wird man sich fragen müssen, wie groß daran der Anteil der eigenen Unklarheit und der der Unaufrichtigkeit sei. Man wird aber zugestehen, daß sich die Vertreter der neuen Lehre in einer schwierigen Situation befinden. Sie bekämpfen nun Dinge, welche sie früher selbst verteidigt haben, und zwar nicht auf Grund neuer Beobachtungen, von denen sie sich belehren lassen konnten, sondern infolge von Umdeutungen, welche ihnen jetzt die Dinge anders erscheinen lassen, als sie sie vorher sahen. Darum wollen sie den Zusammenhang mit der Psychoanalyse, als deren Vertreter sie der Welt bekannt wurden, nicht aufgeben und ziehen es vor, zu verkünden, daß die Psychoanalyse sich geändert hat. [. . .]

Wie die *Adler*sche Forschung der Psychoanalyse etwas Neues brachte, ein Stück der Ichpsychologie, und sich dieses Geschenk allzu teuer bezahlen lassen wollte durch die Verwerfung aller grundlegenden analytischen Lehren, so haben auch *Jung* und seine Anhänger ihren Kampf gegen die Psychoanalyse an eine Neuerwerbung für dieselbe angeknüpft. Sie haben im einzelnen verfolgt (worin ihnen *Pfister* vorangegangen war), wie das Material der sexuellen Vorstellungen aus dem Familienkomplex und der inzestuösen Objektwahl zur Darstellung der höchsten ethischen und religiösen Interessen der Menschen verwendet wird, also einen bedeutsamen Fall von Sublimierung der erotischen Triebkräfte und Umsetzung derselben in nicht mehr erotisch zu nennende Strebungen aufgeklärt. Dies stand im besten Einklang mit den in der Psychoanalyse enthaltenen Erwartungen und hätte sich vortrefflich mit der Auffassung vertragen, daß in Traum und Neurose die regressive Auflösung dieser wie aller anderen Sublimierungen sichtbar wird. Allein die Welt hätte empört gerufen, man habe Ethik und Religion sexualisiert! Ich kann es nun nicht vermeiden, einmal »final«[10] zu denken und anzunehmen, daß sich die Entdecker diesem Entrüstungssturm nicht gewachsen fühlten. Vielleicht begann er auch in der eigenen Brust zu toben. Die theologische Vorgeschichte so vieler Schweizer ist für ihre Stellung zur Psychoanalyse so wenig gleichgültig wie die sozialistische *Adlers* für die Entwicklung seiner Psychologie. Man wird an die berühmte Ge-

[10] Dies war ein Streitpunkt mit der Jungschen Schule, die Freud vorwarf, er denke nur ›kausal‹ und vernachlässige die natürlichen ›Ziele‹ des menschlichen Verhaltens. Für die Schweizer Schule hatte die Neurose selbst eine Finalität, über die die Therapeutik Rechenschaft ablegen mußte.

schichte Mark Twains von den Schicksalen seiner Uhr erinnert und an die Verwunderung, mit der sie schließt: *And he used to wonder what became of all the unsuccessful tinkers, and gunsmiths, and shoemakers, and blacksmiths' but nobody could ever tell him.*[11]

Aus diesem ganzen Text kann man ersehen, wie sehr Freud darüber erbost war, daß er sich zur Polemik hatte herablassen müssen. Obwohl er um Ruhe und Gerechtigkeit bemüht war, gelang es ihm nicht immer, seine Verbitterung zu verbergen. Weitaus mehr als der Abfall Adlers hatte ihm der Verrat Jungs einen Dolchstoß versetzt. 1914 wußte er selbst noch nicht, ob sich die Psychoanalyse jemals wieder davon erholen würde. Trotzdem schließt er in – wie es scheint – zuversichtlichem Ton, um so seine eigene Sicherheit darüber zu bekunden, daß die Ordnung in den eigenen Reihen aufrecht erhalten bleibt.

Man wird vielleicht der Befürchtung zuneigen, daß dieser Abfall für ihr Schicksal verhängnisvoller werden müsse als ein anderer, weil er von Personen ausgeht, welche eine so große Rolle in der Bewegung gespielt und sie um ein so großes Stück gefördert haben. Ich teile diese Befürchtung nicht.

Menschen sind stark, solange sie eine starke Idee vertreten; sie werden ohnmächtig, wenn sie sich ihr widersetzen. Die Psychoanalyse wird diesen Verlust ertragen und für diese Anhänger andere gewinnen. Ich kann nur mit dem Wunsche schließen, daß das Schicksal allen eine bequeme Auffahrt bescheren möge, denen der Aufenthalt in der Unterwelt der Psychoanalyse unbehaglich geworden ist. Den anderen möge es gestattet sein, ihre Arbeiten in der Tiefe unbelästigt zu Ende zu führen.[12]

[11] a. a. O., 105–107
[12] a. a. O., 112–113

20. Die klinischen Darstellungen

In ›Eine Kindheitserinnerung des Leonardo da Vinci‹ versuchte Freud, das persönliche Schicksal des Künstlers durch einen größtenteils unbewußten Konflikt zwischen Kunst und Wissenschaft zu erklären. Die Kunst geht hier nicht als Siegerin hervor, sondern wird zum Teil abgelehnt und verurteilt. Man neigt zu der Annahme, Freud spiele hier auf einen persönlichen Konflikt an, vor allem, wenn man sieht, daß Freud sich oft durch seine dargestellten, großen Figuren selbst analysierte und in seinem Frühwerk ein analoger Konflikt gefunden werden kann.

Dem Gelehrten Freud, der er war und sein wollte, stellte sich der Konflikt notwendigerweise nur in abgeschwächter Form dar. In Wirklichkeit lagen hier von seiten des Künstlers keine zwei echten, gleichstarken Berufungen vor; dem wissenschaftlichen Ideal der Wahrheit und Unerbittlichkeit, dem er sich schon seit seiner Jugend verschrieben hatte, stand der Drang gegenüber, der Phantasie freien Lauf zu lassen und ihr einen ästhetischen Ausdruck zu verleihen; ein Bedürfnis, das vermutlich schon frühzeitig durch Umgebung, Erziehung und starke innere Verbote zurückgedrängt worden war. Vom moralischen und intellektuellen Standpunkt aus mußte Freud natürlich der Wissenschaft, von der er sich tatsächlich angezogen fühlte, den Vorzug geben.

Sehr oft, vielleicht allzu oft, betonte er, daß er auf dem Gebiet der künstlerischen Schöpfung keinerlei Sachkenntnis besitze und ihn nur sein Forschungsdrang veranlasse, in dieses Gebiet einzudringen. Aber die Beharrlichkeit seines Abstreitens in diesem Punkt und die Sehnsucht, die die Fähigkeiten anderer Schriftsteller oder Poeten in ihm hervorriefen, müssen uns annehmen lassen, daß die Kunst für ihn ein wunder Punkt blieb[1] und etwas von einem alten Schmerz an sich hatte. Derartige Gefühle drücken sich in seinem Werk immer wieder mehr oder minder verschleiert aus. Einen Nachklang von ihnen finden wir in einem Brief an seinen späteren Freund und Wiener Schriftsteller, Arthur Schnitzler, dessen Werk einen Skandal hervorrief, der an den um Freuds Werk erinnerte.

> Seit vielen Jahren bin ich mir der weitreichenden Übereinstimmung bewußt, die zwischen Ihren und meinen Auffassungen mancher psychologischer und erotischer Probleme besteht, und kürzlich habe ich ja den Mut gefunden, eine solche ausdrücklich hervorzuheben

[1] Vgl. Briefe an Fließ über die ›Traumdeutung‹: Bd. I, Kap. 9

> (Bruchstück einer Hysterieanalyse, 1905). Ich habe mich oft verwundert gefragt, woher Sie diese oder jene geheime Kenntnis nehmen konnten, die ich mir durch mühselige Erforschung des Objektes erworben, und endlich kam ich dazu, den Dichter zu beneiden, den ich sonst bewundert. Nun mögen Sie erraten, wie sehr mich die Zeilen erfreut und erhoben, in denen Sie mir sagen, daß auch Sie aus meinen Schriften Anregung geschöpft haben. Es kränkt mich fast, daß ich fünfzig Jahre alt werden mußte, um etwas so Ehrenvolles zu erfahren.[2]

Später werden wir noch ausführlich auf diesen Konflikt zurückkommen, den sich Freud wohl selbst nicht eingestehen konnte und für den er eine eigenständige Kompromißlösung zwischen Literatur und Wissenschaft fand, indem er die von seiner Aufgabe geforderte Wahrhaftigkeit mit seiner sich selbst zugestandenen Begabung für Phantasie und Stil verband, auf die er jedoch keinen totalen Anspruch zu erheben wagte. Wie er seine eigenen Werke beurteilte, hing großenteils davon ab, wie gut ihm dieser Kompromiß gelungen war. Es lag in der Natur seiner Arbeiten, daß dies nicht in allen Teilen seines Werkes gleich gut möglich war. So war er nicht immer gleichmäßig zufrieden. Im allgemeinen bevorzugte er diejenigen seiner Bücher, die tatsächlich von hoher literarischer Qualität waren; und dies auch für einen Leserkreis, der mit seinen Ideen nicht übermäßig vertraut war. So schätzte er besonders seine Studie über die ›Gradiva‹ von Jensen, und sicherlich liebte er auch deshalb seine Arbeiten über Leonardo da Vinci und den ›Moses‹ des Michelangelo, obgleich er diese Arbeit aus einer Furcht heraus, die ihm seine Widersacher sicherlich nicht zugetraut hätten, zuerst nicht unter seinem Namen zu veröffentlichen wagte. Dagegen sahen wir schon, wie heftig er die Schwere und Ungeschicklichkeit gewisser Stellen der ›Traumdeutung‹ kritisierte, von denen er annahm, daß ihm die Synthese der beiden Hauptforderungen nicht geglückt sei.

Die Freude am Schreiben, die Freud in ausgeprägtem Maße besaß, empfand er wahrscheinlich weniger bei der Niederschrift seiner rein theoretischen Abhandlungen als bei der Abfassung seiner klinischen Beobachtungen und den vielen Arbeiten, die nicht direkt dem Hauptthema der Psychoanalyse entsprangen, sondern, wie er scherzend sagte, deren ›Grenzkolonien‹. In der Tat sind seine besten Zeilen die, die er Leonardo da Vinci, Goethe, Shakespeare, dem Moses Michelangelos und am Ende seines Lebens dem biblischen Moses gewidmet hat. Hier ist er wirklich der Schriftsteller, den die berühmtesten seiner Zeitgenossen ehrten, indem sie ihm den Goethepreis verliehen, der eine hohe literarische Auszeichnung darstellte und dazu ange-

[2] Brief an A. Schnitzler, 8. 5. 1906: Br. 249–250

tan war, das ihm von seiten der Wissenschaftler zugefügte Unrecht auszugleichen. Er bestätigte, was ein anderer großer Gelehrter — selbst ein Künstler —, Einstein, in einem Brief von Freuds Gesamtwerk sagte:

> Ich danke Ihnen herzlich für die Zusendung Ihres neuen Werkes, das mich natürlich sehr interessiert. Ich habe schon vorher Ihre beiden Abhandlungen in der Zeitschrift ›Imago‹ gelesen, die mir Dr. Klopstock, ein befreundeter Arzt, gebracht hat. Ihre Auffassung, daß Moses ein der Priesterkaste angehöriger vornehmer Ägypter gewesen sei, hat viel Überzeugendes, auch was Sie über den Ritus der Beschneidung anführen. Ihre Analyse der eigentlich religiösen Motive kann ich natürlich nicht beurteilen.
> Ganz besonders bewundere ich Ihre Leistung, wie alle Ihre Schriften, vom schriftstellerischen Standpunkt aus. Ich kenne keinen Zeitgenossen, der in deutscher Sprache seine Gegenstände so meisterhaft dargestellt hat. Ich habe es stets bedauert, daß es einem Nichtfachmann, der nicht über ein Erfahrungsmaterial an Kranken verfügt, so gut wie unmöglich ist, sich über den Wahrheitsgehalt der meisten Schriften ein Urteil zu bilden. Aber schließlich ist dies bei allen wissenschaftlichen Leistungen so. Man muß froh sein, wenn man die gedanklichen Konstruktionen zu erfassen vermag.[3]

Einsteins Lob mußte Freud beglücken und ihn gleichzeitig vielleicht noch mehr kränken, denn der literarische Erfolg, so hoch er ihn auch schätzte, war nicht sein oberstes Anliegen und konnte ihn nicht darüber hinwegtrösten, daß er nicht verstanden wurde. Was ihm aber sonst kaum gelungen wäre, hatte er dadurch erreicht; er hatte ein breites Publikum für sich eingenommen, das sonst erst später auf langsamere Art und Weise zu seinen Ideen hingefunden hätte.
Freuds Talent verschafft dem Leser ein in seiner Psychologie als ›Lustgewinn‹ bezeichnetes Gefühl. Viel Nutzen zieht man vor allem aus den Werken, in die immer wieder zwischen einen Bericht theoretische Betrachtungen eingestreut sind, und in deren Mitte eine zentrale Figur steht, deren Analyse nach und nach ihre Hauptmerkmale erkennen läßt. So verfuhr Freud bei den Krankengeschichten, die er aus seinen Erfahrungen heraus, die er seit den ›Studien über Hysterie‹ gesammelt hatte, niederschrieb und von denen einige heute in allen Instituten den Grundstoff für Studierende bilden. Die Helden seiner Berichte — Dora, der kleine Hans, der Rattenmann, Präsident Schreber, der Wolfsmann — sind allgemein bekannt und oft zitiert. Sie sind den Helden der Romanliteratur ebenbürtig. Freud hat sie mit solch einer Wärme gezeichnet, mit allgemein menschlichen Gefühlen, wie es nur einem wahren Schriftsteller gelingt; nur sehr selten finden wir dies in Krankenberichten aus der psychia-

[3] JBg. Bd. III, 286–287

trischen Praxis. Wenn Literatur und Psychoanalyse überhaupt etwas gemeinsam haben, so ist es wohl dieses intensive Identifikationsvermögen, durch das Freuds Kranke ansprechende Figuren wurden, die heute noch leben und ihre Gültigkeit beibehalten haben.

Tatsächlich waren nicht alle fünf Personen Freuds Patienten: der kleine Hans war von seinem eigenen Vater analysiert worden, Präsident Schreber war die Psychoanalyse völlig unbekannt. Freud kannte ihn nur durch dessen erstaunliches Buch, das er sieben Jahre vor Ausbruch seiner Krankheit geschrieben hatte. Als einziger war der Wolfsmann lange bei Freud in Analyse. Seinen Namen erhielt er aufgrund seines berühmten Traumes von sieben Wölfen, der es Freud schlagartig ermöglichte, eine schwere infantile Neurose zu diagnostizieren. Auf das starke Interesse, das er in psychoanalytischen Kreisen erweckte, war der Wolfsmann ungeheuer stolz: In einem Rückfall behauptete er, der Lieblingssohn Freuds, sein Erbe und der einzige Kranke zu sein, dessen Fall Freud publiziert habe.

Neben ihrem beträchtlichen klinischen Wert haben der Präsident Schreber und der Wolfsmann noch eine besondere Bedeutung, da sie die Entwicklung von Freuds Ideen zu einem Zeitpunkt widerspiegeln, zu dem ihn die schon besprochenen Konflikte zwangen, den Kreis seiner Hauptgedanken zu erweitern und die Einheit seiner Bewegung zu erhalten. Durch Jung hatte er 1910 die Autobiographie von Schreber kennengelernt; sie war unter dem Titel ›Denkwürdigkeiten eines Nervenkranken‹ erschienen. Unter dem Einfluß seines Schülers griff er also zum ersten Mal auf das Gebiet der Psychiatrie über und ging auf die unlösbaren Probleme ein, die Psychosen, Schizophrenie und die Paranoia stellten. Jung aber hatte zum Fall Schreber seine eigene Meinung, die stark von der Freuds abwich. Er verschwieg dies auch nicht und publizierte seinen Widerspruch teilweise in den nahezu zur gleichen Zeit erscheinenden ›Wandlungen und Symbole der Libido‹.[4] Dies war, wenn auch nicht ganz offensichtlich, der erste Anlaß zu ernstlichen wissenschaftlichen Differenzen zwischen den beiden Männern.

Freuds Arbeit über Präsident Schreber hatte jedenfalls nichts von einer Streitschrift an sich. Tatsächlich glaubte Freud noch 1911, er könne die Schwierigkeiten, die zwischen den verschiedenen Lehren bestanden und immer wieder an verschiedenen Stellen zwischen ihm und den Schweizer Psychiatern aufflakkerten, aus der Welt schaffen. Er behielt diese Einstellung auch während seiner Arbeit am ›Wolfsmann‹ bei, die er 1914/15

[4] C. G. Jung: ›Wandlungen und Symbole der Libido.‹ Ein Beitrag zur Entwicklungsgeschichte des Denkens. III. Aufl. Leipzig u. Wien 1938

zusammenstellte und niederschrieb, also nach den hauptsächlichen Abspaltungen und obwohl dieser Fall als Argument gegen die beiden gegnerischen, nun unabhängigen Schulen dienen konnte. Dadurch, daß es Freud gelungen war, aufgrund des berühmten Traumes von den Wölfen die kindliche Neurose zu rekonstruieren, an der der Erwachsene noch litt, glaubte Freud, er könne die heftigen Angriffe Jungs und Adlers auf seine Neurosenlehre zunichte machen. Seine Beweisführung stützte er vor allem auf die entscheidende Tatsache, daß der Kranke diesen Traum nicht während der Behandlung hatte, sondern schon mit vier Jahren, als ihm sein Großvater das Märchen vom Schneider und dem Wolf erzählt hatte. Es ist eines der vielen Grimmschen Märchen, in dem der Wolf eine Rolle spielt. Diese Erinnerung, die der Kranke noch graphisch illustrierte, schien um so mehr dazu angetan zu sein, Freuds Überzeugung zu untermauern, da sie noch eng mit anderen biographischen Daten verbunden war. Einige Jahre später bestritt Otto Rank jedoch dessen Echtheit, indem er den Wolfstraum als einen Kindertraum ansah, den der Kranke zweifellos während seiner analytischen Behandlung hatte; Freud erschien nun unredlich und leichtgläubig. So wurde der Fall des Wolfsmannes, den er in polemischer Absicht geschrieben hatte, das Opfer der Streitigkeiten und verstärkte den Zwiespalt.

Als Unterlage für den Fall Schreber hatte Freud nur die ›Denkwürdigkeiten eines Nervenkranken‹ in Händen, die von dem Präsidenten selbst veröffentlicht worden waren und nahezu keine persönlichen Lebensdaten und biographischen Einzelheiten enthielten. Schreber war 1885 als Patient der psychiatrischen Klinik Leipzig bei Professor Flechsig gewesen und als vollkommen geheilt entlassen worden. Er war seinem Arzt dankbar zugetan. Seine offensichtlich neurotischen Beschwerden waren als Hypochondrie diagnostiziert worden.

Neun Jahre später, kurz nach seiner Ernennung zum Präsidenten des Appellationshofes in Dresden, erlitt Schreber einen schweren Rückfall. Er war nun sechs Jahre in psychiatrischer Behandlung und genas, abgesehen von einigen Wahnideen, denen er verhaftet blieb, völlig. Trotz vieler Versuche, ihn davon abzuhalten, veröffentlichte er seine Memoiren und schickte eine Begründung voraus, die Freud später als Einleitung in seine Publikation übernahm.

> Es ist möglich, daß Dr. *Schreber* heute noch lebt und sich von seinem 1903 vertretenen Wahnsystem so weit zurückgezogen hat, daß er diese Bemerkungen über sein Buch peinlich empfindet. Soweit er aber die Identität seiner heutigen Persönlichkeit mit der damaligen noch festhält, darf ich mich auf seine eigenen Argumente berufen, die der »geistig hochstehende Mann von ungewöhnlich schar-

fem Verstand und scharfer Beobachtungsgabe« den Bemühungen, ihn von der Publikation abzuhalten, entgegensetzte: »Dabei habe ich mir die Bedenken nicht verhehlt, die einer Veröffentlichung entgegenzustehen scheinen: es handelt sich namentlich um die Rücksicht auf einzelne noch lebende Personen. Auf der andern Seite bin ich der Meinung, daß es für die Wissenschaft und für die Erkenntnis religiöser Wahrheiten von Wert sein könnte, wenn noch bei meinen Lebzeiten irgend welche Beobachtungen von berufener Seite an meinem Körper und meinen persönlichen Schicksalen zu ermöglichen wären. Dieser Erwägung gegenüber müssen alle persönlichen Rücksichten schweigen.« [...] »Ich hoffe, daß dann auch bei Geh. Rat Prof. Dr. Flechsig das wissenschaftliche Interesse an dem Inhalte meiner Denkwürdigkeiten etwaige persönliche Empfindlichkeiten zurückdrängen würde.«[5]

Schreber war paranoisch. Dadurch, daß er verfolgungs- und größenwahnsinnige Ideen im Übermaß besaß, stellte er für die Psychiater einen besonders interessanten Fall dar und wurde sogar zum klassischen Beispiel. Freud stellte fest, daß das Erstaunen der Psychiater noch nicht dazu ausreichte, diesen Fall zu verstehen. Er war der Überzeugung, daß alle geistigen Manifestationen, seien sie noch so sonderbar oder absurd, sich von natürlichen Vorgängen des seelischen Lebens herleiten lassen, und so versuchte er zu ergründen, warum und auf welche Weise Schreber sich so verändern konnte, obwohl er ein normaler Mensch gewesen war und ihm gestellte, schwierige Aufgaben übernehmen konnte.

Fünfzehn Jahre vorher hatte sich Freud schon einmal eingehend mit der Paranoia beschäftigt, deren Geheimnis, wie er sagte, ihm Fließ während ihrer Freundschaft aufgezeigt hätte. Von da an wurde dieses Geheimnis zu einem Bestandteil der klassischen Erkenntnisse der Psychoanalyse: Die Paranoia ist auf das engste mit einer verdrängten Homosexualität verbunden. Schrebers Wahnideen drehten sich hauptsächlich um seine Umwandlung in eine Frau und die Vergewaltigung durch seinen Verfolger, Professor Flechsig; so war sein Fall wie kaum ein anderer dazu geeignet, den Beweis zu Freuds Ideen zu liefern.

Schrebers Krankheit, von der er kurz nach seiner Ernennung zum Präsidenten des Appellationshofes in Dresden befallen wurde, verlief in zwei Phasen: Während der ersten bildete er sich ein, das Opfer schrecklicher homosexueller Übergriffe von seiten Flechsigs zu sein, der sogar Gott zum Komplizen hatte. In der zweiten Phase ergab er sich voller Wollust seinem Schicksal: Flechsig ersetzte Gott. Seine Wahnideen kreisten nun um eine Fülle religiöser Probleme und eine komplizierte Kosmogonie. Zuletzt fühlte sich Schreber als weiblicher Welterlöser,

[5] Psychoanalytische Bemerkungen über einen autobiographisch beschriebenen Fall von Paranoia. G. W. VIII, 241–242

der dazu bestimmt war, die Welt zu erneuern, indem er eine neue, höherstehende Menschenrasse erzeugte.

Zum Mechanismus der paranoischen Symptombildung hebt Freud deren auffälligsten Zug hervor: die ›Projektion‹. Bei der Projektion erlebt der Mensch eine ursprünglich innere Wahrnehmung, die vorher zurückgedrängt worden war und deren Inhalt eine gewisse Entstellung erfahren hat, als von außen kommend. So entsteht eine Affektumkehr: was als Liebe innen hätte verspürt werden sollen, wird als Haß von außen wahrgenommen. Tatsächlich zeigt in der Regel die Erfahrung, daß im paranoischen Wahn der Verfolger immer eine Person ist, von der der Kranke sich vormals sehr angezogen fühlte. Der vermeintliche Haß Flechsigs war nichts als die Umkehr der unbewußten Liebe, die Dr. Schreber für seinen Arzt empfunden hatte und die auch – über Flechsig hinweg – seinem eigenen Vater galt.

Die Liebe ist übrigens das Zentralthema dieser gefährlichen Krankheit, die sich äußerlich in Eifersucht und Haß umsetzt. Richtet sie sich auf ein gleichgeschlechtliches Wesen, so ist sie für die Gesellschaft unannehmbar und anstößig: Die vier verschiedenartigen Wahnbildungen, die sie bedingt, sind nur schlechte Hilfsformen, die Liebe zu verleugnen oder wenigstens ihren Hauptsatz zu widerlegen.

Freud faßte diese Transformationen der paranoiden Libido, die die überraschendsten Trugbilder hervorbringen, in einem bekannten Satz zusammen.[6] Alle bekannten Arten der Paranoia, so sagt er, sind verschiedene Möglichkeiten, diesem einen Satz zu widersprechen: ›Ich (ein Mann) liebe ihn (einen Mann).‹ Der Verfolgungswahn verkündet laut: ›Ich liebe ihn nicht, ich hasse ihn‹; die Projektion wandelt dies um: ›Er haßt oder verfolgt mich, das rechtfertigt meinen Haß gegen ihn.‹ Der Erotomane fühlt sich geliebt und von der Liebe anderer verfolgt, er ändert einen anderen Bestandteil des verhängnisvollen Satzes. Er sagt: ›Ich liebe nicht ihn, ich liebe sie – weil sie mich liebt.‹ Eine andere Art der Umwandlung finden wir beim Eifersuchtswahn; hier heißt es: ›Nicht ich liebe ihn, sondern sie liebt ihn.‹ Der Größenwahn endlich findet einen noch radikaleren Widerspruch. Er lautet: ›Ich liebe überhaupt nicht und niemand.‹ Da die Libido aber ein Objekt benötigt, verwandelt sich dieser Satz in: ›Ich liebe nur mich.‹ Das erklärt die phantastische, sexuelle Selbstüberschätzung, die dem Größenwahn zugrundeliegt.

Das Fehlen biographischer Angaben machte es Freud unmöglich, die Beziehungen des Präsidenten Schreber zu seinem Vater zu erforschen; er scheint das ursprünglich begehrte und gehaßte Liebesobjekt gewesen zu sein. Alles, was man von Dr. Schreber

[6] a. a. O., 351 f.

weiß, ist, daß er Arzt gewesen war und so wie Flechsig die Rolle Gottes als Helfer und Mörder gleichzeitig hatte übernehmen können. Bei dieser Gelegenheit bemerkte Freud ein Charakteristikum der Paranoia. Er sagt, sie zerlege so, wie die Hysterie verdichte. Tatsächlich geht bei der Hysterie jedes Symptom auf eine Konglomeration von Affekten zurück, die sich auf verschiedene, geliebte Personen bezieht. In der Paranoia hingegen kann sich jeder Affekt in verschiedenen Arten mehrfach selbst darstellen, wobei jede Erscheinungsform eine besondere Phantasie hervorbringt. Die Rolle des Verfolgers übernahmen bei Schreber Flechsig und Gott. Später zerfiel Flechsig in den höheren und den mittelmäßigen Flechsig, wie sich für Schreber auch Gott dann in den niederen und höheren Gott aufspaltete. All diese Figuren sind Doppelstücke derselben wichtigen Beziehung, wie man sie in Mythen, Legenden und polytheistischen Religionen findet, in denen die Götter den verschiedenartigen Gefühlen und Wünschen der Gläubigen entsprechend in verschiedenen Verkörperungen erscheinen. Schrebers Wahn, der Mythologie, Kosmogonie, Apokalypse und Prophetie zu einem unentwirrbaren Chaos vermischt, funktioniert nach dem gleichen Prinzip wie geistige Leistungen der höchsten Stufe.
Der Fall des ›Wolfsmanns‹ verdient die gleiche Beachtung wie der des Präsidenten Schreber, obgleich seine Schwierigkeiten und Akzente völlig anderer Art sind. Als der Kranke Freud aufsuchte, war er ein junger Mann, 22 Jahre alt, russischer Herkunft, Sohn eines Rechtsanwaltes in Odessa, der ausgedehnte Ländereien besaß und ihm später ein beachtliches Vermögen hinterließ. Eine besonders schwere Neurose machte es ihm unmöglich, mit den einfachsten Problemen des täglichen Lebens fertig zu werden. Er wurde ständig von einem Arzt und einem Diener begleitet und war völlig unfähig, irgend etwas allein zu tun; er konnte sich nicht einmal selbst ankleiden. Er war nach Deutschland gekommen, um gesund zu werden, war in mehreren Sanatorien gewesen und hatte berühmte Psychiater wie Ziehen und Kraepelin aufgesucht; alles jedoch ohne eine Besserung seines Gesundheitszustandes zu erreichen. Verzweifelt war er nach Hause zurückgekehrt, wo ihm ein anderer Arzt neue Hoffnung gab. Auf der Reise in die Schweiz, wo er erneut sein Glück versuchen wollte, hielt er sich mit diesem in Wien auf. Man sprach in ihrer Anwesenheit zufällig von Freud, und sie gingen ihn aufgrund dessen um Hilfe an.
Dieser Fall, der bereits Spezialisten stark beschäftigt hatte, lag tatsächlich außerordentlich schwierig. Freud hat ihn nicht in seiner ganzen Weite dargestellt. Dafür sprachen zwei Gründe: Zum ersten ist eine vollkommene Darstellung einer mehrjährigen Analyse ein nahezu unmögliches Unterfangen durch die

unwahrscheinliche Vielfalt des Materials und dessen unvermeidliche Unordnung; zudem war sein Patient in Wien außerordentlich gut bekannt, und obwohl er darauf bestand, daß sein Fall vollinhaltlich veröffentlicht würde, konnte es Freud doch nicht verantworten, alle Details der Behandlung preiszugeben. Darüber hinaus wollte Freud diesen so bedeutsamen Fall dazu benutzen, bestimmte Lehrmeinungen Adlers und Jungs zu widerlegen. Sie wollten beide die infantile, sexuelle Traumatisierung, die Freud für die Erwachsenenneurose verantwortlich machte, durch spätere pathogene Faktoren ersetzen, wie sie zum Beispiel verschiedene kulturelle und andere Einflüsse hervorbringen. Wenn bei dem ›Wolfsmann‹ tatsächlich die ersten neurotischen Beschwerden im Alter von vier Jahren auftraten, so schmolz dadurch die Auffassung einer späteren Ätiologie zu einem Nichts zusammen. Freud konzentrierte daher sein ganzes Interesse auf das Studium der infantilen Neurose und erhielt so unerwartetes Material, was ihn selbst erstaunen ließ.

> Eine dritte Eigentümlichkeit der hier zu beschreibenden Analyse hat nur den Entschluß, sie mitzuteilen, weiterhin erschwert. Die Ergebnisse derselben haben sich im ganzen mit unserem bisherigen Wissen befriedigend gedeckt oder guten Anschluß daran gefunden. Manche Einzelheiten sind mir aber selbst so merkwürdig und unglaubwürdig erschienen, daß ich Bedenken trug, bei anderen um Glauben für sie zu werben. Ich habe den Patienten zur strengsten Kritik seiner Erinnerungen aufgefordert, aber er fand nichts Unwahrscheinliches an seinen Aussagen und hielt an ihnen fest. Die Leser mögen wenigstens überzeugt sein, daß ich selbst nur berichte, was mir als unabhängiges Erlebnis, unbeeinflußt durch meine Erwartung, entgegengetreten ist. So blieb mir denn nichts übrig, als mich des weisen Wortes zu erinnern, es gebe mehr Dinge zwischen Himmel und Erde, als unsere Schulweisheit sich träumen läßt. Wer es verstünde, seine mitgebrachten Überzeugungen noch gründlicher auszuschalten, könnte gewiß noch mehr von solchen Dingen entdecken.[7]

Man merkt, daß sich Freud selbst bei der Abfassung seiner Arbeit nicht von Zweifeln an wesentlichen Punkten befreien konnte. Sie wurden jedoch später durch viele analoge Fälle entkräftet. Jones zitiert zwei Briefe, die diese erstaunenswerte Geisteshaltung erkennen lassen, und führt sie auf Freuds Zweifel an einem Sieg Österreichs und dem Ausgang des Weltkrieges zurück, die er schon im November 1914 hegte.

Die erste Analyse des Wolfsmannes – er hatte im ganzen vier, zwei bei Freud und zwei weitere zwölf Jahre später bei Ruth Mack Brunswick, einer Schülerin Freuds – dauerte vier Jahre. Lange Zeit war keinerlei Fortschritt zu verzeichnen. Freud

[7] Aus der Geschichte einer infantilen Neurose. G. W. XII, 34–35

wußte nicht, wie er den starrsinnigen Widerstand seines Patienten überwinden sollte und entschloß sich zu einem technisch ungewöhnlichen Vorgehen, das rasch einen erfolgreichen Abschluß der Behandlung herbeiführte:

> Der Patient [...] blieb lange Zeit hinter einer Einstellung von gefügiger Teilnahmslosigkeit unangreifbar verschanzt. Er hörte zu, verstand und ließ sich nichts nahe kommen. Seine untadelige Intelligenz war wie abgeschnitten von den triebhaften Kräften, welche sein Benehmen in den wenigen ihm übrig gebliebenen Lebensrelationen beherrschten. Es bedurfte einer langen Erziehung, um ihn zu bewegen, einen selbständigen Anteil an der Arbeit zu nehmen, und als infolge dieser Bemühung die ersten Befreiungen auftraten, stellte er sofort die Arbeit ein, um weitere Veränderungen zu verhüten und sich in der hergestellten Situation behaglich zu erhalten. Seine Scheu vor einer selbständigen Existenz war so groß, daß sie alle Beschwerden des Krankseins aufwog. Es fand sich ein einziger Weg, um sie zu überwinden. Ich mußte warten, bis die Bindung an meine Person stark genug geworden war, um ihr das Gleichgewicht zu halten, dann spielte ich diesen einen Faktor gegen den anderen aus. Ich bestimmte, nicht ohne mich durch gute Anzeichen der Rechtzeitigkeit leiten zu lassen, daß die Behandlung zu einem gewissen Termin abgeschlossen werden müsse, gleichgültig, wie weit sie vorgeschritten sei. Diesen Termin war ich einzuhalten entschlossen; der Patient glaubte endlich an meinen Ernst. Unter dem unerbittlichen Druck dieser Terminsetzung gab sein Widerstand, seine Fixierung ans Kranksein nach, und die Analyse lieferte nun in unverhältnismäßig kurzer Zeit all das Material, welches die Lösung seiner Hemmungen und die Aufhebung seiner Symptome ermöglichte. Aus dieser letzten Zeit der Arbeit, in welcher der Widerstand zeitweise verschwunden war und der Kranke den Eindruck einer sonst nur in der Hypnose erreichbaren Luzidität machte, stammen auch alle die Aufklärungen, welche mir das Verständnis seiner infantilen Neurose gestatteten.[8]

Das Hauptmaterial bildete der Traum von den Wölfen, der im Alter von vier Jahren für den Patienten eine Periode der Wolfsangst und -phobie einleitete. Freud berichtete diesen Traum bereits an anderer Stelle: in seiner Abhandlung über ›Märchenstoffe in Träumen‹.[9] Dort erzählt er ihn unverändert:

> Ich habe geträumt, daß es Nacht ist und ich in meinem Bett liege, (mein Bett stand mit dem Fußende gegen das Fenster, vor dem Fenster befand sich eine Reihe alter Nußbäume. Ich weiß, es war Winter, als ich träumte, und Nachtzeit). Plötzlich geht das Fenster von selbst auf, und ich sehe mit großem Schrecken, daß auf dem großen Nußbaum vor dem Fenster ein paar weiße Wölfe sitzen. Es waren sechs oder sieben Stück. Die Wölfe waren ganz weiß und

[8] a. a. O., 33–34
[9] Märchenstoffe in Träumen. G. W. X, 2–9

sahen eher aus wie Füchse oder Schäferhunde, denn sie hatten große Schwänze wie Füchse und ihre Ohren waren aufgestellt wie bei den Hunden, wenn sie auf etwas passen. Unter großer Angst, offenbar, von den Wölfen aufgefressen zu werden, schrie ich auf und erwachte. Meine Kinderfrau eilte zu meinem Bett, um nachzusehen, was mit mir geschehen war. Es dauerte eine ganze Weile, bis ich überzeugt war, es sei nur ein Traum gewesen, so natürlich und deutlich war mir das Bild vorgekommen, wie das Fenster aufgeht und die Wölfe auf dem Baume sitzen. Endlich beruhigte ich mich, fühlte mich wie von einer Gefahr befreit und schlief wieder ein.
Die einzige Aktion im Traume war das Aufgehen des Fensters, denn die Wölfe saßen ganz ruhig ohne jede Bewegung auf den Ästen des Baumes, rechts und links vom Stamm und schauten mich an. Es sah so aus, als ob sie ihre ganze Aufmerksamkeit auf mich gerichtet hätten. – Ich glaube, dies war mein erster Angsttraum. Ich war damals drei, vier, höchstens fünf Jahre alt. Bis in mein elftes oder zwölftes Jahr hatte ich von da an immer Angst, etwas Schreckliches im Traume zu sehen.[10]

Der Patient hatte dem Traum eine graphische Darstellung beigefügt. Auf ihr sieht man nicht sechs oder sieben, sondern fünf weiße Wölfe, die starr vor sich hin schauen und starke Ähnlichkeit mit Hunden besitzen. Der Traum war zu Beginn der Behandlung berichtet worden. Freud und sein Patient benötigten mehrere Jahre, um seinen Sinn vollkommen aufzudecken. Dem Patienten gelang es schließlich, ihn zu verstehen, indem er ihn auf verschiedene Märchenstoffe zurückführte: Auf ›Rotkäppchen‹, den ›Wolf und die sieben Geißlein‹ und ein anderes Grimmsches Märchen, in dem ein Schneider mit seiner Elle einem Wolf den Schwanz abschlägt. Alle diese Märchen hatte er unter bestimmten Begleitumständen gelesen oder gehört. Seiner gewohnten Denkweise folgend hatte er den tiefen Sinn des Traumes eine radikale Änderung erfahren lassen: Die langen Schwänze der Wölfe bedeuteten Schwanzlosigkeit, oder besser gesagt Kastration; der bestimmte und gleichzeitig aufmerksame Blick gehörte nicht zu den Wölfen, sondern zum kleinen Träumer. Die schreckenerregende Unbeweglichkeit bedeutete die ungewöhnliche ›Bewegung‹, die das Kind in einer zweifellos weit zurückliegenden Winternacht erblickt hatte und deren Schock ihm fest verhaftet blieb. Die Analyse gestattete, dieses angsterregende Schauspiel zu rekonstruieren, dem das Kind schon sehr früh – ungefähr mit 18 Monaten – beigewohnt hatte und das seitdem in der psychoanalytischen Literatur als ›Urszene‹ bezeichnet wird: der Koitus seiner Eltern, der für ihn damals unverständlich war, aber schlagartig zur Quelle dieser archaischen Angst vor Wölfen und Menschenfressern wurde, die man in so vielen Märchen und Mythen finden kann. Die ›Urszene‹

[10] Aus der Geschichte einer infantilen Neurose. G. W. XII, 54–55

wurde nicht tatsächlich erinnert, sondern aufgrund des Zusammentreffens vieler glaubwürdiger Einzelheiten rekonstruiert. Belehrt durch sein Wissen von der kindlichen Verführung bei Hysterien, fragte sich Freud, ob es sich hier um ein tatsächliches Erlebnis oder eine Phantasie des Kranken handle; er kam jedoch zu dem Schluß, daß in beiden Fällen die Bedeutung dieser Szene für die Entstehung der Neurose die gleiche sei.
Der Fall des Präsidenten Schreber hatte Freud veranlaßt, die Wahnbildungen bei der Paranoia mit denen der mythologischen Schöpfungen zu vergleichen (er hatte einen Sonnenmythos erfunden, der in überraschender Weise demjenigen primitiver Religionen glich); der Wolfsmann erlaubte ihm, tiefgreifende Analogien zwischen den Träumen und der allgemein verbreiteten Volksdichtung aufzudecken, deren Themen zu allen Zeiten die kindlichen Seelen bewegen. Damals begann Freud übrigens auch, sich der Geschichte der Religionen und den Problemen der Mythologie zuzuwenden (die Spezialität von Otto Rank waren). Seit 1912 führte dies zu unüberwindlichen Mißverständnissen zwischen Jung und ihm. Diese neue Forschungsrichtung endete 1913 mit der Publikation von ›Totem und Tabu‹, einem der bedeutendsten Bücher Freuds und zweifelsohne dasjenige im zweiten Teil seines Werkes, das am meisten Ärger hervorrief.
Auch noch nach Freud wurden die ›Denkwürdigkeiten eines Nervenkranken‹ Gegenstand vieler Arbeiten. Der Wolfsmann wurde durch die Einzigartigkeit und Vielfalt seiner Krankengeschichte, durch die Undurchsichtigkeit seiner vorangegangenen Behandlungen und die Erkenntnisse, zu denen er Freud verholfen hatte, zu einem nicht zuletzt durch die Tragik seines Schicksals besonderen Fall in den psychoanalytischen Annalen. Nach seiner ersten Behandlung kehrte er psychisch völlig wiederhergestellt nach Rußland zurück und war fähig, das Alltagsleben zu meistern. Durch die bolschewistische Revolution verlor er schlagartig sein enormes Vermögen und wurde bettelarm. Im Jahre 1919 konnte er entfliehen und nach Wien zurückkehren. Hier wurde er durch eine nochmalige viermonatige Behandlung von einer hysterischen Obstipation geheilt. Freud behandelte ihn nicht nur kostenlos, sondern organisierte auch unter seinen Kollegen und Schülern einen Hilfsfonds, der es dem Wolfsmann und seiner ebenfalls kranken Frau ermöglichte, sechs Jahre lang in dem von Hungersnot heimgesuchten Wien der Nachkriegszeit ihr Leben zu fristen. Der zweimal durch Freuds Mitgefühl und Großzügigkeit gerettete Kranke erlitt 1926 einen so schweren Rückfall, daß eine erneute Behandlung notwendig wurde. Früher hatte er unter einer Zwangsneurose gelitten, nun erkrankte er an einer paranoischen Psychose, während derer seine frühere, schlecht ›aufgelöste‹ homosexuelle Bindung an seinen

ersten Analytiker, die durch materielle Hilfe und Spenden Freuds eine neue Zufuhr erhalten hatte, einen neuen, gefährlichen Ausdruck fand. Er wurde von einer Schülerin Freuds, Ruth Brunswick, in Behandlung genommen, die ihn auch während mehrerer Rückfälle betreute und Beobachtungen publizierte, die zu weiterer Aufklärung des Falles erheblich beitrugen.[11] Der letzte Bericht stammt aus dem Jahre 1940; der Wolfsmann schien damals völlig gesund zu sein. Nach dem letzten Krieg hatten mehrere Analytiker Gelegenheit, ihn zu sehen, und sie berichteten über ihre Zusammentreffen. Ernest Jones korrespondierte noch 1956 regelmäßig mit ihm und berichtete, daß seine Briefe wichtige und zutreffende Hinweise über Freuds Person und seine Technik enthielten, die selbst seinen Schülern unbekannt waren. Trotz seiner sonst teilweise befremdlichen Offenheit in persönlichen Belangen, war der Wolfsmann jedoch diskret und anhänglich genug, von ihrer Veröffentlichung abzusehen.

[11] Ruth Mack Brunswick: A Supplement to Freud's History of an Infantile Neurosis. I. J., IX, 1928. 439

21. Freud und die Literatur

Wenn man Freuds offensichtlich leidenschaftliches Interesse für die Literatur bedenkt, das die Vielzahl der in seinem Werke enthaltenen Hinweise und Zitate erkennen läßt und selbst in seine Briefe und Träume eindrang, so möchte man erwarten, daß die Zahl seiner Arbeiten über dieses Thema seinem Geschmack und seiner Begabung entsprächen. Hier unterliegt man aber einer Täuschung. Die Gattung der Literaturanalysen, die auf ihn zurückgeht und sich bis vor kurzem in psychoanalytischen Kreisen außerordentlicher Beliebtheit erfreute, ist jedoch in seinen Gesammelten Werken mit Ausnahme von vier sehr kurzen Abhandlungen nicht vertreten. Es ist hier zu bemerken, daß es sich dabei um kurze, aber sehr wesentliche Beiträge zum literarischen Schaffensprozeß und zu Problemen der Sprache handelt. Dieser kleine Band enthält außergewöhnlich neue und bedeutsame Gedanken: Vielleicht ist er ein Beweis für die inneren Konflikte, die Freud in seiner ›Traumdeutung‹ beschrieben hat. Es gelang ihm auf diesem Gebiet, wo er sich etwas wie ein Eindringling fühlen müßte, für sie eine Kompromißlösung zu finden.

Seine Schüler analysierten entweder die Persönlichkeit des Schriftstellers, ein ganzes Werk oder nahezu unübersehbare Gebiete wie die Mythologie und die Volksdichtung. Freud jedoch wendete sich nur Werken oder Schriftstellern zu, die durch irgendeine Seite ihrer Arbeiten ihm zu einem gegebenen Zeitpunkt halfen, einen Teil seines Ichs sichtbar zu machen. Während Schriftsteller wie Jung, Otto Rank, Theodor Reik, Karl Abraham oder Jones ihre soliden psychoanalytischen Kenntnisse auf die Literatur anwandten und ihre Theorien meist mit großer Eindringlichkeit und Talent entwickelten, schrieb Freud seine literarischen Essays in der gleichen Weise wie er seine ›Traumdeutung‹ oder die ›Psychopathologie des Alltagslebens‹ geschrieben hatte: Er verfolgte seine Selbstanalyse.

Das erklärt, warum Freud keine psychoanalytischen Monographien geschrieben hat, die denen von Jones über Hamlet, von Marie Bonaparte über Edgar Allan Poë oder von René Laforgue über Beaudelaire vergleichbar wären. Er äußerte sich nur über etwas, das ihn während der Lektüre besonders beeindruckt hatte und mit dem er sich so stark identifizierte, daß er daraus die Berechtigung zu seiner Analyse entnahm. Selbstverständlich wurde seine Wahl auch von seiner persönlichen Neigung bestimmt; im König Lear zum Beispiel kommt das ganz deutlich zum Ausdruck, als er ihn mit einem Umstand seines eigenen Lebens in Verbindung setzt.

Die erste literarische Studie Freuds ist der ›Gradiva‹ von Jensen gewidmet, einer bezaubernden Novelle, die sich in seinen Augen zumindest durch zwei große Vorzüge auszeichnet: Vor allem baut sie sich völlig auf dem Wahn und den Träumen des Helden auf, besser gesagt, auf dem vom Autor in allen Einzelheiten erfundenen Traumstoff. Freud verlockte es, diesen Wahn und die erfundenen Träume in gleicher Weise wie spontane nächtliche Träume zu analysieren. Das Resultat seiner Analyse war verblüffend: Es schloß in natürlicher Weise die Lücken der Intrige, die der Autor vielfach gesponnen hatte, um die Phantasie anzuregen. Wieder einmal hatte Freuds ›Traumschlüssel‹ einer Probe standgehalten, heimliche Türen und verborgene Schubladen geöffnet.

Der andere Vorzug der ›Gradiva‹ bestand für Freud im Beruf des Helden, der als Archäologe notwendigerweise Freuds Leidenschaft für die Ausgrabung und die Wiederentdeckungen der Vergangenheit teilte. Schon lange hatte Freud in seiner Freude an den Antiquitäten das Pendant seiner psychoanalytischen Tätigkeit erkannt. Der junge Norbert, der bis zur Halluzination von den Anfängen der Menschheit in Bann gezogen war, so wie er der Gefangene seiner Kindheit war, vermittelte ihm eine Bestätigung seiner Idee, was ihn sehr dankbar stimmte.

Dr. Norbert Hanold hatte in einer römischen Sammlung ein Basrelief betrachten dürfen, das ihn über alle Maßen beeindruckt hatte. Einen Gipsabdruck dieses Tiefreliefs, dessen Ursprung und Entstehung ihm unbekannt waren, hatte er an einem besonderen Platz in seinem Arbeitszimmer aufgehängt; intensive Betrachtung führte ihn immer wieder tief in eine seltsame Träumerei:

> Das Bild stellt ein reifes junges Mädchen im Schreiten dar, welches sein reichfaltiges Gewand ein wenig aufgerafft hat, so daß die Füße in den Sandalen sichtbar werden. Der eine Fuß ruht ganz auf dem Boden, der andere hat sich zum Nachfolgen vom Boden abgehoben und berührt ihn nur mit den Zehenspitzen, während Sohle und Ferse sich fast senkrecht emporheben. Der hier dargestellte ungewöhnliche und besonders reizvolle Gang hatte wahrscheinlich die Aufmerksamkeit des Künstlers erregt und fesselt nach so viel Jahrhunderten nun den Blick unseres archäologischen Beschauers.[1]

Norbert faszinierte der Gang des jungen Mädchens aus Stein, der er den Namen ›Gradiva‹, die Schreitende, gab. Er, der den Frauen keinerlei Aufmerksamkeit zuwendete, ging nun auf die Straße, um die Füße derer anzusehen, deren Existenz er ver-

[1] Der Wahn und die Träume in W. Jensens ›Gradiva‹. G. W. VII, 35

leugnete. Zudem wollte er erfahren, ob der so ungewöhnliche Gang der Gradiva von lebenden Frauen nachvollzogen werden könnte. Seine Beobachtungen verhalfen ihm jedoch zu keiner Entscheidung. Etwas später hatte er einen schrecklichen Traum, der ihn in das antike Pompeji des Jahres 79 v. Chr. versetzte, das heißt kurz vor dem Ausbruch des Vesuvs. Hier erblickte er plötzlich vor sich Gradiva, die die unmittelbar bevorstehende Gefahr nicht zu kennen schien. In seinem Wahn wurde ihm nun klar, daß Gradiva ein junges Mädchen aus Pompeji war, das zweifelsohne zur gleichen Zeit wie er in seiner Heimatstadt lebte. Bevor er sie warnen konnte, streckte sich Gradiva auf den Boden der Tempelhalle aus und schlief ein, bis schließlich ein Aschenregen kam und sie verschüttete.
Der Wahn des jungen Mannes fand im Wachzustand seine Fortsetzung. Gradiva erschien ihm leibhaftig, diesmal in den Ruinen Pompejis, wohin er zur Besichtigung gefahren war. Um die Mittagszeit, als zur Stunde der Schemen das alte Pompeji wieder sein Leben vor dem Aschenregen zurückerlangte, kamen ihm diese Halluzinationen. Er redete das Mädchen natürlich auf Griechisch an, sie aber entgegnete ihm lächelnd: ›Wenn Du Dich mit mir unterhalten willst, so mußt Du deutsch sprechen‹.
Der junge Mann blieb dennoch seinem Traum verhaftet. ›Gradiva‹ wollte ihn davon heilen: Zuerst teilt sie den Traum mit ihm, dann führt sie ihn Schritt für Schritt in die Wirklichkeit mit Methoden, die denen der Psychoanalyse sehr ähnlich sind. Zum Schluß erkennt Norbert in Gradiva Zoe Bertgang, die schöne Nachbarin, die seine Spielgefährtin der Kindheit gewesen war und die er, ohne es zu wissen, schon lange liebte. Sie zeigte ihm, daß die Gefühle für das Mädchen aus Stein in Wirklichkeit dem lebenden Mädchen galten. So zerstörte das listige Mädchen den Bann des Wahnes.
Die Themen der Gradiva scheinen eigens dafür erdacht zu sein, die ›Traumdeutung‹ und die Theorie vom Unbewußten eindeutig zu bestätigen. Freud entwirrte sie mit der Geschicklichkeit eines Detektivs, gleichzeitig aber auch mit Takt und merklichem Vergnügen. Er rekonstruierte Norberts Leben, seine kindliche Zuneigung zu seiner Spielgefährtin, dann die Verdrängung, die ihn zum Fetischisten werden ließ (psychiatrisch ausgedrückt war er ein ›Fußfetischist‹). Endlich brach er alle Bande zur realen Welt, vor allem zu den Frauen und zur Liebe ab. Freuds ganzer Analyse haftet eine gewisse Leichtigkeit und Transparenz an, die ihre Berühmtheit rechtfertigt. Er schließt mit einigen Betrachtungen über mehr oder minder funktionelle Analogien zwischen der Psychoanalyse und dem Roman:

> Unser Verfahren besteht in der bewußten Beobachtung der abnormen seelischen Vorgänge bei anderen, um deren Gesetze erraten

und aussprechen zu können. Der Dichter geht wohl anders vor; er richtet seine Aufmerksamkeit auf das Unbewußte in seiner eigenen Seele, lauscht den Entwicklungsmöglichkeiten desselben und gestattet ihnen den künstlerischen Ausdruck, anstatt sie mit bewußter Kritik zu unterdrücken. So erfährt er aus sich, was wir bei anderen erlernen, welchen Gesetzen die Betätigung dieses Unbewußten folgen muß, aber er braucht diese Gesetze nicht auszusprechen, nicht einmal sie klar zu erkennen, sie sind infolge der Duldung seiner Intelligenz in seinen Schöpfungen verkörpert enthalten. Wir entwickeln diese Gesetze durch Analyse aus seinen Dichtungen, wie wir sie aus den Fällen realer Erkrankung herausfinden, aber der Schluß scheint unabweisbar, entweder haben beide, der Dichter wie der Arzt, das Unbewußte in gleicher Weise mißverstanden, oder wir haben es beide richtig verstanden. Dieser Schluß ist uns sehr wertvoll; um seinetwegen war es uns der Mühe wert, die Darstellung der Wahnbildung und Wahnheilung sowie die Träume in Jensens »Gradiva« mit den Methoden der ärztlichen Psychoanalyse zu untersuchen.[2]

Die ›Gradiva‹ war 1903 erschienen, Freuds Abhandlung 1906, wodurch Wilhelm Jensen unerwarteter Ruhm zuteil wurde. Freud war wie immer darauf versessen, seine Resultate durch biographische Angaben zu erhärten, und schrieb an den bereits betagten Schriftsteller mit der Bitte um genaue Angaben über sein Leben. Am 15. Mai 1907 verlas er die Antwort vor den Mitgliedern der Wiener Vereinigung. Einige Tage später faßte er sie für Jung zusammen:

Was Jensen selbst dazu sagt? Er hat sich recht liebenswürdig geäußert. Im ersten Brief gab er seiner Freude Ausdruck, daß und so weiter, und erklärte, die Analyse habe in allem Wesentlichen die Absicht der kleinen Dichtung getroffen. Er meinte natürlich nicht unsere Theorie, wie er überhaupt als alter Herr unfähig scheint, auf andere Intentionen als seine eigenen poetischen einzugehen. Er meinte, die Übereinstimmung müsse man wohl auf Rechnung der dichterischen Intuition schreiben und vielleicht seinem ursprünglichen medizinischen Studium einen Anteil gönnen. In einem zweiten Brief wurde ich dann indiskret und verlangte Auskünfte über das Subjektive an der poetischen Arbeit, woher der Stoff rühre, wo seine Person stecke und dergleichen. Ich erfuhr nun von ihm, daß das antike Relief tatsächlich existiert, er besitzt eine Nachbildung davon . . ., hat aber das Original nie gesehen. Er ist selbst derjenige, der die Phantasie gesponnen hat, es stelle eine Pompejanerin dar, derjenige auch, der in Pompejis Mittagsglut zu träumen liebte und dort einmal in einen fast visionären Zustand geriet. Sonst weiß er über die Herkunft des Stoffes nichts; während einer anderen Arbeit fiel ihm der Beginn plötzlich ein, er ließ alles andere beiseite, machte sich an's Niederschreiben, geriet nie in's Stocken, fand immer alles wie fertig vor und kam in einem Zuge zu Ende.

[2] a. a. O., 120–121

> Das heißt wohl, daß die Fortsetzung der Analyse durch seine eigene Kindheit zu seiner eigenen intimsten Erotik führen würde. Das Ganze ist also wieder eine egozentrische Phantasie.[3]

Etwas später fand Jung drei weitere Novellen von Jensen, deren Analyse ihm half, noch genauere Hypothesen aufzustellen: Jensen mußte in seiner Kindheit eine sehr starke Bindung an ein kleines Mädchen, vielleicht an seine Schwester, empfunden haben, die ihm aber Kummer und Leid eingebracht hatte. Möglicherweise war dieses Kind mit einem körperlichen Leiden behaftet, an das sich der Dichter erinnerte, es aber gleichzeitig verleugnete, indem er der Gradiva einen solch anmutigen Gang verlieh. Freud befragte ihn darüber. Jensen ging aber auf diesen Punkt der körperlichen Behinderung nicht ein, sondern erklärte, daß er keine Schwester gehabt habe, aber einer kleinen Spielgefährtin leidenschaftlich zugetan gewesen sei, sie sei mit achtzehn Jahren an Tuberkulose gestorben. Sehr viel später hatte er sich in ein junges Mädchen verliebt, das ihn an seine erste Freundin erinnert habe. Auch sie sei in der Blüte ihres Lebens plötzlich dahingerafft worden.

Die ›Gradiva‹ veranlaßte Freud, den schon immer vermuteten Zusammenhang zwischen dem Traum und den literarischen Schöpfungen näher zu untersuchen. So hatte er schon einige Jahre früher die ›Richterin‹ von C. F. Meyer analysiert. Auch die berühmten Seiten der ›Traumdeutung‹ über Hamlet und König Ödipus sind auf diese Mutmaßung zurückzuführen. Im Jahre 1907 schrieb er einen Essay über ›Der Dichter und das Phantasieren‹,[4] in dem er vor einem Schriftstellerforum, das bei seinem Verleger zusammengekommen war, frei seine Ansichten äußerte. Im Gegensatz zu seinen anderen Vorträgen fand diese Improvisation bei den Anwesenden eine äußerst frostige Aufnahme; er aber hatte sich Zustimmung und Beifall für die im Entstehen begriffenen Beziehungen zwischen der Psychoanalyse und seiner neuen ›Kolonie‹ erhofft. Es ist wahr, daß er sich an allgemeine Aussagen hielt und noch nicht auf die nähere Analyse von Autoren und Werken einging, die ihm später wieder einmal die Vorwürfe einbringen sollten, das Sakrileg verletzt zu haben. Wenn die bürgerliche Meinung und akademische Kreise sich über sein Vorgehen entsetzten, so hatten doch die Schriftsteller, oder wenigstens die ernsthafteren und klügeren unter ihnen, wohl kaum Grund, an ihm Anstoß zu nehmen.

Der Text ließ wirklich scharf den ungewöhnlichen Respekt erkennen, den Freud zu jeder Zeit der Kunst und den Künstlern gegenüber hegte. Aus einer etwas naiven Überschätzung der

[3] Jg., 26. 5. 1907: Br. 251–252
[4] Der Dichter und das Phantasieren: G. W. VII, 213

Literatur heraus, die er übrigens mit dem Bürgertum seiner Zeit teilte, war der Schriftsteller in seinen Augen ein sagenumwobenes Wesen mit übermenschlichem Können, das nahezu schon den Göttern gleichkam, Bewunderung erheischte und unbegreiflich blieb, mochte man sich auch noch so sehr bemühen, sein Geheimnis zu ergründen. In seinem gesamten literarischen Schaffen wiederholte er immer wieder, daß die Analyse endet, wo die Kunst beginnt, und daß die Analyse wohl zur tiefen Kenntnis der menschlichen Seele beiträgt und ihre schönsten Erfolge erhellt, aber nichts über die Inspiration aussagen kann, die unerklärliches Privileg des Künstlers bleibt.

Man kann annehmen, daß er sich selbst während seiner, wenn auch behutsamen und ehrfurchtsvollen Beschäftigung mit Shakespeare und Goethe doch ein wenig als Frevler fühlte, obwohl er aus seinem Eifer die Möglichkeit zog, sich von seinen Skrupeln zu befreien. Seine Studien über ›Das Motiv der Kästchenwahl‹[5] kann wohl kaum psychoanalytisch genannt werden. Sie ist von einer Zartheit und Melancholie, die selbst die fanatischsten Verehrer Shakespeares hätte friedlich stimmen müssen. Seine Gedanken über ›Eine Kindheitserinnerung aus Dichtung und Wahrheit‹,[6] die er 1917 veröffentlichte, hielt er mehrere Jahre zurück, da er besorgt war, nichts zu behaupten, was nicht durch klinische Tatsachen bestätigt war. Sein Endergebnis trägt voll und ganz zum Ruhm des Olympiers bei.

Das Motiv der Kästchenwahl behandelte Shakespeare im ›Kaufmann von Venedig‹ in heiterer und im ›König Lear‹ in tragischer Weise. Freud deckte die Parallelen zu den zahlreichen Motiven der Volksdichtung und der Mythologie auf, in denen der Held zwischen drei Frauen wählen muß, die die drei Beziehungen des Mannes zum Weibe darstellen, wobei die zu den Moiren, den Göttinnen des Todes ursprünglich die grundlegende Beziehung war. Nachdem Freud die Umkehrungen dieses Sinnes an vielen Beispielen aufgezeigt hatte, kehrte er zu ›König Lear‹ zurück und schrieb folgendes:

> Wir haben bisher den Mythus und seine Wandlung verfolgt und hoffen die geheimen Gründe dieser Wandlung aufgezeigt zu haben. Nun darf uns wohl die Verwendung des Motivs beim Dichter interessieren. Wir bekommen den Eindruck, als ginge beim Dichter eine Reduktion des Motivs auf den ursprünglichen Mythus vor sich, so daß der ergreifende, durch die Entstellung abgeschwächte Sinn des letzteren von uns wieder verspürt wird. Durch diese Reduktion der Entstellung, die teilweise Rückkehr zum Ursprünglichen, erziele der Dichter die tiefere Wirkung, die er bei uns erzeugt. [. . .]
>
> Lear ist ein alter Mann. Wir sagten schon, darum erscheinen die

[5] Das Motiv der Kästchenwahl. G. W. X

[6] Eine Kindheitserinnerung aus Dichtung und Wahrheit. G. W. XII

drei Schwestern als seine Töchter. Das Vaterverhältnis, aus dem so viel fruchtbare dramatische Antriebe erfließen könnten, wird im Drama weiter nicht verwertet. Lear ist aber nicht nur ein Alter, sondern auch ein Sterbender. Die so absonderliche Voraussetzung der Erbteilung verliert dann alles Befremdende. Dieser dem Tode Verfallene will aber auf die Liebe des Weibes nicht verzichten, er will hören, wie sehr er geliebt wird. Nun denke man an die erschütternde letzte Szene, einen der Höhepunkte der Tragik im modernen Drama: Lear trägt den Leichnam der Cordelia auf die Bühne. Cordelia ist der Tod. Wenn man die Situation umkehrt, wird sie uns verständlich und vertraut. Es ist die Todesgöttin, die den gestorbenen Helden vom Kampfplatze wegträgt, wie die Walküre in der deutschen Mythologie. Ewige Weisheit im Gewande des uralten Mythus rät dem alten Manne, der Liebe zu entsagen, den Tod zu wählen, sich mit der Notwendigkeit des Sterbens zu befreunden.
Der Dichter bringt uns das alte Motiv näher, indem er die Wahl zwischen den drei Schwestern von einem Gealterten und Sterbenden vollziehen läßt. [...] Man könnte sagen, es seien die drei für den Mann unvermeidlichen Beziehungen zum Weibe, die hier dargestellt sind: Die Gebärerin, die Genossin und die Verderberin. Oder die drei Formen, zu denen sich ihm das Bild der Mutter im Laufe des Lebens wandelt: Die Mutter selbst, die Geliebte, die er nach deren Ebenbild gewählt, und zuletzt die Mutter Erde, die ihn wieder aufnimmt. Der alte Mann aber hascht vergebens nach der Liebe des Weibes, wie er sie zuerst von der Mutter empfangen; nur die dritte der Schicksalsfrauen, die schweigsame Todesgöttin, wird ihn in ihre Arme nehmen.[7]

Verborgen ist hier ein Bekenntnis Freuds eingeschlossen; obwohl erst 57 Jahre alt, identifizierte er sich augenscheinlich mit dem sterbenden König.[8] Wie Lear, so wurde auch er vom Gedanken an den Tod gequält; wie er hatte auch Freud drei Töchter, von denen die eine gerade im Begriff war, sich zu verheiraten. Unter ihnen hatte er schon seine Wahl getroffen: seine Cordelia, die er auch seine Antigone nannte, war Anna, seine jüngste Tochter, die ihn während sechzehn Jahren mit immer gleicher Hingabe pflegen sollte und deren Liebe ihm auch das Sterben erleichterte.
›Eine Kindheitserinnerung aus Dichtung und Wahrheit‹[9] hat tatsächlich nur sehr wenig Beziehung zur Literatur. Sie ist eine rein psychoanalytische Studie, die auf einer Episode aus ›Dichtung und Wahrheit‹ beruht, in der sich Goethe daran erinnert, als kleiner Junge alles Geschirr seiner Eltern aus dem Fenster geworfen zu haben. Freud zog die Geburtsdaten der Geschwister

[7] Das Motiv der Kästchenwahl. G. W. X, 35–36
[8] »Mein nächster Verkehr wird meine kleine Tochter sein, die sich jetzt so freundlich entwickelt (diese subjektive Bedingung der ›Kästchenwahl‹ haben Sie gewiß längst erraten) ...« Fer., 7. 7. 1913: Br. 298
[9] Eine Kindheitserinnerung aus Dichtung und Wahrheit. G. W. XII

Goethes zu einem Vergleich heran und konnte so – ungeachtet der generellen Bedeutung – diese Handlungsweise als aggressive Reaktion auf die Geburt eines kleinen Bruders deuten. Eine derartige Reaktion hatte er schon in vielen Formen angetroffen, besonders beim Fall des kleinen Hans. In diesem Zusammenhang wird man sich auch gerne an Freuds Selbstanalyse erinnern. Dennoch erschien ihm diese Hypothese lange Zeit als sehr gewagt, und erst nachdem ihm seine Schüler zahlreiche Parallelbeispiele geliefert hatten, entschloß er sich zur Publikation.
Freuds letzte literarische Arbeit ist Dostojewskij gewidmet oder – genauer gesagt – dem Motiv der Vatertötung, wie es in ›Die Brüder Karamasoff‹ und in vielen anderen Büchern des Autors behandelt wird. An sich findet eine solche Analyse kein übermäßiges Interesse: Da in diesem Fall der Vatermord so breit und verwirrend rückhaltlos angelegt ist, bedurfte es keiner großen Kunst, ihn aufzudecken. Freud jedoch zog daraus interessante Folgerungen über die Persönlichkeit des Schriftstellers, seine Spielleidenschaft und vor allem über seine Epilepsie, die er vielmehr als eine Form der Hysterie betrachten wollte. Der wichtigste Teil der Arbeit ist der, in dem er die verschiedenen Formen des moralischen Empfindens beschreibt, für die ihm Dostojewskij die Beispiele in die Hand gab. Offensichtlich war Freud entsetzt, daß ein so genialer Schriftsteller, den er persönlich den größten gleichsetzte, durch servilen Konformismus und platte reaktionäre Gedanken sich selbst so herabsetzen konnte. Der ganze Text steht in scharfem Gegensatz zu der sonst Freud eigenen Neutralität. Man spürt, daß seine Achtung gestört ist von irgend etwas Tiefem, wovon er nicht sprechen kann.[10] Er schrieb an Theodor Reik, der in einer langen Kritik des Aufsatzes diese Geisteshaltung hervorgehoben hatte:

> Sie haben auch recht mit der Vermutung, daß ich Dostojewski bei aller Bewunderung seiner Intensität und Überlegenheit eigentlich nicht mag. Das kommt daher, daß sich meine Geduld mit pathologischen Naturen in der Analyse erschöpft. Das sind persönliche Charakterzüge, unverbindlich für andere.[11]

Diese literarischen Kritiken zeigen jedoch nur eine Seite in Freuds Beziehungen zur Literatur. Es wäre noch notwendig, über seine Lieblingsbücher[12] zu sprechen, über sein Verhältnis

[10] Dostojewskij und die Vatertötung. G. W. XIV, 399–418

[11] Th. Reik: Freud als Kulturkritiker. 1930: JBg. Bd. III, 494

[12] Freud las und schätzte vor allem die Klassiker. Sein bevorzugter Schriftsteller war Goethe. Oft drückte er seine Abneigung und sein Unverständnis für Literatur und Kunst der ›Avant-Garde‹ aus. So schrieb er Pfister am 21. 6. 1920: »Ich habe mit ebensoviel Spannung wie Abneigung Ihr Büchlein über den Expressionismus zur Hand genommen, und es in einem Zuge ausgelesen. Es hat mir dann sehr ge-

zu den Schriftstellern und darüber, wie die Literatur ihm sein enormes Interesse für sie vergolten hat. Man müßte nun auch die originelle Bewegung erwähnen, deren Anreger er war und die sich um die Zeitschrift ›Imago‹ scharte – deren Name auf einen Roman des Schweizer Schriftstellers Carl Spitteler zurückgeht. Zudem brachte sie eine große Anzahl von Arbeiten hervor, die teils in leidenschaftlichem Ton, teils sachlich erörternd gehalten waren. Von ihnen profitierte die Literaturkritik, ohne daß sie sich dessen bewußt wurde. Dadurch, daß er zum ersten Mal die Literatur einer wissenschaftlichen Untersuchung unterzog, rief Freud eine neue Literaturgattung ins Leben. Sein Anliegen aber war es gewesen, seine Metapsychologie zu konsolidieren und zu bereichern. Dabei stützte er sie durch Beispiele, die Allgemeingut vieler Menschen waren. Er hat mehr bewirkt, als in seiner Absicht lag. Vieles hat sich an unserer Auffassung von der Literatur geändert, an den Forderungen, die an einen Schriftsteller gestellt werden. Freud gehört zu denjenigen, die am meisten zu dieser Änderung beigetragen haben.
Weniger spektakulär, jedoch sehr wichtig für die Forschung war Freuds Arbeit auf dem Nachbargebiet der Linguistik, wo er bis vor kurzem sehr wenig Nachfolger fand. Für den Erfinder einer therapeutischen Methode, deren einziges Instrument die Sprache ist, war das Studium der Sprache offensichtlich von grundlegendem Interesse; das wußte Freud sehr wohl. Es fehlten ihm aber die Spezialkenntnisse und aus Zeitmangel konnte er sie auch nicht erwerben. So ließ er sich in einem solch ausgefallenen Gebiet auf keinerlei Abenteuer ein. Angeregt durch seine unerschöpflichen Reflexionen über den Traum und die etwas spekulative Lektüre konnte seine linguistische Arbeit nicht über eine Skizze, oder genauer gesagt, eine Anregung zur Forschung hinausgehen. Außer einigen Bemerkungen über das geheiligte Tetragramm der Hebräer J-H-W-H (›Die Bedeutung der Vokalfolge‹)[13] faßte er nahezu all seine Gedanken zu diesem Thema auf einigen Seiten zusammen; die Anregung dazu erhielt er durch ein Werk von Karl Abel über die primitiven Sprachen: Die kleine Arbeit trägt den Titel ›Über den Gegensinn der Urworte‹[14] und bildet seit einigen Jahren den Ausgangspunkt für Forschungen einer Gruppe französischer Analytiker.

fallen [. . .]. Wiederholt sagte es mir: Was ist dieser Pfister doch für ein guter, liebevoller, jeder Ungerechtigkeit fremder Mensch, mit dem du dich nicht vergleichen kannst, und wie schön, daß du alles so richtig finden mußt, wozu er auf seinem Weg kommt. Sie müssen nämlich wissen, ich bin im Leben schrecklich intolerant gegen Narren, sehe nur das Schädliche in ihnen und bin betreffs dieser ›Künstler‹ geradezu einer der von Ihnen eingangs gebrandmarkten Philister und Banausen.« Fr.-Pf., 21.6.1920, 79–80

[13] Die Bedeutung der Vokalfolge. G. W. VIII, 247

[14] Über den Gegensinn der Urworte. G. W. VIII, 213

Abel bestätigt Freud, was er schon so viele Male am Traum beobachtet hatte: daß in der Traumsprache eine Sache gleichzeitig sie selbst wie auch ihr Gegenteil bedeuten kann. Dieser Zug war auch den Sprachen der ältesten Kulturen gemeinsam, die wie der Traum darin keinerlei Absurdität erblickten. Dieser Umstand kam Freud sehr gelegen, um seine Ansichten zu bestätigen. Er bildet das Hauptthema des Artikels, in dem Abels Lehre ausführlich zitiert wird:

> Zum Verständnisse der sonderbaren Neigung der Traumarbeit, von der Verneinung abzusehen und durch dasselbe Darstellungsmittel Gegensätzliches zum Ausdrucke zu bringen, bin ich erst durch die zufällige Lektüre einer Arbeit des Sprachforschers K. *Abel* gelangt, welche, 1884 als selbständige Broschüre veröffentlicht, im nächsten Jahre auch unter die »Sprachwissenschaftlichen Abhandlungen« des Verfassers aufgenommen worden ist. Das Interesse des Gegenstandes wird es rechtfertigen, wenn ich die entscheidenden Stellen der *Abel*schen Abhandlung nach ihrem vollen Wortlaute (wenn auch mit Weglassung der meisten Beispiele) hier anführe. Wir erhalten nämlich die erstaunliche Aufklärung, daß die angegebene Praxis der Traumarbeit sich mit einer Eigentümlichkeit der ältesten uns bekannten Sprachen deckt.
> Nachdem *Abel* das Alter der ägyptischen Sprache hervorgehoben, die lange Zeiten vor den ersten hieroglyphischen Inschriften entwickelt worden sein muß, fährt er fort (S. 4):
> »In der ägyptischen Sprache nun, dieser einzigen Reliquie einer primitiven Welt, findet sich eine ziemliche Anzahl von Worten mit zwei Bedeutungen, deren eine das gerade Gegenteil der andern besagt. Man denke sich, wenn man solch augenscheinlichen Unsinn zu denken vermag, daß das Wort ›stark‹ in der deutschen Sprache sowohl ›stark‹ als ›schwach‹ bedeute; daß das Nomen ›Licht‹ in Berlin gebraucht werde, um sowohl ›Licht‹ als ›Dunkelheit‹ zu bezeichnen; daß *ein* Münchener Bürger das Bier ›Bier‹ nennte, während ein anderer dasselbe Wort anwendete, wenn er vom Wasser spräche, und man hat die erstaunliche Praxis, welcher sich die alten Ägypter in ihrer Sprache gewohnheitsmäßig hinzugeben pflegten. Wem kann man es verargen, wenn er dazu ungläubig den Kopf schüttelt? [. . .]«[15]

Angesichts des hohen Niveaus der ägyptischen Kultur verwirft Abel unbedenklich den Gedanken, daß diese Absurdität eine intellektuelle Unterentwicklung bedeuten könnte; sehr bald scheint sie aber gesichert zu sein. Von anderen bizarren Sprachformen ausgehend konnte es bewiesen werden:

> Von allen Exzentrizitäten des ägyptischen Lexikons ist es vielleicht die außerordentlichste, daß es, außer den Worten, die entgegengesetzte Bedeutungen in sich vereinen, andere zusammengesetzte

[15] a. a. O., 215–216

Worte besitzt, in denen zwei Vokabeln von entgegengesetzter Bedeutung zu einem Kompositum vereint werden, welches die Bedeutung nur eines von seinen beiden konstituierenden Gliedern besitzt. Es gibt also in dieser außerordentlichen Sprache nicht allein Worte, die sowohl ›stark‹ als ›schwach‹ oder sowohl ›befehlen‹ als ›gehorchen‹ besagen; es gibt auch Komposita wie ›altjung‹, ›fernnah‹, ›bindentrennen‹, ›außeninnen‹ . . ., die trotz ihrer, das Verschiedenste einschließenden Zusammensetzung das erste nur ›jung‹, das zweite nur ›nah‹, das dritte nur ›verbinden‹, das vierte nur ›innen‹ bedeuten . . . Man hat also bei diesen zusammengesetzten Worten begriffliche Widersprüche geradezu absichtlich vereint, nicht um einen dritten Begriff zu schaffen, wie im Chinesischen mitunter geschieht, sondern nur, um durch das Kompositum die Bedeutung eines seiner kontradiktorischen Glieder, das allein dasselbe bedeutet haben würde, auszudrücken. [. . .][16]

Abel fragte sich dann, ob diese Eigenheit der ägyptischen Sprache nicht auch bei den semitischen und indoeuropäischen Sprachen zu finden sei. Für die indoeuropäischen Sprachen konnte Freud Beispiele liefern, die diese Annahme gestatteten:

Im Lateinischen heißt *altus* hoch und tief, *sacer* heilig und verflucht, wo also noch der volle Gegensinn ohne Modifikation des Wortlautes besteht. Die phonetische Abänderung zur Sonderung der Gegensätze wird belegt durch Beispiele wie *clamare* schreien – *clam* leise, still; *siccus* trocken – *succus* Saft. Im Deutschen bedeutet *Boden* heute noch das Oberste wie das Unterste im Haus. Unserem *bös* (schlecht) entspricht ein *bass* (gut), im Altsächsischen *bat* (gut) gegen englisch *bad* (schlecht); im Englischen *to lock* (schließen) gegen deutsch *Lücke, Loch.* Deutsch *kleben* – englisch *to cleave* (spalten); deutsch *Stumm* – *Stimme* usw. So käme vielleicht noch die vielbelachte Ableitung *lucus a non lucendo* zu einem guten Sinn.
In seiner Abhandlung über den »Ursprung der Sprache« (a. a. O. S. 305) macht *Abel* noch auf andere Spuren alter Denkmühen aufmerksam. Der Engländer sagt noch heute, um »ohne« auszudrücken, *without,* also »mitohne« und ebenso der Ostpreuße. *With* selbst, das heute unserem »mit« entspricht, hat ursprünglich sowohl »mit« als auch »ohne« geheißen, wie noch aus *withdraw* (fortgehen), *withhold* (entziehen) zu erkennen ist. Dieselbe Wandlung erkennen wir im deutschen *wider* (gegen) und *wieder* (zusammen mit).
Für den Vergleich mit der Traumarbeit hat noch eine andere, höchst sonderbare Eigentümlichkeit der altägyptischen Sprache Bedeutung. »Im Ägyptischen können die Worte – wir wollen zunächst sagen, scheinbar – *sowohl Laut wie Sinn umdrehen.* Angenommen, das deutsche Wort *gut* wäre ägyptisch, so könnte es neben gut auch schlecht bedeuten, neben *gut* auch *tug* lauten. Von solchen Lautumdrehungen, die zu zahlreich sind, um durch Zufälligkeit erklärt zu werden, kann man auch reichliche Beispiele aus den arischen und semitischen Sprachen beibringen. Wenn man sich zunächst aufs

[16] a. a. O., 216–217

Germanische beschränkt, merke man: *Topf – pot, boat – tub, wait – täuwen, hurry – Ruhe, care – reck, Balken – klobe, club.* Zieht man die anderen indogermanischen Sprachen mit in Betracht, so wächst die Zahl der dazugehörigen Fälle entsprechend, z. B.: *capere – packen, ren – Niere, the leaf* (Blatt) – *folium, dum-a,* ϑυμος – sanskrit *mêdh, mûdha, Mut, Rauchen* – russisch *Kur-itï, kreischen – to shriek* usw.«

Das Phänomen der *Lautumdrehung* sucht *Abel* aus einer Doppelung, Reduplikation der Wurzel zu erklären. Hier würden wir eine Schwierigkeit empfinden, dem Sprachforscher zu folgen. Wir erinnern uns daran, wie gerne die Kinder mit der Umkehrung des Wortlautes spielen, und wie häufig sich die Traumarbeit der Umkehrung ihres Darstellungsmaterials zu verschiedenen Zwecken bedient. (Hier sind es nicht mehr Buchstaben, sondern Bilder, deren Reihenfolge verkehrt wird.) Wir würden also eher geneigt sein, die Lautumdrehung auf ein tiefer greifendes Moment zurückzuführen.[17]

Man erkennt, wie Freud mit unendlicher Bescheidenheit die Rolle des Pioniers übernimmt, die ihm die folgerichtige Fortsetzung seiner Arbeit eingibt. Unter seinen Schülern gab es nur wenige, die seine Diskretion, seinen Sinn für Maß beibehielten und ebensowenige, die überhaupt die klassische Orientierung seines Geistes verstanden. Von außen betrachtet erschienen seine Ausflüge in andere Gebiete der Wissenschaft unangebracht. Sie brachten ihm viele Vorwürfe ein. Wir werden noch sehen können, daß er das alles unternahm, um diese Abschweifungen trotz anderen Anscheins einer Regel unterordnen zu können. Er unternahm sie auch auf die Gefahr hin, für viele seiner Anhänger überängstlich zu scheinen und in den Augen des Publikums ein Träumer zu sein.

[17] a. a. O., 219–221

22. Freud und die Kunst

Wir sagten schon, daß Freuds Arbeiten über die Literatur zum Teil von dem gleichen Streben, sich selbst zu erkennen, angeregt wurden, wie es auch der Traumdeutung zugrunde liegt und durch das Freuds Werk an seinen entscheidenden Stellen die Bedeutung eines inneren Bekenntnisses erhält. Wohlgemerkt zieht ihn an Jensens ›Gradiva‹ der Stoff des Traumes an und außerdem, wenn auch etwas weniger offensichtlich, die Analyse, der er hier seine eigene Leidenschaft für die Archäologie und die Vergangenheit unterziehen konnte. Wenn er aus Goethes Biographie die Anekdote von der Kindheit auswählt, in der Geschirr zerschlagen wird, so geschieht dies, weil auch hier eine tiefe Analogie zwischen seiner und Goethes Kindheit vorliegt; auch er hatte einem kleinen, nach ihm geborenen Bruder den Tod gewünscht und hatte damit erreicht, für sein ganzes Leben der Liebling der Mutter zu bleiben. Wenn er vom ›Motiv der Kästchenwahl‹ stärker beeindruckt war als von den unzähligen anderen bei Shakespeare vorkommenden Gedanken, so ist das weniger auf theoretische Überlegungen zurückzuführen als auf darin enthaltene einmalige Übereinstimmung mit seinen tiefinneren Gefühlen. Überall ist Freud von außerordentlicher Subjektivität. Sie stellt die erste Stufe psychoanalytischer Erkenntnis dar. Gerade sein unentbehrlicher Radikalismus verleiht der objektiven Forschung eine gewisse poetische Kraft.

Dies gilt auch für seine Arbeiten über die Kunst. Sie lassen nicht nur das theoretische Interesse des Psychologen erkennen, sondern ebenso die Leidenschaft eines Menschen, der ständig von Problemen gequält wird und zudem die Fähigkeit besitzt, durch andere intensiv die Leiden seines Geistes auszuleben. Als Freud über Leonardo da Vinci schrieb, sprach er zur Hälfte auch für sich selbst. Er gestand dem Leser seine unersättliche intellektuelle Wißbegier, die er mit dem Maler gemeinsam hatte. Als Begründer einer neuen Wissenschaft fühlte er sich dazu berufen, ihren Ursprung zu ergründen. An der legendären Figur von Michelangelos ›Moses‹ faszinierte ihn der ihm so wohlbekannte Kampf zwischen starken, sich gegenüberstehenden Interessen und Leidenschaften, die Art und Weise, mit der der Held – ungestüm und herrschsüchtig wie er selbst – mit seinen inneren Stürmen allein durch die Disziplinierung des Geistes fertig wurde.

Er hatte keine eigene Erfahrung, auf die er sich in seinen Augen hätte stützen können. Zweifellos fühlte sich Freud durch das Bewußtsein, auf dem so komplexen Gebiet der Kunst nur dilettantenhafte Arbeit leisten zu können, sehr beeinträchtigt. Zweifel dieser Art sind für den ›Moses‹ bewiesen, denn erst nach jahrelangem Drängen seiner Schüler stimmte er der Drucklegung der Skizze unter seinem Namen zu. Und tatsächlich konnte er zwischen plastischer Kunst und Psychoanalyse nicht die gleiche, enge Beziehung aufspüren, die für ihn zwischen Literatur und Psychoanalyse bestand. Die Skulptur stellte einen eng begrenzten Kulturbereich dar, der eifersüchtig vor Übergriffen durch Amateure jeder Art – zu denen sich Freud sehr wohl zählen mußte – bewahrt wurde. Zu den Werken, von denen er schreiben wollte, hatte er nur die Beziehung eines durchschnittlichen Liebhabers, der zwar sehr wohl in der Lage war, sich in besonderem Maße an ihnen zu erfreuen, dessen Kenntnisse aber stark begrenzt waren. Er hatte kein spezielles Rüstzeug, das ihm sein Unterfangen hätte erleichtern können. Es war Torheit, sich auf ein solches Gebiet zu wagen: Er merkte es bald an den Proteststimmen, die sein ›Leonardo da Vinci‹ auslöste, wie auch an dem Entsetzen einiger Schüler.

Wenn man die Argumente verstehen will, die nahezu von allen Seiten als Reaktion auf das Bildnis, das Freud vom Menschen entworfen hatte, zu hören waren, so muß man sich noch einmal die damalige Zeit vergegenwärtigen. Für alle, die ganz in den vom vorangegangenen Jahrhundert übernommenen Bahnen dachten und fühlten – und die Mehrzahl gehörte zu ihnen –, galt eines inmitten alles sozialen, politischen und philosophischen Wechsels der Zeit als unantastbar: das, was man schlechthin mit Wertskala bezeichnet. Eine Leiter, die zwei Enden besaß, ein oberes und ein unteres, die durch ihren ganzen Abstand voneinander getrennt waren, der sowohl zwischen Körper und Seele, wie zwischen sozialen Klassen, Geschichte und Kultur lag. Am oberen Ende waren geistige und moralische Erfindungen aller Art zu suchen, das Schöne, das Gute, das Sublime. Ganz unten war der Körper mit seinen Appetenzen, Hunger, Liebe, allen nackten Bedürfnissen. Das Untere hatte die Möglichkeit aufzusteigen, wenn es zuvor seinem Wesen abschwor und sich zerstörte. Das Obere stand völlig isoliert, schuf und urteilte; in seinem Wesen lag, daß es nicht wußte, was am anderen Ende der Hierarchie vor sich ging.

Gegen 1910 war dieses Schema, das sich ausschließlich die gehobenen Klassen zumindest für ihre Schriften und Diskussionen entlehnt hatten, schon lange weder Norm noch wahrer Maßstab mehr. Die großen revolutionären Taten des vorangegangenen Jahrhunderts hatten in Wirklichkeit nichts zerstört: sie hatten nur den wahren Zustand des Gebäudes gezeigt, dessen scheinbar gut erhaltene und mit reichem Ornament versehene Oberflächenstruktur in der Tat schon morsch war. Marx, Darwin, Nietzsche, Stirner, Kropotkin — um nur die bedeutendsten Umstürzler zu nennen — hatten die ideologischen Fassaden so kräftig ins Wanken gebracht, daß das Obere und das Untere Gefahr liefen, ihre Rollen vertauschen zu müssen und sich dadurch gegenseitig in Abrede zu stellen. Gedemütigt durch die Entdekkung seiner Abstammung, der Illegalität und Ohnmacht ausgesetzt, des Diebstahls und der Lüge beschuldigt, flüchtete sich das ›Obere‹ vorläufig in Regionen, wo es den geringsten Unannehmlichkeiten ausgesetzt war: zur Kunst, zur Schönheit und zur Erhabenheit der Ästhetik.

Freuds Revolution sollte dieser Wertvorstellung, an die sich die Allgemeinheit desto mehr klammerte, je unwiderruflicher sie zum Untergang verurteilt war, den Todesstoß versetzen. Er half mit einem eigenständigen Beitrag zu diesem Umsturz. Er lautete: Die hochstehenden Erzeugnisse der Religion, der Moral, der Kunst, der Philosophie haben kein Anrecht auf das Ausmaß der Anbetung, das man ihnen schenkt. Sein Beitrag begnügte sich damit, in kategorischer Weise zu versichern, daß Hohes wie Niederes denselben Ursprung haben, mit genau der gleichen Energie arbeiten und daß, so grandios es in der Tat klingen mag, man im ›Hohen‹ nichts anderes als die Sublimierung der niedrigsten Instinkte sehen müsse. Diese Verkettung, die den ungewissen, abenteuerlichen und aufregenden Charakter der ganzen menschlichen Zivilisation erklärte, hätte vielleicht als erneute Bestätigung der obersten Schichten verstanden werden können. Das war aber nicht der Fall. Die Bevölkerung von Deutschland und Mitteleuropa, die wenig später dazu bestimmt war, in so viele andere Abgründe zu versinken, graute sich vor ihr wie vor einer diabolischen Schmähung.

All das war um so irrationaler und unbegründeter, als Freud — wie wir schon oft, selbst auf die Gefahr hin, dieser Bemerkung zu viel Gewicht zu verleihen — in vieler Hinsicht ein Kleinbürger blieb, der sich nur durch seinen heroischen Wissensdrang und die Unbestechlichkeit seines Geistes auszeichnete. Für ihn wie für diejenigen, die ihn mit dem Teufel verglichen, war die Kunst zum Beispiel das letzte Heiligtum, eines der wenigen Dinge, dem vernünftige Menschen noch einen Kult zugestehen konnten. Aber selbst dieses Heiligtum konnte ihn nicht schweigen machen. Der Mensch, der sich durch eigene Schöpfungen selbst verherrlicht hatte, war in seinen Augen nicht weniger Mensch, das heißt ein ›Wesen‹, dessen Spuren man verfolgen mußte, um so langsam seinen Weg zu rekonstruieren. Als er davon überzeugt war, daß sein Nachvollziehen richtig war, hatte er das Gefühl, seine Wahrheit, so trivial und enttäuschend

sie auch für die in das Erhabene verliebten Geister sein mochte, müsse die aufrichtige Würdigung des Genies sein.
Wirklich kann man sich nichts Zarteres, Respektvolleres und Sensibleres an menschlichem Bemühen vorstellen, als ›Eine Kindheitserinnerung des Leonardo da Vinci‹,[1] die 1910 sogar auf einige psychoanalytische Kreise provozierend wirkte und heute als klassisches Werk der deutschen Literatur gilt. Freud kreist hier eng das Problem vom Ursprung des Wissensdrangs ein, ein Bedürfnis, das seiner Meinung nach das seltsame Verhalten des Meisters gegenüber seiner Schöpfung und dem Schicksal seines Werkes erklärt. Er geht Schritt für Schritt mit minutiöser Genauigkeit und Logik vor, die keinen Einwand unberücksichtigt läßt; er geht noch einmal den Weg des Künstlers, der ihn zur Wissenschaft führte, die anfangs einzig seiner Kunst dienen sollte:

> [...] er bemühte sich um die Eigenschaften und Gesetze des Lichts, der Farben, Schatten, der Perspektive, um sich die Meisterschaft in der Nachahmung der Natur zu sichern und anderen den gleichen Weg zu weisen. Wahrscheinlich überschätzte er schon damals den Wert dieser Kenntnisse für den Künstler. Dann trieb es ihn, noch immer am Leitseil des malerischen Bedürfnisses, zur Erforschung der Objekte der Malerei, der Tiere und Pflanzen, der Proportionen des menschlichen Körpers, vom Äußeren derselben weg zur Kenntnis ihres inneren Baues und ihrer Lebensfunktionen, die sich ja auch in ihrer Erscheinung ausdrücken und von der Kunst Darstellung verlangen. Und endlich riß ihn der übermächtig gewordene Trieb fort, bis der Zusammenhang mit den Anforderungen seiner Kunst zerriß, so daß er die allgemeinen Gesetze der Mechanik auffand, daß er die Geschichte der Ablagerungen und Versteinerungen im Arnotal erriet, und bis daß er in sein Buch mit großen Buchstaben die Erkenntnis eintragen konnte: *Il sole non si move.* Auf so ziemlich alle Gebiete der Naturwissenschaft dehnte er seine Forschungen aus, auf jedem einzelnen ein Entdecker oder wenigstens Vorhersager und Pfadfinder. Doch blieb sein Wissensdrang auf die Außenwelt gerichtet, von der Erforschung des Seelenlebens der Menschen hielt ihn etwas fern; in der »Academia Vinciana«, für die er kunstvoll verschlungene Embleme zeichnete, war für die Psychologie wenig Raum.[2]

Diese letzte Bemerkung erinnert uns daran, daß Freud, der sich selbst leidenschaftlich für die Naturwissenschaften interessierte, die Erforschung des Menschen nicht kampflos geopfert hatte. Es steht fest, daß er, indem er seinen eigenen Fall überdachte, auf der Basis der wissenschaftlichen Erkenntnis des Malers das Hauptproblem entdecken konnte, von dem alle intellektuelle Erkenntnis ausgeht.

[1] G. W. VIII
[2] Eine Kindheitserinnerung des Leonardo da Vinci. G. W. VIII, 143

Der Forschertrieb, der bei Leonardo der vollen Entfaltung seiner Kunst entgegenstand, läßt sich durch die Gegebenheiten der infantilen Sexualität, wie sie Freud in den ›Drei Abhandlungen‹ dargelegt hat, erklären: Er entspringt einem vorherrschenden Hang zur Neugierde, der sich während der frühen Kindheit ausschließlich auf die Mysterien der Sexualität richtet und sich später in den Dienst des Intellekts begibt, wobei er seinen ursprünglich unersättlichen und exzessiven Charakter beibehält. Die durch frühzeitige Verdrängung von ihrem Ziel abgelenkte Wißbegierde ist zu individuell verschiedenen Entwicklungen fähig. Freud sieht drei Möglichkeiten für das weitere Schicksal des Forschertriebes.

Tatsächlich teilt er entweder das Schicksal der verdrängten Sexualität, womit die freie Handhabung der Intelligenz für den Rest des Lebens eingeschränkt bleibt, oder die sexuelle Neugier wird erstickt, ist aber kräftig genug, das Denken zu sexualisieren. Die Denkvorgänge werden nun zur Quelle der Lust oder der Angst, genau wie die Sexualität selbst. In diesem Fall bekommen die intellektuellen Operationen einen zwanghaften Charakter, denn sie gleichen dem infantilen Forschen, dessen Eigenheit es ist, immer ohne befriedigendes Ergebnis zu bleiben. Die dritte Möglichkeit ist die seltenste und abgeschlossenste. Hier liegt weder eine Denkhemmung noch ein Denkzwang vor, sondern eine vorzeitige ›Sublimierung‹ der Libido, die, indem sie sich der Verdrängung entzieht, dazu dient, den an sich schon kräftigen Forschertrieb sofort zu verstärken. Hier fehlen die Wesenszüge der Neurose; der Intellekt hat die primitiven Stoffe der Kindesforschung abgeworfen; er kann sich nun ungeteilt seinen Interessen widmen und alle Fähigkeiten sich entwickeln lassen. Ausgenommen davon ist allerdings ein Punkt: die Sexualität. Sie ist ihm durch die Bedingungen seiner Entwicklung untersagt.

> Wenn wir das Zusammentreffen des übermächtigen Forschertriebes bei Leonardo mit der Verkümmerung seines Sexuallebens erwägen, welches sich auf sogenannte ideelle Homosexualität einschränkt, werden wir geneigt sein, ihn als einen Musterfall unseres dritten Typus in Anspruch zu nehmen. Daß es ihm nach infantiler Betätigung der Wißbegierde im Dienste sexueller Interessen dann gelungen ist, den größeren Anteil seiner Libido in Forscherdrang zu sublimieren, das wäre der Kern und das Geheimnis seines Wesens. Aber freilich der Beweis für diese Auffassung ist nicht leicht zu erbringen. Wir bedürften hierzu eines Einblickes in die seelische Entwicklung seiner ersten Kinderjahre, und es scheint töricht, auf solches Material zu hoffen, wenn die Nachrichten über sein Leben so spärlich und so unsicher sind, und wenn es sich überdies um Auskünfte über Verhältnisse handelt, die sich noch bei Personen unserer eigenen Generation der Aufmerksamkeit der Beobachter entziehen.[3]

[3] a. a. O., 148

Freud fand jedoch in einem wissenschaftlichen Bericht eine genaue Angabe über Leonardos Kindheit. Er handelt von Beobachtungen über den Flug eines Geiers. Der Maler unterbricht seinen Bericht und beschwört eine Erinnerung aus seinen ersten Lebensjahren herauf, die in absonderlicher Art mit dem Sujet verknüpft ist:

»Es scheint, daß es mir schon vorher bestimmt war, mich so gründlich mit dem Geier zu befassen, denn es kommt mir als eine ganz frühe Erinnerung in den Sinn, als ich noch in der Wiege lag, ist ein Geier zu mir herabgekommen, hat mir den Mund mit seinem Schwanz geöffnet und viele Male mit diesem seinen Schwanz gegen meine Lippen gestoßen.«[4]

Ausgehend von dieser einzigartigen Phantasie, deren sexuelle Deutung durch das Wort ›Schwanz‹ – das sowohl im Italienischen wie auch in allen anderen Sprachen das männliche Glied bedeutet – leicht möglich ist, rekonstruiert Freud Schritt für Schritt alle Elemente eines kindlichen Dramas, dessen schmerzhafte Auswirkungen der erwachsene Maler zusammen erduldet und genutzt hat. Mit Hilfe dieser von Biographen und Kunstkritikern mißachteten und für wertlos befundenen Zeilen wirft er ein grelles Licht auf alle Einzelheiten in Leonardos Leben: auf sein Interesse für den Flug der Vögel und seine Träume, daß der Mensch fliegen könne. Ebenso auf seine Beziehungen zu den Schülern, seine übermäßige Freude am Spiel und auf das rätselhafte Lächeln, das er vielen seiner Personen verliehen hat.

Die Erklärung stimmt genau mit den überlieferten Lebensdaten überein. Sie beruht auf der Geierphantasie, zu der Freud in vielen abergläubischen und mythologischen Ansichten entsprechende Darstellungen entdeckt. In der ägyptischen Mythologie ist der Geier eine mütterliche Gottheit, die mit männlichem Attribut versehen ist und so den Prototyp der – psychoanalytisch so bezeichneten – ›phallischen Mutter‹ darstellt. Für die Kirchenväter dient er natürlich als Beweis für das Dogma von der unbefleckten Empfängnis, da er sich selbst befruchten kann. Freud entdeckt darin das Bild von der Mutter des Malers, dieser jungen, verlassenen Bäuerin, deren leidenschaftliche und exzessive Zärtlichkeit das Schicksal des Kindes besiegelte.

Das unehelich geborene, hilflose Kind wurde dann in das Haus des Vaters aufgenommen und damit sehr früh von der Mutter getrennt; die vorher für ihn die Liebe der ganzen Welt bedeutet hatte, verschwand völlig aus seinem Leben und trat ihren Platz an eine zärtliche Stiefmutter ab, die ihn um so mehr liebte, als sie selbst kinderlos war. So malte Leonardo die Gestalt der Mutter, wie er sie in seiner frühen Kindheit gekannt hatte, mit

[4] a. a. O., 150

zwiefacher Gestalt, deren Erfülltheit Freud in der aufregenden Komposition der heiligen Anna wiedergefunden hat.

> Leonardos Kindheit war gerade so merkwürdig gewesen wie dieses Bild. Er hatte zwei Mütter gehabt, die erste seine wahre Mutter, die Catarina, der er im Alter zwischen drei und fünf Jahren entrissen wurde, und eine junge und zärtliche Stiefmutter, die Frau seines Vaters, Donna Albiera. Indem er diese Tatsache seiner Kindheit mit der ersterwähnten, der Anwesenheit von Mutter und Großmutter, zusammenzog, sie zu einer Mischeinheit verdichtete, gestaltete sich ihm die Komposition der heiligen Anna selbdritt. Die mütterliche Gestalt weiter weg vom Knaben, die Großmutter heißt, entspricht nach ihrer Erscheinung und ihrem räumlichen Verhältnis zum Knaben der echten früheren Mutter Catarina. Mit dem seligen Lächeln der heiligen Anna hat der Künstler wohl den Neid verleugnet und überdeckt, den die Unglückliche verspürte, als sie der vornehmeren Rivalin wie früher den Mann, so auch den Sohn abtreten mußte.[5]

So erklärt sich auch der einzige Fehler in dieser Komposition, den die Kritiker nicht erklären konnten: Anna und Maria sind tatsächlich nicht deutlich voneinander abgegrenzt, sondern nahezu miteinander verschmolzen, wie zwei Figuren eines Traumes, wo es dem Träumer nicht gelang, die Personen zu einer Einheit zusammenzufügen. Der Maler verschmolz hier die beiden Mütter seiner Kindheit zu einer, gab jedoch der echten dieses Lächeln, das sie vielleicht auch in Wirklichkeit gehabt hatte und das man bei den jungen Menschen seiner Bilder immer wieder finden kann, wo es als rätselhaft gilt.

> So wären wir von einem anderen Werke Leonardos her zur Bestätigung der Ahnung gekommen, daß das Lächeln der Monna Lisa del Giocondo in dem Manne die Erinnerung an die Mutter seiner ersten Kinderjahre erweckt hatte. Madonnen und vornehme Damen zeigten von da an bei den Malern Italiens die demütige Kopfneigung und das seltsam-selige Lächeln des armen Bauernmädchens Catarina, das der Welt den herrlichen, zum Malen, Forschen und Dulden bestimmten Sohn geboren hatte. [...]
> Denn die Zärtlichkeit der Mutter wurde ihm zum Verhängnis, bestimmte sein Schicksal und die Entbehrungen, die seiner warteten. Die Heftigkeit der Liebkosungen, auf die seine Geierphantasie deutet, war nur allzu natürlich; die arme verlassene Mutter mußte all ihre Erinnerungen an genossene Zärtlichkeiten wie ihre Sehnsucht nach neuen in die Mutterliebe einfließen lassen; sie war dazu gedrängt, nicht nur sich dafür zu entschädigen, daß sie keinen Mann, sondern auch das Kind, daß es keinen Vater hatte, der es liebkosen wollte. So nahm sie nach der Art aller unbefriedigten Mütter den kleinen Sohn an Stelle ihres Mannes an und raubte ihm durch die allzu frühe Reifung seiner Erotik ein Stück seiner Männlichkeit.[6]

[5] a. a. O., 185–186
[6] a. a. O., 186–187

Freud kommt hier nun zu dem Punkt seiner Analyse, der die größte Empörung hervorrief: zur latenten Homosexualität des Malers, die die Zeitgenossen wahrscheinlich für eine erklärte Inversion hielten. Als Folge einer ausschließenden infantilen Gebundenheit hatte sich Leonardo jedes weibliche Wesen verboten und sich dann mit der Figur eines Zwitters identifiziert, die in seinen Phantasien vorherrschte, so daß seine Liebeswahl auf das Objekt fiel, das seine Mutter geliebt und liebkost hatte: auf den kleinen Knaben, dessen Bild ihn faszinierte und in dem er gleichzeitig seine eigenen Züge und die Leidenschaft seiner Mutter wiederentdeckte. Absolute Treue zu diesem Originalbild verdammte jedoch diese Neigung dazu, völlig idealistisch zu bleiben. Auch die Inversion des Malers vollzog sich nur in seiner Kunst: in dem unerklärlichen Lächeln, das er um die Lippen seiner Jünglingsfiguren spielen läßt.

> Als Leonardo auf der Höhe seines Lebens jenem selig verzückten Lächeln wieder begegnete, wie es einst den Mund seiner Mutter bei ihren Liebkosungen umspielt hatte, stand er längst unter der Herrschaft einer Hemmung, die ihm verbot, je wieder solche Zärtlichkeiten von Frauenlippen zu begehren. Aber er war Maler geworden und so bemühte er sich, dieses Lächeln mit dem Pinsel wieder zu erschaffen, und er gab es allen seinen Bildern, ob er sie nun selbst ausführte oder unter seiner Leitung von seinen Schülern ausführen ließ, der Leda, dem Johannes und dem Bacchus. Die beiden letzten sind Abänderungen desselben Typus. *Muther* sagt: »Aus dem Heuschreckenesser der Bibel hat Leonardo einen Bacchus, einen Apollino gemacht, der, ein rätselhaftes Lächeln auf den Lippen, die weichen Schenkel übereinander geschlagen, uns mit sinnbetörendem Auge anblickt.« Diese Bilder atmen eine Mystik, in deren Geheimnis einzudringen man nicht wagt; man kann es höchstens versuchen, den Anschluß an die früheren Schöpfungen Leonardos herzustellen. Die Gestalten sind wieder mannweiblich, aber nicht mehr im Sinne der Geierphantasie, es sind schöne Jünglinge von weiblicher Zartheit mit weibischen Formen; sie schlagen die Augen nicht nieder, sondern blicken geheimnisvoll triumphierend, als wüßten sie von einem großen Glückserfolg, von dem man schweigen muß; das bekannte berückende Lächeln läßt ahnen, daß es ein Liebesgeheimnis ist. Möglich, daß Leonardo in diesen Gestalten das Unglück seines Liebeslebens verleugnet und künstlerisch überwunden hat, indem er die Wunscherfüllung des von der Mutter betörten Knaben in solch seliger Vereinigung von männlichem und weiblichem Wesen darstellte.[7]

Der Schluß dieser großartigen Arbeit, in der sich Gefühle und Gedanken gegenseitig übersteigern, ohne daß die Beweisführung ihre Schärfe einbüßt, zielt auf eine Diskussion des Problems von der psychologischen Determinierung ab, das für

[7] a. a. O., 189

Freud schon lange gelöst war. Ist es richtig, so fragt er, sich dabei aufzuhalten, den Zufälligkeiten der Elternkonstellation einen solchen Einfluß auf das Schicksal eines Menschen einzuräumen, indem man zum Beispiel das Schicksal Leonardos von seiner illegitimen Geburt und der Sterilität seiner Stiefmutter abhängig macht?

> Ich glaube, man hat kein Recht dazu; wenn man den Zufall für unwürdig hält, über unser Schicksal zu entscheiden, ist es bloß ein Rückfall in die fromme Weltanschauung, deren Überwindung Leonardo selbst vorbereitete, als er niederschrieb, die Sonne bewege sich nicht. Wir sind natürlich gekränkt darüber, daß ein gerechter Gott und eine gütige Vorsehung uns nicht besser vor solchen Einwirkungen in unserer wehrlosesten Lebenszeit behüten. Wir vergessen dabei gern, daß eigentlich alles an unserem Leben Zufall ist, von unserer Entstehung an durch das Zusammentreffen von Spermatozoon und Ei, Zufall, der darum doch an der Gesetzmäßigkeit und Notwendigkeit der Natur seinen Anteil hat, bloß der Beziehung zu unseren Wünschen und Illusionen entbehrt. Die Aufteilung unserer Lebensdeterminierung zwischen den »Notwendigkeiten« unserer Konstitution und den »Zufälligkeiten« unserer Kindheit mag im einzelnen noch ungesichert sein; im ganzen läßt sich aber ein Zweifel an der Bedeutsamkeit gerade unserer ersten Kinderjahre nicht mehr festhalten. Wir zeigen alle noch zu wenig Respekt vor der Natur, die nach Leonardos dunklen, an Hamlets Rede gemahnenden Worten »voll ist zahlloser Ursachen, die niemals in die Erfahrung traten« [. . .] Jedes von uns Menschenwesen entspricht einem der ungezählten Experimente, in denen diese *ragioni* der Natur sich in die Erfahrung drängen.[8]

Die Studie über Leonardo da Vinci ist in ihrer Art und Weise ein Akt der Frömmigkeit und Liebe gegen ›die Mutter‹, die, wie ›die Natur‹, der Freud im letzten sein Werk gewidmet hat, ihre Lieblingskinder gleichzeitig rettet und fallenläßt. In der Hinsicht steht diese Arbeit in scharfem Gegensatz zum ›Moses des Michelangelo‹,[9] den er ausschließlich ›Vater‹ nennt, in einem Ausmaß, daß die Person des Künstlers hier nahezu hinter seinem Kunstwerk zurückbleibt. Der wahre Held dieses Aufsatzes, der genau besehen nicht mehr zur psychoanalytischen Literatur gehört, ist nicht Michelangelo, sondern Moses — dieser ehrfurchtgebietende biblische Moses, der den Menschen Gesetze brachte und mit ihnen schreckliche Verheißung und Drohung der menschlichen Vollendung. Freud hoffte, sich mit dem Giganten messen zu können, der es gewagt hatte, das Gesetz umzuschreiben. Er betrachtete ihn mit Bewunderung und Schrecken; nicht mit den Augen eines gewaltigen Psychoanalytikers, son-

[8] a. a. O., 210–211
[9] Der Moses des Michelangelo. G. W. X

dern mit der ganzen Neugierde, Liebe und dem verborgenen Neid eines Sohnes.

Wir erwähnten bereits, daß er sich lange geweigert hatte, diese Seiten unter seinem Namen zu veröffentlichen, die durch ihre sehr lose Verbindung zur Analyse jedoch weit weniger Ärgernis erregend als andere waren und in ihrer Besonnenheit auch bei Fachleuten keinen Anstoß hervorrufen konnten. Er erklärte seine Zurückhaltung damit, daß er für das Gebiet der Kunst inkompetent sei. Seine Studie über da Vinci – die er vier Jahre vorher geschrieben hatte – bewies jedoch, daß diese Skrupel nicht unüberwindbar waren. Man fragt sich aber, ob er dort nicht mehr Grund dafür gehabt hätte und ob es ihm beispielsweise nicht widerstrebte, öffentlich die Wandlungen seiner Situation zu demonstrieren, die ihn dieses Mal – aber ohne sich damit entschuldigen zu können (was theoretisch notwendig gewesen wäre) – an die Stelle des Sohnes setzte. Und ob es nicht im Hintergrund die Absicht war, sich Gehör zu verschaffen, die ihn an Jones schreiben ließ:

> Warum Moses durch Hinzusetzen meines Namens degradieren?[10]

Im übrigen hat der Text gar nichts Analytisches an sich. Er geht von einem Detail der Skulptur aus, das Freud zum Ganzen in Beziehung setzt, um daraus eine psychologische Begründung ableiten zu können. Ehe er sich an eine systematische Analyse des Propheten wagte, wartete er noch bis zum Ende seines Lebens. Mit Sicherheit kann man annehmen, daß die Figur des Moses in Freuds Denken einen ganz besonderen Platz innehatte. Er kannte die Bibel sehr genau und mußte den Propheten als grandiose Inkarnation des väterlichen Gesetzes, vielleicht als die ergreifendste und lauterste der Geschichte überhaupt empfinden. Dieses übermächtige, unvergängliche Bildnis erklärt so auch die sonderbare Anziehungskraft, die Michelangelos Skulptur auf ihn ausübte. Seit seinem ersten Rombesuch im Jahre 1910 sah er sie sich auf jeder Reise immer wieder mit der gleichen Begeisterung an. Er schildert in seinem Aufsatz die starken Empfindungen, die der Anblick der Statue in ihm hervorrief:

> Ich freue mich jedesmal, wenn ich eine Äußerung über diese Gestalt lese wie: sie sei »die Krone der modernen Skulptur« (Hermann Grimm). Denn ich habe von keinem Bildwerk je eine stärkere Wirkung erfahren. Wie oft bin ich die steile Treppe vom unschönen Corso Cavour hinaufgestiegen zu dem einsamen Platz, auf dem die verlassene Kirche steht, habe immer versucht, dem verächtlich-zürnenden Blick des Heros standzuhalten, und manchmal habe ich mich dann behutsam aus dem Halbdunkel des Innenraumes ge-

[10] JBg., Bd. II, 431

schlichen, als gehörte ich selbst zu dem Gesindel, auf das sein Auge gerichtet ist, das keine Überzeugung festhalten kann, das nicht warten und nicht vertrauen will und jubelt, wenn es die Illusion des Götzenbildes wieder bekommen hat.[11]

Im darauffolgenden sucht er zu ergründen, ob Moses – wie manche Kritiker behaupten – dargestellt sein soll, kurz bevor er aufspringt, um die Tafeln zu zertrümmern; er schildert dann seine phantastisch-furchtsame Erwartung, daß der Stein sich beleben würde.

Ich weiß mich an meine Enttäuschung zu erinnern, wenn ich bei früheren Besuchen in S. Pietro in Vincoli mich vor die Statue hinsetzte, in der Erwartung, ich werde nun sehen, wie sie auf dem aufgestellten Fuß emporschnellen, wie sie die Tafeln zu Boden schleudern und ihren Zorn entladen werde. Nichts davon geschah; anstatt dessen wurde der Stein immer starrer, eine fast erdrückende heilige Stille ging von ihm aus, und ich mußte fühlen, hier sei etwas dargestellt, was unverändert so bleiben könne, dieser Moses werde ewig so dasitzen und so zürnen.[12]

Ob sich Freud in dem Moment, als er von der Skulptur ergriffen wurde, eine Bewegung des Heros vorzustellen suchte, um dieser Ewigkeit zu entrinnen? In jedem Fall mußte er tiefe Gründe haben, nahezu zwei Jahre auf die Arbeit an diesen Zeilen zu verwenden. Während seines Rombesuchs 1912 ging er täglich zu ›Moses‹ und studierte jegliche Literatur, die über ihn geschrieben worden war. Ernest Jones erzählt von dem Wechsel zwischen Glauben und Zweifel, von dem seine Arbeit begleitet war und der ihn dazu brachte, für Monate seine Arbeit an ihm zu unterbrechen.

In jener Zeit schickte ich ihm von Florenz die Photographien von zwei Bildwerken aus dem dortigen Dom, von denen das eine, von Donatello, Michelangelo zu seinem großen Werk angeregt haben soll. Dies bedeutete für Freud eine ziemliche Erschütterung, da sich damit die Möglichkeit zu der Annahme ergab, die Haltung des Moses sei eine rein künstlerische Angelegenheit ohne irgendeine besondere ideelle Bedeutung. Dann sandte ich ihm zwei Photographien von Rom und ließ auch einige speziell von den unteren Enden der Tafeln anfertigen.
Ungefähr ein Jahr lang geschah nichts mehr, wahrscheinlich, weil er nun doch an der Richtigkeit seiner Deutung Zweifel hegte.[13]

Um deren Wirkung auf den Betrachter zu ergründen, konzentrierte sich Freud auf das Studium der Statue. Was war an der

[11] Der Moses des Michelangelo, G. W. X, 174–175
[12] a. a. O., 183
[13] JBg., Bd. II, 430–431

Figur nur so rätselhaft? Und – vor allem – was sollte sie ausdrücken? Außer in einigen ganz offensichtlichen Punkten gehen die Meinungen der Autoren über deren Bedeutung auseinander. Freud stellt sorgfältig ihre überraschenden Meinungsverschiedenheiten heraus. Wie immer, so gelangt er auch hier zum Ziel, indem er das ihm Wesentliche, das die anderen in ihren Beobachtungen verschmähen, allen sozusagen erworbenen Details gegenüberstellt. So sagte man allgemein, Moses zause seinen vollen Bart und halte gleichzeitig mit demselben, das heißt dem rechten Arm, die Tafeln zurück, die ihm zu entfallen drohen. Freud dagegen behauptet, der Titan berühre seinen Bart nur mit einem Finger und die Tafeln wären, da sie eben erst gewendet worden seien, nun fest eingeklemmt. Freud setzte den rechten Arm mit dem Bart und den Tafeln in Beziehung und leitete davon die Darstellung einer inneren Bewegung ab, die nicht auf einen Wutanfall hinzielt, wie die Bibel berichtet, sondern auf eine großartige, übermenschliche Selbstbeherrschung. Wieder einmal offenbart sich durch sorgfältiges Aufdecken einer halb verborgenen Realität Freud nicht ein zukünftiges Ereignis, sondern das Vergangene.

> [...] denn unser Moses wird nicht aufspringen und die Tafeln nicht von sich schleudern. Was wir an ihm sehen, ist nicht die Einleitung zu einer gewaltsamen Aktion, sondern der Rest einer abgelaufenen Bewegung. Er wollte es in einem Anfall von Zorn, aufspringen, Rache nehmen, an die Tafeln vergessen, aber er hat die Versuchung überwunden, er wird jetzt so sitzen bleiben in gebändigter Wut, in mit Verachtung gemischtem Schmerz. Er wird auch die Tafeln nicht wegwerfen, daß sie am Stein zerschellen, denn gerade ihretwegen hat er seinen Zorn bezwungen, zu ihrer Rettung seine Leidenschaft beherrscht. Als er sich seiner leidenschaftlichen Empörung überließ, mußte er die Tafeln vernachlässigen, die Hand, die sie trug, von ihnen abziehen. Da begannen sie herabzugleiten, gerieten in Gefahr zu zerbrechen. Das mahnte ihn. Er gedachte seiner Mission und verzichtete für sie auf die Befriedigung seines Affektes. Seine Hand fuhr zurück und rettete die sinkenden Tafeln, noch ehe sie fallen konnten. In dieser Stellung blieb er verharrend, und so hat ihn *Michelangelo* als Wächter des Grabmals dargestellt.
> [...] Damit hat er etwas Neues, Übermenschliches in die Figur des Moses gelegt, und die gewaltige Körpermasse und kraftstrotzende Muskulatur der Gestalt wird nur zum leiblichen Ausdrucksmittel für die höchste psychische Leistung, die einem Menschen möglich ist, für das Niederringen der eigenen Leidenschaft zugunsten und im Auftrage einer Bestimmung, der man sich geweiht hat.[14]

Der ›Moses‹ erschien im Februar 1914 in der Zeitschrift ›Imago‹ mit folgender geistvoller Bemerkung der Redaktion: »Die Re-

[14] Der Moses des Michelangelo. G. W. X, 194 u. 198

daktion weigerte sich nicht, diesen Artikel anzunehmen, obwohl er, streng genommen, nicht in ihr Programm paßt. Aber der Autor ist uns bekannt und berührt den psychoanalytischen Themenkreis und die Denkart weist nahezu eine Analogie mit den Methoden der Psychoanalyse auf.«

Erst zehn Jahre späterq als die erste Ausgabe seiner Gesammelten Werke erschien, gab Freud seine Anonymität auf. Inzwischen hatten sich viele seiner ›Leute‹ von ihm losgesagt, und er befürchtete, wie er an Ferenczi schrieb, in diesen stürmisch bewegten Zeiten, in denen sein ›Gesetz‹ Gefahr lief unterzugehen, mehr dem unerbittlichen Helden der Bibel zu gleichen als dem Michelangelo'schen Übermenschen.[15] Wie dem auch war, er benötigte ein Vierteljahrhundert, um das Thema des Moses zu bewältigen.

[15] »Der Stimmung nach vergleiche ich mich eher mit dem historischen als dem von mir gedeuteten Michelangelo'schen Moses!« (Fer., 17. Okt. 1912: JBg., Bd. II, 432)

23. Totem und Tabu

Auf keinem Gebiet setzte Freud seinen wissenschaftlichen Ruf mehr aufs Spiel als auf dem der Religionspsychologie. Sein intellektueller Wissensdrang und die Logik seiner Forschungen ließen ihn mehrere Male dort eindringen. ›Totem und Tabu‹,[1] ›Die Zukunft einer Illusion‹,[2] ›Der Mann Moses und die monotheistische Religion›,[3] stellen die drei Stationen dieses kompromittierenden Abenteuers dar. Selbst jenen, die es anging – Gläubigen, Theologen und Anthropolengo –, erschien es unannehmbar; es brachte ihn um einen Großteil seiner Anhänger und ist auch heute noch eine heikle Klippe für manche Psychoanalytiker, die sich auf Freud berufen.

Freud war streng atheistisch eingestellt. Als wir von seiner Jugend sprachen, bemerkten wir bereits, wie seine jugendlichen Überzeugungen oft in etwas theatralischer Form ihren Ausdruck suchten, und man in ihnen zum Teil eine Reaktion auf die religiöse Erziehung seines Vaters erblicken konnte. Sein Vater, Jakob Freud, war allerdings kein frommer Mann im Sinne des orthodoxen Judentums, aber er hielt auf die Bibel. Er war es auch, der ihm die guten Kenntnisse der Heiligen Schrift vermittelte, deren Spuren immer wieder in seinem Werk zu finden sind. Seiner Toleranz und seinen humanistischen Ideen ist es vielleicht auch zu danken, daß sein Sohn zu einem Ungläubigen werden konnte, ohne ernste Krisen durchleben zu müssen, und daß sich sein Glauben ganz freimütig in intellektuelles Interesse für religiöse Fragen verwandeln konnte.

Man darf annehmen, daß Freud zum Teil seiner Kenntnis des jüdischen Rituals die Gedanken entnahm, die er schon 1907 in ›Zwangshandlungen und Religionsübungen‹[4] darlegte. Hier verglich er gewisse individuelle und kollektive religiös-zeremonielle Handlungen mit dem, was man ›Zwangshandlungen‹ oder ›Zeremoniell‹ nennt. Die rituelle Handlung, die sowohl bei der Zwangsneurose wie bei den heiligen Handlungen des religiösen Ritus zu finden ist, entspringt einer inneren Macht, einem ›Zwang‹. Dieser ist von der Angst vor Unheil oder Bestrafung begleitet, die man sich durch Versäumnis oder inkorrekte Ausübung des Ritus zugezogen hat. Die Idee, man müsse einer unbedingten Notwendigkeit nachkommen, um so einer sonst

[1] Totem und Tabu. G. W. IX
[2] Die Zukunft einer Illusion. G. W. XIV
[3] Der Mann Moses und die monotheistische Religion. G. W. XVI
[4] Zwangshandlungen und Religionsübungen. G. W. VII

zwangsläufig folgenden Vergeltung zu entgehen, finden wir in beiden Fällen. Für den Zwangsneurotiker bleibt sie jedoch streng persönlich und wird nur heimlich befriedigt. Der Gläubige jedoch teilt sie mit der Masse der Gläubigen. Beiden Verhaltensweisen liegt ein sehr starkes unbewußtes Schuldgefühl zugrunde. Es unterscheidet sich aber dadurch, daß in dem einen Fall hauptsächlich die sexuellen Strebungen verdrängt werden, im anderen dagegen vor allem die egoistischen und aggressiven, die Gesellschaft gefährdenden Tendenzen. Freud faßt vergleichend zusammen und sagt, wenn die Zwangsneurose etwa mit einer Religion für den eigenen Gebrauch verglichen werden könne, so dürfe man die Religion als eine Zwangsneurose ansprechen, von der die Allgemeinheit erfaßt wird.
Der Artikel erschöpft das Thema bei weitem nicht. Freud verfolgt diese Gedanken nicht so weit, wie man es hätte erwarten können; er erforscht zum Beispiel nicht die Psychogenese der großen historischen Religionen oder der antiken Mythologien, obwohl es ihm hier an Kenntnissen nicht gefehlt hätte. Aus vielerlei Gründen – einer war vielleicht Jungs besondere Begabung, Mythen und religiöse Symbole zu analysieren – suchte er im dunkelsten und faszinierendsten Sektor der Anthropologie nach Übereinstimmungen: im Totemismus.
Nach seiner Gewohnheit vertiefte sich Freud mit Ungeduld in die Fachliteratur. Jones war auf dem Gebiet der Anthropologie gut bewandert und scheint sein technischer Berater gewesen zu sein. Er schickte Freud wichtige Arbeiten zu. Die Liste war aber nicht erschöpfend, und Freud arbeitete, indem er sich auf gleichartig orientierte Autoren stützte, ohne zu ahnen, daß der Begriff des Totemismus, der schon lange immer wieder angegriffen wurde, inzwischen vielfach geleugnet wurde. Im übrigen brachten ihn diese unerläßlichen Vorbereitungen gleichzeitig auf und regten ihn an. Wie zur Zeit der ›Traumdeutung‹ wurde er ungehalten darüber, daß er so viel unverdauliche Literatur in sich aufnehmen mußte, bevor er seine eigenen Ideen zu Papier bringen konnte. Zwei Monate nachdem er mit der Kompilation begonnen hatte, schrieb er 1911 an Ferenczi:

> Ich bin mit nichts hier jetzt sehr zufrieden, körperlich wie seelisch in jenem Zustand, der intensives inneres Arbeiten – oder besser die Vorbereitung dazu – bei mir zu bereiten pflegt. Es ist jetzt eine Art von Elend; im Wohlsein bin ich selten produktiv. Ich lese, lese u. es gärt; ob ich zu etwas kommen werde, weiß ich nicht.[5]

Ein Brief an Jones mit dem gleichen Datum drückt wieder diese Ungeduld aus:

[5] JBg., Bd. II, 415

> Mein Kopf kocht vor Ideen, aber sie kommen nur sehr langsam heraus, und ich finde es immer schwer, mich an das Denken anderer anzupassen. Ich kann nicht alles selber tun, und die Beiträge anderer, zum Beispiel von Jung, sind von größter Wichtigkeit ... Ich arbeite angestrengt an der Psychogenese der Religion und finde mich auf demselben Wege wie Jung in seinen ›Wandlungen‹.[6]

Im Januar 1912 hatte er das erste Kapitel fertig. Es handelte von der ›Inzestscheu‹ der primitiven Völker. Einen Monat später teilt er Jones den gesamten Arbeitsplan mit:

> Mein Beitrag ›Inzestscheu‹ ist keineswegs berühmt, aber die beiden nächsten Artikel könnten sich als besser herausstellen. Der zweite hat den Titel ›Tabu und Ambivalenz‹ und wird, hoffe ich, das Wesen dieser wunderbaren ›Tabus‹ zeigen; geschrieben ist es zur Hälfte, durchdacht habe ich es ganz. Der dritte ist noch nicht in definitive Form gebracht; er wird heißen: ›Die Magie und die Allmacht der Gedanken‹. Diese drei Aufsätze betrachte ich als Vorbereitung auf einen wichtigeren, der ›Die infantile Wiederkehr des Totemismus‹ erklären soll. Die Bücher, die Sie mir angaben, habe ich bekommen: Crawley; Bourke [›Scatalogical Rites‹]; Hartland [›Paternity‹]; Pearson [›Grammar of Science‹], ich brauche Sie also nicht zu bemühen, mir etwas davon von Toronto zu schicken. Ich bin jetzt sogar im Besitz der Encyclopedia Britannica, 11. Band, 1911.[7]

Im April 1913 begann er das vierte Kapitel der Arbeit, die ›Infantile Wiederkehr des Totemismus‹. Hier erklärt er den Ursprung der Religion und der Gesellschaft mit dem Mord des Urvaters. Aus vielen Gründen wurde dieser Abschnitt zum Anlaß einer Verschwörung der meisten Spezialisten gegen ihn. Durch die Suche nach Entsprechungen zwischen dem psychischen Leben der Primitiven und dem der Neurotiker – das ist der Untertitel des Werkes – gelangt er zu einem anscheinend ihn selbst etwas bestürzenden Schluß.

> Ich bin nun langsam daran, die vierte der ›Übereinstimmungen‹ abzufassen, die über den Totemismus, die die Reihe abschließen soll. Es ist das gewagteste Unternehmen, in das ich mich je eingelassen habe. Über Religion, Ethik und quibusdem aliis. Gott helfe mir![8]

Freud argwöhnte in keiner Weise, daß sein ›Totem und Tabu‹ eine polemische Wendung nehmen und die Krise beschleunigen würde, die schon seit einiger Zeit zwischen ihm und Jung untergründig schwelte. Wirklich glaubte er sich anfangs ›auf demselben Weg‹ wie sein Schüler. Mit fortschreitender Arbeit mußte er sich aber darüber klarwerden, daß der ursprüngliche Vater-

[6] a. a. O., 414
[7] a. a. O., 415
[8] a. a. O., 416

mord, wie er ihn verstand, indem er sich auf eine These Darwins stützte, jedes Streben nach einer Versöhnung hemmte, wenn nicht sogar den Bruch hervorrief. Seine Briefe an Jones, Abraham und Ferenczi zeigen, wie er abwechselnd von dem Wert seiner Arbeit überzeugt und dann wieder von tiefen Zweifeln geplagt war. Zu Anfang jedoch stand er seiner Sache sicher gegenüber:

> Während er an der Arbeit schrieb, ging alles gut. »Ich schreibe jetzt am Totem mit der Empfindung, daß es mein Größtes, Bestes, vielleicht mein letztes Gutes ist. Innere Sicherheiten sagen mir, daß ich recht habe. Leider komme ich wenig zur Arbeit, daß ich mich immer wieder von neuem in die Stimmung pressen muß. Das schadet dem Stil ... Seit der Traumdeutung habe ich nichts mit ähnlicher Überzeugung geschrieben, ich kann also das Schicksal des Aufsatzes vorherahnen.«[9]

Die gleichen Gefühle finden wir in einem Brief an Ferenczi vom 13. Mai 1913, dem Tag, an dem das Werk abgeschlossen vor ihm lag:

> Seit der Trdeutg ... habe ich nichts mit ähnlicher Sicherheit u. Hochgefühl gearbeitet. Die Aufnahme wird entsprechend sein: ein Sturm von Entrüstung außer bei meinen nächsten Getreuen. In dem Streit mit Zürich kommt sie ganz rechtzeitig, sie wird uns auseinandersetzen wie eine Säure ein Salz.[10]

Auf dieses Hochgefühl folgte, wie so oft bei Freud, eine Zeit der Depression und der Zweifel, in der sich seine Meinung völlig änderte. Er war so verstört, daß er die ersten Fahnenabzüge seines Buches an drei seiner Schüler mit der Bitte um Stellungnahme zu dem äußerst schwierigen letzten Teil schickte. Jones erzählt, wie es Ferenczi und ihm gelang, ihn zu beruhigen:

> Ferenczi und ich lasen zusammen in Budapest die Korrekturen und schrieben Freud im gleichen Sinn. Wir meinten, er habe in seiner Phantasie die in dem Buch beschriebenen Ereignisse selbst erlebt, daß seine gehobene Stimmung die Erregung des Tötens und Essens des Vaters darstelle und daß seine Zweifel nur die Reaktion darauf seien. Als ich ihn einige Tage später bei einem Besuch in Wien sah, und ihn fragte, warum der Mann, der ›Die Traumdeutung‹ geschrieben hatte, nun solche Zweifel haben könne, gab er die weise Antwort: »Damals beschrieb ich den Wunsch, den Vater zu töten, jetzt habe ich das wirkliche Töten beschrieben; es ist immerhin ein großer Schritt vom Wunsch zur Tat.« [...]
> Um die Gelegenheit zu feiern, gaben wir Freud am 13. Juni 1913 auf dem Konstantinhügel im Prater ein Ehrendiner, das wir als

[9] a. a. O., 416–417
[10] Fer., 13. Mai 1913: JBg., Bd. II, 417

Totemfest bezeichneten. Leo Kann schenkte ihm eine ägyptische Figur, die er als sein Totem annahm.[11]

Nicht ohne Grund stellt Freud ›Totem und Tabu‹ neben die ›Traumdeutung‹, dieses Buch, dessen Gedanken sein ganzes Werk durchziehen und in denen er sein eigener Führer war. Diese beiden Werke liegen wohl auf der gleichen Linie; das eine wie das andere ist in zweifacher Weise von der konkreten Erfahrung und der Einbildungskraft geprägt, die Freud bei Dichtern so sehr schätzte. Beide zeugen von einem unermüdlichen Geist, der sogar die legitimen Annehmlichkeiten des Alters ablehnt. Mit 57 Jahren erwuchsen Freud neue Schwierigkeiten; zu seinem eigenen Entsetzen beeindruckte ihn der ursprüngliche Vater-Mord, den er im Geiste erblickt hatte, tief, gleichsam als ob er ihn vollbracht hätte. Diese intensive Anteilnahme am eingebildeten Urdrama war der Preis, den er für das Buch zahlen mußte.
Wir sagten bereits, daß das Buch aus vier ungleich ausgearbeiteten Kapiteln besteht. Die ausführlichsten sind ›Das Tabu und die Ambivalenz der Gefühlsregungen‹ und ›Die infantile Wiederkehr des Totemismus‹, das noch jetzt von allen Seiten am stärksten angegriffen wird. Im ersten Kapitel behandelt Freud die Inzestschranke, die einzige menschliche Einrichtung, die, wie er sagt, überall unbedingte Gültigkeit besitzt und die bei den primitiven Völkern so streng gehandhabt wird, daß sie den ganzen sozialen Aufbau bestimmt und die geringsten Handlungen in ihr weitgespanntes Netz mit einbezieht. Wenn dem Inzest vorgebeugt und er durch ein sowohl kompliziertes wie straffes System verboten wird, bedeutet dies nach Freud, daß die Neigung dazu bei den Primitiven stärker ist als bei den Kultivierten. In dieser Hinsicht könnte man den Primitiven mit dem Neurotiker vergleichen, der, um starke, unbewußte Versuchungen zu umgehen, Phobien und andere Symptome erfindet, die für ihn den Wert eines Tabus haben.
In ›Das Tabu und die Ambivalenz der Gefühlsregungen‹ deckt Freud die Ambivalenz des Wortes ›Tabu‹ auf. Dieses Wort besitzt in unseren Sprachen kein Äquivalent mehr, entspricht aber ganz gut zum Beispiel dem lateinischen ›sacer‹ oder dem hebräischen ›kadosch‹. Das Tabu ist autonom, es ist weder rationell motiviert, noch moralisch oder sozial gerechtfertigt. Es ist etwa unserem ›kategorischen Imperativ‹ vergleichbar – dem einzigen Gesetz, nach Freud, das wir unmittelbar anerkennen. Seine Verletzung zieht automatisch schwere Strafen nach sich, so daß sich das verletzte Tabu früher oder später selbst rächt. Die Wesenszüge der primitiven Tabus gleichen genau der Symptomatologie der Zwangskranken, der auch jede bewußte Begründung fehlt,

[11] JBg., Bd. II, 418–419

einer gebieterischen, inneren Notwendigkeit entspringt, abgelöst werden kann, andere Personen anzustecken vermag und letzten Endes bestimmte vorgeschriebene Riten vollzieht, um das befürchtete Böse abzuwenden.

Die stärkste Ähnlichkeit zwischen Neurotikern und Primitiven ist jedoch in der Ambivalenz ihrer Gefühle zu finden, besser gesagt in einer unbewußten Feindseligkeit geliebten und besonders geschätzten Personen gegenüber. Indem er unüberwindliche rituelle Schranken zwischen sich und seinen Vorgesetzten, seinen Herrschern und den Vorfahren errichtet, gibt der Primitive dieser affektiven Ambivalenz freien Lauf, wie man es auch bei jedem Neurotiker finden kann. Unter dem Vorwand, sie zu schützen, isoliert dieser nämlich hochgestellte Persönlichkeiten. Er schützt sich selbst vor ihnen, als wären sie gefährlich. Mit viel Bewunderung und Respekt rächt er sich an ihnen, indem er ihnen eine unerträgliche Existenz bereitet. Die gleichen Gefühle der Furcht, des Hasses und der Liebe miteinander vermischt, erklären das Verhalten der Primitiven gegenüber dem Tod, dem Totenkult und den Bestattungsriten.

Das dritte Kapitel von ›Totem und Tabu‹ hält sich eng an die damaligen Ideen des Animismus und der Magie, die von den meisten Ethnologen aufgegeben worden waren. Für sie haben diese Phänomene jedenfalls ihren ursprünglichen Charakter verloren. Freud nahm an, daß der Gedanke des Animismus wie der der Magie am Anfang aller späteren religiösen Konzeptionen zu finden ist und daß er sich eines Mechanismus bedient, der von einem seiner Kranken[12] die »Allmacht der Gedanken« genannt wurde. Diese Allmacht, die in Wirklichkeit dem Wünschen zugehört, beruht sowohl beim Primitiven als auch beim Neurotiker auf einer Überschätzung der rein psychischen Aktionen, und von da ausgehend hängt sie mit der narzißtischen Phase der Libidoentwicklung zusammen, in der das Subjekt seine Liebe nicht einem Objekt, sondern sich selbst zuwendet, seinem Körper und seinen Gedanken. Die Denkart der Primitiven bot Freud die Möglichkeit, den Begriff des Narzißmus, den er 1914 offiziell in seine Theorie einführte, zu präzisieren:

> Wir würden sagen, das Denken ist bei den Primitiven noch in hohem Maße sexualisiert, daher rührt der Glaube an die Allmacht der Gedanken, die unerschütterliche Zuversicht auf die Möglichkeit der Weltbeherrschung und die Unzugänglichkeit gegen die leicht zu machenden Erfahrungen, welche den Menschen über seine wirkliche Stellung in der Welt belehren könnten. Bei den Neurotikern ist einerseits ein beträchtliches Stück dieser primitiven Einstellung konstitutionell verblieben, anderseits wird durch die bei ihnen eingetre-

[12] ›Der Rattenmann‹ (›Bemerkungen über einen Fall von Zwangsneurose‹) G. W. VII, 392 ff.

tene Sexualverdrängung eine neuerliche Sexualisierung der Denkvorgänge herbeigeführt. Die psychischen Folgen müssen in beiden Fällen dieselben sein, bei ursprünglicher wie bei regressiv erzielter libidinöser Überbesetzung des Denkens: intellektueller Narzißmus, Allmacht der Gedanken.
Wenn wir im Nachweis der Allmacht der Gedanken bei den Primitiven ein Zeugnis für den Narzißmus erblicken dürfen, so können wir den Versuch wagen, die Entwicklungsstufen der menschlichen Weltanschauung mit den Stadien der libidinösen Entwicklung des einzelnen in Vergleich zu ziehen. Es entspricht dann zeitlich wie inhaltlich die animistische Phase dem Narzißmus, die religiöse Phase jener Stufe der Objektfindung, welche durch die Bindung an die Eltern charakterisiert ist, und die wissenschaftliche Phase hat ihr volles Gegenstück in jenem Reifezustand des Individuums, welcher auf das Lustprinzip verzichtet hat und unter Anpassung an die Realität sein Objekt in der Außenwelt sucht.
Nur auf einem Gebiete ist auch in unserer Kultur die »Allmacht der Gedanken« erhalten geblieben, auf dem der Kunst. In der Kunst allein kommt es noch vor, daß ein von Wünschen verzehrter Mensch etwas der Befriedigung Ähnliches macht, und daß dieses Spielen – dank der künstlerischen Illusion – Affektwirkungen hervorruft, als wäre es etwas Reales. Mit Recht spricht man vom Zauber der Kunst und vergleicht den Künstler mit einem Zauberer. Aber dieser Vergleich ist vielleicht bedeutsamer, als er zu sein beansprucht. Die Kunst, die gewiß nicht als *l'art pour l'art* begonnen hat, stand ursprünglich im Dienste von Tendenzen, die heute zum großenTeil erloschen sind. Unter diesen lassen sich mancherlei magische Absichten vermuten.[13]

›Die infantile Wiederkehr des Totemismus‹ wird allgemein von Fachleuten als geniale, verführerische Phantasie angesehen, der man keinerlei wissenschaftlichen Wert zugestehen kann. Tatsächlich verläßt Freud hier das Gebiet der klinischen Erfahrung, in dem er sich noch während des ersten Teils des Kapitels aufhielt, und stürzt sich in eine abenteuerliche Hypothese, die er zwar folgerichtig entwickelt, deren Axiome er aber nicht beweisen kann. Der Versuch, das rätselhaft bleibende Kernproblem zu lösen, verleitete ihn dazu, die Gründe auffinden zu wollen, die ursprünglich das allgemeine Inzestverbot auslösten und seither so schwer auf dem Schicksal der Menschheit lasten.
Vorher faßt Freud die Definitionen des Totemismus zusammen, die er hauptsächlich in den Werken von Frazer, Salomon Reinach und Wundts ›Völkerpsychologie‹ gefunden hatte. Ausführlicher behandelt er jedoch nur die Wesenszüge des animalischen Totemismus; er stellt fest, daß sehr vieles zum Totem werden kann, eine Pflanze, ein Element, ein unbelebtes Objekt oder irgendeine Naturerscheinung. Einen Punkt von Frazer und Wundt erkennt er als wesentlich an, daß nämlich ›das Totem

[13] Totem und Tabu. G. W. IX, 110–111

ursprünglich nur Tiere sein konnten und als Vorfahren des Stammes angesehen wurden‹. Er nahm auch an, daß sich das Verbot hauptsächlich auf das Töten und Verspeisen dieses Stammestieres erstreckte, was bedeutete, daß die Angehörigen desselben Totemstammes sich untereinander nicht heiraten durften. Der Totemismus war also mit Exogamie verbunden.

Es muß eingestanden werden, daß die Betrachtungen über den Totemismus zum Teil sehr verschwommen waren und es auch jetzt noch sind. Freud bekümmerte das nicht allzusehr. Er wollte keine neue Theorie aufstellen, sondern nur die psychologischen Grundlagen des Phänomens beleuchten, indem er sich auf die klinische Erfahrung des Analytikers stützte. Durch die Art, in der er den Menschen mit dem Tier identifizierte und durch den heiligen Schrecken, dessen Objekt das Totem ist, beschwört der Totemismus für den Psychoanalytiker wirklich diese Tierphobien herauf, die er oftmals in seiner Praxis antrifft. Nachdem Freud hier noch einmal an den kleinen Hans erinnert, führt er noch Arpád an, der »ein kleiner Hahnemann«[14] genannt wurde und von dem Ferenczi berichtete:

> Als der kleine Arpád zweieinhalb Jahre alt war, versuchte er einmal in einem Sommeraufenthalt ins Geflügelhaus zu urinieren, wobei ihn ein Huhn ins Glied biß oder nach seinem Glied schnappte. Als er ein Jahr später an denselben Ort zurückkehrte, wurde er selbst zum Huhn, er interessierte sich nur mehr für das Geflügelhaus und alles, was darin vorging, und gab seine menschliche Sprache gegen Gackern und Krähen auf. Zur Zeit der Beobachtung (fünf Jahre) sprach er wieder, aber beschäftigte sich auch in der Rede ausschließlich nur mit Hühnern und anderem Geflügel. Er spielte mit keinem anderen Spielzeug, sang nur Lieder, in denen etwas vom Federvieh vorkam. Sein Benehmen gegen sein Totemtier war exquisit ambivalent, übermäßiges Hassen und Lieben. Am liebsten spielte er Hühnerschlachten. [...] Aber dann küßte und streichelte er das geschlachtete Tier, reinigte und liebkoste die von ihm selbst mißhandelten Ebenbilder von Hühnern.
>
> Der kleine Arpád sorgte selbst dafür, daß der Sinn seines sonderbaren Treibens nicht verborgen bleiben konnte. Er übersetzte gelegentlich seine Wünsche aus der totemistischen Ausdrucksweise zurück in die des Alltagslebens. »Mein Vater ist der Hahn«, sagte er einmal. »Jetzt bin ich klein, jetzt bin ich ein Küchlein. Wenn ich größer werde, bin ich ein Huhn. Wenn ich noch größer werde, bin ich ein Hahn.« Ein andermal wünscht er sich plötzlich eine »eingemachte Mutter« zu essen (nach der Analogie des eingemachten Huhns).[15]

Der kleine Hahnemann, der nicht nur seine Mutter essen, sondern sie auch heiraten wollte und seinen Vater in der Gestalt zum Opfer ausgesuchter Hähne tötete, eröffnete der psycho-

[14] Sandor Ferenczi: Ein kleiner Hahnemann. In: Int. Z., 11, 1913, 1, n° 3.
[15] Totem und Tabu. G. W. IX, 158–159

analytischen Forschung neue Perspektiven, indem er das Glied in der Kette lieferte, das die noch fehlende Verbindung zwischen den beiden Hauptgeboten des Totemismus herstellte:

> Wenn das Totemtier der Vater ist, dann fallen die beiden Hauptgebote des Totemismus, die beiden Tabuvorschriften, die seinen Kern ausmachen, den Totem nicht zu töten und kein Weib, das dem Totem angehört, sexuell zu gebrauchen, inhaltlich zusammen mit den beiden Verbrechen des Ödipus, der seinen Vater tötete und seine Mutter zum Weibe nahm, und mit den beiden Urwünschen des Kindes, deren ungenügende Verdrängung oder deren Wiedererweckung den Kern vielleicht aller Psychoneurosen bildet. Sollte diese Gleichung mehr als ein irreleitendes Spiel des Zufalls sein, so müßte sie uns gestatten, ein Licht auf die Entstehung des Totemismus in unvordenklichen Zeiten zu werfen. Mit anderen Worten, es müßte uns gelingen wahrscheinlich zu machen, daß das totemistische System sich aus den Bedingungen des Ödipus-Komplexes ergeben hat wie die Tierphobie des »kleinen Hans« und die Geflügelperversion des »kleinen Arpád«.[16]

Freud fährt in seiner Beweisführung fort und stützt sich dabei einerseits auf den Opfergedanken, wie er von Robertson Smith in ›The Religion of the Semites‹ entwickelt wird, und andererseits auf eine Hypothese Darwins über die Sitten der menschlichen Urhorde. Nach Smith war das Uropfer von einem rituellen Mahl begleitet, in dessen Verlauf sich die Clanangehörigen in das Fleisch des Tieres teilten, das Gefährten des Gottes oder den Gott selbst darstellte. Das Essen des Tieres wurde zum Anlaß für Offenbarungen und feierliche Feste, in deren Verlauf die Tabus rituell übertreten wurden. Smith erblickte hierin eine Form, die sich aus dem Totenmahl entwickelt hat, bei dem anfangs das geopferte und gegessene Tier an die Stelle eines Clanmitgliedes trat.

Darwins Hypothese bezieht sich keineswegs auf das Problem des Totemismus: Er nimmt nur eine menschliche Urhorde an, den großen Anthropoiden entsprechend, in denen die Eifersucht des ältesten und stärksten Männchens jegliche sexuelle Promiskuität verhinderte. Diese sich im Naturzustand befindende Horde stellte man sich nach dem Beispiel der Gorillaherden vor:

> Wir können in der Tat, nach dem was wir von der Eifersucht aller Säugetiere wissen, von denen viele mit speziellen Waffen zum Kämpfen mit ihren Nebenbuhlern bewaffnet sind, schließen, daß allgemeine Vermischung der Geschlechter im Naturzustand äußerst unwahrscheinlich ist ... Wenn wir daher im Strome der Zeit weit genug zurückblicken und nach den sozialen Gewohnheiten des Menschen, wie er jetzt existiert, schließen, ist die wahrscheinlichste Ansicht die, daß der Mensch ursprünglich in kleinen Gesellschaften lebte, jeder Mann mit einer Frau oder, hatte er die Macht, mit meh-

[16] a. a. O., 160

reren, welche er eifersüchtig gegen alle anderen Männer verteidigte [...] Wächst das junge Männchen heran, so findet ein Kampf um die Herrschaft statt, und der stärkste setzt sich dann, indem er die anderen getötet oder vertrieben hat, als Oberhaupt der Gesellschaft fest [...] Die jüngeren Männchen, welche hierdurch ausgestoßen sind und nun herumwandern, werden auch, wenn sie zuletzt beim Finden einer Gattin erfolgreich sind, die zu enge Inzucht innerhalb der Glieder einer und derselben Familie verhüten.[17]

Freud verbindet Smith' Theorie über das Opfer mit den Theorien von Darwin und Atkinson über die Urhorde und fühlt sich dadurch berechtigt, das entscheidende Ereignis, dem die späteren Zivilisationen ihre Religionen, ihre Gesetze und sozialen Organisationen verdanken, dieses Mal nicht psychologisch, sondern historisch zu rekonstruieren. Er konnte nicht umhin, eine eigene, leicht phantastische Hypothese aufzustellen, an die er sich hielt, da sie eine Kontinuität zwischen den beschriebenen Phänomenen wiederherstellte, die man bis zu diesem Zeitpunkt nicht miteinander in Übereinstimmung hatte bringen können:

Was wir als primitivste Organisation finden, was noch heute bei gewissen Stämmen in Kraft besteht, das sind *Männerverbände*, die aus gleichberechtigten Mitgliedern bestehen und den Einschränkungen des totemistischen Systems unterliegen, dabei mütterliche Erblichkeit. Kann das eine aus dem anderen hervorgegangen sein und auf welchem Wege war es möglich?

Die Berufung auf die Feier der Totemmahlzeit gestattet uns eine Antwort zu geben: Eines Tages taten sich die ausgetriebenen Brüder zusammen, erschlugen und verzehrten den Vater und machten so der Vaterhorde ein Ende. Vereint wagten sie und brachten zustande, was dem einzelnen unmöglich geblieben wäre. (Vielleicht hatte ein Kulturfortschritt, die Handhabung einer neuen Waffe, ihnen das Gefühl der Überlegenheit gegeben.) Daß sie den Getöteten auch verzehrten, ist für den kannibalen Wilden selbstverständlich. Der gewalttätige Urvater war gewiß das beneidete und gefürchtete Vorbild eines jeden aus der Brüderschar gewesen. Nun setzten sie im Akte des Verzehrens die Identifizierung mit ihm durch, eigneten sich ein jeder ein Stück seiner Stärke an. Die Totemmahlzeit, vielleicht das erste Fest der Menschheit, wäre die Wiederholung und die Gedenkfeier dieser denkwürdigen, verbrecherischen Tat, mit welcher so vieles seinen Anfang nahm, die sozialen Organisationen, die sittlichen Einschränkungen und die Religion.

Um, von der Voraussetzung absehend, diese Folgen glaubwürdig zu finden, braucht man nur anzunehmen, daß die sich zusammenrottende Brüderschar von denselben einander widersprechenden Gefühlen gegen den Vater beherrscht war, die wir als Inhalt der Ambivalenz des Vaterkomplexes bei jedem unserer Kinder und unserer Neurotiker nachweisen können. Sie haßten den Vater, der ihrem Machtbedürfnis und ihren sexuellen Ansprüchen so mächtig im

[17] a. a. O., 152–153

Wege stand, aber sie liebten und bewunderten ihn auch. Nachdem sie ihn beseitigt, ihren Haß befriedigt und ihren Wunsch nach Identifizierung mit ihm durchgesetzt hatten, mußten sich die dabei überwältigten zärtlichen Regungen zur Geltung bringen. Es geschah in der Form der Reue, es entstand ein Schuldbewußtsein, welches hier mit der gemeinsam empfundenen Reue zusammenfällt. Der Tote wurde nun stärker, als der Lebende gewesen war; all dies, wie wir es noch heute an Menschenschicksalen sehen. Was er früher durch seine Existenz verhindert hatte, das verboten sie sich jetzt selbst in der psychischen Situation des uns aus den Psychoanalysen so wohl bekannten »*nachträglichen Gehorsams*«. Sie widerriefen ihre Tat, indem sie die Tötung des Vaterersatzes, des Totem, für unerlaubt erklärten, und verzichteten auf deren Früchte, indem sie sich die freigewordenen Frauen versagten. So schufen sie aus dem *Schuldbewußtsein des Sohnes* die beiden fundamentalen Tabu des Totemismus, die eben darum mit den beiden verdrängten Wünschen des Ödipus-Komplexes übereinstimmen mußten. Wer dawiderhandelte, machte sich der beiden einzigen Verbrechen schuldig, welche die primitive Gesellschaft bekümmerten.[18]

In einer Weise war der Vatermord jedoch eine Täuschung; die Brüder mußten nämlich, um die zwischen ihnen auftauchende Uneinigkeit zu beseitigen, auf das verzichten, was sie zur Revolte veranlaßt hatte. Andererseits riefen die Schuldgefühle der Söhne eine höher entwickelte Institution ins Leben, die dazu bestimmt war, die Wiederkehr derartiger Gewalttaten zu verhindern und ein stetiges Bedürfnis nach Versöhnung mit dem einst geopferten Vater zu unterhalten. Schuldgefühl, Verzicht, Sehnsucht – der Totemismus wurde aus dieser unlösbaren Gefühlstrias heraus geboren, die für Freud Grundbestandteil aller Religionen ist.

Es wurden hierbei Züge geschaffen, die fortan für den Charakter der Religion bestimmend blieben. Die Totemreligion war aus dem Schuldbewußtsein der Söhne hervorgegangen als Versuch, dies Gefühl zu beschwichtigen und den beleidigten Vater durch den nachträglichen Gehorsam zu versöhnen. Alle späteren Religionen erweisen sich als Lösungsversuche desselben Problems, variabel je nach dem kulturellen Zustand, in dem sie unternommen werden, und nach den Wegen, die sie einschlagen, aber es sind alle gleichzielende Reaktionen auf dieselbe große Begebenheit, mit der die Kultur begonnen hat, und die seitdem die Menschheit nicht zur Ruhe kommen läßt.[19]

›Totem und Tabu‹ wurde so aufgenommen, wie Freud es erwartet hatte. Dieses Mal unterschoben ihm die Kritiker aber weder alle falsche Motive noch waren sie systematisch feindselig. Das Buch war tatsächlich für die Anthropologen unannehmbar, so-

[18] a. a. O., 171–173
[19] Totem und Tabu. G. W. IX, 175

wohl wegen seiner mangelnden wissenschaftlichen Methodik und seiner vielen Ungenauigkeiten, als auch weil es willkürlich von der Psychologie zur Geschichte überwechselte, wodurch jede Erwiderung oder auch eine Überprüfung unmöglich gemacht wurde.
Die Fachleute jedenfalls waren mit ihm nicht einverstanden. Einige änderten allerdings im Lauf der Jahre ihre Anschauung beträchtlich, wie Kroeber,[20] der 1919 die Arbeit wegen ihrer Fehler und ihrer unzureichenden wissenschaftlichen Fundierung ablehnte, zwanzig Jahre später aber sein Urteil zum großen Teil revidierte.[21] Allgemein sieht man heute übereinstimmend in dem Szenarium des Vatermordes kein historisches Ereignis – wie Freud es vorschlug, ohne jedoch hartnäckig darauf zu bestehen –, sondern vielmehr einen Mythos, einen dieser Träume, deren Wahrheitsgehalt und Bedeutung für eine tiefere Erkenntnis des Menschen gerade die Analyse aufgedeckt hat. So wie es Claude Lévi-Strauss in seinen ›Structures élémentaires de la Parenté‹ (Elementarstrukturen der Sippe) ausdrückte, wenn er sagte, ›Totem und Tabu‹ sei zweifellos ein Roman, der aber in einer Beziehung mehr Wahrheitsgehalt als ein einfaches historisches Ereignis habe:

> Wieder und wieder hob man hervor, weshalb ›Totem und Tabu‹ als Interpretation der Inzestschranke und deren Ursprung unannehmbar sei; es besteht kein Grund, eine menschliche Urhorde und einen Urmord anzunehmen, einen ›circulus vitiosus‹, der aus den ihn voraussetzenden Schritten den sozialen Status entstehen läßt. Jedoch wie alle Mythen, so läßt der von ›Totem und Tabu‹ mit solcher Kraft dargestellte zwei Interpretationen zu. Das Begehren nach der Mutter oder der Schwester, der Mord des Vaters und die Reue der Söhne entsprechen zweifelsohne keiner Tatsache oder einem Tatsachenkomplex, der in der Geschichte einen genauen Platz innehat. Aber vielleicht verleihen sie einem alten, dauerhaften Traum seinen Ausdruck. Und der Nimbus, die Macht, die Gedanken der Menschen zu formen, kommen gerade von der Tatsache, daß die Handlungen, die der Mann heraufbeschwor, niemals begangen worden sind, denn die Kultur – wenn es eine solche gibt – hätte ihnen immer entgegengestanden. Die symbolische Befriedigung, zu der man nach Freud neigt, den Verzicht auf Inzest kann man also von dem Erinnern an ein Ereignis ableiten. Sie sind anders, und mehr als das: der ständige Ausdruck eines Verlangens nach Unordnung oder noch mehr nach Konterordnung. Die Feste kehren im Spiel das soziale Leben um, nicht weil es einstmals so war, sondern weil es niemals so war und niemals so sein wird. Die Wesenszüge der Vergangenheit haben keinen explikativen Wert, höchstens in dem Maße, wie sie mit denen der Zukunft und der Gegenwart koinzidieren.[22]

[20] A. L. Kroeber: Totem and Taboo: An Ethymological Psychoanalysis (1920). In ›The Nature of Culture‹. Chicago 1952
[21] A. L. Kroeber: Totem and Taboo in Retrospect. 1939 a. a. O.
[22] Cl. Lévi-Strauss: Les Structures élémentaires de la Parenté. P. U. F., 1949

24. Die Kriegsjahre

Die kleinen Auseinandersetzungen, die seit 1910 innerhalb der psychoanalytischen Bewegung schwelten, gingen dem Ausbruch des großen Krieges voraus, denn der große Bruch kam 1914. Im vorangegangenen April hatte Jung die Präsidentschaft der Internationalen Vereinigung niedergelegt und trat im August endgültig aus der Vereinigung aus und mit ihm die Mehrzahl seiner Landsleute. Die Feindseligkeiten, die schon lange durch rassische und nationale Antipathien genährt worden waren und nun hier in der Wissenschaft zutage traten, waren wie eine Ankündigung oder kleine Wiederholung derjenigen Feindseligkeiten, die einige Tage später Europa in Erregung versetzen sollten.

Freud hatte sich damit abgefunden, Jung als Freund zu verlieren, hatte aber gedacht, er bliebe ihm als Bundesgenosse im gemeinsamen Streit für die ›Sache‹ erhalten. Erst 1913 begriff er, daß dies eine Illusion war, und er bemerkte, wie sich seine Arbeiten mehr und mehr von dem entfernten, was Jung die ›Psychologie der Arier‹ nannte. Von diesem Zeitpunkt an verzichtete er darauf, den Gegner zu schonen, und anstatt die Unvereinbarkeiten zu verschweigen, entschloß er sich, sie nun im vollen Licht zu zeigen.

Diese Notwendigkeit, seinen Weg von allen Hindernissen zu befreien, führte ihn zu neuen Überlegungen über einige theoretische Streitfragen, die durch die naturgegebene Unschärfe der psychoanalytischen Terminologie verschiedene Interpretationen zuließen. Um sie zu präzisieren, schrieb er seinen Beitrag ›Zur Geschichte der psychoanalytischen Bewegung‹, einen Aufsatz, der Jungs Loslösung bedingte und Anfang 1914 die Arbeit ›Zur Einführung des Narzißmus‹,[1] die für seine direkten Schüler einer kleinen Revolution gleichkam.

Tatsächlich drehte sich alles um den Begriff der ›Libido‹, die für Freud unbedingt weiterhin die sexuelle Energie im strengen Sinn sein sollte, während Adler sie als eine im sozialen Leben wirksame Kraft terminiert und Jung sie so unendlich ausgedehnt hatte, daß sie bei ihm zur Energie an sich wurde, zu einem das ganze Leben antreibenden Motor. So war die ›Libido‹ davon bedroht, sich aufzulösen, um so mehr als Freud, Jung folgend, zum Beispiel im Fall des Präsidenten Schreber das Wort in einem sehr erweiterten Sinn gebraucht hatte. Er mußte sich nun dazu äußern, ob er den Begriff in seinem engen Sinn aufrecht-

[1] Zur Einführung des Narzißmus. G. W. X

erhalten wollte, oder ob er einer Erweiterung zustimmte, durch die er viele seiner Widersacher mit der ›Libido‹ versöhnt hätte.
Um den Preis einer bedeutenden theoretischen Revision hielt Freud an der ›Libido‹ fest, so wie er sie immer verstanden hatte, so daß nun keinerlei Zweifel über seine Stellung mehr möglich waren. Jung hatte in der Tat aus seinen Arbeiten über die dementia praecox und die Psychosen den Schluß gezogen, daß bei diesen Krankheiten die Libido, die sich gewaltsam von allen äußeren Objekten loslöst, sich nicht mehr von der Gesamtheit psychischer Energie abhebt, so daß sie jeden spezifischen Wert verliert. Das konnte richtig scheinen, vorausgesetzt man hielt an dem grundlegenden Gegensatz zwischen den Ich- oder Selbsterhaltungstrieben und den Sexualtrieben fest, die durch eigene Energie ausgelöst werden und sich auf ihnen gemäße Ziele richten, die dem Ich unbekannt oder sogar feindlich sind. Der bei Neurosen als ›Übertragung‹ bezeichnete Konflikt wurde zwischen diesen beiden Triebkategorien offenbar. Er konnte bei Psychosen nicht vorkommen, weil hier das kranke Ich die gesamte Libido, die es von der Welt abgezogen hat, in sich aufstaute. Wohl oder übel mußte man so mit Jung zugeben, daß die Libido nichts anderes war als eine undifferenzierte psychische Energie, oder man mußte das Ich als eine der Sexualität zugehörende und durch sie veranlaßte Energie betrachten, wodurch die Dualität der Triebe aufgehoben wurde.
Freud vermied diese beiden Extreme, indem er in seine Theorie den Begriff des ›Narzißmus‹ einführte, den er schon in anderen Arbeiten beiläufig verwendet hatte; dies besonders in seiner Arbeit über den Präsidenten Schreber, an der man sieht, wie sich eine homosexuelle Tendenz umkehrt: ›Ich liebe nichts und niemanden, ich liebe nur mich‹ – und in ›Totem und Tabu‹, wenn durch die phantastische Überbewertung des Ich, die allen Primitiven gemeinsam ist, die Allmacht der Gedanken und von da aus die Magie erklärt werden. Der ›Narzißmus‹, wie ihn Freud 1914 in seiner Arbeit ›Zur Einführung des Narzißmus‹ beschreibt, erfährt auch später keinen Bedeutungswandel und nimmt in der Theorie einen unerwarteten Platz ein.
Das Wort ›Narzißmus‹ ist der psychiatrischen Praxis entlehnt; nach Freud stammt es von Näcke, nach Jones von Havelock Ellis, der es auf eine Perversion anwendete, die sehr viel Ähnlichkeit mit der in der griechischen Fabel über Narziß beschriebenen aufweist, in der dieser vor lauter Selbstliebe stirbt. Der Narzißmus ist jedoch nicht nur als krankhaft anzusehen, weil man ihn bei dem Größenwahn Geisteskranker findet oder in der Aufmerksamkeit des Hypochonders, die er seinem Körper zuwendet; ebenso stark ist er auch bei Kindern entwickelt, bei Schwerkranken und Alten, selbst normale Liebesbeziehungen

sind nicht frei von ihm. So konnte Freud, indem er den verschiedenen Erscheinungsformen des Narzißmus nachging, in ihm den Ursprung und das Urbild jeder Liebe erblicken.
Nun zeichnete sich ein neuer Gegensatz ab, allerdings nicht mehr zwischen dem Ich und der Sexualität, sondern in der Libido selbst. Sie wird als narzißtisch bezeichnet, wenn sie fixiert bleibt oder sich auf das Ich des Menschen zurückzieht, als objektgebunden, wenn sie sich nach außen richtet und sich an ein Objekt bindet, besser gesagt, sich einem anderen zuwendet. Dennoch verdrängte diese neue Unterscheidung nicht die alte, denn Freud wollte, obwohl er die Existenz eines libidinösen Ich, wie es in der alten Theorie undenkbar gewesen wäre, leugnete, an dem antinomischen Charakter von Sexualität und Ich festhalten. Das theoretische Paradoxon ist offenbar; Freud versuchte aber nicht, es zu schmälern, sondern begnügte sich damit, es notdürftig auseinanderzuhalten, indem er Beweise aus der klinischen Praxis vorschob, die ihm sowohl die normale Psychologie wie auch die Pathologie in reichem Maße lieferten.
Für seine Schule erwuchs daraus ein Gegenstand schwerer Sorge, denn die mit dem Narzißmus neu eingeführte Polarität schien eine völlige Überarbeitung der Theorie notwendig zu machen. Diese Sorge ist noch dem Kommentar zu entnehmen, den Jones fast zwanzig Jahre nach der Veröffentlichung des Buches abfaßte:

> Der Grund nun, warum ich Freuds Abhandlung ›Zur Einführung in den Narzißmus‹ als beunruhigend bezeichnet habe, liegt darin, daß er damit der Triebtheorie, mit der die Psychoanalyse so lange gearbeitet hatte, einen unangenehmen Stoß versetzte. Die Beobachtungen, auf die sich die neue Auffassung des Narzißmus gründete, waren so unmißverständlich und leicht nachweisbar, daß wir sie vorbehaltlos anerkennen mußten, aber es war klar, daß etwas mit der Theorie geschehen mußte, mit der wir bisher vertraut gewesen waren. Denn wenn das Ich selbst mit Libido besetzt war, müßte man ja sein hervorragendstes Merkmal, den Selbsterhaltungstrieb, als einen narzißtischen Anteil des Sexualtriebs auffassen. Die Gegner der Psychoanalyse hatten in ihrer Kritik immer eine Hälfte der unbewußten Konflikte übersehen, die Freud sehr betont hatte, und hatten ihm kurzerhand vorgeworfen, ›alles auf das Sexuelle zurückzuführen‹, ›nichts anderes in der Seele zu sehen als das Sexuelle‹. Darin wurden sie allerdings durch die Tatsache unterstützt, daß Freuds Entdeckungen zu jener Zeit meistens das Gebiet der unterdrückten Sexualregungen betrafen und nur sehr wenig die andere Hälfte des Psychischen. Aber Freud konnte darauf leicht erwidern, daß für ihn der Kernpunkt in dem Konflikt zwischen sexuellen und nichtsexuellen Impulsen lag, daß er also eine ›Halb-und-Halb‹-Auffassung der Seele vertrat. Wenn nun aber das Ich selbst auch als libidinös angesehen werden sollte, hatten da die Kritiker nicht von Anfang an recht gehabt mit ihrem Vorwurf, Freud führe ›alles auf

das Sexuelle zurück‹? Und was war aus dem berühmten Konflikt geworden? Gewiß ließen sich die Psychoneurosen, sein eigentliches Studienfeld, immer noch in Begriffen des Konflikts beschreiben: nämlich als Konflikt zwischten narzißtischer und Objektlibido. Sollte das aber heißen, daß es sich nur um einen Konflikt zwischen einer Form des Sexualtriebs und einer anderen Form desselben handle, daß es keine andere Wurzel für seelische Konflikte gebe? Diese und ähnliche Fragen bedrängten uns gerade, als der Erste Weltkrieg ausbrach, und Freud konnte sie erst nach Kriegsende beantworten.[2]

Die Antwort darauf findet sich wirklich in einer der Vorlesungen, die Freud während des Krieges in Wien hielt. Sie wurden erst 1917 als Einführung in die Psychoanalyse und die Grundgedanken seiner Theorie[3] veröffentlicht. In dem Aufsatz mit dem Titel ›Die Libidotheorie und der Narzißmus‹ beendet Freud die Diskussion über dieses Thema, indem er anerkennt, daß der Narzißmus die libidinöse Ergänzung des dem Selbsterhaltungstrieb eigenen Egoismus sei. Genauer gesagt heißt das, daß das Ich aus zwei Tendenzen bestehe, einer narzißstisch-sexuellen und einer egoistisch-konservativen, deren Ziele – je nach Lage verschieden – zusammenfallen oder einander gegenüberstehen können. Das Ichideal stammt von der narzistischen Tendenz ab. Es ist ein inneres Vorbild, dem das Ich zu gleichen strebt, um mit sich selbst wieder in Einklang zu kommen und dieses Gefühl der Vollkommenheit wieder zu verspüren, zu dem ihm einstmals der infantile Narzißmus verhalf und dem die erwachsene Existenz so harte Gegenerklärungen auferlegte.
Oftmals hat man gesagt, daß Freuds Gedanken dualistisch seien, insofern er alles vermeide, was eine begriffliche Gleichschaltung bewirken könne.
Seine Begriffe gehören in Gegensatzpaaren zusammen, die Konflikte hervorrufen, wie das Bewußte und das Unbewußte, die Ichtriebe und die Sexualtriebe, das Lust- und das Realitätsprinzip, später das Ich und das Es und zum Schluß der Lebens- und der Todestrieb; es sind Gegensatzpaare, die alle Widersprüche enthalten und die zu einem letzten Mal die Theorie umwarfen. Ist es ein Zusammenfallen zweier Ereignisse oder ein Spiegelbild der psychischen Determiniertheit, der auch der logische Gedanke unterworfen ist? Die Libidotheorie durchläuft drei Phasen, die drei wesentlichen Phasen in Freuds Leben entsprachen: die erste, während der die Idee der Sexualität dominiert; sie beherrschte den Zenit seines Lebens; die zweite, in der dem Narzißmus die wichtigste Rolle zukam, fällt mit der Rückbesinnung auf sich selbst zusammen, die das beginnende Alter ankündigt; die dritte endlich, in der der Tod über das Leben trium-

[2] JBg., Bd. II, 358–359
[3] Vorlesungen zur Einführung in die Psychoanalyse. G. W. Bd. XI

phiert, entspricht einer Zeit großer Trauer und psychischer Leiden, die durch eine unheilbare Krankheit verursacht wurden und die den alten Gelehrten mit dem Gefühl seines nahenden Endes wieder einsam werden ließen.
Der Aufsatz über den Narzißmus wurde zweifellos in einem dieser einsamen Momente geschrieben, wie sie sich immer wieder in Freuds Leben einstellten und bald in spektakulären Brüchen, bald in jähen Wendungen der Ideologie gipfelten, bald aber auch in nicht vorhersehbarem Leid wie seiner Krankheit und den Kriegsereignissen. Die Einsamkeit bedeutete für diesen Menschen ein Verhängnis; er haßte sie und verursachte sie doch teilweise selbst, trotz der Liebe, die ihm von den Seinen zuteil wurde; trotz der fanatischen Anhänglichkeit seiner Schüler und dem Ruhm, der ihm entgegengebracht wurde, mußte er sich letzten Endes darein fügen. Nach dem Bruch mit Breuer und Fließ mußte ihm der Abfall von Jung seelisch mehr zufügen, als er zeigen durfte: nicht allein die Unität und die Zukunft der Bewegung waren dadurch bedroht, er wurde auch in die Einsamkeit zurückgeworfen, aus der er sich 15 Jahre vorher so schwer losgelöst hatte.
Jones hatte vorausgesehen, daß die Verbindung mit Jung ein unangenehmes Ende nehmen und Freud noch öfter Prüfungen dieser Art ausgesetzt sein würde. Deshalb kam er auf den Gedanken, ein geheimes Komitee zu gründen, das sich aus einer kleinen Anzahl vertrauenswürdiger Analytiker konstituieren sollte und das in Solidarität und unerschütterlichem Glauben seiner Aufgabe verbunden sein sollte. Dieses Komitee würde für Freud eine Art alter Garde bilden, die ihn im Fall neuer Uneinigkeiten stärken würde und statt seiner auf Kritiken antworten könnte; gleichermaßen wäre es auch in der Lage, ihm bei der Fertigstellung seiner Arbeiten behilflich zu sein. Jones machte bei diesem sonderbaren Übereinkommen nur eines zur Bedingung:

> Nur eine absolute Verpflichtung sollte für uns gelten: Wenn es geschehen sollte, daß einer von uns von einer der Grundlehren der psychoanalytischen Theorie abzugehen wünschte, das heißt von den Begriffen der Verdrängung, des Unbewußten, der infantilen Sexualität usw., so sollte er erst seine Ansichten mit seinen Kollegen durchsprechen, bevor er sie vor die Öffentlichkeit bringe. Die ganze Idee einer solchen Gruppe hatte natürlich in meinem Geist ihre Vorgeschichte: in Berichten aus meiner Kindheit von den Paladinen Karls des Großen, in Darstellungen vieler Geheimgesellschaften, die ich aus der Literatur kannte.
> Ferenczi ging voll Eifer auf meine Anregung ein, und unser nächster Schritt war, die Sache Rank vorzulegen; auch Freud schrieb ich davon. Rank war natürlich einverstanden; aber während des Gesprächs kam es zu einer merkwürdigen Episode, die mir im Ge-

dächtnis geblieben ist. Ferenczi fragte Rank in aller Offenheit – wie es seine Art war –, ob er meine, er werde der Psychoanalyse treu bleiben. Ich selbst fand diese Frage für jemanden, der der Sache so ergeben war wie Rank, beleidigend, und er suchte verlegen nach einer passenden Antwort. Ich erwähne das jetzt wegen des merkwürdigen Zufalls, daß gerade sie in den folgenden Jahren die einzigen waren, die unserem Versprechen gegenseitiger Verständigung nicht treu blieben.[4]

Freud stimmte sogleich begeistert dem Projekt zu und antwortete Jones postwendend:

> Was meine Phantasie sofort in Beschlag nahm, war Ihre Idee eines geheimen Konzils, das sich aus den besten und zuverlässigsten unserer Leute zusammensetzen solle, deren Aufgabe es sei, für die Weiterentwicklung der Psychoanalyse zu sorgen und die Sache gegen Persönlichkeiten und Zwischenfälle zu verteidigen, wenn ich nicht mehr da bin ... Ich weiß, daß in diesem Projekt auch ein Element von knabenhafter Romantik liegt, aber es läßt sich vielleicht realitätsgerecht machen. Ich will meiner Phantasie freien Lauf lassen und Ihnen die Rolle des Zensors überlassen.
> Ich möchte sagen, es würde mir das Leben und das Sterben leichter machen, wenn ich wüßte, daß eine solche Gemeinschaft zum Schutz meiner Schöpfung existiert.
> Vor allem aber ist dies zu beachten: Das Komitee müßte in seiner Existenz und in seinem Wirken streng geheim bleiben. Es würde sich aus Ihnen, Ferenczi und Rank, aus deren Kreis die Idee entstanden ist, zusammensetzen, Sachs, zu dem ich trotz unserer kurzen Bekanntschaft unbegrenztes Vertrauen habe, und Abraham könnten dann noch zugezogen werden, aber nur unter der Bedingung, daß Sie alle damit einverstanden sind. Mit Ihren Bedingungen und Verpflichtungen sollte ich selbst besser aus dem Spiel gelassen werden: Natürlich werde ich mich äußerster Diskretion befleißigen und für alles, was Sie mir mitteilen, dankbar sein. Bevor Sie mir geantwortet haben, werde ich nicht das geringste davon erwähnen, nicht einmal gegenüber Ferenczi. Was die nächste Zeit auch immer bringen mag, der zukünftige Obmann der psychoanalytischen Bewegung könnte aus diesem kleinen Kreis Männer herauswachsen, in die ich trotz meiner letzten Enttäuschungen über Menschen noch immer alles Vertrauen setze.[5]

Das sowohl durch die praktischen Notwendigkeiten wie durch die Wunschträume seiner Mitglieder ins Leben gerufene Komitee trat am 25. Mai 1913 zum ersten Mal zusammen. Bei diesem feierlichen Anlaß schenkte Freud jedem der fünf eine griechische Gemme aus seiner Sammlung. Die fünf Eingeweihten ließen sie zu Siegelringen umarbeiten, ebenso auch alle anderen, die später diese wertvolle Auszeichnung verliehen bekamen. Mit

[4] JBg., Bd. II, 186–187
[5] a. a. O., 187–188

Freuds Ring und dem, den Max Eitington 1919, als er das sechste Mitglied der Gruppe wurde, verliehen bekam, waren es im ganzen sieben Ringe. Auf Hanns Sachs' Buch ›Freud – Meister und Freund‹ sieht man ihre Abbildung. Auch anderen ausgewählten Personen soll diese Gunst zuteil geworden sein, ohne daß sie dem Komitee angehörten, so Anna Freud, die das Werk ihres Vaters weiterführte und der Jones seine Biographie gewidmet hat. Ebenso dem Schriftsteller Arnold Zweig, der noch heute den kostbaren Ring trägt.

Das Komitee trat vor dem Ausbruch des Ersten Weltkriegs in Aktion, hatte aber kaum Zeit, sich zu bewähren, da ab 1914 seine Mitglieder in alle Winkel Europas verschlagen wurden und somit ihre Tätigkeit unterbrechen mußten. Jones war Engländer, Ferenczi Ungar, Abraham Deutscher und nur Otto Rank und Hanns Sachs waren Wiener und konnten, bevor sie zum Kriegsdienst einberufen wurden, noch eine Zeit in Freuds Nähe bleiben, der sonst wohl völlig isoliert gewesen wäre. Der Krieg kam für alle, außer für Jones, völlig überraschend; er hatte mit ihm gerechnet und ihn schon lange prophezeit. Obwohl er nun zum ›Feind‹ geworden war, versuchte er unablässig, die Verbindung mit Freud aufrechtzuerhalten, der, einige Ferienreisen ausgenommen, während des ganzen Krieges in Wien blieb. Mit Unterstützung holländischer Psychoanalytiker und James Putnams, dem ›alten amerikanischen Gentleman‹, gelang es ihm auch, bis die Vereinigten Staaten in den Krieg eintraten.

Freud nahm die Nachricht vom Kriegsausbruch keineswegs mit dem Entsetzen auf, das man von ihm als individualistisch denkendem Menschen hätte erwarten müssen; von Natur aus war er eben in bezug auf die kollektive Verführbarkeit der Menschen mißtrauisch, skeptisch gegenüber den tatsächlichen Motiven der menschlichen Handlungen und mit seinem ganzen Sein der Intelligenz als einzigem Schutz gegen das Chaos der Leidenschaften verhaftet. Heute wird es unbegreiflich sein, daß er sich nicht unter den in Wirklichkeit immer sehr wenigen befand, die von Beginn der Feindseligkeiten an öffentlich protestierend ihre Stimme gegen das Blutvergießen erhoben. Tatsache ist jedoch, daß trotz der beschämenden Lage, in der er sich durch den offiziellen österreichischen Rassenhaß befand und trotz seiner friedfertigen Gesinnung und seinem Abscheu jeder Gewalt gegenüber, Freud nicht mit Trauer und Besorgnis reagierte, sondern mit einer patriotischen, nahezu freudig zu bezeichnenden Anwandlung. Wie Millionen andere in allen Ländern Europas, so glaubte auch er nicht an eine lange Dauer des Krieges und fühlte sich solidarisch mit dem Schicksal seines Landes. So ist es zu verstehen, daß er Deutschlands Kriegserklärungen begrüßte und man muß wohl Jones glauben, wenn er sagt, Freud habe versichert:

Meine ganze Libido gehört Österreich-Ungarn.[6]

Solche Gefühle waren häufig unter den Juden Österreichs und Mitteleuropas anzutreffen. Durch ihre Ausnahmestellung waren sie vom gesamten nationalen Leben ausgeschlossen und hielten um so mehr an der deutschen Sprache und Kultur fest, die ihre einzigen Bindungen darstellten, die einzigen Güter, die für sie die Zugehörigkeit zu einer Nation einigermaßen ersetzen konnten. Im Kampf der Minoritäten gegen die Doppelmonarchie fiel ihre Wahl instinktiv auf die Gesamtregierung, die ungeachtet ihres Versagens und ihres Unverstandes die höchstentwickelte Kultur und sogar eine gewisse Liberalität repräsentierte. Zudem waren die um ihre Unabhängigkeit kämpfenden Minoritäten von einem wilden Antisemitismus beseelt, demgegenüber der deutsche und österreichische nahezu beruhigend wirkte. 1914 zogen die deutschen, österreichischen und ungarischen Juden mit dem naiven Glauben in den Krieg, ein Vaterland wiederzufinden oder es sich zu erkämpfen. Aus der gleichen Überzeugung heraus sagte Freud zum ersten Mal nach dreißig Jahren, daß er sich als echter Österreicher fühle. Freud brauchte aber nicht lange, um sich wieder zu besinnen. Viele seiner Glaubensgenossen jedoch blieben bis zum Schluß bei ihrem festen patriotischen Glauben: man weiß, wie es den Überlebenden 35 Jahre später erging.
Freuds ältester Sohn Martin verpflichtete sich schon in der zweiten Kriegswoche zum Militärdienst, die anderen beiden, Oliver und Ernst, rückten einige Zeit später ein, ebenso einer ihrer Vettern, der 1917 fiel. Von seinen Mitarbeitern verblieb nur Hanns Sachs, der dienstuntauglich war, in seiner Nähe, und zunächst Otto Rank, der etwas später eingezogen und nach Krakau geschickt wurde, wo er bis zum Kriegsende blieb. Abraham war nach Deutschland zurückgekehrt, Ferenczi, der nach Wien gekommen war, um bei Freud eine Lehranalyse zu machen, wurde ebenfalls zu den Fahnen gerufen und zu einem ungarischen Husarenregiment eingezogen. Dort diente er als Oberstabsarzt und konnte dadurch, als der Hunger Wien zu bedrohen begann, Freud und seine Familie mit Lebensmitteln auf Armeekosten versorgen.
Fest steht, daß Freud sein Schicksal gefühlsmäßig mit dem Österreich-Ungarns verbunden hatte. Die ersten Mißgeschicke, die sein Land heimsuchten, betrübten ihn sehr; Deutschlands Siege gaben ihm in einem wieder Mut und beunruhigten ihn. Im späten Herbst zeigten seine Briefe nicht mehr die Spur der Hoffnung des Sommers. Einer der Briefe, an eine Freundin, die Schriftstellerin Lou Andreas-Salomé, adressiert, verriet sogar

[6] a. a. O., 207

den extremen Pessimismus, den er öffentlich noch nicht aussprach, der aber nach dem Krieg seinen Niederschlag im Kern seines Werkes von Tod und Destruktion fand:

> Ich zweifle nicht daran, daß die Menschheit auch diesen Krieg verwinden wird, aber ich weiß sicher, daß ich und meine Altersgenossen die Welt nicht mehr froh sehen werden. Es ist zu garstig; das Traurigste daran aber, daß es gerade so ist, wie wir uns nach den von der PsA geweckten Erwartungen die Menschen und ihr Benehmen vorstellen sollten. Wegen solcher Einstellung habe ich in Ihren frohen Optimismus nie einstimmen können. Mein geheimer Beschluß war: Da wir die gegenwärtig höchste Kultur nur mit einer enormen Heuchelei behaftet sehen, so taugen wir organisch nicht für diese Kultur. Wir haben abzutreten, und der oder das große Unbekannte hinter dem Schicksal wird ein solches Kulturexperiment einmal mit einer andern Rasse wiederholen.[7]

Trotz dieser dunklen, apokalyptischen Vision begab sich Freud wieder an seine Arbeit. Der letzte Brief, den er an Jones schrieb, ohne zu wissen, ob er ihn jemals erreichen würde, läßt erkennen, daß er sich ausschließlich mit dem beschäftigte, für das er sich verantwortlich fühlte: mit der Zukunft der ›Sache‹:

> Ich täusche mich nicht darüber, daß die Blütezeit unserer Wissenschaft jetzt jäh abgebrochen ist, daß wir einer schlechten Periode entgegengehen und daß es sich nur darum handeln kann, das Feuer an einzelnen Herden im Glimmen zu erhalten, bis ein günstigerer Wind gestattet, es wieder zum Brande zu entzünden. Was Jung und Adler von der Bewegung übriggelassen haben, geht jetzt in den Zerwürfnissen der Nationen zugrunde. Der Verein ist so unhaltbar wie alles andere, was international heißt. Unsere Zeitungen gehen der Einstellung entgegen; vielleicht gelingt es, das ›Jahrbuch‹ fortzusetzen. Alles, was man pflegen und überwachen wollte, muß man jetzt wild wuchern lassen. Um die endliche Zukunft der Sache, der Sie eine so rührende Anhänglichkeit weihen, ist mir natürlich nicht bange, aber die nächste Zukunft, an der ich allein interessiert sein kann, scheint mir hoffnungslos verdüstert ...[8]

Natürlich hatten sich auch Freuds Patienten verlaufen, so daß er nun endlich seine ganze Zeit seinen Arbeiten widmen konnte – so, meinte er, erfüllen sich unsere Wünsche endlich! Dank dieser unerwünschten, gleichzeitig aber auch ersehnten Freiheit wurde das Jahr 1915 zu einem der produktivsten seiner zweiten Schaffensperiode, die ungefähr bis zum Jahr 1919 andauerte. Er glaubte, daß seine Lebenszeit nur noch kurz bemessen sei – nach den abergläubischen, unaufhörlich seit der gemeinsamen Zeit mit Fließ überarbeiteten Errechnungen meinte er, im Jahr

[7] Lou Andreas-Salomé: Lebensrückblick. 1951, S. 368
[8] JBg., Bd. II, 216

1918 sterben zu müssen. So machte sich Freud an eine Aufgabe, die er sich schon seit langem vorgenommen hatte, die er aber aus uns unbekannten Gründen immer wieder aufgeschoben hatte: An die Niederschrift einer allgemeinen Zusammenfassung der psychologischen Erkenntnisse oder, wie er es ausdrückte, seiner ›Metapsychologie‹. Er wollte die Arbeit in Form von zwölf Aufsätzen abfassen, die nach dem Krieg in einem Band zusammengefaßt werden und gleichsam das ›Fazit‹ seiner Gedanken darstellen sollten. Zum Nachteil der nach ihm Kommenden wurde dieses ›Ergebnis‹ niemals vollendet. Er reduzierte sie auf fünf Studien[9]: ›Triebe und Triebschicksale‹; ›Die Verdrängung‹; ›Das Unbewußte‹; ›Metapsychologische Ergänzung zur Traumlehre‹; ›Trauer und Melancholie‹. Ihre wesentliche Bedeutung liegt darin, daß sie uns das Fehlen der Studien, die folgen sollten, bedauern lassen. Man weiß nicht, ob die fehlenden sieben Aufsätze nicht geschrieben wurden, ob Freud davon Abstand nahm, sie zu veröffentlichen, oder ob er sie verloren oder freiwillig vernichtet hat. Jones neigt zur letzteren Annahme; er vermutet, daß die neuen Ideen diese Arbeiten hinfällig werden ließen, bevor sie überhaupt vollendet gewesen seien. Erstaunlich dabei ist nur, daß die Mitglieder des Komitees immer über Freuds Projekte auf dem laufenden waren, aber keiner von ihnen nach dem Krieg auf den Gedanken kam, Freud über das Schicksal dieser Studien zu befragen.

Das Unheil des Krieges überschattete in zunehmendem Maße Freuds Leben, der außer den wachsenden materiellen Schwierigkeiten und den ständigen Sorgen um das Schicksal der Söhne sich von seinen engsten Mitarbeitern völlig isoliert sah und keine Möglichkeit hatte, eine Wiederbelebung der Bewegung nach Kriegsende vorzubereiten. Die Psychoanalyse fristete ihre Existenz nur noch in ihren Zeitschriften, die aber äußerst bedroht waren. Das ›Jahrbuch‹ war erst vor kurzem Jung zugefallen und stellte bald sein Erscheinen ein. Die ›Imago‹ bestand weiterhin dank der verzweifelten Anstrengungen von Sachs und Rank. Als Rank aber eingezogen wurde, mußte die Zeitschrift unter unendlichen Erschwernissen in Krakau erscheinen. An der ›Internationalen Zeitschrift‹ war außer ihrem Namen nichts mehr international. Beinahe hätte sie auf Ferenczis Vorschlag hin auch noch diese letzte Spur ihrer Vergangenheit verloren. Aber Jones widersetzte sich einer Abänderung des Titels, und so blieb das Wort ›international‹ auf der Titelseite und mit ihm die Namen zweier ›Feinde‹ als Mitherausgeber.

Im Jahr 1916 isolierten die Lebensmittelknappheit und die Schließung der Grenzen Freud völlig: Er konnte Wien nur noch für die üblichen Ferienwochen verlassen. Er hatte überhaupt

[9] G. W. Bd. X

keine Patienten mehr und kaum Geld. Diese materiellen Sorgen ließen es ihn sehr bedauern, daß er den Nobelpreis, für den er 1915 vorgeschlagen worden war, weder im darauffolgenden Jahr noch später erhielt. Die allgemeine Situation beunruhigte mehr und mehr, auch in Freuds Aktivität hinterließ dies seine Spuren. Er schrieb nichts Neues, sondern bereitete eine Vorlesungsreihe vor, die er im Winter 1916/17 halten wollte und die unter dem Titel ›Vorlesungen zur Einführung in die Psychoanalyse‹ erscheinen sollten. Diese Vorlesungen sind in einem leicht verständlichen Ton gehalten und legen die Grundansichten der psychoanalytischen Theorie für ein breites Publikum dar. Sicherlich trugen sie viel zu dem unerwarteten Aufschwung bei, den die Bewegung ab 1918 erfuhr.
1917 war ein Jahr voller Schrecken, in dem die notwendigsten Lebensmittel fehlten, das durch Unterernährung und fehlendes Heizmaterial gezeichnet war, wodurch jede Arbeit unmöglich gemacht wurde. Freud litt so sehr unter der Kälte, daß er nicht einmal imstande war, eine Feder zu halten. Er berichtete aber erstaunlicherweise, er habe sich trotz all der physischen Unannehmlichkeiten besonders wohl und keineswegs niedergeschlagen gefühlt. Vor allem beklagte er sich darüber, daß er den Tabak entbehren mußte, wodurch, wie er wider besseres Wissen meinte, eine schmerzhafte Gaumenschwellung noch verschlimmert wurde. Von dieser Affektion muß jedoch mit aller Wahrscheinlichkeit angenommen werden, daß sie der Vorbote des Kieferkrebses war, der sieben Jahre später zum Ausbruch kam.
Bei allen Enttäuschungen und inmitten Österreichs Zerfall wurde Freud das Glück zuteil, drei neue, ernsthafte Mitstreiter zu bekommen: Professor Pötzl, der die Psychoanalyse in öffentlichen Vorlesungen an der Universität verfocht, Georg Groddeck, ein genial begabter Mediziner, der sich schon außerhalb der psychoanalytischen Bewegung durch seine Persönlichkeit und sein schriftstellerisches Talent einen Namen errungen hatte und Anton von Freund, ein reicher Bierbrauer aus Budapest. Er war zur Behandlung bei Freud nach Wien gekommen und wurde zum ersten Mäzen der Psychoanalyse.
Die letzten Kriegsmonate verschlechterten in Wien nur noch die moralische und materielle Situation. Die politische Ungewißheit, der von Tag zu Tag zunehmende Hunger, das Schicksal seines ältesten Sohnes, von dem er keinerlei Nachricht erhielt, all das nahm Freud in einem solchen Maße jede Hoffnung, daß er mit Ergebenheit dem Tod entgegensah und ihn wohl sogar herbeigesehnt hätte, wenn nicht der Gedanke an den Kummer, den er seiner nun dreiundachtzig Jahre alten Mutter dadurch bereiten würde, ihn im Innersten davon zurückgehalten hätte. Zwei Ereignisse jedoch änderten schlagartig diesen traurigen

Zustand: die großzügige Stiftung Anton von Freunds, die er der Psychoanalytischen Vereinigung machte, damit sie einen eigenen Verlag einrichten konnte. Damit erfüllte sich ein alter Traum Freuds, der der Tyrannei seiner Verleger müde war. Außerdem ergab sich die unerwartete Möglichkeit, einen Internationalen Kongreß einzuberufen, ohne erst den Waffenstillstand abwarten zu müssen. Dieser Kongreß, der fünfte, fand tatsächlich am 28. und 29. September 1918 in Budapest statt, dem Ort, der dazu berufen schien, Wien als Mittelpunkt der Psychoanalyse abzulösen.

Der V. Kongreß, der fast nur symbolisch als international bezeichnet werden konnte, da der Krieg noch nicht beendet war, hatte eine Besonderheit aufzuweisen: Zum ersten Mal waren dort offizielle Regierungsvertreter aus Deutschland, Österreich und Ungarn anwesend. Dies war in der Tat in den Annalen der Psychoanalyse ohne Beispiel und kam zu diesem sorgenerfüllten Zeitpunkt völlig unerwartet. Diese Bestätigung der Psychoanalyse erklärte sich durch die außerordentliche Bedeutung, die die ›Kriegsneurosen‹ für die Militärbehörden bekommen hatten. Dieses neue Krankheitsbild überschritt die Kenntnisse der Mediziner und fand erst durch die Psychoanalytiker seine Erklärung. Die von Abraham, Ferenczi und Eitington erzielten Resultate beeindruckten die Militärärzte so sehr, daß sie vorschlugen, in verschiedenen Zentren psychoanalytische Kliniken einzurichten. Die erste dieser Kliniken sollte in Budapest errichtet werden, aber natürlich scheiterte das ganze Vorhaben an dem Ausgang des Krieges.

Freud lebte durch den Erfolg des Kongresses wahrhaft wieder auf, durch die Begeisterung der Teilnehmer, den prunkvollen Empfang der Budapester Stadtverwaltung, das lebhafte Interesse der Studenten, von denen mehr als tausend in einer Petition den Rektor der Universität ersuchten, Ferenczi im Rahmen der Universität Vorlesungen über Psychoanalyse halten zu lassen. Diese unerwartete Aufnahme der bislang mißachteten Wissenschaft war offensichtlich dazu angetan, neuen Mut einzuflößen und obwohl praktisch der Zusammenbruch der österreichisch-ungarischen Monarchie dem allen ein Ende setzte, so war der Ansporn doch kräftig genug, der Bewegung einen neuen Impuls zu verleihen.

In der Zwischenzeit hatte Freud seinen Halbbruder Emanuel verloren, dann seinen Neffen, den einzigen Sohn seiner Lieblingsschwester. Er hatte die Nachricht vom Tode James Putnams erhalten, dem er sehr verbunden gewesen war. Er erlebte die Rückkehr seiner Freunde aus dem Krieg; die einen, wie Hanns Sachs, der sich eine Lungentuberkulose zugezogen hatte, waren krank, die anderen, wie Rank und Ferenczi, waren in ihrer psychischen Gesundheit stark beeinträchtigt. Zu dem Zeitpunkt, als sich die österreichisch-ungarische Monarchie auflöste, war vermutlich die Besorgnis, die Freud über die Zukunft empfand, mit einer Niedergeschlagenheit vermischt, die er sich nicht einzugestehen wagte. Während dieser vier Jahre hatte sein Scharfblick oft versagt, er hatte sich in seinen Prognosen wie in seinen Gefühlen getäuscht; er war zu ehrlich, um dies zu leugnen: Er gestand es ein, ohne sich jedoch über den Sieg der Alliierten zu freuen:

> Dear Jones.
> Ich gebe Ihnen zu, daß alle Ihre Voraussagen über den Krieg und seine Folgen eingetroffen sind, aber es würde mir leid tun, wenn wir uns vor Juni nicht treffen könnten . . .
> Von Amerika hatte ich in diesen zwei Jahren keinerlei Nachricht, und ich empfinde schmerzlich den Verlust des lieben alten Putnam. Er war ein Pfeiler der Psychoanalyse in seinem Lande und verhielt sich mir gegenüber höchst ehrlich und ritterlich im Gegensatz zu dem launischen, unzuverlässigen Stanley Hall. Ich hatte keine Ahnung, was aus der Bewegung jenseits des großen Teiches geworden ist, ob die Psychoanalyse nicht vom Adlerismus oder irgendeiner anderen Erfindung entthront worden sei, darum bedeutete mir Ihr günstiger Bericht einigen Trost. Diese letzten Monate werden nun die schlimmsten, die wir seit der Dauer dieses Krieges durchgemacht haben. Mein ältester Sohn ist immer noch in italienischer Gefangenschaft. Wir alle nehmen langsam an Gesundheit und Volumen ab, und, seien Sie versichert, nicht nur in dieser Stadt. Die Aussichten sind düster. Ich bin bereit, einzugestehen, daß das Schicksal sich nicht ungerecht gezeigt hat und daß sich ein deutscher Sieg für die Menschheit im allgemeinen als ein noch härterer Schlag erwiesen hätte. Aber es ist keine Erleichterung, seine Sympathie auf seiten der Gewinner zu haben, wenn sein Wohlbefinden an die der Verlierer geheftet ist.[10]

[10] E. Jones, 15. Jan. 1919: JBg., Bd. II, 246–247

25. Eros und Tod

Die dem Krieg folgenden Tage brachten für Wien ein solches Übermaß an Unheil und Katastrophen, daß Freud, der während der vier Kriegsjahre seelische Prüfungen sowie die Ungewißheit über seine Söhne stoisch ertragen hatte, diese Zeit nahezu drükkender als den Krieg empfand, denn der Krieg hatte wenigstens noch Hoffnung auf den Frieden gelassen. Jetzt herrschten jedoch überall Hunger, Kälte, Elend und als größtes Übel dieser von Schrecken erfüllten Zeit kam noch die Inflation hinzu. Freud, dessen drei Söhne gesund aus dem Krieg zurückgekehrt waren, aber keine Aussichten für die Zukunft hatten, sah im Handumdrehen sein kleines Vermögen dahinschwinden, das er im Laufe eines arbeitsreichen Lebens hatte zusammentragen können. So fand er sich mit 63 Jahren dem gegenüber, was er am meisten fürchtete: dem alten Schreckgespenst der Armut.

Hinzu kam, daß Österreich nach dem Krieg große Gebiete seines Territoriums abtreten mußte und zu sehr von Deutschland und Ungarn, den beiden Ländern, in denen eine Wiederbelebung der Psychoanalyse sofort möglich gewesen wäre, abgeschnitten wurde. Viele prophezeiten nun die Unfähigkeit Österreichs, sich selbst am Leben zu erhalten. So dachten auch die neutralen Psychoanalytiker und die alten Verbündeten daran, die Zukunft Freuds und seiner Familie zu sichern, indem sie ihm helfen wollten, an einem anderen Ort neu Fuß zu fassen. Jones dachte an England; Pfister bot ihm eine Zuflucht in der Schweiz an. Aber Freud antwortete auf diese dringenden Vorschläge mit dem gleichen Nein, das er 20 Jahre später, als die Nazis in Wien einmarschierten, seinen Freunden entgegensetzte: Er verließ seinen Posten nicht, solange er ihn, ohne der Vernunft zu widersprechen, halten konnte. Und wirklich teilte er bis 1938 das Schicksal dieser Stadt, auf die er gleichviel Liebe wie Haß verwandt hatte.

Das schlimmste Ereignis war die bolschewistische Revolution, die 1919 alle Verbindungen zwischen Österreich und Ungarn abschnitt, so daß Freud mehrere Monate ohne irgendeine Nachricht von Ferenczi war, was seine Aktionsfähigkeit erheblich beeinträchtigte. Die Sache hatte aber auch ihre gute Seite, denn die Regierung Bela Kun erwies sich der Psychoanalyse gegenüber weit aufgeschlossener als irgendeine andere vor ihr. Sie errichtete einen Lehrstuhl an der Universität, dessen erster Inhaber Ferenczi wurde. Außerdem wurde ein Lehrstuhl für Anthropologie geschaffen, den Geza Roheim besetzte, der einzige

Analytiker, der gleichzeitig auch Anthropologe war. Diese erste Anerkennung der ›Sache‹, die von einer Regierung ausging, der alle Welt den Untergang wünschte, brachte letzten Endes der Bewegung mehr Schaden als Nutzen. Bela Kuns Nachfolger waren Reaktionäre und glühende Antisemiten. Sie entwickelten die Verquickung zwischen Juden und Revolutionären, die in der Folgezeit ein solch hartes Schicksal treffen mußte. Ferenczi war gezwungen, sich wochenlang zu verbergen, um der Festnahme zu entgehen. Die Behörden lohnten ihm seine kurzen Dienste mit allen denkbaren Schikanen.
Diese Wendung war um so verhängnisvoller, als die Stiftung Anton von Freunds in Ungarn deponiert war. Wie wir uns erinnern, war sie – neben anderen philanthropischen Zwekken – der Internationalen Psychoanalytischen Vereinigung zur Einrichtung eines Verlages, dessen einziger Eigentümer die Vereinigung sein sollte, geschenkt worden. Die Stiftung konnte aber nur durch komplizierte administrative Vereinbarungen nach Wien transferiert werden. Der Fonds belief sich auf ungefähr 500000 Dollar, aber kaum ein Viertel dieser Summe erreichte Wien. Der Rest blieb in Budapest blockiert, bis die ungarischen Behörden dem Hin und Her ein Ende setzten, indem sie sich fast alles übrige aneigneten. So wurde die einzige materielle Unterstützung, die der Psychoanalyse hätte zugute kommen sollen, ihrer Bestimmung entzogen. Die Internationale Gesellschaft hatte zwar ihren Verlag, aber das Unternehmen, das von Anfang an schweren finanziellen Belastungen ausgesetzt war, bereitete allen Beteiligten zusätzlichen Verdruß.
Die Geschäftsführer waren Freud, Ferenczi, Anton von Freund und Rank, der den finanziellen Teil übernahm. Als es offensichtlich wurde, daß Anton von Freund unheilbar krank war, trat Jones an seine Stelle und verwaltete die englische Niederlassung, die im Prinzip das gleiche Programm hatte wie das Wiener Stammhaus. Sehr bald kam es zu Differenzen zwischen den Angelsachsen und den Österreichern, die natürlich der deutschsprachigen Literatur den Vorrang vor anderen Publikationen geben wollten. Mit zwei Direktoren, vielen Verantwortlichen und ohne Geld war die Existenz des Unternehmens ständig bedroht. Jones erinnerte an die enormen Opfer an Zeit, Geld und Kraft, die der Verlag verschlungen hatte, und nicht nur er fragte, ob es klug von Freud gewesen war, das Unternehmen unbedingt selbst verteidigen zu wollen, anstatt es Fachleuten zu übergeben. Ohne Zweifel hätte er sich damit eine Aufgabe erspart, und dies zu einem Zeitpunkt, als seine zahlreichen Verpflichtungen schon zu viel für ihn geworden waren. Letzten Endes behielt Freud aber doch nicht ganz Unrecht, denn der ›Internationale Psychoanalytische Verlag‹ gruppierte in den 20

Jahren seines Bestehens die psychoanalytische Literatur um und ordnete sie, wie es ein kommerzielles Unternehmen kaum jemals hätte tun können. Jedenfalls reichen die fünf Zeitschriften und ungefähr 150 anderen Arbeiten, die von dem Verlag herausgegeben wurden – unter ihnen Freuds Gesammelte Werke in elf Bänden –, aus, um nachträglich sein Bestehen zu rechtfertigen.

Nun müssen wir uns noch einmal dem großzügigen Spender zuwenden, dem der Verlag seine Existenz verdankte; denn unter den schwierigen Umständen der Nachkriegszeit bereitete er Freud gleichzeitig Kummer und Freude. Anton von Freund und Max Eitington waren die einzigen wohlhabenden Mitglieder der psychoanalytischen Bewegung. Alle anderen waren sehr arm und in starkem Maße den wirtschaftlichen Krisensituationen ausgeliefert. Von Freund war Besitzer einer Brauerei in Budapest und außerdem Doktor der Philosophie. Er war zu Freud gekommen, um sich von einer schweren Neurose heilen zu lassen, die sich nach einer Tumoroperation eingestellt hatte und durch die er sich stark beeinträchtigt fühlte. Die Behandlung der Jahre 1918–1919 erreichte eine völlige Heilung. Aber schon im März des Jahres 1919 traten erneut verdachterregende Beschwerden auf, die Krebs befürchten ließen. Freud versuchte, sich mit der Annahme einer Wanderniere zu beruhigen, aber ein chirurgischer Eingriff ließ keinen Zweifel an der bösartigen Natur der Erkrankung. Von Freund wußte über seinen Zustand Bescheid; er gab Freud seinen Ring zurück, den ihm dieser als zukünftigem Mitglied des geheimen Komitees geschenkt hatte. Damit sah er sich all seiner Verpflichtungen, die er auf sich genommen hatte, entbunden. Er starb am 20. Januar 1920; sein Tod war für Freud sehr schmerzlich; diesem Verlust sollten im gleichen Jahr noch mehrere folgen.

Drei Tage später, am Abend des Beerdigungstages seines Freundes, erhielt Freud die Nachricht, daß seine zweite Tochter Sophie an einer Grippe erkrankt sei, die in diesem Jahr besonders heftig in Europa wütete. Die junge Frau wohnte mit ihrem Mann und ihren zwei kleinen Söhnen in Hamburg. Ihre Eltern konnten, da zwischen Wien und Hamburg keine Züge verkehrten, nicht zu ihr fahren. Sie wurde erbarmungslos dahingerafft; wie Freud sagte, »als hätte es sie nie gegeben«.

> Wir waren schon seit zwei Tagen besorgt um sie, hatten aber doch Hoffnung; aus der Ferne ist das Urteilen ja so schwer. Und diese Ferne muß Ferne bleiben; wir konnten nicht, wie wir wollten, sofort nach der ersten alarmierenden Nachricht reisen, es ging kein Zug, auch kein Kinderzug. Die unverhüllte Brutalität der Zeit drückt auf uns. Morgen wird sie eingeäschert, unser armes Sonntagskind! Erst übermorgen können unsere Tochter Mathilde und

ihr Mann, dank einer unverhofft günstigen Konstellation von einem Ententezug mitgenommen, sich auf den Weg nach Hamburg machen; unser Schwiegersohn war zum mindesten nicht allein, zwei unserer Söhne, die in Berlin waren, sind bereits bei ihm, und Freund Eitingon ist mit ihnen gefahren.
Sophie hinterläßt zwei Söhne von sechs Jahren und von dreizehn Monaten und einen untröstlichen Mann, der das Glück dieser sieben Jahre jetzt teuer bezahlen wird. Das Glück war nur zwischen den beiden, nicht äußerlich: Krieg, Einrückung, Verwundung, Aufzehrung ihrer Habe, aber sie waren tapfer und heiter geblieben.
Ich arbeite, soviel ich kann, und bin dankbar für die Ablenkung. Der Verlust eines Kindes scheint eine schwere, narzißtische Kränkung; was Trauer ist, wird wohl erst nachkommen.
Aber sowie die Kondolenzen überstanden sind, lasse ich mir doch Pfister junior kommen. Was kann der gute Junge dafür?[1]

Nach diesen beiden Todesfällen, die innerhalb von wenigen Tagen über ihn kamen und ihn schwer trafen, schrieb Freud an Ferenczi: »La séance continue. Aber für eine Woche war es etwas viel ...« Und als sein Freund über die inneren Folgen dieser mehrfachen Erschütterungen erschrak, sandte er ihm, um ihn zu beruhigen, diese ergreifenden Zeilen:

Lieber Freund!
Machen Sie sich um mich keine Sorgen. Ich bin bis auf etwas mehr Müdigkeit derselbe. Der Todesfall, so schmerzlich er ist, findet doch keine Lebenseinstellung umzuwerfen. Jahrelang war ich auf den Verlust meiner Söhne gefaßt, nun kommt der der Tochter; da ich im tiefsten ungläubig bin, habe ich niemand zu beschuldigen und weiß, daß es keinen Ort gibt, wo man Klage anbringen kann. »Des Dienstes ewig gleichgestellte Uhr« und »des Daseins süße Gewohnheit« werden das übrige tun, um alles im gleichen weitergehen zu lassen. Ganz tief unten wittere ich das Gefühl einer tiefen, nicht verwindbaren narzißtischen Kränkung. Meine Frau und Annerl sind in menschlicherem Sinn schwer erschüttert ...«[2]

Seinem Alter, das von Trauer und seelischen Prüfungen überschattet war, fügte jedoch nicht Sophie Freud den größten Schmerz zu, sondern ihr jüngster Sohn. Beim Tode seiner Mutter war der kleine Heinz 18 Monate alt. Er wurde von seiner Tante Mathilde, die in Wien wohnte, aufgenommen. Freud hatte das arme, mit besonderer Liebesfähigkeit begabte Kind – wie er selbst sagte – in einem Maße liebgewonnen, das seine bisherigen Beziehungen zu anderen Menschen weit übertraf. Der kleine Heinz war nicht sein einziger Enkel, aber Freud war von seiner Anmut und seiner kindlichen Intelligenz wie verzaubert. Er liebte ihn so zärtlich, als ersetze er ihm alle Kinder

[1] Fr.-Pf., 27. Jan. 1920, 77–78
[2] Fer., 4. Februar 1920: JBg., Bd. III, 34

und Enkel. Seine Freude an ihm war jedoch nur von kurzer Dauer, denn 1923 bekam der kleine Heinz, kurz nach der ersten der für Freud lebensnotwendigen 33 Kieferoperationen, eine schwere Krankheit, die die Ärzte nicht sofort diagnostizieren konnten. Es handelte sich um eine Miliartuberkulose, eine dieser schweren Kinderkrankheiten, gegen die es damals keine Heilmittel gab. Freud, der vermutlich um seine eigene Krankheit wußte, teilte schreck- und angsterfüllt die Agonie des kleinen Heinz, der für ihn, wie er glaubte, nun seine stärkste Bindung ans Leben war. Später sagte er oft, daß der Tod des kleinen, vierjährigen Knaben ihm nicht nur einen großen Schmerz zugefügt, sondern auch etwas in ihm getötet habe. Das war wohl das Verborgene, das die anderen die Unerschrockenheit vor dem Leiden und die Gleichgültigkeit dem Ausgang seiner Krankheit gegenüber nannten.

Im Jahre 1920 veröffentlichte Freud einen Aufsatz, in dem er die Libido neben den Todestrieb setzte, was einem unerwarteten Umsturz seiner Theorie gleichkam. Freud sah voraus, daß man nach einem Zusammenhang zwischen diesem radikalen Umschwung und der Trauer, die einige Monate zuvor über ihn gekommen war, suchen würde. Seine Tochter Sophie war im Januar 1920 gestorben; ›Jenseits des Lustprinzips‹,[3] in dem der Todestrieb als eine Gegebenheit bestätigt wurde, erschien im Mai desselben Jahres. Es ist nicht viel Scharfblick nötig, um einen engen Zusammenhang zwischen beiden Ereignissen anzunehmen. Da er wahrscheinlich befürchtete, seine Ideen könnten durch eine solche Interpretation entkräftet werden, griff er zu einer einmaligen Vorsichtsmaßnahme: Er erbat sich von dem treuen Eitington eine Art Zeugnis, in dem dieser bestätigen sollte, er habe das fertige Manuskript schon vor dem Januar des Jahres 1920 gelesen, also zu einem Zeitpunkt, als – wie jeder wußte – Sophie sich noch völliger Gesundheit erfreute. Natürlich nützte diese Gegenerklärung so gut wie nichts. Freud hatte gelehrt, daß es im psychischen Leben des Menschen kein zufälliges Zusammentreffen von Umständen gebe; viele Analytiker weigerten sich nun, Freud zuzugestehen, daß er hier die Ausnahme seines eigenen Gesetzes sei. Aus einem Brief an Fritz Wittels, in dem er alle Irrtümer berichtigt, die er in seiner ›Biographie‹[4] fand, kann man ersehen, wie sehr ihn dies bekümmerte.

> Das ist etwas, was mir immer interessant schien. In der analytischen Studie jedes anderen hätte ich gewiß auf den Zusammenhang zwischen dem Tod der Tochter und den Auffassungen über das

[3] Jenseits des Lustprinzips. G. W. Bd. XIII
[4] Fritz Wittels: Sigmund Freud, der Mann, die Lehre, die Schule. Leipzig 1924

›Jenseits‹ nachdrücklich hingewiesen. Das ›Jenseits‹ wurde 1919 geschrieben, als meine Tochter jung und blühend war, sie starb 1920. Im September 1919 ließ ich das Manuskript des Büchleins bei Freunden in Berlin zur Durchsicht. Damals fehlte nur der Teil über die Sterblichkeit oder Unsterblichkeit des Keimplasmas. Die Wahrscheinlichkeit ist nicht immer die Wahrheit.[5]

Für die Logik der Psychoanalytiker war diese biographische Erklärung wirklich unzureichend, vor allem dann, wenn man bedenkt, daß sich der Gedanke an Tod und Destruktion zwischen 1919 und 1920 — nach allem, was passiert war — nicht unbegründet bei den Menschen einstellte, ja in gewisser Weise sogar dominierte. Angesichts der ungeheuren Verwüstungen, deren Ausmaß die Menschen kaum zu überblicken vermochten, in Anbetracht des materiellen, moralischen und geistigen Zusammenbruchs, dem — wie man bald erkannte — weder Sieger noch Besiegte entgangen waren: Welch denkender Mensch stellte sich da nicht die Frage nach den Hintergründen dieses Chaos und der Bedeutung des brutalen Zusammenbruchs des Menschen und seiner Zivilisation?
Zu Anfang des Krieges fehlte Freud ein ausgewogenes Urteil völlig. Im Verlauf der vier Jahre, während derer er an seiner ›Einführung in die Psychoanalyse‹ und seiner ›Metapsychologie‹ arbeitete, wendete er sich aber offensichtlich den letzten Fragen zu, die, wenn man den Ausgangspunkt seiner Arbeiten betrachtet, nicht gerade vordringlich schienen. Das Studium der Psychoneurosen hatte ihn veranlaßt, die allgemeine Herrschaft der Libido auszurufen und gleichzeitig zu versichern, daß ungeachtet der ständigen Konflikte, deren Ursache und Opfer sie ist, die Welt durch die Liebe gelenkt werde, selbst wenn sie in Haß und Destruktion auftrete. Seit dem Jahr 1915 ist aber in vielen seiner Arbeiten und zum Teil sogar in deren Titelgebung der Einfluß des Zeitgeschehens nicht zu übersehen. Dazu zählt zum Beispiel ›Vergänglichkeit‹[6] — eine Arbeit, die Freud auf Ersuchen der Goethe-Gesellschaft als Beitrag für ein Buch schrieb, das im folgenden Jahr veröffentlicht wurde — und die Arbeit ›Zeitgemäßes über Krieg und Tod‹,[7] deren zweiter Teil die Überschrift ›Unser Verhalten dem Tod gegenüber‹ trägt. Freud hielt ihn als Vortrag vor der jüdischen Gesellschaft B'nai B'rith. Gewiß wird hier der Libido noch keineswegs etwas von ihrer Allmacht genommen, aber als Freud den Vortrag schloß, indem er den bekannten Ausspruch über den Krieg abwandelte in: »Wenn du das Leben ertragen willst, so bereite dich auf den Tod vor«, leitete er schon den Umsturz der Libidotheorie ein.

[5] Brief an Fr. Wittels, 18. Dez. 1923: JBg., Bd. III, 58
[6] Vergänglichkeit. G. W. Bd. X
[7] Zeitgemäßes über Krieg und Tod. G. W. Bd. X

Wenn die Einführung des Libidobegriffes viele sehr verwirrt hatte, so verursachte die Einführung des Todestriebes unter den Psychoanalytikern eine wahre Krankheit, die mit den Jahren schwand, ohne jedoch völlig geheilt werden zu können. Jeder sah wohl, wie schwierig es war, einen Trieb zu kennzeichnen, der speziell für alle negativen Tendenzen der Psyche verantwortlich gemacht wurde. Die Libido – die Freud nun direkt mit Platos Eros[8] identifizierte – mit einer Destruktionskraft im Gleichgewicht zu halten, die aufgrund eines allgemein gültigen Gesetzes sich gegen das Leben wendete, obwohl doch die Analyse – noch mehr ihre Technik als ihre Theorie – noch ganz auf der Liebe basierte. Zu Recht empörten sich die Analytiker darüber, und das um so mehr, als Freud bisher alle Spekulationen dieser Art von sich gewiesen hatte. In Wirklichkeit entwickelten sich natürlich von Anfang an solche Spekulationen beinahe von selbst, nachdem die Psychoanalyse das einzigartige Phänomen der Ambivalenz völlig aufgedeckt hatte, bei dem die Liebe eng mit dem Haß verbunden ist. Sehr bald hatte Adler daraus seine Aggressionstheorie entwickelt, die – nach Freud – ein Bild von einer Welt ohne Liebe entwirft und deshalb abgelehnt werden muß. Das Wort ›Thanatos‹, mit dem man heute den Todestrieb bezeichnet, verwendete Freud in seinen Schriften nicht. Es wurde 1909 von Stekel vorgeschlagen, um die Todeswünsche, zu deren Mittler sich der Traum oft macht, zu benennen. Sabina Spielrein hatte 1912 im ›Jahrbuch‹ einen Artikel veröffentlicht: ›Die Destruktion als Ursache des Werdens‹.[9] In ihm nahm sie den Todestrieb fast Punkt für Punkt vorweg. Jedesmal, wenn diese Gedanken diskutiert wurden, äußerte sich Freud darüber außerordentlich abfällig, und als er sie 1920 plötzlich annahm, so nur – seinem eigenen Eingeständnis zufolge – als Titel des Aufsatzes. Zum festen Bestandteil seines Werkes wurden sie aber erst später. An einer wichtigen Stelle seiner Arbeit ›Das Unbehagen in der Kultur‹[10] kommt er noch einmal auf seine lange währende Ablehnung dieser Gedanken zurück. Nun erschien ihm sein damaliges Verhalten unbegreiflich.

[8] Gerne werden Analogien zwischen Freuds und Platos Lehre hervorgehoben. Freud selbst betont sie in ›Massenpsychologie und Ich-Analyse‹. Er sagt: *Der »Eros« des Philosophen Plato zeigt in seiner Herkunft, Leistung und Beziehung zur Geschlechtsliebe eine vollkommene Deckung mit der Liebeskraft, der Libido der Psychoanalyse.* (Massenpsychologie und Ich-Analyse. G. W. XIII, 99)
So auch im Vorwort zur 4. Aufl. der ›Drei Abhandlungen zur Sexualtheorie (G. W. V, 32): *[...] mögen alle, die von ihrem höheren Standpunkt verächtlich auf die Psychoanalyse herabschauen, sich erinnern lassen, wie nahe die erweiterte Sexualität der Psychoanalyse mit dem Eros des göttlichen Plato zusammentrifft.* (Max Nachmansohn: Freuds Libidotheorie verglichen mit der Lehre Platos. In: Intern. Zeitschr. f. Psychoanalyse, III, 1915)
[9] Sabina Spielrein: Die Destruktion als Ursache des Werdens. In: Jahrbuch. IV, 1912, Bd. II, 465–503
[10] Das Unbehagen in der Kultur. G. W. Bd. XIV

Die Annahme des Todes- oder Destruktionstriebes hat selbst in analytischen Kreisen Widerstand gefunden; ich weiß, daß vielfach die Neigung besteht, alles, was an der Liebe gefährlich und feindselig gefunden wird, lieber einer ursprünglichen Bipolarität ihres eigenen Wesens zuzuschreiben. Ich hatte die hier entwickelten Auffassungen anfangs nur versuchsweise vertreten, aber im Laufe der Zeit haben sie eine solche Macht über mich gewonnen, daß ich nicht mehr anders denken kann. Ich meine, sie sind theoretisch ungleich brauchbarer als alle möglichen anderen, sie stellen jene Vereinfachung ohne Vernachlässigung oder Vergewaltigung der Tatsachen her, nach der wir in der wissenschaftlichen Arbeit streben. Ich erkenne, daß wir im Sadismus und Masochismus die stark mit Erotik legierten Äußerungen des nach außen und nach innen gerichteten Destruktionstriebes immer vor uns gesehen haben, aber ich verstehe nicht mehr, daß wir die Ubiquität der nicht erotischen Aggression und Destruktion übersehen und versäumen konnten, ihr die gebührende Stellung in der Deutung des Lebens einzuräumen. (Die nach innen gewendete Destruktionssucht entzieht sich ja, wenn sie nicht erotisch gefärbt ist, meist der Wahrnehmung.) Ich erinnere mich meiner eigenen Abwehr, als die Idee des Destruktionstriebs zuerst in der psychoanalytischen Literatur auftauchte, und wie lange es dauerte, bis ich für sie empfänglich wurde. Daß andere dieselbe Ablehnung zeigten und noch zeigen, verwundert mich weniger. Denn die Kindlein, sie hören es nicht gerne, wenn die angeborene Neigung des Menschen zum »Bösen«, zur Aggression, Destruktion und damit auch zur Grausamkeit erwähnt wird. Gott hat sie ja zum Ebenbild seiner eigenen Vollkommenheit geschaffen.[11]

›Jenseits des Lustprinzips‹ – der Titel hat nicht durch Zufall einen Nietzscheschen Beiklang – geht von einigen Bemerkungen mit einschränkender Bedeutung für die Klinik aus, um sich bald auf das Gebiet der reinen Spekulation zu begeben. Vom Standpunkt des Klinikers aus, scheint das Lustprinzip durch gewisse Phänomene nicht völlig gesichert zu sein; so zum Beispiel durch die traumatischen Neurosen und besonders durch die Kriegsneurosen, bei denen der Kranke immer wieder seinen Schock, seinen Unfall, seinen Schreck erlebt, dem er zum Opfer fiel, und dies, obwohl es ihm durch das Lustprinzip eigentlich erspart werden müßte. Das Gesetz der Lust scheint demnach zumindest eine Ausnahme zu besitzen; Freud fand aber noch eine weitere, als er das seltsame Spiel eines Kindes beobachtete.
Dieses Kind war der Bruder des kleinen Heinz, der älteste Sohn seiner Tochter Sophie. Als er ihn beobachtete, war der Junge 18 Monate alt. Er war ein liebes, folgsames Kind, das aber seine Umgebung damit verwunderte, daß es alle Gegenstände, deren es habhaft werden konnte, in eine Zimmerecke oder unter sein Bett warf:

[11] a. a. O., 478–479

Dabei brachte es mit dem Ausdruck von Interesse und Befriedigung ein lautes, langgezogenes o–o–o–o hervor, das nach dem übereinstimmenden Urteil der Mutter und des Beobachters keine Interjektion war, sondern »Fort« bedeutete. Ich merkte endlich, daß das ein Spiel sei, und daß das Kind alle seine Spielsachen nur dazu benütze, mit ihnen »fortsein« zu spielen. Eines Tages machte ich dann die Beobachtung, die meine Auffassung bestätigte. Das Kind hatte eine Holzspule, die mit einem Bindfaden umwickelt war. Es fiel ihm nie ein, sie zum Beispiel am Boden hinter sich herzuziehen, also Wagen mit ihr zu spielen, sondern es warf die am Faden gehaltene Spule mit großem Geschick über den Rand seines verhängten Bettchens, so daß sie darin verschwand, sagte dazu sein bedeutungsvolles o–o–o–o und zog dann die Spule am Faden wieder aus dem Bett heraus, begrüßte aber deren Erscheinen jetzt mit einem freudigen »Da«. Das war also das komplette Spiel, Verschwinden und Wiederkommen, wovon man zumeist nur den ersten Akt zu sehen bekam, und dieser wurde für sich allein unermüdlich als Spiel wiederholt, obwohl die größere Lust unzweifelhaft dem zweiten Akt anhing.[12]

Die Interpretation des Spiels ließ keinen Zweifel an dessen Bedeutung zu: Das Verschwinden und Wiedererscheinen der Garnrolle stellte das Fortgehen und Wiederkommen der Mutter dar, und da das Spiel vor allem das Verschwinden betonte, mußte man anerkennen, daß es ein hauptsächlich schmerzliches Erleben betonte. Als Freud diese Feststellung mit dem verglich, was häufig in analytischen Behandlungen auftrat, wenn Neurotiker keine Fortschritte machten, weil sie ununterbrochen dieselben symptomatischen Situationen reproduzierten, kam er zu dem Schluß, daß es im psychischen Leben des Menschen einen hartnäckigen Zwang zur Wiederholung geben müsse; einen elementaren und impulsiven Zwang, der außerhalb des Lustprinzips oder sogar gegen dieses steht. Demnach kann dies nicht mehr als ein ursprüngliches Streben angesehen werden.

Das Lustprinzip war von dem von Fechner definierten Prinzip der Konstantheit abgeleitet. Sein Postulat lautete: ›Der seelische Apparat neigt immer dazu, die von außen kommenden Erregungsmomente so wenig als möglich auf sich einwirken zu lassen.‹ Nun stellte Freud dem das Prinzip des Wiederholungszwangs entgegen, das sich im Leben der Tiere durch eine oft gefährliche Stereotypie der Triebe manifestiert. Von diesem Automatismus ausgehend, den er als dämonisch bezeichnete, ging Freud mit einem kühnen Gedankensprung zum Leitgedanken der Arbeit über. Dieser lautet: ›Alle Lebewesen streben danach, einen vorangegangenen Zustand wiederherzustellen‹; mit anderen Worten, sie suchen den Tod, denn das Nicht-Sein ging allenthalben dem Sein voran. So ist der Tod Endziel des Lebens

[12] Jenseits des Lustprinzips. G. W. XIII, 12–13

und das Leben ein längerer oder kürzerer Umweg auf der Straße, die zum Nichts führt.

Das sind die Hauptgedanken dieser großartigen Vision, in der Eros und Thanatos einen undurchsichtigen Kampf gegeneinander führen. Sein Ausgang ist zweifelhaft, und erst wenn das Leben zur Neige geht, ist auch er entschieden. Thanatos' einziges Ziel ist es, alles Lebendige zum anorganischen Zustand zurückzuführen; Eros andererseits ist unaufhörlich damit beschäftigt, die sich immer weiter voneinander entfernenden Teile wieder zusammenzufügen und das Leben in seiner Gesamtheit zu umschließen. Welche von diesen beiden, in gleichem Maße unbesiegbaren Kräften wird letzten Endes die Oberhand behalten? Freud wagt hier noch keine Antwort. Erst in einer späteren Arbeit über ›Das Ich und das Es‹[13] läßt er erkennen, daß er sich für den Todestrieb entschieden hat, dessen Reich stumm und mächtig ist — und gegen den Eros, der immer den Frieden der Welt stört.

Auffallend ist, daß Freud, als er den Kampf der beiden ›himmlischen Mächte« beschrieb, seine Theorie von der ›ewigen Rückkehr desselben‹ mit einem Rückgriff auf die eigene Vergangenheit und dem Ausgangspunkt seiner Forschung veranschaulicht. ›Jenseits des Lustprinzips‹ läßt wirklich unter seiner Feder Namen wiedererstehen, die man lange nicht mehr vernommen hatte: Fechner, dessen Arbeiten ihm durch Breuer bekannt geworden waren, Breuer selbst, von dem er die Unterscheidung zwischen den Begriffen der freien und der gebundenen Energie entlehnt hatte, und endlich Fließ, dessen Idee über die zwangsläufige Periodizität aller Lebensphänomene bedingte, daß er sich in seinem Gesetz der Wiederholung nicht irrte. Diese Rückkehr zum Ursprung, war sie eine Untat Thanatos' oder — im Gegenteil — ein Segen des treuen Eros, der plötzlich die Leidenschaftlichkeit der Jugend hatte neu aufleben lassen?

Man möchte letzteres annehmen, zumal wenn man bedenkt, daß die ganze Arbeit trotz ihrer weitläufigen Spekulationen versucht, die Psychoanalyse auf die Experimentalbiologie zurückzuführen, die einzige Wissenschaft, deren Vorherrschaft Freud allein anerkannt und sie ihr gewünscht hätte. Dieser Versuch scheiterte allerdings. Freud bemühte sich nun, von der Metaphysik die Antwort zu erhalten, die ihm die Biologie nicht hatte geben können. Er wurde aber nicht müde, immer wieder zu versichern, daß — wenn sie seine Erwartungen auch enttäuscht habe — sie und nur sie es sei, die bis auf weiteres die letzten Geheimnisse enthalte.

Wir können hier nicht auf die unzähligen wissenschaftlichen Auseinandersetzungen eingehen, die der Todestrieb sowohl

[13] Das Ich und das Es. G. W. Bd. XIII

innerhalb wie außerhalb der psychoanalytischen Bewegung verursacht hat. Im allgemeinen drehten und drehen sich die Diskussionen darum, ob es zweckmäßig und begründet ist, den Begriff des Triebes[14] auf regressive und lebenszerstörende Tendenzen anzuwenden. Ist es richtig, zwei genau entgegengesetzte Begriffe zu benutzen, um damit letzten Endes denselben Prozeß zu kennzeichnen? Anstatt zu sagen — wie Freud es zu tun schien —, daß nur das lebt, was auch sterben wird, könnte man nicht genausogut und folgerichtig sagen, daß nur das stirbt, was lebendig ist? Die Analytiker, gleichgültig welcher persönlichen Überzeugung, können jedoch keinesfalls den Todestrieb als therapeutisches Hilfsmittel verwenden. Die Vorstellung von einer elementaren Tendenz zur Destruktion und Selbstdestruktion, zu Sadismus und primärem Masochismus bringt den Therapeuten sehr schnell zu einem blinden Fatalismus, dem er sich aber nicht ergeben darf, wenn er nicht sofort darauf verzichten will zu heilen. Mit Hilfe welcher anderen Weltanschauung, von der er überzeugt sein muß, kann der Analytiker tätig sein, wenn er nicht Verbündeter des Eros ist?
Dabei sind die Anhänger des Todestriebes im Recht, wenn sie antworten, daß ›Jenseits des Lustprinzips‹ kein Gedanke sei, der nur kurz in Freuds Werk auftauchte, sondern ohne Zweifel das Endstadium seiner Idee darstelle. Wenn man dies verleugnet, ist es auch nötig, beispielsweise ›Das Ich und das Es‹ zu verleugnen, das zu einem unersetzlichen Pfeiler der Freud'schen Theorie geworden ist und das den psychischen Apparat mit der daran beteiligten Dualität beschreibt. Freud hat wirklich nie die in ›Jenseits des Lustprinzips‹ enthaltenen Gedanken abgestritten, sondern sie im Gegenteil drei Jahre später noch einmal betont:

> Auf Grund theoretischer, durch die Biologie gestützter Überlegungen, supponierten wir einen *Todestrieb*, dem die Aufgabe gestellt ist, das organische Lebende in den leblosen Zustand zurückzuführen, während der Eros das Ziel verfolgt, das Leben durch immer weitergreifende Zusammenfassung der in Partikel zersprengten lebenden Substanz zu komplizieren, natürlich es dabei zu erhalten. Beide Triebe benehmen sich dabei im strengsten Sinne konservativ, indem sie die Wiederherstellung eines durch die Entstehung des

[14] Pfister sagte: Den »Todestrieb« sehe ich nur als Nachlassen der »Lebenskraft«, nicht als eigentlichen Trieb, und selbst der Tod der Individuen kann das Ausschreiten des Universalwillens nicht aufhalten, sondern nur fördern. (Fr.-Pf. 4. 2. 1930, 142). Wenn ich an der Bestimmung der Menschheit zweifle, auf dem Wege der Kultur zu einer größeren Vollkommenheit aufzurücken, wenn ich in ihrem Leben einen fortwährenden Kampf zwischen Eros und Todestrieb erblicke, dessen Ausgang mir unbestimmbar erscheint, so glaube ich damit keiner meiner eigenen konstitutionellen Anlagen oder erworbenen Gefühlsdispositionen Ausdruck gegeben zu haben. Ich bin weder ein Selbstquäler noch ein Bosnickel, möchte gern mir wie anderen etwas Gutes gönnen und fände es auch weit schöner und tröstlicher, wenn wir auf eine so glänzende Zukunft rechnen dürften. (Fr.-Pf. 7. 2. 1930, 144).

> Lebens gestörten Zustandes anstreben. Die Entstehung des Lebens wäre also die Ursache des Weiterlebens und gleichzeitig auch des Strebens nach dem Tode, das Leben selbst ein Kampf und Kompromiß zwischen diesen beiden Strebungen. Die Frage nach der Herkunft des Lebens bliebe eine kosmologische, die nach Zweck und Absicht des Lebens wäre *dualistisch* beantwortet.[15]

Es mag fremd erscheinen, wenn man behauptet, daß die Annahme des Todestriebes Freud veranlaßte, tiefer in die Ich-Psychologie einzudringen, die bis dahin in seiner Theorie nur einen untergeordneten Platz eingenommen hatte. Aber tatsächlich verhielt es sich so, daß die theoretischen Bemerkungen hier mit der praktischen Erfahrung übereinstimmten, die immer klarer zeigte, daß das Ich nicht vollständig dem bewußten Leben angehört, sich aber auch theoretisch nicht der Libido entgegenstellt, wie man anfangs behauptet hatte. Die Praxis bewies täglich durch den unbewußten Widerstand der Kranken gegen die Behandlung, daß das Ich teilweise unbewußt ist und daß es sich auf der anderen Seite nicht mehr der Libido, sondern einer Welt sich widersprechender Triebe entgegenstellt, in der die erotischen Tendenzen und der Todestrieb friedlich miteinander verkehren. Die gesamte Beurteilung des psychischen Apparates mußte daher neu bearbeitet werden.
Freud beschrieb nun Aufbau, Dynamik und Ökonomie der drei psychischen Instanzen, die er ›Ich, Es und Über-Ich‹ nannte und deren Verhältnis zueinander Gesundheit oder Kranksein bedingen. Diese drei Instanzen haben in Wirklichkeit alle denselben Ursprung. Sie gehen aus dieser unpersönlichen und schwer zu definierenden Welt hervor, die Freud in Anlehnung an Nietzsche und Georg Groddeck[16] nun ›Es‹ nannte:

> Es ist der dunkle, unzugängliche Teil unserer Persönlichkeit; das wenige, was wir von ihm wissen, haben wir durch das Studium der Traumarbeit und der neurotischen Symptombildung erfahren und das meiste davon hat negativen Charakter, läßt sich nur als Gegensatz zum Ich beschreiben. Wir nähern uns dem Es mit Vergleichen, nennen es ein Chaos, einen Kessel voll brodelnder Erregungen. Wir stellen uns vor, es sei am Ende gegen das Somatische offen, nehme da die Triebbedürfnisse in sich auf, die in ihm ihren psychischen Ausdruck finden, wir können aber nicht sagen, in welchem Substrat. Von den Trieben her erfüllt es sich mit Energie, aber es hat keine Organisation, bringt keinen Gesamtwillen auf [...][17]

Das ›Es‹ kennt weder Negation noch Widerspruch, weder das Gefühl der Ausdauer noch das der Zeit; wohl verstanden, es

15 Das Ich und das Es. G. W. XIII, 268–269

16 Georg Groddeck: Das Buch vom Es. Mit einem Vorwort von Lawrence Durrell und einem Nachwort von Graf Keyserling. 2. Aufl. Wiesbaden 1961

17 Neue Folge der Vorlesungen zur Einführung in die Psychoanalyse. G. W. XV, 80

kennt ebensowenig Wertungen, es kennt kein Gut und kein Böse, keine Moral. Alles, was es nicht besitzt, gehört den anderen beiden Instanzen an, dem Ich und dem Über-Ich, denen die Organisation und Aufrechterhaltung des psychischen Lebens zufällt.

Das ›Ich‹ ist der oberflächlichste Teil des seelischen Apparates, ein durch die Nähe und den Einfluß der Außenwelt modifizierter Teil des Es, der zur Reizaufnahme und zum Reizschutz befähigt ist. Das Ich erfaßt Zeit und Raum, besitzt die Fähigkeit, Synthesen abzuschätzen und sie herzustellen. Kurz, es ist zu einem höheren Grad von Organisation befähigt, der es ihm gestattet, genau das zu vollbringen, dessen das Es nicht fähig ist. Wenn das Es das Reich der ungezügelten Leidenschaften darstellt, so ist das Reich des Ich die Umsicht und die Vernunft.

Das ›Über-Ich‹ ist aus dem Kontakt des Kindes mit seinen Eltern und seiner umfassenden Identifikation mit ihnen entstanden. Die äußerliche Autorität wurde ins Innere des Menschen verpflanzt und übernahm die Rolle, die man allgemein dem Gewissen zuspricht. Trotz seiner anscheinend hohen Stellung innerhalb der Hierarchie steht das Über-Ich, das zum Teil auch dem Unbewußten angehört, in engerer Beziehung zum Es als das Ich, für das es oft ein strenger und unbeugsamer Richter ist. Das Über-Ich verursacht die Verdrängung, sei es, daß es selbst handelt oder das fügsame Ich beauftragt, seine Befehle zu befolgen. Durch seinen archaischen Ursprung ist das Über-Ich die Repräsentanz der Vergangenheit, der Tradition, des Unzeitgemäßen. Seine exzessive Tyrannei stellt für die Psyche eine der stärksten Bedrohungen dar.

Drei gleich tyrannischen und absoluten Mächten – der Außenwelt, dem Es und dem Über-Ich – ausgesetzt, befindet sich das Ich in einer höchst unangenehmen Lage, und nur mit großen Schwierigkeiten kann es all seine Aufgaben erfüllen. In der dritten Vorlesung der zweiten Vorlesungsfolge, die den Titel trägt ›Die Zerlegung der psychischen Persönlichkeit‹, hilft sich Freud damit, das Ich zu personifizieren, um das angsterregende Drama zu verdeutlichen, in das es verwickelt ist:

> Wenn man die Anstrengungen des Ichs verfolgt, ihnen gleichzeitig gerecht zu werden, besser gesagt: ihnen gleichzeitig zu gehorchen, kann man nicht bereuen, dieses Ich personifiziert, es als ein besonderes Wesen hingestellt zu haben. Es fühlt sich von drei Seiten her eingeengt, von dreierlei Gefahren bedroht, auf die es im Falle der Bedrängnis mit Angstentwicklung reagiert. Durch seine Herkunft aus den Erfahrungen des Wahrnehmungssystems ist es dazu bestimmt, die Anforderungen der Außenwelt zu vertreten, aber es will auch der getreue Diener des Es sein, im Einvernehmen mit ihm bleiben, sich ihm als Objekt empfehlen, seine Libido auf sich

ziehen. In seinem Vermittlungsbestreben zwischen Es und Realität ist es oft genötigt, die Konflikte des Es mit der Realität zu vertuschen, mit diplomatischer Unaufrichtigkeit eine Rücksichtnahme auf die Realität vorzuspiegeln, auch wenn das Es starr und unnachgiebig geblieben ist. Anderseits wird es auf Schritt und Tritt von dem gestrengen Über-Ich beobachtet, das ihm bestimmte Normen seines Verhaltens vorhält, ohne Rücksicht auf die Schwierigkeiten von seiten des Es und der Außenwelt zu nehmen, und es im Falle der Nichteinhaltung mit den Spannungsgefühlen der Minderwertigkeit und des Schuldbewußtseins bestraft. So vom Es getrieben, vom Über-Ich eingeengt, von der Realität zurückgestoßen, ringt das Ich um die Bewältigung seiner ökonomischen Aufgabe, die Harmonie unter den Kräften und Einflüssen herzustellen, die in ihm und auf es wirken [. . .] Wenn das Ich seine Schwäche einbekennen muß, bricht es in Angst aus, Realangst vor der Außenwelt, Gewissensangst vor dem Über-Ich, neurotische Angst vor der Stärke der Leidenschaften im Es.[18]

Offensichtlich ist, wie das gute Funktionieren des psychischen Apparates zu einem großen Teil von der Kraft und der Gesundheit des Ich abhängt, das nicht unterwürfig oder ängstlich sein darf, sondern souverän und fähig sein muß, harmonische Beziehungen zwischen seinen drei Tyrannen sicherzustellen. Aus diesem Grunde hat die analytische Behandlung, gleichgültig um was für einen Fall es sich handelt, eine fest vorgezeichnete Linie: das Ich muß gestärkt werden, damit es in die Lage versetzt wird, seine Gesetze den beiden obskuren und rebellischen Mächten aufzuzwingen. Das Chaos des Es zu ordnen und zu kontrollieren, die Forderungen des Über-Ich auf ein vernünftiges Maß zu reduzieren, das sind die Aufgaben der Analyse, eine Arbeit, von der Freud sagte, daß sie nicht weniger Aufwand erfordere als die Trockenlegung der Zuidersee oder andere dringende Aufgaben, die der menschlichen Zivilisation gestellt sind.

[18] a. a. O., 84–85

26. Erneute Krisen

Freud war scheinbar gesund, als er eines Tages, im Februar 1923, die ersten Anzeichen der Krankheit entdeckte, die die letzten sechzehn Jahre seines Lebens in ein Martyrium verwandeln sollte, ohne daß dadurch seiner wissenschaftlichen Aktivität ein Ende gesetzt worden wäre. Er wollte seinen Nächsten wohl Sorgen ersparen und darüber hinaus auch keine beunruhigenden Nachrichten verbreiten, die für seine Kranken und seine Schüler schwere Folgen gehabt hätten. So suchte er keinen Arzt auf und bewahrte länger als zwei Monate Stillschweigen über seinen Zustand.

Im April besuchte ihn zufällig einer seiner Freunde, Felix Deutsch, der Arzt war und den Freud bat, ›etwas Unangenehmes‹ in seinem Mund anzusehen.[1] Deutsch erkannte sofort den bösartigen Charakter der Geschwulst. Er verlor seine Fassung, als Freud – nachdem er ihm gesagt hatte, welcher Schmerz es für seine alte Mutter wäre, wenn er vor ihr stürbe – ihn bat, falls seine Schmerzen unerträglich würden, ihm doch zu helfen, ›mit Anstand aus der Welt zu verschwinden‹. Deutsch verstand diese Worte falsch und legte sie als Suiziddrohung aus; er nahm sich vor, Freud zu täuschen, riet ihm aber, sofort die Geschwulst entfernen zu lassen.

Freud bedachte alles während einiger Tage und ging dann, ohne zu Hause seine Absicht erkennen zu lassen, zu Professor Hajek, einem namhaften Rhinologen, den er persönlich kannte. Es war keine Privatklinik, sondern ein allgemeines Universitätsspital. Freud unterzog sich hier der ersten der dreiunddreißig Operationen, die er im Laufe der Jahre vornehmen lassen mußte. Die Umstände waren dramatisch und dabei hatte, wie Jones in seiner Biographie berichtet, die Ironie des Schicksals einen Kretin dazu bestimmt, Freuds Leben zu retten:

> Die Familie wurde dann zu ihrer Überraschung aus der Klinik telephonisch aufgefordert, ihm die nötigen Sachen für die Nacht zu bringen. Frau und Tochter eilten hin und fanden Freud in der ambulanten Abteilung, die Kleider voller Blutflecken, auf einem Küchenstuhl. Die Operation war nicht ganz erwartungsgemäß abgelaufen und der Blutverlust so groß, daß es für den Patienten nicht ratsam schien, nach Hause zu fahren. In der Klinik war nicht ein einziges Zimmer oder auch nur ein Bett frei; man stellte aber ein Notbett in einen kleinen Raum zu einem zwergwüchsigen Kretin, der dort in Behandlung stand. Die Abteilungsschwester schickte die

[1] JBg., Bd. III, 113

beiden Damen zur Mittagszeit, in der keine Besuche erlaubt waren, nach Hause und versicherte ihnen, daß es dem Patienten gut gehen werde. Als sie in einer Stunde oder zwei zurückkehrten, erfuhren sie, daß eine starke Blutung eingetreten war, worauf Freud um Hilfe geläutet hatte; aber die Klingel hatte nicht funktioniert, und er selber konnte weder sprechen noch rufen. Der freundliche Zwerg war jedoch hinausgeeilt, um Hilfe zu holen, und nach einiger Mühe hatte man das Bluten zum Stillstand bringen können. [...] Während der Nacht gerieten Anna und die Schwester in so große Beunruhigung wegen seines Zustands, daß sie den Spitalarzt anriefen! dieser ließ sich aber nicht aus dem Bett holen. Am nächsten Morgen demonstrierte Hajek den Fall vor einer ganzen Schar Studenten, und im Verlauf des Tages durfte Freud nach Hause gehen.[2]

Obwohl Dr. Hajek zwangsläufig die Schwere des Falles bekannt gewesen sein mußte, ging er mit einer erstaunlichen Leichtfertigkeit vor und vernachlässigte gewisse Vorsichtsmaßnahmen, die Freud viele seiner späteren Schmerzen hätten ersparen können. So unternahm er nichts, um die Kontraktion der Narbe zu verhindern, die die Mundöffnung beträchtlich verengte und große Schmerzen verursachte. Dieser Professor Hajek war ein Schwager des Schriftstellers Arthur Schnitzler und wurde außerdem noch allgemein bekannt durch die traurige Rolle, die er bei der Behandlung eines anderen berühmten — wenn auch damals weniger bekannten — Kranken übernahm. Ein Jahr nach Freud wurde auch Franz Kafka, der an tuberkulöser Laryngitis erkrankt war, die kurz darauf zu seinem Tode führte, in dasselbe Spital eingeliefert; sein Fall war allerdings mit skandalösen Begleiterscheinungen verbunden, die die literarische Welt stark erschütterten. Kafka war dem Tode nahe und wurde erst, nachdem vor allem Franz Werfel sich energisch für ihn eingesetzt hatte, mit mehr Rücksicht behandelt und bekam dann auch wenigstens ein Einzelzimmer. Professor Hajek antwortete auf Werfels Intervention: »Ein gewisser Werfel schrieb mir, ich solle etwas für einen gewissen Kafka unternehmen. Ich weiß, wer Kafka ist — der Kranke von Nummer zwölf. Aber wer ist Werfel?«

Man versteht, daß Freud sehr bald von einem tiefen Mißtrauen seinem Chirurgen gegenüber erfaßt wurde, dessen Verhalten unverständlich war. Einige Monate nach der Operation ließ er ihn wie üblich in die Ferien fahren, dann wieder sagte er, er solle alle vierzehn Tage zu ihm nach Wien kommen und schließlich erlaubte er ihm, den ganzen Sommer über im Süden zu bleiben — und das zur Zeit des ersten Rezidivs. Freud stand noch ganz unter dem Eindruck des erst vor kurzem erfolgten Todes seines Enkels, als er für seine Umgebung Anlaß größter Besorgnis

[2] a. a. O., 114

wurde. Eine zweite, weitaus größere Operation war nicht mehr zu umgehen. Würde er seine Einwilligung zu dieser erneuten Operation geben oder jede Hoffnung auf Leben begraben?
Anna Freud und Felix Deutsch wagten es nicht, Freud die Wahrheit zu sagen. Daher suchten sie die Mitglieder des Komitees auf, die nicht weit von Freuds Urlaubsort zu einer Feriensitzung zusammengekommen waren. Nur Rank wußte über alles Bescheid, die anderen erfuhren erst jetzt von Freuds Krankheit. Jones erzählt, daß Rank, als sie über Freuds Verhalten debattierten und seinen Namen nannten, von einem hysterischen Lachanfall erfaßt wurde, dessen er zum Erschrecken aller nicht Herr werden konnte. Niemand verstand, was dieses seltsame Verhalten bedeutete, noch auf welche Erschütterungen es schließen lassen konnte.
Das Komitee entschied, Freud von der Notwendigkeit des Eingriffs zu überzeugen. Aber wie? Sachs schlug vor, sich auf Freuds Liebe zu seiner Tochter Anna zu berufen; Rank wollte den Gedanken an Freuds Mutter geltend machen. Jones berichtet, wie er sich gegen diese Vorhaben wandte:

> Ich protestierte dagegen und sagte, daß wir kein Recht hätten, diese Entscheidung aus Freuds Händen zu nehmen, und die anderen anwesenden Mediziner, Abraham, Eitington und Ferenczi, unterstützten mich. Viele Jahre später, als Freud in London lebte, erzählte ich ihm davon, wie wir darüber diskutiert hatten, ob man ihn informieren solle oder nicht, worauf er mit blitzenden Augen fragte: »Mit welchem Recht?« Aber Ferenczi sagte er später, er sei von Anfang an sicher gewesen, daß es sich bei der Geschwulst um Krebs handle.[3]

Am 26. September untersuchten Hajek und Professor Pichler, ein berühmter Stomatologe, Freud und diagnostizierten einen bösartigen Gaumenkrebs, der schon die benachbarten Gewebe wie den oberen Teil des Unterkiefers und sogar die Wange erfaßt hatte. Die Operation wurde auf der Stelle entschieden. Sie verlief in zwei Abschnitten. Beim ersten Eingriff am 4. Oktober wurden die Unterkieferdrüsen, die schon verdächtig vergrößert waren, entfernt. Beim zweiten Teil der Operation, am 11. Oktober, wurde die Oberlippe, dann die Wange weit geöffnet und der ganze Oberkiefer und der von Krebs befallene Teil des Gaumens entfernt. Dadurch fiel natürlich die Scheidewand zwischen Nasen- und Mundhöhle weg. Die ganze entsetzliche Operation wurde nur unter lokaler Betäubung vorgenommen! Noch viele Tage danach konnte der Patient weder sprechen noch essen. Trotzdem gelang es ihm, sich zu erholen. Am Ende des Monats konnte er dann nach Hause entlassen werden.

[3] a. a. O., 117

Dies war der Anfang von sechzehn schmerzerfüllten Jahren, in denen immer wieder Rezidive auftraten und neue chirurgische Eingriffe notwendig machten, zum Teil, um das krebsbefallene Gewebe zu entfernen oder um den teuflischen Apparat, den Freud statt einer Prothese tragen mußte, zu verbessern. Dieser künstliche Kiefer, der Mund und Rachenhöhle voneinander trennte, wurde das ›Ungeheuer‹ genannt, und war dies auch wirklich, denn Freud konnte, da er den Mund nicht mehr weit zu öffnen vermochte, es weder allein einsetzen noch herausnehmen. Da es eng am Mund anliegen mußte, um das Sprechen und die Nahrungsaufnahme zu ermöglichen, verursachte es ständig schmerzhafte Entzündungen. Wenn man es aber mehrere Stunden nicht trug, schrumpften die Gewebe ein, und das ›Ungeheuer‹ konnte nicht mehr eingesetzt werden.
Von da an konnte Freud nur noch unter schmerzhaften Anstrengungen essen und sprechen. Er nahm seine Mahlzeiten allein ein und sprach nicht mehr öffentlich. Seine Tochter Anna versorgte ihn nun bis zu seinem Tode und aufgrund einer Übereinkunft, die sie sogleich miteinander geschlossen hatten, wurde sie im wahren Sinn des Wortes zu seiner Stimmführerin: sie verlas bei Kongressen seine Mitteilungen und hielt später die unwillkommenen Besucher fern, die aus aller Welt zu ihm kamen. Anna hatte versprochen, für ihn mit der technischen Affektlosigkeit des Chirurgen zu sorgen, ohne sich Emotionen hinzugeben oder Gefühlen freien Lauf zu lassen. Sechzehn Jahre lang hat sie – ohne Schwäche aufkommen zu lassen – ihr Versprechen gehalten.
Zu allem Überfluß bedeutete das Jahr 1923 für Freud nicht nur den Beginn seiner Leidenszeit, sondern auch noch den Zerfall des Komitees, das zehn Jahre zuvor gegründet worden war, um Frieden und brüderliche Eintracht aufrechtzuerhalten. In Wahrheit waren diese beiden Ereignisse natürlich eng miteinander verknüpft. Die Möglichkeit von Freuds Tod hatte bei einigen Schülern unterschiedliche Gefühle hervorgerufen, bei denen Haß, panische Angst verlassen zu werden und das dringende Bedürfnis, sich zu emanzipieren, zusammentrafen. Von den sechs Mitgliedern des geheimen Komitees reagierten zwei, Rank und Ferenczi, die leidenschaftlichsten und gleichzeitig schwächsten, am heftigsten auf diesen möglichen Tod Freuds, den sie mit der irrationalen Logik des Unbewußten als Mangel an Liebe und als Verrat erlebten.
Natürlich fehlte es nicht an oberflächlichen Spannungen in dieser gemischten Gruppe, deren Mitglieder gleichzeitig eng miteinander verbunden, aber auch durch unverkennbare Unterschiede wie Sprache, Herkunft und der Art zu denken voneinander getrennt waren. Durch die vier Kriegsjahre traten diese

Unterschiede stärker hervor und wurden bei Fragen der Organisation, der Ausweitung und vor allem des taktischen Vorgehens der Bewegung sichtbar. So trat Jones eifrig dafür ein, England und Amerika der Analyse zu erschließen, und das, obwohl die Mitteleuropäer den Angelsachsen gegenüber große Vorbehalte hatten und für das Übergewicht der deutschsprachigen Publikationen eintraten. Diese Zweifel waren, wenn man deren Arbeiten betrachtete, auch nicht unbegründet, denn sie waren oft wirklich sehr mäßig. Die Reibereien gingen also um Leitung und Programm des Verlags, um die Ernennung der Mitarbeiter für die Zeitschrift, die Wahl des Präsidenten der Internationalen Vereinigung und die Städte, in denen die jährlichen Kongresse stattfinden sollten. Außerdem gab es natürlich auch die in jeder Gruppe üblichen inneren Probleme wie die englischsprachige Ausgabe von Freuds Werken und die immerwährenden finanziellen Schwierigkeiten. Bei all diesen Debatten standen immer wieder die listige Politik Jones' und die Vernunft Abrahams – der bei all seinem unbeirrbaren Optimismus doch schon immer die Gabe besessen hatte, Unglücksfälle vorauszusehen – der leidenschaftlichen Haltung Ranks und Ferenczis gegenüber, die 1923 diese ganzen Spannungen damit beendeten, daß sie sich gemeinsam gegen ihre früheren Freunde zusammenschlossen.

Ein auffallender Wesenszug Freuds war, daß er bei aller unerschütterlichen Bestimmtheit und großen Energie stark von seiner unmittelbaren Umgebung abhängig war und so seine Meinung auch ganz unerwartet ändern konnte, allerdings nur bis zu dem Punkt, an dem seine eigene Idee für ihn festlag. Jones war in London, Abraham in Berlin und nur Rank und Ferenczi befanden sich in ständigem Kontakt mit ihm; da er ihre Treue kannte, stellte er sich anfangs auf ihre Seite. Verärgert über die Hinweise Abrahams und Jones', die auch in der Vergangenheit schon den Abfall von Gruppenmitgliedern vorausgesehen hatten, weigerte er sich, die Abweichungen der beiden Männer als zu tragisch zu nehmen, selbst als sie das Abkommen der Komiteemitglieder gebrochen hatten.

Nach diesem Übereinkommen waren – wie man sich erinnern wird – die Mitglieder verpflichtet, sich vor jeder Veröffentlichung darüber zu besprechen, ob sie eventuell zu Polemiken innerhalb der Bewegung oder in der Öffentlichkeit Anlaß geben könnte. Ende 1923 veröffentlichten Rank und Ferenczi aber ein Buch mit dem Titel ›Die Entfaltung der Psychoanalyse‹, von dem kein Mitglied außer Freud vorher erfahren hatte. Das Komitee nahm um so mehr Anstoß daran, als die Grundidee des Buches zu fragwürdigen Schlüssen zu führen schien. Freud jedoch nahm es in Schutz.

Die Arbeit behandelte die Tendenz der Kranken, in der Analyse ihre unbewußten Impulse in die Tat umzusetzen. Diese Tendenz hatte Freud schon in einem Artikel erwähnt; die beiden wollten ihr nun aber eine besondere therapeutische Bedeutung zukommen lassen. Von da ausgehend kamen sie, ohne es ausdrücklich zu sagen, zu einer neuen Auffassung der analytischen Technik, wobei der Analyse der aktuellen Situationen das Gewicht zufiel, das in der alten Theorie den infantilen Wurzeln der Neurose zugestanden worden war. Jones und die Berliner erinnerten daran, daß genau vor zehn Jahren Jung abtrünnig geworden war, als er den gleichen Weg beschritt. Aber Freud hatte sich für das Buch erwärmt und weigerte sich, ihre Bedenken zu teilen.
Nach und nach nahm Freud sein günstiges Urteil zurück, nachdem er bei den Autoren mangelnde Aufrichtigkeit entdeckt hatte. Die Schrift verbarg tatsächlich unter einem beruhigenden Äußeren Ranks Ideen vom ›Geburtstrauma‹ und Ferenczis Gedanken von einer neuen Technik, der ›Aktivitätsmethode‹. In gleicher Weise liefen diese Ideen auf eine Abkürzung der Behandlung hinaus. Als Freud Ferenczi gegenüber eine Bemerkung in dieser Richtung gemacht hate, war er völlig aufgebracht, protestierte mit Leidenschaft und sagte, er denke nicht einen Augenblick daran, von der Lehre abzuweichen. Freud antwortete darauf:

> Was nun Ihre Bemühung betrifft, durchwegs im Einklang mit mir zu bleiben, so schätze ich es hoch, als Ausdruck Ihrer Freundschaft, finde dies Ziel aber weder notwendig noch leicht erreichbar. Ich weiß, daß ich schwer zugänglich bin und mit fremden Gedanken, die nicht ganz auf meinem Weg liegen, zunächst nichts anfangen kann. Es braucht eine ganze Weile, bis ich ein Urteil darüber habe, unterdes muß ich mein Urteil in suspenso halten. Wollten Sie jedesmal so lange warten, so wäre es mit Ihrer Produktivität zu Ende. So geht es also nicht. Daß Sie oder Rank bei Ihren selbständigen Ausflügen jemals den Boden der Analyse verlassen, scheint mir doch ausgeschlossen. Warum sollten Sie also nicht das Recht haben, zu versuchen, ob etwas nicht anders geht, als ich gemeint habe? Haben Sie sich dabei verirrt, so werden Sie es selbst einmal merken, oder ich werde mir die Freiheit nehmen, es Ihnen zu sagen, sobald ich es selbst sicher weiß.[4]

Als ›Das Trauma der Geburt‹ fast zur gleichen Zeit veröffentlicht wurde, fand es anfangs bei Freud die gleiche günstige und tolerante Aufnahme. Hier waren jedoch die Abweichungen leichter zu erkennen, denn Rank entwickelte eine bereits von Freud geäußerte Idee bis in ihre letzten Konsequenzen. Sie besagte, daß das ganze menschliche Leben durch das einmalige,

[4] a. a. O., 76–77

schmerzhafte Erlebnis der Geburt bestimmt sei, als das Kind von Erstickungsangst bedroht den Tod fürchtete. Alles, was der Mensch in der Folgezeit unternimmt und versucht, zielt nur darauf ab, das tief zurückgedrängte Trauma der Geburt zu annullieren oder zu überwinden. Es gelingt ihm durch den Koitus, der zum Teil die ursprüngliche Verschmelzung mit dem Körper der Mutter realisiert, oder durch die Sublimierung, die es ihm ermöglicht, in religiösen oder künstlerischen Welten zu leben, diese Rückkehr in den Schoß der Mutter, die Angst und Begehr des ganzen Lebens ist. In dem Mißlingen dieser beiden Anpassungsversuche muß also die einzige oder tiefste Ursache für die Entwicklung der Neurosen gesucht werden.

Beunruhigend war dabei weniger die Theorie, deren Ausgangspunkt ja von Freud stammte, als die technischen Betrachtungen, die Rank direkt davon ableitete und die dazu führen sollten, besonders die Dauer der psychoanalytischen Behandlung wesentlich abzukürzen. Wenn alle später im Leben auftretenden Konflikte nichts waren als Maßnahmen, das Urtrauma und die unbedingt ursprünglichen Beziehungen des Kindes zu seiner Mutter zu überdecken, welchen Sinn hatte es dann noch, sich bei der Analyse des Ödipuskomplexes aufzuhalten oder bei der Bewußtmachung infantiler Erinnerungen? Rank und mit ihm Ferenczi, dessen Genitaltheorie nahezu auf den gleichen Voraussetzungen beruhte, kamen dahin, extrem kurze Behandlungen zu empfehlen, während derer sich der Patient nicht erinnern mußte, sondern noch einmal die schmerzhafte Trennung von seiner Mutter durchleben, das heißt wiedergeboren werden sollte, um dadurch endgültig seine Angst zu überwinden.

›Das Trauma der Geburt‹ machte Freud ratlos. Seine sich widersprechenden Urteile, die er im Laufe der Zeit über das Buch fällte, zeigten es. Anfangs löste es bei ihm Bestürzung aus; denn wenn Rank recht hatte, so machte das sein ganzes Lebenswerk über die Ätiologie der Neurosen zunichte. Auf der anderen Seite schien es ihm, sein Schüler habe eine grundlegende Entdeckung gemacht, die es ihm ermöglichen würde, sich von seiner langjährigen Bevormundung zu befreien; er wußte aber nicht, wie er sie in sein theoretisches Gebäude einfügen sollte, ohne dem Ödipus-Komplex dadurch seine unbedingt notwendige Vorrangstellung zu nehmen. Vielleicht hätte er gar nicht Partei ergriffen, wäre er nicht von manchen Analytikern dazu gedrängt worden, die beiden Autoren zu verurteilen, um das Gleichgewicht der Theorie wiederherzustellen. Die Orthodoxen waren tatsächlich erschreckt, als sie sahen, wie Rank und Ferenczi das mütterliche Prinzip derart betonten, was den Vater benachteiligte, der doch für Freud der Urheber und die Inkarnation des Inzestverbotes und damit des Gesetzes war, mit dem und gegen das sich das Individuum formen mußte. Als sich die Lage zuspitzte, richtete Freud am 15. Februar 1924 ein Rundschreiben an alle Mitglieder des Komitees, mit dem er glaubte, sie besänftigen zu können:

> Liebe Freunde!
> Nicht ganz ohne Verwunderung habe ich von verschiedenen Seiten vernommen, daß die kürzlichen Publikationen von unseren Ferenczi und Rank – ich beziehe mich auf ihre gemeinsame Schrift und die über das Trauma der Geburt – eine recht unliebsame Erregung hervorgerufen haben. Einer unserer Freunde hat mich gebeten, die bis jetzt noch ganz unbestimmte Sache, in der er den Keim zur Uneinigkeit sieht, unter uns zur Erörterung zu bringen. Wenn ich seiner Bitte nachgebe, dürfen Sie bitte nicht meinen, ich wolle mich dazwischendrängen. Ich würde es vorziehen, selbst so weitgehend wie möglich im Hintergrund zu bleiben und jeden von Ihnen seinen eigenen Weg gehen zu lassen.
> Als Sachs neulich hier war, tauschten wir Kommentare zum ›Trauma der Geburt‹ aus, woraus vielleicht der Eindruck entstand, ich habe mich gegenüber der Veröffentlichung dieses Werkes ablehnend verhalten oder sei mit dem Inhalt überhaupt nicht einverstanden. Freilich hatte ich angenommen, schon allein der Umstand, daß ich die Widmung annehme, schließe eine solche Vermutung aus.
> Es geht um folgendes: Weder die Harmonie unter uns noch die Achtung, die Sie mir oft bezeugt haben, sollten einen von Ihnen davon abhalten, sich frei zu betätigen. Ich erwarte nicht von Ihnen, daß Sie in einer Richtung wirken, die mir angenehm ist, sondern in einer Weise, die Ihren eigenen Beobachtungen und Ideen entspricht. Bei einem halben Dutzend Männern von verschiedenem Temperament ist die vollständige Übereinstimmung in allen wissenschaftlichen Einzelfragen und über alle neu auftauchenden Themen ganz unmöglich und nicht einmal wünschenswert. Die einzige Bedingung für eine ersprießliche Zusammenarbeit ist die, daß keiner von uns den gemeinsamen Boden der psychoanalytischen Grundsätze verlasse. Dazu kommt noch eine Sache, die Ihnen ja bekannt sein muß und die mich für die Aufgabe eines immer wachsamen despotischen Zensors besonders ungeeignet macht: Ich finde nicht leicht den Zugang zu anderen Denkweisen und mache es mir zur Regel, zu warten, bis ich irgendeine Beziehung zu meinen eigenen verschlungenen Wegen gefunden habe. Wollten Sie also bei jeder neuen Idee warten, bis ich sie mir angeeignet habe, müßten Sie damit rechnen, hübsch alt zu werden.[5]

Nachdem Freud die Entdeckungen der beiden beschuldigten Autoren gewürdigt hatte, ging er ohne Zögern dazu über, alles zu prüfen, was ihm daran irrig erschien:

> Jetzt kommt aber der Punkt, wo für mich die Schwierigkeiten beginnen. Der Mutterleibsphantasie stellen sich Hindernisse entgegen,

[5] Rundschreiben vom 15. 2. 1924: JBg., Bd. III, 79–80

welche Angst hervorrufen – die Inzestschranken: Woher kommen die nun? Vertreten werden sie offensichtlich vom Vater, von der Wirklichkeit, von der Autorität, die den Inzest verwehren. Warum haben sie die Inzestschranke errichtet? Meine Erklärung war eine historische und soziale, phylogenetische. Ich leitete die Inzestschranke von der Urgeschichte der menschlichen Familie her und sah dann in dem wirklichen Vater das eigentliche Hindernis, das die Inzestschranke wieder neu aufrichtet. Hier weicht Rank von mir ab. Er lehnt die phylogenetische Betrachtung ab und faßt die Inzestangst einfach als Wiederholung der Geburtsangst auf, so daß die neurotische Verdrängung angeborenerweise von der Art des Geburtsvorgangs bestimmt wird. Diese Geburtsangst wird freilich auf den Vater übertragen; aber nach Rank dient er nur als Vorwand. Es wird hier die Grundvoraussetzung gemacht, daß die Einstellung zum Mutterleib oder zum weiblichen Genitale von Anfang an ambivalent ist. Hier liegt der Widerspruch. Ich finde es sehr schwer, das zu entscheiden; auch sehe ich nicht, wie uns hier die Erfahrung helfen könnte, da wir bei der Analyse immer dem Vater als dem Vertreter des Verbots begegnen. Aber dies ist natürlich kein Argument. Vorläufig muß ich die Sache offenlassen.[6]

Diese freundliche und versöhnliche Haltung bewirkte keineswegs den gewünschten Erfolg, denn da, wo Freud echte und zu respektierende Forschung erblickte, glaubte das Komitee – abgeschreckt durch die vorangegangenen Erlebnisse mit Jung und Adler – eine Irrlehre erkennen zu müssen. Abraham antwortete Freud in einem direkten Brief auf das Rundschreiben. Er äußerte offen seine Befürchtungen, und Freud leitete die Äußerung unklugerweise an die beiden Betroffenen weiter. Der Zwiespalt trat daraufhin offen zutage. Wenig später ergriff Rank dann die Initiative, das Komitee aufzulösen.

Freud war darüber zutiefst erschüttert. Der Brief, den er damals an Ferenczi schrieb, um ihn seines Vertrauens zu versichern, ist einer der wenigen, in denen er sich rückhaltlos beklagt:

Ich zweifle nicht daran, daß auch die anderen des ehemaligen Komitees Rücksicht und Zuneigung für mich haben, und doch kommt es dazu, daß ich im Stiche gelassen werde, gerade nachdem ich ein Invalide, mit herabgesetzter Arbeitskraft und geschwächter Stimmung geworden bin, der jede Mehrbelastung von sich abweist und sich keiner Sorge mehr gewachsen fühlt. Ich will Sie durch diese Klage nicht bewegen, einen Schritt zur Erhaltung des verlorengegangenen Komitees zu tun; ich weiß: hin ist hin, verloren ist verloren. Ich habe das Komitee überlebt, das mein Nachfolger werden sollte, vielleicht überlebe ich noch die Internationale Vereinigung. Hoffentlich überlebt mich die Psychoanalyse. Aber es gibt mit dem anderen einen trüben Lebensabend.[7]

[6] JBg., Bd. III, 81
[7] Fer., 20. März 1924: JBg., Bd. III, 85

Um seine ›Söhne‹, auf die er so viele Hoffnungen gesetzt hatte, zu halten, machte Freud große Anstrengungen, die ihn manchmal gegen andere ungerecht werden ließen; vor allem gegen Jones und Abraham, die ihn durch eine etwas biedermännische Vernünftigkeit herausforderten und trotz ihrer Treue zur ›Sache‹ eine gewisse Großzügigkeit vermissen ließen. Wenn es ihm auch gelang, Ferenczi wenigstens für einige Jahre zurückzugewinnen, so sah er doch klar, daß er Rank verlieren würde. Sein Schicksal war schon durch die Krankheit besiegelt.

Genau wie Jung zehn Jahre zuvor, so wandte sich Rank auch auf einer Amerikareise offen gegen ihn. In Amerika trat er als Erfinder einer neuen Theorie auf und — noch schlimmer — als Entdecker einer revolutionären Technik, die seine amerikanischen Kollegen äußerst beunruhigte. Die Anwendung der übermäßig abgekürzten Behandlung konnte tatsächlich sehr leicht zur Scharlatanerie führen, und das um so mehr, als Rank kein Mediziner war und sich vor allem an die ›Laienanalytiker‹ wandte und so jedem, der kam, die Ausübung dieses Berufes ermöglichte. In Wahrheit hatte der vom Meister ewig abhängige Schüler in einem neuen Land eine materielle und geistige Befreiung gesucht, von der er wußte, daß sie ihm in Wien unmöglich war und deren Notwendigkeit ihm angesichts Freuds tödlicher Krankheit klar geworden war. Drei Jahre später spielte Amerika, das die Rebellen stark anzog, in Ferenczis Schicksal die gleiche Rolle des Verführers.

Ferenczi hatte ein Buch veröffentlicht, das wirklich große Beachtung verdiente, obwohl es nahezu mystische Spekulationen über die Natur und den Ursprung aller Dinge enthielt. Es erschien nach Ranks ›Trauma der Geburt‹ und war dazu angetan, die besonnenen Geister zu beunruhigen. In seinem ›Versuch einer Genitaltheorie‹[8] wollte Ferenczi wirklich nichts weniger als eine neue Wissenschaft, die ›Bio-Analyse‹, in ihren Grundzügen entwerfen. Hierbei wandte er auf die Biologie den allgemeinen Wert des Symbolismus an. Zuerst behauptete er, daß »die Art und Weise des symbolischen oder indirekten Ausdrucks der Seele oder des Körpers, wie alle alten Hieroglyphen, einen Überrest der in Vergessenheit geratenen Geschichte besitzen, der auf anderen Wegen nicht zu erreichen ist«. Danach entschloß sich Ferenczi, die Psychoanalyse »auf die großen Mysterien der Entwicklung der Arten« anzuwenden, was, wie er ehrlicherweise gestand, darauf hinauslief, daß er seinen Lesern ein spannendes Märchen bot.

Tatsächlich scheint hier die Biologie ungefähr die gleiche Rolle zu spielen wie in Ranks Buch die Mythologie, nur daß Ferenczi nicht darauf verzichtete, seine These mit bestimmten biologi-

[8] Sandor Ferenczi: Versuch einer Genitaltheorie. Wien 1924

schen Theorien zu beweisen, wie mit den Theorien von Haeckel und besonders Lamarck. Diese These, die anfangs in Form einer Hypothese angeboten, später aber konstatiert wurde, als wäre ihr Beweis erbracht, besagte, daß die intrauterine Existenz der Säugetiere nur eine Wiederholung der Lebensweise im Urmeer sei. Er fährt fort, daß die Geburt infolgedessen nur eine individuelle Wiederholung der großen Naturkatastrophe sei, die mit ihrer Austrocknung der Meere viele Tierarten und sicherlich auch unsere tierischen Vorfahren zwang, sich dem Leben auf der festen Erde anzupassen. So ist bei ihm der ständige Wunsch nach Rückkehr in den Mutterschoß nicht wie bei Rank ein Erinnern an das intrauterine Wohlbefinden, das jedem Menschen mit der Geburt verloren ging und das von ihm verdrängt wurde, sondern es war die Sehnsucht nach dem anfänglichen Ozean, aus dem alle Lebewesen stammen. Thalatta, das Urmeer, die Weltenmutter – die menschliche Mutter war nur ein Symbol oder der spätere Ersatz.

Man könnte erwarten, daß diese Ideen, die natürlich viel reichhaltiger sind, als eine kurze Zusammenfassung es zeigen kann, Freud ziemlich erschreckt hätten, denn seine Gedanken blieben trotz allem doch immer klassisch und gemäßigt. Aber genau in diesem Punkt war seine eigene Meinung geteilt, war er selbst geteilt zwischen zwei gleichermaßen in ihm verwurzelten Tendenzen. Auf der einen Seite war er Rationalist und als solcher verpflichtet, auf dem Boden der Erfahrung zu bleiben; auf der anderen Seite war er Romantiker und durfte dieser Neigung um so weniger nachgeben, da er ihre Gefahr für sich kannte. In gewissen Momenten – zum Beispiel während seiner Freundschaft mit Fließ und als er die großen Visionen niederschrieb, die in ›Jenseits des Lustprinzips‹ enthalten sind – trug die romantische Seite für eine Zeit den Sieg über sein Streben nach klassischer Strenge davon. Dann verlor der ›Vater‹ das irgendwie legale Prinzip seiner psychoanalytischen Idee, seine Kraft an die ›Mutter‹; darauf laufen letzten Endes der Wiederholungszwang, die Idee der ewigen Wiederkehr des Gleichen und der Antrieb zum Tode hinaus. Fasziniert von den Abgründen, in die er nicht hinabzusteigen wagte und die ihm auch seine Ordnungsliebe und sein Streben nach Klarheit verdächtig erscheinen ließen, wurde Freud nur zu sehr von solch waghalsigen Abenteuern versucht, in denen sich seine brillantesten Schüler verloren. Während dieser Krisenjahre, an die wir jetzt erinnern, wurde diese unentschiedene Haltung zu gleichen Teilen von solchen Ereignissen wie durch sein Alter und seine Krankheit hervorgerufen.

Seit einiger Zeit änderte sich die Psychoanalyse wirklich vor seinen Augen. Es waren nicht nur die theoretischen Neuerungen, sondern vor allem die klinischen Beobachtungen, die den Schwerpunkt verschoben. Mehr und mehr richtete sich das Interesse auf die systematische Erforschung der Beziehungen des Säuglings zu seiner Mutter, ein Studium, das übrigens Freuds Ideen über die Entwicklung des Kindes eindrucksvoll bestätigte, aber auch dazu zwang, noch einmal viele der Konfliktursachen zu durchdenken. Die direkte Beobachtung des Kindes, die jetzt an der Tagesordnung war, führte eine Schülerin Ferenczis, Mélanie Klein, zu theoretischen Konzeptionen, die stark den späteren von Anna Freud widersprachen, die natürlich das Gut ihres Vaters orthodox bewahrte und fortführte. Auch die psychosomatische Medizin, die auf Betreiben eines anderen Schülers von Ferenczi, Franz Alexander, entwickelt wurde, lenkte die Psychoanalyse in unerwartete Geleise, die selbst ihren Urheber verwirrten.

Eingeschüchtert durch diese seltsamen Änderungen, die sowohl seinem Temperament als auch seinen Zielen fremd waren, mischte sich Freud jetzt nur noch mit großen Vorbehalten in theoretische Streitigkeiten ein. Seine letzten Werke verraten aber davon nichts. Gleich der Gorgo in der griechischen Sage, die unablässig verschlingt und verschlungen wird, die Quelle der Liebe und des Schreckens ist und die in die Gedankengänge einiger seiner Schüler eingedrungen war. So fuhr Freud fort, sich der Gattin-Mutter zu widersetzen, deren Rolle durch den Ödipus-Komplex festgelegt war, während er den ›Vater‹ akzeptierte, der für ihn bis zum Schluß das Prinzip der Ordnung, der Autorität, der Kultur blieb – das erste Gesetz, von dem gleichzeitig die Gesellschaft und das Schicksal des Individuums abhängen. Dieser gesetzgebende Vater, ewig gehaßt und bewundert; ewig, da auch der Tod nichts an seiner Macht ändert; von ihm redet er noch, bevor er selbst stirbt und ruft ihn ins Gedächtnis zurück, ihn, den er bestimmt nicht unabsichtlich ›der Mann Moses‹ nennt.

Wenn Freud auch nicht versuchte, die theoretische Entwicklung der Psychoanalyse zu beeinflussen, so bestand er aber doch darauf, die technischen Neuerungen unter Kontrolle zu halten, die die Gefahr mit sich brachten, eine unvorhergesehene Anarchie in die tägliche Praxis einzuführen. Nachdem Ferenczi die Bedeutung des Erlebens in der Behandlungssituation entdeckt hatte, hatte er eine ›aktive Behandlung‹ entwickelt, die dazu bestimmt war, den Kranken zu frustrieren, indem man ihm auferlegte, sich in allem zu beschränken. Er sollte wenig essen und trinken, wenig ausscheiden und sich sexuell enthalten, mit anderen Worten, er sollte in einen Ausnahmezustand versetzt werden. Hierin war gewissermaßen eine Kritik der Freud'schen Methode enthalten, die, wie Ferenczi Freud später bitter vorwarf, die ›negative Übertragung‹ vernachlässigte. Freud hätte ihn irgendwie zu sehr ›verwöhnt‹, als daß er auf gesunde Art und Weise das dunkle Problem ihrer Beziehungen hätte lösen können.

Freud verurteilte eindeutig diese Behandlungsmethoden, deren Gefahr für ehrgeizige Neulinge er sehr wohl kannte. Einige Jahre später wechselte Ferenczi nochmals die Behandlungsmethode und ersetzte die asketische Analyse mit einer ihr völlig entgegengesetzten Methode. Jetzt wollte er den Kranken jede Behaglichkeit des Lebens zukommen lassen, Liebe und Vergnügen, die ihnen ihre Umwelt versagt hatten. Freud nahm wieder klar Stellung gegen diesen neuen Exzeß und schrieb ihm 1931, als Ferenczi sich schon derart von ihm entfernt hatte, daß eine erneute Annäherung nicht mehr denkbar war, einen langen Brief, dessen Ironie den strengen Ton und vielleicht auch die Bitterkeit milderte:

> Dagegen sehe ich, daß die Differenz zwischen uns sich auf ein Kleinstes, ein Detail der Technik, zuspitzt, das eine Erörterung wohl verdient. Sie haben kein Geheimnis daraus gemacht, daß Sie Ihre Patienten küssen und sich von ihnen küssen lassen, auch hatte ich dasselbe schon von meinem Patienten gehört. Nun scheiden sich, wenn Sie ausführlichen Bericht über Technik und Erfolge geben, für Sie zwei Wege: Entweder Sie teilen dies mit, oder Sie verschweigen es. Letzteres, wie Sie sich denken können, ist unwürdig. Was man in der Technik tut, muß man auch öffentlich vertreten. Übrigens würden beide Wege bald zusammenfließen. Auch wenn Sie es nicht selbst sagen, wird es bekannt werden, so wie ich es vor Ihrer Mitteilung wußte.
>
> Nun bin ich gewiß nicht derjenige, der aus Prüderie oder Rücksicht auf die bürgerliche Konvention so kleine erotische Befriedigungen ächten würde. Ich weiß auch noch, daß in den Zeiten des Nibelungenliedes der Kuß eine harmlose Begrüßung war, die jedem Gast gewährt wurde. Ich bin ferner der Meinung, daß die Analyse auch in Sowjetrußland möglich ist, wo von Staats wegen volle Sexualfreiheit gilt. Aber das ändert nichts an den Tatsachen, daß wir nicht in Rußland leben und daß bei uns der Kuß eine unverkennbar erotische Intimität bedeutet. Wir haben in der Technik bisher den Satz festgehalten, daß erotische Befriedigungen dem Patienten zu versagen sind. [...]
>
> Nun malen Sie sich aus, was die Folge der Veröffentlichung Ihrer Technik sein wird. Es gibt keinen Revolutionär, der nicht von einem noch radikaleren aus dem Feld geschlagen würde. Soundso viele unabhängige Denker in der Technik werden sich sagen: Warum beim Kuß stehenbleiben? Gewiß erreicht man noch mehr, wenn man das ›Abtatscheln‹ dazunimmt, das ja auch noch keine Kinder macht. Und dann werden Kühnere kommen, die den weiteren Schritt machen werden zum Beschauen und Zeigen – und bald werden wir das ganze Repertoire des Demiviergetums und der petting-parties in die Technik der Analyse aufgenommen haben, mit

> dem Erfolg einer großen Steigerung des Interesses an der Analyse bei Analytikern und Analysierten. Der neue Bundesgenosse wird aber leicht zuviel von diesem Interesse für sich selbst in Anspruch nehmen, die Jüngeren unter unseren Kollegen werden es schwer finden, in den angeknüpften Beziehungen an dem Punkt stehenzubleiben, wo sie ursprünglich wollten, und Godfather Ferenczi wird vielleicht, auf die belebte Szenerie blickend, die er geschaffen hat, sich sagen: Vielleicht hätte ich mit meiner Technik der Mutterzärtlichkeit doch *vor* dem Kusse haltmachen sollen.[9]

Ferenczi aber ließ sich nicht bekehren. Er nährte gegen Freud den größten Groll, den man in einer solchen Situation empfinden kann, wenn man von einem Menschen, den man am meisten in der ganzen Welt liebte, schlecht analysiert worden ist. Er bestand also weiter darauf, seine Patienten mit mütterlicher Liebe zu überhäufen, und im Laufe der Jahre zeichnete sich in seiner Beziehung zu Freud mehr und mehr Kälte ab. Die beiden Männer schrieben sich jedoch weiterhin, und wenn auch Ferenczis Briefe seltener wurden, so bewahrten diejenigen Freuds doch die gleiche Wärme, die gleiche Fürsorge wie in der Vergangenheit. Ferenczi erkrankte an einer pernitiösen Anämie und sah seine Gesundheit langsam dahinschwinden. 1932 schritt die körperliche Krankheit, verbunden mit schweren seelischen Störungen, weiter fort. Sie war sicherlich der wahre Grund für seine Schwierigkeiten gewesen. Dieser in vieler Hinsicht so bemerkenswerte Mann, dessen Werk sicherlich das bedeutendste der Freud'schen Epoche war, starb 1933, einige Tage nach dem Reichstagsbrand und der Machtergreifung der Nazis in Deutschland. Nach von Freund und Abraham, der 1926 gestorben war, verlor Freud an seinem Lebensabend einen der letzten, vielleicht den ihm liebsten seiner Gefährten.

[9] JBg., Bd. III, 197–198

27. Der Ruhm

Es wird wohl der Aufmerksamkeit des Lesers nicht entgangen sein, daß Freud schon vor seinem sechzigsten Lebensjahr Befürchtungen äußerte, daß die Quelle seines Werkes versiegen könnte und er sich der schlimmsten vorstellbaren Prüfung unterziehen müsse, was für ihn den Verlust oder die Minderung seiner intellektuellen Fähigkeiten bedeutet hätte.[1] An der Schwelle zum Alter erschien ihm jedes seiner Bücher so, als wäre es das letzte. 1925 schrieb er seine Selbstdarstellung wie einer, dessen Leben und Werk schon abgeschlossen hinter ihm liegen. Er war der Meinung, daß er »vielerlei Anfänge gemacht und manche Anregungen ausgeteilt habe, woraus dann in der Zukunft etwas werden soll« und dachte nicht, oder wagte es nicht zu glauben, daß vor ihm noch große Aufgaben lägen.
Wie wenig Grund er zu solchen Befürchtungen hatte, zeigt die Bibliographie seiner letzten fünfzehn Jahre recht deutlich, die eine stattliche Anzahl von Veröffentlichungen umfaßt, unter ihnen eine ganze Reihe bedeutender Werke. Zweifellos findet man dabei nicht mehr solche Donnerschläge, wie sie der ›Traumdeutung‹ folgten, aber sie lassen immer noch den gleichen Wissensdrang, die gleiche unerschöpfliche Wißbegier, die gleiche rührende Teilnahme den kleinen wie den großen Dingen des Lebens gegenüber erkennen. In der Frische und der Beweglichkeit des Geistes stehen die drei großen Bände, die seine Gesammelten Werke abschließen, in nichts den ersten nach.
Diese letzte Periode führte der Theorie kein wirklich neues Material mehr zu. Sie war, wenn auch nicht voll ausgeschöpft, so doch gut fundiert. Freud erschien es aber notwendig, sorgfältig eine seiner Konzeptionen abzuwandeln, die bis dahin den wenigsten Änderungen unterworfen, aber auch nur unzureichend entwickelt war: Der Begriff der neurotischen Angst; Ranks ›Trauma der Geburt‹ hatte ihr erneute Aktualität verliehen.
Nachdem sich Freud in Ranks Ideen vertieft hatte, schrieb er

[1] *Leben ohne Arbeit kann ich mir nicht recht behaglich vorstellen, Phantasieren und Arbeiten fällt für mich zusammen, ich amüsiere mich bei nichts anderem. Das wäre eine Anweisung auf das Glück, wenn nicht der entsetzliche Gedanke, daß die Produktivität ganz von einer empfindlichen Disposition abhängt, im Wege stünde. Was fängt man an einem Tag oder in einer Zeit an, in der die Gedanken versagen oder die Worte sich nicht einstellen wollen? Man wird ein Zittern vor dieser Möglichkeit nicht los. Darum habe bei aller Ergebung in das Schicksal, die einem ehrlichen Menschen geziemt, doch eine ganz heimliche Bitte: nur kein Siechtum, keine Lähmung der Leistungsfähigkeit durch körperliches Elend.*
In Harnisch laßt uns sterben, wie König Macbeth sagt. (Fr.-Pf., 6. 3. 1910, 32–33)

›Hemmung, Symptom und Angst‹.[2] Dieses Werk ist von besonderer Bedeutung, da es seine Theorie berichtigt. Die Angst war für Freud vorher das Ergebnis einer Libido-Umwandlung gewesen, ohne daß er jedoch hätte sagen können, worin eine solche Umwandlung bestand, noch wie sie vor sich ginge. Jetzt griff er auf eine Fußnote aus der ›Traumdeutung‹ zurück, in der die Angst auf die Geburt zurückgeführt wurde, die als »Quelle und Vorbild des Angsteffekts« bezeichnet wurde. Nun war er der Ansicht, daß die Angst nicht durch Verdrängung zustande käme, sondern im Gegenteil die Angst Verdrängung bewirke. Hierbei klammerte er nur die Fälle aus, in denen die Neurose direkt durch sexuelles Unbefriedigtsein hervorgerufen wird. So behielt er die klinische Anschauung von ›Angst- und Aktualneurosen‹ bei, deren Nützlichkeit manchen Analytikern schon lange zweifelhaft erschien. Obwohl es ihm schwer fiel, eine einmal gefaßte Meinung zu widerrufen, gestand Freud seinen Irrtum ein, sobald er sich selbst hatte davon überzeugen können.
Die zwischen 1925 und 1931 veröffentlichten Arbeiten sind wie eine Generalwiederholung der großen Kapitel des Freudschen Werkes.
Einige beziehen sich auf die Libidotheorie: das sind, außer dem Aufsatz, über den wir soeben sprachen, Abhandlungen über die libidinösen Typen, die weibliche Sexualität und die psychischen Folgen des anatomischen Geschlechtsunterschieds. Mit anderen, zu denen die ›Selbstdarstellung‹ zählt, will Freud die Bilanz aus der Psychoanalyse mit ihrem wissenschaftlichen und praktischen Bereich ziehen. Hierzu gehören ›Die Widerstände gegen die Analyse‹[3] und ›Die Frage der Laienanalyse‹.[4] In diesem letzten Werk verteidigt Freud energisch die Nichtmediziner unter den Analytikern sowohl gegen die Behörden als auch gegen die Analytiker, die ihnen vor allem in England und den Vereinigten Staaten die Ausübung des Berufes untersagen wollten.
Vor dem Ersten Weltkrieg gab es unter den Psychoanalytikern nur wenige Nicht-Mediziner – etwa zwei, den Pfarrer Pfister und Hermine Hug-Helmut, die sich übrigens ausschließlich der Kinderanalyse widmete. Während des Krieges begann Mélanie Klein ihre brillante Karriere als Kinderanalytikerin. Sie arbeitete zusammen mit Ferenczi an seiner Klinik in Budapest. Dann entschloß sich auch Rank zur Ausübung dieses Berufes; er beschränkte sich jedoch zuerst auf die Behandlung von Kindern, von der man damals unsinnigerweise der Ansicht war, daß sie weniger brennende Probleme stelle als die Behandlung Erwachsener. Die Zahl der Nicht-Mediziner stieg jedoch im Lauf der

[2] Hemmung, Symptom und Angst. G. W. XIV
[3] Die Widerstände gegen die Analyse. G. W. XIV
[4] Die Frage der Laienanalyse. G. W. XIV

Zeit langsam an, und so wurde es vor allem in Wien, wo ihre rechtliche Stellung außerordentlich schwierig war, nötig, ihre Stellung sowohl nach dem Legalitätsprinzip wie auch nach der internen Legalität der verschiedenen Gesellschaften rechtlich abzusichern.
Freud, der sich aus seiner Vergangenheit sehr wohl noch einen Groll gegen die Mediziner bewahrt haben konnte, griff in diese Debatte aus Anlaß eines Prozesses ein, den die österreichischen Behörden gegen Theodor Reik, einen der hervorragendsten Laienanalytiker der Wiener Vereinigung, angestrengt hatten. Im Jahr 1926 war Reik von einem seiner Patienten angeklagt worden, bei ihm verderbliche Praktiken angewandt zu haben. Der Kläger war aber offensichtlich geistesgestört und dank Freuds Intervention bei einem hohen Beamten, gewann Reik schließlich doch den Prozeß. Es muß bemerkt werden, daß sich die Wiener Presse mit wahrer Begeisterung der Affäre bemächtigt hatte. Freud war dadurch erbittert und fürchtete, dies könne zu einem Präzedenzfall führen. So verfaßte er in Eile seine Entgegnung auf diese neue Attacke. Analytiker vors Gericht zu zerren, das war, wie er in einem Brief an Eitington bemerkte, eine noch wirksamere und nicht weniger perfide Waffe als die alten Verleumdungen.

> Die Bewegung gegen die Laienanalyse scheint mir nur ein Ableger des alten Widerstands gegen die Analyse im allgemeinen zu sein. Unglücklicherweise sind viele unserer Mitglieder so kurzsichtig oder durch ihre Berufsinteressen so verblendet, daß sie sich dem anschließen. Ich sehe die ganze Bewegung als Ausdruck des Ärgers über das wohlwollende Interesse an, das mein 70. Geburtstag in der Außenwelt erregte, und fühle mich darum zum Teil dafür verantwortlich.[5]

Die in ›Psychoanalyse und Medizin‹ vertretenen Ideen[6] führten dazu, die Gegensätze zwischen den Europäern und den Angelsachsen zu verstärken. Die Angelsachsen forderten gerade zu dieser Zeit für ihren Beruf ein ärztliches Diplom. Bis heute setzt sich dieser Streit fort, obwohl er sich in der Praxis durch die geltenden Gesetze der verschiedenen Länder erledigt.
So nahm Freud den Kampf wieder mit Eifer auf und legte die außerordentliche Zurückhaltung ab, die er bis dahin den inneren

[5] JBg., Bd. III, 345
[6] Freud verknüpft sie direkt mit seiner Verteidigung der Psychoanalyse gegen die Übergriffe von seiten der Religion:
Ich weiß nicht, ob Sie das geheime Band zwischen der ›Laienanalyse‹ und der ›Illusion‹ erraten haben. In der ersten will ich die Analyse vor den Ärzten, in der anderen vor den Priestern schützen. Ich möchte sie einem Stand übergeben, der noch nicht existiert, einem Stand von weltlichen Seelsorgern, die Ärzte nicht zu sein brauchen und Priester nicht sein dürfen. (Fr.-Pf. 25. 11. 1928, 136)

Überzeugungen seiner Zeit gegenüber bewahrt hatte. Zweifellos enthielt sein Spätwerk eine scharfe Kritik sowohl an den moralischen und konfessionellen Ideen, als auch an den Lebenszielen seiner Epoche. Die Kritik übte er jedoch indirekt, indem er alle Gedanken und Verhaltensweisen auf ihre entfernten, infantilen Ursprünge zurückführte, die für das Individuum im Dunkel verborgen und für die Gesellschaft beschämend waren. Jetzt, gestützt auf das leidenschaftliche Interesse, das er nun allmählich in aller Welt hervorrief, sagte er seiner Zeit alles, was er von ihren Illusionen, ihren Hoffnungen und ihren infantilen Tröstungen hielt.

›Die Zukunft einer Illusion‹,[7] die 1927 niedergeschrieben wurde, nahm das Thema der Religion wieder auf, das schon in ›Totem und Tabu‹ behandelt worden war, mit dem Unterschied, daß sich Freud hier nicht mit der Psychologie der religiösen Tatsachen beschäftigte, sondern mit dem objektiven Wert des Glaubens und seiner Beziehung zur Wahrheit. Natürlich enthielt das kleine Buch zuerst ein atheistisches Bekenntnis und dann eine Betrachtung der religiösen Illusionen, die nicht ein Fehlurteil sind, sondern, so sublim sie auch sein mögen, eine Kompensation darstellen; ein tröstlicher Gedanke, ähnlich denen, die dem Kind das Gefühl seiner unendlichen Schwäche eingeben. Dieser Illusion, die das Individuum einschläfert, stellte Freud die Wissenschaft gegenüber, die nicht so allumfassend ist und nicht so mächtig, die dem Irrtum unterworfen, aber erwachsen ist, fähig, sich selbst zu berichtigen, und trotz all ihrer Versuche immer entwicklungsfähig. Freud entgegnete seinem imaginären Gesprächspartner, den er in das Streitgespräch eingeführt hatte: »Nein, unsere Wissenschaft ist keine Illusion. Eine Illusion aber wäre es zu glauben, daß wir anderswoher bekommen könnten, was sie uns nicht geben kann.«[8]

›Das Unbehagen in der Kultur‹ wurde drei Jahre später veröffentlicht und setzte diese Betrachtung über die Zukunft fort, die Freud zum ersten Mal mit seiner umfassenden Geschichtsforschung verknüpft. Nachdem er hier noch wesentlich unverhohlener an den antiquierten und, intellektuell betrachtet, regressiven Charakter der religiösen Illusion erinnert, fragt sich Freud, wohin diese hochentwickelte Kultur führt, auf die der Mensch von heute so stolz ist und die ihm auf der Suche nach seinem Glück so enorme Opfer auferlegt. Allem Anschein nach orientiert sie sich immer stärker auf eine Unterdrückung der Triebe hin, und Freud erblickt darin die Ursache für ihr Unbehagen, denn es ist Wahnsinn, die Natur über ein gewisses Maß hinaus zu unterdrücken, wie es auch Wahnsinn ist, der Subli-

[7] Die Zukunft einer Illusion. G. W. XIV
[8] a. a. O., 380

mierung der menschlichen Libido unbestimmte Grenzen anzuweisen. Vielleicht könnte die Abschaffung des Privateigentums, so wie sie von der jungen kommunistischen Gesellschaft durchgeführt wurde, eine Lösung bieten, denn Eigentum erzeugt tatsächlich Aggressivität und weckt den Destruktionstrieb, der immer wieder die Zivilisation bedroht. Ferner wäre es nötig, daß dies nicht den Mythos vom guten Menschen nach sich zieht, der natürlich dazu fähig ist, seinen eigenen Vorteil außer Acht zu lassen und der nach Höherem strebt, mit anderen Worten, sie müßte das Entstehen einer neuen, gefährlichen Illusion ausschließen.

> Die Schicksalsfrage der Menschenart scheint mir zu sein, ob und in welchem Maße es ihrer Kulturentwicklung gelingen wird, der Störung des Zusammenlebens durch den menschlichen Aggressions- und Selbstvernichtungstrieb Herr zu werden. In diesem Bezug verdient vielleicht gerade die gegenwärtige Zeit ein besonderes Interesse. Die Menschen haben es jetzt in der Beherrschung der Naturkräfte so weit gebracht, daß sie es mit deren Hilfe leicht haben, einander bis auf den letzten Mann auszurotten. Sie wissen das, daher ein gut Stück ihrer gegenwärtigen Unruhe, ihres Unglücks, ihrer Angststimmung. Und nun ist zu erwarten, daß die andere der beiden »himmlischen Mächte«, der ewige Eros, eine Anstrengung machen wird, um sich im Kampf mit seinem ebenso unsterblichen Gegner zu behaupten.[9]

Während dieser Jahre, in denen Schwäche und tägliche Leiden ihn zum Teil von der Welt fernhielten und in denen die Welt sehr zögernd zu ihm zu kommen begann, beschäftigte sich Freud nicht nur mit den letzten großen Fragen und den etwas praktischeren Problemen, die die Zukunft der Psychoanalyse betrafen. Er kam auf die Gegenstände seiner alten Neigungen zurück: Auf das Unbewußte und den Traum, die im Grunde niemals aufgehört hatten, seine Gedanken zu beschäftigen. In einer kleinen Abhandlung, die seltsamerweise die Überschrift ›Notiz über den ‹Wunderblock›‹[10] trägt, versuchte er noch einmal die spezifischen Eigenheiten der Welt des Unbewußten, die er entdeckt hatte, greifbar zu machen. Er verglich hier das Unbewußte mit diesen kleinen Gedächtnishilfen, in die sich die Schrift mit Hilfe eines spitzen Stilus auf eine Fläche eindrückt, die aus zwei übereinanderliegenden Schichten besteht. Das Oberflächenblatt besteht aus Celluloid, das darunterliegende ist ein mit Wachs beschichtetes Papier. Will man die flüchtigen Tagesnotizen löschen, so muß man die beiden Blätter voneinander lösen. Betrachtet man aber das ›tiefe‹ Blatt aufmerksam, so wird man

[9] Das Unbehagen in der Kultur. G. W. XIV, 506
[10] Notiz über den »Wunderblock«. G. W. XIV

gewahr, daß sich bei ihm, wie bei unserem Unbewußten alles eingeprägt hat und es niemals gelöscht wird; jeder Buchstabe hat eine unauslöschbare Spur hinterlassen.
Einen Anlaß, in diesen Jahren auf das Thema des Traumes zurückzukommen, bot ein französischer Schriftsteller, Maxime Leroy. In seinem Buch ›Descartes, le philosophe au masque‹[11] bringt Leroy einen Traum Descartes' und bittet Freud, ihn nach seiner Methode zu interpretieren. Freud geht bereitwillig darauf ein, ist aber zumindest beeindruckt, wenn nicht sogar eingeschüchtert durch den immensen Zuschnitt der Persönlichkeit und gibt so seine Deutungen nur zurückhaltend, in Anspielungen, wie es seiner sonstigen Art widersprach. Psychoanalytiker könnten ihr Vergnügen daran haben, den analytischen Inhalt dieses Traumes genau herauszuarbeiten, den Freud, indem er einmal seine Regel der absoluten Offenheit außer acht ließ, etwas ungeschickt verschleiert hat.
Hier Descartes' Träume, wie sie Maxime Leroy im vierten Kapitel seines Buches, das die Überschrift trägt: ›Les Songes d'une nuit de Souabe‹, berichtet:

Alors, dans la nuit, oú tout est fièvre, orage, panique, des fantômes se lèvent devant le songeur. Il essaie de se lever, pour le chasser. Mais il retombe, honteux de lui-même, en sentant une grande faiblesse l'incommoder au côté droit. Brusquement, s'ouvre une fenêtre de sa chambre. Epouvanté, il se sent emporté dans les rafales d'un vent impétueux, qui le fait pirouetter plusieurs fois sur le pied gauche.
«Se traînant et titubant, il arrive devant les bâtiments du collège où il a été élevé. Il tente un effort désespéré pour entrer dans la chapelle, afin d'y faire ses dévotions. A ce moment, des passants arrivent. Il veut s'arréter, leur parler; il remarque que l'un d'eux porte un melon. Mais un vent violent le repousse vers la chapelle.
«Il ouvre alors les yeux, tiraillé par une vive souffrance au côté gauche. Il ne sait s'il rêve ou s'il est éveillé. Mal éveillé, il se dit qu'un mauvais génie a voulu le séduire et il murmure quelque prière, pour l'exorciser.
«Il se rendort. Un coup de tonnere le réveille, remplissant sa chambre d'étincelles. Il se demande une fois encore s'il dort ou s'il veille, si c'est rêve ou rêverie, ouvrant et fermant les yeux pour trouver une certitude; puis, rassuré, il s'assoupit, la fatigue l'emportant.
«Le cerveau en feu, ces rumeurs et ces sourdes souffrances l'excitant, Descartes ouvre un dictionnaire, puis un recueil de poésies. Ce marcheur intrépide rêve sur ce vers: Quod vitae sectabor iter? Encore un voyage au pays des songes? Alors, soudain, un homme qu'il ne connaît pas, survient, prétendant lui faire lire une pièce d'Ausone, commencant par ces mots: Est et non. Mais l'homme disparaît, un autre survient. Le livre s'évanouit à son tour, puis revient, orné de portraits en taille douce. La nuit s'apaise, enfin.[12]

[11] Édition Rieder, 1929
[12] Brief an Maxime Leroy. Über einen Traum des Cartesius. G. W. XIV, 558–559

Dieser Traum, oder besser gesagt diese Traumserie, wurde von Descartes selbst analysiert. Hier nun, was Freud in einem Brief in französischer Sprache hinzufügt:

En prenant connaissance de votre lettre me priant d'examiner quelques rêves de Descartes, mon premier sentiment fut une impression d'angoisse, car travailler sur des rêves sans pouvoir obtenir du rêveur lui-même des indications sur les relations qui peuvent les relier entre eux ou les rattacher au monde extérieur – et c'est bien le cas lorsqu'il s'agit des rêves de personnages historiques – ne donne, en règle générale, qu'un maigre résultat. Par la suite, ma tâche s'est révélée plus facile que je ne m'y attendais; pourtant le fruit de mes recherches vous apparaîtra sans doute beaucoup moins important que vous n'étiez en droit de l'espérer.

Les rêves de notre philosophe sont ce que l'on appelle des «rêves d'en haut« (Träume von oben). C'est-à-dire des formations d'idées qui auraient pu être créées aussi bien pendant l'état de veille que pendant l'état de sommeil et qui, en certaines parties seulement, ont tiré leur substance d'états d'âme assez profonds. Aussi ces rêves présentent-ils le plus souvent un contenu à forme abstraite, poétique ou symbolique.

L'analyse de ces sortes de rêves nous amène communément à ceci: nous ne pouvons pas comprendre le rêve; mais le rêveur – ou le patient – sait le traduire immédiatement et sans difficulté, étant donné que le contenu du rêve est très proche de sa pensée consciente. Il reste alors encore quelques parties du rêve au sujet desquelles le rêveur ne sait que dire: ce sont, précisément, les parties qui appartiennent à l'inconscient et qui, sous bien des rapports, sont les plus intéressantes.

Dans le cas le plus favorable, on explique cet inconscient en s'appuyant sur les idées que le rêveur y a ajoutées.

Cette façon de juger les «rêves d'en haut» (et il faut entendre ce terme dans le sens psychologique, et non dans le sens mystique) est celle qu'il y a lieu d'observer dans le cas des rêves de Descartes.

Notre philosophe les interprète lui-même et, nous conformant à toutes les règles de l'interprétation des rêves – nous devons accepter son explication, mais il fout ajouter que nous ne disposons pas d'une voie qui nous conduise au delà.

Confirmant son explication, nous dirons que les entraves qui empêchent Descartes de se mouvoir avec liberté nous sont exactement connues: c'est la représentation, par le rêve, d'un conflit intérieur. Le côté gauche est la représentation du mal et du péché et le vent celle du «mauvais génie» (animasmus).

Les différentes personnes qui se présentent dans le rêve ne peuvent naturellement être identifiées par nous, bien que Descartes, questionné, n'eût pas manqué de les identifier. Quant aux éléments bizarres, peu nombreux d'ailleurs, et presqu'absurdes, comme, par exemple, «le melon d'un pays étranger», et les petits portraits, ils restent inexpliqués.

Pour ce qui est du melon, le rêveur a eu l'idée (originale) de figurer de la sorte «les charmes de la solitude, mais présentés par des

sollicitations purement humaines». Ce n'est certainement pas exact, mais ce pourrait être une association d'idées qui mènerait sur la voie d'une explication exacte. En corrélation avec son état de péché, cette association pourrait figurer une représentation sexuelle, qui a occupé l'imagination du jeune solitaire.
Sur les portraits, Descartes ne donne aucun éclaircissement.[13]

Die außergewöhnliche literarische Produktion dieser Jahre wäre schon allein überraschend; sie ging aber neben vielen anderen Tätigkeiten einher, die Freud, trotz Alter und nahezu unablässiger körperlicher Schmerzen weder unterlassen konnte noch wollte. Nach dem Krieg hatte er kaum noch Kranke zur Behandlung angenommen; er wollte sich der Ausbildung junger, ausländischer Analytiker widmen, von denen immer mehr nach Wien kamen. Und obwohl er viele abweisen mußte, war mit diesen ›Lehranalysen‹ ein guter Teil seines Tages ausgefüllt.
Daneben galt es aber auch, vielerlei Fragen des geistigen und sozialen Lebens der psychoanalytischen Bewegung zu lösen, von denen sich Freud um so weniger distanzieren konnte, als sie nun an einem entscheidenden Punkt ihrer Entwicklung angelangt war. Überall entstanden neue psychoanalytische Gesellschaften; es wurden neue Institute, zum Teil auf privater Basis gegründet, an denen die Ausbildung sorgsam überwacht wurde. Als Modell diente dabei das Berliner Institut, das 1922 durch eine großzügige, geheime Stiftung Max Eitingtons eine Poliklinik erhalten hatte. Freud konnte keinesfalls all diesen Unternehmen seine Unterstützung versagen. Ebensowenig konnte er die jährlichen internationalen Kongresse, bei denen seine Mitteilungen, obwohl er nicht anwesend war, immer noch die Hauptattraktion bildeten, ohne ein Zeichen von ihm lassen. Dazu kamen noch die unablässigen finanziellen Schwierigkeiten des Verlages, an dem ihm persönlich sehr viel gelegen war, der Ausbau der psychoanalytischen Zeitschriften, der allen natürlich ein Übermaß an Arbeit abverlangte und endlich die enorme Korrespondenz, die der alte und nun berühmte Gelehrte mit der ganzen Welt unterhielt. Wenn man das alles in Betracht zieht, bekommt man eine Ahnung von der tatsächlich aufreibenden Arbeit, die er beharrlich bis zum Ende bewältigen mußte.
Die Briefe dieser Epoche, von denen leider nur eine geringe Anzahl veröffentlicht ist, lassen diesen unveränderten Geist erkennen, der vielleicht nicht ganz ohne Bitterkeit und eine etwas stärker als früher ausgeprägte Neigung zum Skeptizismus war, aber immer noch ebenso durchdringend scharf und unnachgiebig wie stets, wenn es um die Wahrheit ging. Ehrungen begannen ihm lästig zu werden und rührten ihn nicht mehr, Schmeiche-

[13] a. a. O., 558–560

leien irritierten ihn, Sympathiebeweise waren seiner Meinung nach mehr auf die Publizität und den Konformismus zurückzuführen als auf ein wirkliches Verstehen seiner Ideen. Als die Stadt Wien, in der die Sozialdemokraten nun die Mehrheit hatten, ihm zu seinem achtundsechzigsten Geburtstag den Titel des ›Ehrenbürgers‹ verlieh, schrieb er an Abraham:

> Die Idee, daß der übermorgen bevorstehende achtundsechzigste Geburtstag der letzte sein könnte, muß sich auch anderen aufgedrängt haben, denn die Stadt Wien hat sich beeilt, mir zu diesem Tag die Ehre ihres Bürgerrechts zu verleihen, die sonst auf den siebzigsten zu warten pflegt.[14]

Und an Ferenczi, der fragte, was dieser Titel bedeute, schrieb er folgendes:

> Über mein Wiener Bürgerrecht, nach dem Sie sich erkundigen, ist wenig zu sagen. Seine Verwendung scheint wesentlich eine rituelle zu sein: man kann Schabbes davon machen.[15]

Dieselbe Unbeugsamkeit spricht aus einem Brief an Stekel, den wahrscheinlich das in Wien verbreitete Gerücht über Freuds Gesundheitszustand mit Sorge und Schmerz erfüllte. Er hatte Freud gebeten, ihre alten Streitigkeiten zu vergessen und seine Hilfe im Streit gegen die gemeinsamen Feinde der Sache anzunehmen:

> Ich bestätige den Empfang Ihres Schreibens vom 31. Dezember 1923 und danke Ihnen für den Ausdruck Ihrer guten Wünsche aus Anlaß der Besserung in meinem Befinden. Ich kann es aber nicht unterlassen, Ihnen in einigen wichtigen Punkten zu widersprechen.
> Sie irren, wenn Sie glauben, daß ich Sie hasse oder gehaßt habe. Der Sachverhalt ist, daß ich nach anfänglicher Sympathie – Sie erinnern vielleicht noch, wie unsere Beziehungen begonnen haben – mich durch viele Jahre über Sie ärgern mußte, während ich Sie gegen die Abneigung aller mich Umgebenden zu verteidigen hatte, und daß ich mit Ihnen brach, nachdem Sie mich bei einem bestimmten Anlaß in garstiger Weise hintergangen hatten. (Sie erwähnen diesen Anlaß – Zentralblatt – niemals in Ihren Briefen.) Damals habe ich das Vertrauen zu Ihnen verloren und seither nichts an Ihnen erlebt, was es hätte wiederbringen können.
> Ich widerspreche auch Ihrer so oft wiederkehrenden Behauptung, Sie seien von mir wegen wissenschaftlicher Differenzen verstoßen worden. Das macht sich vor der Öffentlichkeit recht gut, entspricht aber nicht der Wahrheit. Einzig und allein Ihre persönlichen Eigenschaften – was man als Charakter und Benehmen beschreibt – haben uns, meinen Freunden und mir, das Zusammenarbeiten mit

[14] JBg., Bd. III, 127
[15] a. a. O., 127

Ihnen unmöglich gemacht. Da Sie sich gewiß nicht ändern werden – Sie haben es nicht nötig, denn die Natur hat Sie mit einem ungewöhnlichen Maß von Selbstzufriedenheit begabt –, kann auch unser Verhältnis nicht viel anders werden, als es in den letzten zwölf Jahren war. Ich werde mich nicht ärgern, wenn ich höre, daß Ihre ärztliche und literarische Tätigkeit Ihnen Erfolge bringen, ich anerkenne, daß Sie der Analyse treu geblieben sind, daß Sie ihr viel genützt haben; Sie haben ihr auch viel geschadet.[16]

Gewiß hat der Lärm, den man um Freuds Namen machte, nicht immer dazu beigetragen, ihn mit seinen Zeitgenossen zu versöhnen, die, mit Ausnahme einiger fortschrittlich Denkender, einfach zu lange brauchten, um sein Genie zu erkennen. In Amerika nahm die plötzliche Schwärmerei der Menschen die dort üblichen Formen an: Presse und Öffentlichkeit und sogar der Film mischten sich ein, als Samuel Goldwyn Freud anbot, einen ›psychoanalytischen‹ Film zu drehen, in dem berühmte Liebesszenen aus allen Epochen gezeigt werden sollten. Im Prinzip hatte Freud, wie wir schon sahen, nichts gegen eine Verbreitung seiner Ideen einzuwenden. Er war über diesen Vorschlag auch nicht entsetzt und meinte, sein Mitwirken würde für Ernsthaftigkeit garantieren. Außerdem war die Kasse des Verlags wieder einmal leer und der Vertrag verlockend: so willigte er ein – und bereute sogleich seine Naivität. Die in Angriff genommenen Vorbesprechungen wurden abgebrochen und das Projekt von deutschen Analytikern – ohne großen Erfolg – wieder aufgenommen.
Europa verhielt sich zurückhaltender; die Wissenschaftler aller Länder verharrten in dem Schweigen, das sie schon in der Vergangenheit bewahrt hatten. Nur England bildete hier eine Ausnahme; es verlieh Freud etwas später die höchste Auszeichnung, die er jemals empfing: er wurde Ehrenmitglied der Royal Society of Medicine. In Frankreich unterlag die Medizin immer den übelwollenden und sogar unehrenhaften Kritikern,[17] auf die sich Pierre Janet seit Charcot spezialisiert hatte. Und nicht durch die Medizin, sondern durch die Literatur erwachte ein teilweise aktives Interesse für Freud bei einem kultivierten Publikum. André Breton, dessen Freunde und später André Gide, der

[16] W. Stekel, 13. Jan. 1924: Br. 347

[17] 1932 schrieb Dr. Génil-Perrin, Chefarzt des ›Asiles de la Seine‹ in der Zeitschrift ›Maladies nerveuses et mentales‹ (Larousse, 1932): Auf dem Gebiet der Geisteskrankheiten verdient die Freudsche Richtung lobende Erwähnung [. . .] Die Psychoanalyse kommt einem religiösen Erwachen gleich; einem Aufwallen des Mystizismus. So ist sie in der Lage Menschen zu helfen, die zu früh dem mystischen Gedanken entsagt haben. Er führt dann den endgültigen Urteilsspruch F. Achille-Delmas' an: Sigmund Freud ist als Psychiater unwissend und als Kliniker unfähig. In Freuds Psychiatrie ist alles neu, aber nichts gut. In Freuds Psychiatrie gibt es Gutes und Neues; aber das was neu ist, ist nicht gut, und das, was gut ist, ist nicht neu.

in der ›Nouvelle Revue Française‹ einen Ehrenplatz für Freud forderte, traten mit Wort und Tat für die Psychoanalyse ein, in der die Gelehrten und Akademiker nichts weiter sehen wollten als eine erneute germanische Ausschreitung, die vom ›schlechten Geschmack‹ und Irrationalismus gekennzeichnet sei, zwei Kriterien, die mit dem ›französischen Genie‹ unvereinbar seien.

Seit 1926 jedoch bereitete die Psychoanalytische Vereinigung von Paris, die durch die Tatkraft Eugénie Sokolnickas, einer Schülerin von Freud und Ferenczi, gegründet worden war, eine weitere Verbreitung von Freuds Ideen in psychiatrischen Kreisen vor; zudem stellte Edouard Pichon, Spitalsarzt, Kinderpsychiater und bekannter Linguist, seine unentbehrliche Arbeitskraft der Gesellschaft zur Verfügung, indem er das französische psychoanalytische Vokabular sorgfältig ausarbeitete.

Die Psychoanalyse wurde in Frankreich durch Prinzessin Marie Bonaparte sehr gefördert, einer Schülerin und Freundin Freuds, die während dieser Jahre das feste Band zwischen Paris und Wien darstellte. Außer ihren eigenen Arbeiten, die, wie die Studie über Edgar Allan Poe, sehr bekannt sind, übersetzte sie viele Werke ihres Lehrers, mit dem sie eine unzerstörbare Freundschaft verband. Ihrer Initiative, ihrer moralischen und materiellen Unterstützung ist das erste französische Institut für Psychoanalyse zu verdanken. Ihm vermachte sie ihre bedeutende Bibliothek und bis dahin unveröffentlichte Dokumente. Ihr Mut, ihre Intelligenz und Ergebenheit ermöglichten es Freud und seiner Familie, 1938 noch rechtzeitig den Nazis zu entkommen.

Die Situation in Deutschland war eine andere. Hier waren die durch Freud verursachten Polemiken älter und härter, und fanatischer waren auch die Zustimmungen, die für die unruhigen Intellektuellen der Zwischenkriegsgeneration oft die Bedeutung eines politischen Glaubensbekenntnisses hatten. Trotz einiger Aufsehen erregender ›Konversionen‹ von Ärzten und Psychiatern stand die Mehrheit der deutschen Mediziner der Psychoanalyse durchaus feindlich gegenüber und, wie in Frankreich, so wurden auch hier Ehre und Intelligenz durch Schriftsteller und Künstler gerettet. Während der politischen Unruhen, die der Machtergreifung durch die Nazis vorausgingen, sahen alle gebildeten Deutschen in Freud nicht nur eine der größten Persönlichkeiten ihrer Zeit, sondern auch ein Vorbild an unbeugsamer, mutiger Geisteshaltung.

Viele der bekanntesten Schriftsteller zählten seit langem zu seinen Freunden. Er korrespondierte mit Arthur Schnitzler, Stefan und Arnold Zweig und Thomas Mann, der unter den deutschen Briefschreibern einen hervorragenden Platz einnahm und die seltene Gabe besaß, seinen eigenen Ruhm Freud zur Verfügung zu stellen, gleichsam als wolle er die Dummheit und Ungerechtigkeit seiner Landsleute wieder gutmachen. Ab 1926 waren die Geburtstage Freuds nicht mehr nur Angelegenheit eines kleinen Kreises von Getreuen, sondern sie wurden zu einem literarischen Ereignis, zum Anlaß öffentlicher Würdigungen, an denen sich die geistige Elite beteiligte. 1930 schlug Dr. Alfons Paquet, Sekretär im Kuratorium des Goethe-Preises der Stadt Frankfurt, Freud aufgrund seines gesamten Werkes für den Goethepreis vor, obwohl es nicht genau den Forderungen des Statuts entsprach. Dieser Vorschlag löste einen gewaltigen Sturm aus, aber Alfons Paquet, Alfred Döblin[18] und andere Persönlichkeiten blieben fest und trugen letzten Endes den Sieg davon, so daß Freud, der auf so viele ihm zustehende Genugtuungen hatte verzichten müssen, die einzige Auszeichnung erhielt, an die er niemals zu denken gewagt hatte. Am 3. August 1930 drückte er Alfons Paquet gegenüber seinen Dank aus:

> Ich bin durch öffentliche Ehrungen nicht verwöhnt worden und habe mich darum so eingerichtet, daß ich solche entbehren konnte. Ich mag aber nicht bestreiten, daß mich die Verleihung des Goethe-Preises der Stadt Frankfurt sehr erfreut hat. Es ist etwas an ihm, was die Phantasie besonders erwärmt und eine seiner Bestimmungen räumt die Demütigung weg, die sonst durch solche Auszeichnungen mitbedingt wird.
> Für Ihren Brief habe ich Ihnen besonderen Dank zu sagen, er hat mich ergriffen und verwundert. Von der liebenswürdigen Vertiefung in den Charakter meiner Arbeit abgesehen, habe ich doch nie zuvor die geheimen persönlichen Absichten derselben mit solcher Klarheit erkannt gefunden wie von Ihnen und hätte Sie gern gefragt, woher Sie es wissen.
> Leider erfahre ich aus Ihrem Brief an meine Tochter, daß ich Sie in nächster Zeit nicht sehen soll, und Aufschub ist in meinen Lebenszeiten immerhin bedenklich. Natürlich bin ich gern bereit, den von Ihnen angekündigten Herrn (Dr. Michel) zu empfangen.
> Zur Feier nach Frankfurt kann ich leider nicht kommen, ich bin zu gebrechlich für diese Unternehmung. Die Festgesellschaft wird nichts dadurch verlieren, meine Tochter Anna ist gewiß angenehmer anzusehen und anzuhören als ich. Sie soll einige Sätze vorlesen, die Goethes Beziehungen zur Psychoanalyse behandeln und die Analytiker selbst gegen den Vorwurf in Schutz nehmen, daß sie durch analytische Versuche an ihm die dem Großen schuldige Ehrfurcht verletzt haben.[19]

Der fünfundsiebzigste Geburtstag des Gelehrten, der nun als einer der größten lebenden Juden galt – neben Bergson und Einstein –, war in der ganzen Welt durch unzählige Sympathie-

[18] Alfred Döblin, Schriftsteller und Gründer der expressionistischen Zeitschrift ›Der Sturm‹, war Arzt und arbeitete an der Berliner Psychoanalytischen Poliklinik.
[19] Goethe-Preis 1930. Brief an Dr. Alfons Paquet. G. W. XIV, 545–546

kundgebungen gekennzeichnet. Ihnen konnte Freud entnehmen, daß sich die Zeiten überall, außer in Wien, wirklich geändert hatten. Das berühmte Haus in der Berggasse wurde von Telegrammen, Geschenken und Blumen überflutet und Freud erhielt in seinem Krankenzimmer Ehrungen seiner berühmtesten Zeitgenossen: Romain Rolland, H. G. Wells, Einstein, Selma Lagerlöf, Theodor Dreiser und vieler anderer. Er hatte erst kurz vorher eine schwere Operation über sich ergehen lassen müssen, war vom Hunger ausgemergelt, unfähig zu sprechen und konnte nicht einen einzigen seiner Freunde empfangen. In Dresden war der VI. Kongreß der Psychiatrie unter dem Vorsitz des berühmten Kretschmer der Psychologie des Traumes gewidmet. In New York waren zweihundert Persönlichkeiten zusammengekommen, um den Geburtstag zu feiern. In einer großen Berliner Zeitung konnte man die folgende Huldigung Freuds durch Thomas Mann lesen:

> Die aufrichtigste Bewunderung für den großen Forscher im Menschlichen und sein Wahrheitswissertum gehört längst zu meinem inneren Bestande. Ja, er hat viel von Dürers Ritter zwischen Tod und Teufel, auf den Nietzsche anzuspielen scheint, wenn er von einem anderen Verwandten Freuds, von Schopenhauer, sagt: »Ein Mann und Ritter mit erzenem Blick, der den Mut zu sich selber hat, der allein zu stehen weiß und nicht erst auf Vordermänner und höhere Winke wartet.«
>
> Er hat nie Rücksicht darauf genommen, daß der Mensch nur vernimmt, was ihm schmeichelt, hat nicht mit dem Frommen von der Tugend Lohn gesprochen, mit Ixion von der Wolke, mit Königen vom Ansehen der Person und von Freiheit und Gleichheit mit dem Volke. Er hat Illusionen zerstört, die Menschheit mit Erkenntnissen skandalisiert, deren radikaler Naturalismus ihre ›Würde‹ zu bedrohen schien, und Widerstände hervorgerufen, deren Gründe ihm offenlagen. Aber alle Kritik an seinem Werk – ich meine natürlich jene Kritik, die nicht über die Analyse hinaus, sondern hinter sie zurückweist – hat etwas unendlich Müßiges und Steriles, auch da noch, wo sie recht hat, und es ist schwer zu verstehen, daß diejenigen, die sich spottend und scheltend damit abmühen, der Grundlosigkeit ihres Tuns nicht innewerden.
>
> Freuds Werk, dies persönlichkeitsgeborene und weltverändernde Werk eines tiefen Vorstoßes ins Menschliche, von der Seite der Krankheit her, ist heute schon eingegangen ins Leben und in unser aller Bewußtsein, und ich sagte gewiß nicht zuviel, als ich es, am Ende einer ausführlicheren essayistischen Ehrerweisung, einen der wichtigsten Bausteine nannte, die beigetragen worden sind zum Fundament der Zukunft, der Wohnung einer freieren und wissenden Menschheit.
>
> Ich bin froh, daß ich doch einmal, wenn auch zu spät, als daß noch irgendwelches Verdienst damit hätte verbunden sein können, ein solches Bekenntnis zu ihm abgelegt habe – froh namentlich deshalb, weil es den großen alten Mann gefreut hat. Seine Erkenntlich-

keit dafür, daß ich ihn »in den Zusammenhang des deutschen Geisteslebens eingereiht hätte«, ihn, »der für diese Nation ein Fremdkörper zu sein vermeinte«, hat mich tief ergriffen. Ich wäre sehr versucht, aus dem großartigen Briefe, den er mir damals schrieb, mehreres Charakteristische und Aufschlußreiche mitzuteilen, darf es aber nicht ohne seine Erlaubnis. Nur einen Satz noch daraus anzuführen will ich mir die Freiheit nehmen, weil doch den Lesern ein unbekanntes Wort Freuds willkommener sein muß, als jedes Wort über ihn: »Ich habe immer Dichter bewundert und – beneidet, besonders, wenn sie wie das Ideal meiner Jugend, Lessing, ihre Kunst dem Denken unterwarfen und sie in dessen Dienst stellten.«[20]

Im gleichen Jahr – 1931 –, das den wirtschaftlichen Zusammenbruch Österreichs und Deutschland die ersten Vorstöße des Nationalsozialismus zur Macht brachte, nahm die Veröffentlichung der Gesammelten Werke Freuds das Ausmaß eines symbolischen Ereignisses an. Die Intellektuellen der extremen Linken, für die eine verzweiflungsvolle Zeit unnützer Kämpfe begann, fühlten, daß die psychoanalytische Revolution nun nicht mehr von der politischen zu trennen war. Die literarische und politische Zeitschrift ›Die Weltbühne‹, deren Herausgeber, Karl von Ossietzky, eines der ersten Opfer der Nazis sein sollte, veröffentlichte mit der Unterschrift Kurt Tucholskys eine der schönsten Würdigungen. Sicher ist es die gerechteste, die Freud von einem Lebenden erwarten durfte:

Die Gesamtausgabe der Freudschen Schriften ist da. Elf Bände, die die Welt erschütterten.

Einer der wenigen Männer, die diesen Mann richtig sehen, scheint Freud zu sein. Mit dem Lorbeergemüse seines Ruhms kann er die faulen Äpfel seiner Tadler garnieren, und wenn er weise ist, sieht er die Schar seiner Schüler an und denkt sich sein Teil. Lassen wir die schlechten Schüler, halten wir uns an die guten und halten wir uns an ihn.

Es ist das Schicksal der Wahrheiten, hat Schopenhauer gesagt, daß sie erst paradox erscheinen und dann trivial. An Freud ist das genau zu studieren. Die Gesamtausgabe seiner Schriften zeigt aber noch etwas andres.

Langsam beginnt sich das Fleisch von diesem Werk zu lösen, das Zufällige, das Alltägliche – und es bleibt das Skelett. Wir können nicht sehen, was davon noch im Jahre 1995 lebendig sein wird, und ob überhaupt noch etwas lebendig sein wird, nämlich in der Form, die er ihm gegeben hat. Fortwirken wird es, das kann man sagen. Er hat eine Tür aufgemacht, die bis dahin verschlossen war.

Es gibt Partien in diesen elf Bänden, besonders in den ersten, die muten an wie ein spannender Kriminalroman. Wie da die Theorien

[20] Thomas Mann; Ritter zwischen Tod und Teufel. In: Reden und Aufsätze I, 242 bis 243. Frankfurt 1965

langsam keimen und aus den platzenden Hüllen kriechen, wie sie sich scheu ans Licht wagen, ins Helle sehen und plötzlich sehr bestimmt und fest auftreten: Nun sind sie da und leben und wirken. Die Darstellungskunst Freuds ist fast überall die gleiche: in den grundlegenden Schriften, in den kleinen Aufsätzen, so in dem wunderschönen Gedächtnisartikel für Charcot – überall ist ein klarer, methodisch ordnender Geist am Werk.
Das Modische an diesen Schriften wird vergehen; die kindische Freude der Amerikaner und sonstiger puritanisch verbildeter Völker, nun einmal öffentlich über Sexualität sprechen zu können... das hat mit Freud nicht viel zu tun. Bleiben wird der große Erneuerer alter, verschütteter Wahrheiten – der Wahrheit: Der Wille des Menschen ist nicht frei.
Das schön gedruckte und gut gebundene Werk ist im Internationalen Psychoanalytischen Verlag zu Wien erschienen. Es finden sich darin auch die jüngsten Schriften Freuds, auf die immer wieder hingewiesen werden muß, als letzte die »Zukunft einer Illusion«. Es fehlt noch das »Unbehagen in der Kultur«; ein zwölfter Band wird erscheinen. Die Grenzen Freuds werden in seinem Gesamtwerk erkenntlich. Er ist nicht der liebe Gott, doch hat er uns gelehrt, wieviel Krankheitsgeschichte in den gereizten Kritiken über ihn zu finden ist. Für halbgebildete Katholiken sei gesagt: Es ist die Bibel der Gottlosen. Josef Wirth darf das falsch zitieren. Man versteht nicht, wenn man diese Bände nicht kennt. Sigmund Freud wird am sechsten Mai fünfundsiebzig Jahre alt. Wir grüßen ihn voller Liebe und Respekt.[21]

[21] K. Tucholsky; Auf dem Nachttisch. In: Die Weltbühne, Mai 1931

28. Der Mann Moses und das Exil

In dem Moment, als er den Goethe-Preis erhielt, mußte Freud spüren, daß sein Leben nun in eine melancholische Phase eintrat. Er hatte nichts wirklich Neues mehr zu sagen, und so galt es nur noch auf den Tod zu warten und sich gleichzeitig gegen die Entstellungen der Geschichte zu schützen. Für diesen Menschen, für den der Gedanke nichts anderes als eine lange Tätigkeit gewesen war, mußte das sich selbst überleben, inmitten der Gegenwart als ein Monument aufgerichtet zu werden, eine deprimierende Aussicht sein, mit der er sich niemals zufriedengeben wollte. Der Tod seiner Mutter, der nach langsamem Verfall im Alter von 95 Jahren doch überraschend gekommen war, gab ihm endlich Hoffnung darauf, allem zu entrinnen – aufgrund einer einzigen Überlegung, die er sich schon viele Male zu eigen gemacht hatte und die er in einem Brief an Ferenczi wieder aufnimmt:

> Vor allem herzlichen Dank für Ihre schönen Worte zum Tod meiner Mutter. Es hat merkwürdig auf mich gewirkt, dies große Ereignis. Kein Schmerz, keine Trauer, was sich wahrscheinlich aus den Nebenumständen, dem hohen Alter, dem Mitleid mit ihrer Hilflosigkeit am Ende, erklärt, dabei ein Gefühl der Befreiung, der Losgesprochenheit, das ich auch zu verstehen glaube. Ich durfte ja nicht sterben, solange sie am Leben war, und jetzt darf ich. Irgendwie werden sich in tieferen Schichten die Lebenswerte merklich geändert haben.
> Ich war nicht beim Begräbnis, Anna hat mich auch dabei vertreten. Sie ist heute mit ihrer Freundin Dorothy auf eine Schweizer-italienische Tour gegangen, zu der ich ihr nur besseres Wetter wünschen muß.
> Die schauerlichen Zeitungsnachrichten über meine Gesundheit werden auch zu Ihnen gelangt sein. Ich finde sie sehr interessant, als Beweis für die Schwierigkeit, der Öffentlichkeit und Allgemeinheit etwas aufzudrängen, was sie nicht mag. Sie sind nämlich die Reaktion auf den Goethepreis und dürfen uns vor der Täuschung warnen, daß der Widerstand gegen die Analyse in praktisch fühlbarer Weise nachgelassen hat. [. . .]
> . . .
> Ich freue mich, daß Sie arbeiten. Mit den Gratulationen zum Preis, den Kondolenzen zur eigenen Todeskrankheit und jetzt zum Tod der Mutter, mit den Unbehaglichkeiten der anhaltenden Abstinenz vom Rauchen, komme ich zu nichts.[1]

Wie schon so oft, so fühlte sich Freud jetzt endgültig unproduktiv; seine siebzig Jahre, das körperliche Leiden und die damit

[1] Fer., 16. Sept. 1930: Br. 396–397

verbundenen Operationen schienen ihn dazu auch zu berechtigen. Seine literarische Aktivität war noch weit von ihrem Ende entfernt, doch war sie jetzt nicht seine Hauptaufgabe; es galt nun vor allem, sich gegen die Übertreibungen des Ruhms – von welcher Seite auch immer – zu wehren und ein exaktes Bild seiner Person und seines Lebens zu geben. Wenn ihn auch Angriffe oder die Tücke gewisser Elogen schmerzten, so duldete er jedoch ebensowenig zu eifrige Verteidigung, die aus ihm eine konventionelle Persönlichkeit gemacht und so seine Menschlichkeit geschmälert hätte. Ein Großteil seiner Korrespondenz der letzten Jahre zeigt diese beständige Besorgtheit, alle Irrtümer richtigzustellen, die bereits auf seine Rechnung gemacht wurden, ob sie nun auf Unwissenheit beruhten, auf mehr oder minder getarnter Böswilligkeit oder auf übergroßer Begeisterung seiner Freunde. Als Beispiel mag ein Brief an einen amerikanischen Schriftsteller dienen, der ihn mit den beiden bedeutendsten Repräsentanten des zeitgenössischen jüdischen Geisteslebens verglich:

> Ich kann nicht umhin, eine gewisse Enttäuschung einzugestehen. Im Buch tun Sie mir große Ehre an, nennen mich zusammen mit den größten Namen unseres Volkes (was weit über meinen Ehrgeiz geht) und so weiter; in dem Aufsatz (Doctrine of Lapses) zeigen Sie sich sehr ungläubig gerade gegen das Stück der Psychoanalyse, das am ehesten allgemeine Anerkennung gefunden hat. Wie mögen Sie dann über unsere anderen weit weniger ansprechenden Entdeckungen urteilen? Mein Eindruck ist, wenn Ihre Einwendungen gegen die Auffassung der Fehlleistungen recht haben, dann habe ich sehr wenig Anrecht, neben Bergson und Einstein unter den intellektuellen Souveränen genannt zu werden. Sie merken, worauf ich hinauswill. Ich will weder mit dem Nobelpreis gekrönt noch in allen Zeitungen besprochen werden; ich hoffe, ein brauchbares Stück neuer Erkenntnis gewonnen zu haben.
>
> Den Absatz über Psychoanalyse in Ihrem Buch habe ich noch nicht durchgelesen, ich besorge darin Unrichtigkeiten zu finden, die mir leid tun werden. In manchen Ihrer Behauptungen erkenne ich mich nicht (zum Beispiel »mystical leanings« hat mir noch niemand vorgeworfen, in der Frage der Hypnose *habe* ich gegen Charcot Partei genommen, wenn auch nicht ganz mit Bernheim), so wenig wie in dem garstigen Bild, das Sie von meiner äußeren Erscheinung aufgenommen haben.
>
> Es wird Sie interessieren zu hören, daß mein Vater tatsächlich aus chassidischem Milieu stammte. Er war einundvierzig Jahre alt, als ich geboren wurde und seinen heimatlichen Beziehungen seit fast zwanzig Jahren entfremdet. Ich wurde so unjüdisch erzogen, daß ich heute nicht einmal imstande bin, Ihre offenbar in jüdischer Schrift gehaltene Widmung zu lesen. In späteren Jahren habe ich dieses Stück meiner Unbildung oft bedauert.[2]

[2] A. A. Roback, 20. Febr. 1930: Br. 391

Dieselbe Besorgtheit um Genauigkeit, derselbe hartnäckige Wunsch, so gesehen zu werden, wie er war, ohne unnützes Ornament einer geborgten Größe, drückt sich in zwei Briefen an Stefan Zweig aus, die er anläßlich des Erscheinens der ›Heilung durch den Geist‹ schrieb, aus dem wir bereits eine Stelle zitiert haben und in dem Freud zweifellos mit gemischten Gefühlen sein eigenes Bildnis erblicken mußte:

> Daß einem das eigene Portrait nicht gefällt, oder daß man sich in ihm nicht erkennt, ist eine gemeine und altbekannte Tatsache. Darum eile ich, meiner Befriedigung Ausdruck zu geben, daß Sie das Wichtigste an meinem Fall richtig erkannt haben. Nämlich, daß soweit Leistung in Betracht kommt, diese nicht so sehr Sache des Intellekts als des Charakters war. Das ist der Kern Ihrer Auffassung, und das glaube ich auch selbst. Sonst könnte ich es beanstanden, daß Sie das kleinbürgerlich korrekte Element an mir allzu ausschließlich betonen, der Kerl ist doch etwas komplizierter; zu Ihrer Schilderung stimmt nicht, daß ich doch meine Kopfschmerzen und Müdigkeiten gehabt habe, wie ein anderer, daß ich leidenschaftlicher Raucher war (ich wollte ich wär es noch), der der Zigarre den größten Anteil an seiner Selbstbeherrschung und Ausdauer in der Arbeit zugestand, daß ich bei aller gerühmten Anspruchslosigkeit viel Opfer für meine Sammlung griechischer, römischer und ägyptischer Antiquitäten gebracht und eigentlich mehr Archäologie als Psychologie gelesen habe, daß ich bis zum Krieg und einmal nachher wenigstens einmal im Jahr für Tage oder Wochen in Rom sein mußte, und dergleichen. Ich weiß von der Kleinkunst her, daß das Format den Künstler zu Vereinfachungen und Weglassungen nötigt, aber dann entsteht leicht ein falsches Bild.[3]

Ein Jahr später wurde Stefan Zweig wieder eine Richtigstellung erteilt, dieses Mal jedoch bezog sie sich nicht auf das moralische Bildnis, sondern auf das historische Moment seiner Entdeckungen, das in seinen Augen viel wichtiger war:

> Dabei entdeckte ich auf Seite 272 einen Irrtum der Darstellung, der nicht gleichgültig genannt werden kann, eigentlich auch mein Verdienst, wenn Sie diese Rücksicht gelten lassen wollen, recht verkleinert. Es heißt daselbst, Breuers Kranke habe in der Hypnose das Geständnis gemacht, daß sie am Krankenbett des Vaters »sentimenti illeciti« (also sexueller Natur) empfunden und unterdrückt hatte. In Wahrheit hat sie nichts Ähnliches gesagt und erkennen lassen, daß sie ihren Zustand von Aufregung, insbesondere ihre zärtliche Besorgnis vor dem Kranken verbergen wollte. Wäre es so gewesen, wie in Ihrem Text behauptet wird, so wäre auch alles anders gekommen. Ich wäre nicht durch die Entdeckung der sexuellen Ätiologie überrascht worden, Breuer hätte es schwer gehabt, ihr zu widersprechen, und ich hätte wahrscheinlich nie die Hypnose aufgegeben, mit der man so aufrichtige Bekenntnisse erreichen

[3] St. Zweig, 7. Febr. 1931: Br. 398–399

kann. Was bei Breuers Patientin wirklich vorfiel, war ich imstande, später lange nach unserem Bruch zu erraten, als mir plötzlich eine Mitteilung von Breuer einfiel, die er mir einmal vor der Zeit unserer gemeinsamen Arbeit in anderem Zusammenhang gemacht und nie mehr wiederholt hatte. Am Abend des Tages, nachdem alle ihre Symptome bewältigt waren, wurde er wieder zu ihr gerufen, fand sie verworren, sich in Unterleibskrämpfen windend. Auf die Frage, was mit ihr sei, gab sie zur Antwort: Jetzt kommt das Kind, das ich von Dr. B. habe. In diesem Moment hatte er den Schlüssel in der Hand, der den Weg zu den Müttern* geöffnet hätte, aber er ließ ihn fallen. Er hatte bei allen seinen großen Geistesgaben nichts Faustisches an sich.[4]

In dieser Bewachung der Wahrheit erschöpfte sich jedoch seine Aufgabe nicht; er schrieb auch weiterhin, zum Teil auch, um etwas Geld für den Verlag herbeizuschaffen, dessen finanzielle Situation ziemlich hoffnungslos war. 1932 veröffentlichte er die ›Neue Folge der Vorlesungen zur Einführung in die Psychoanalyse‹,[5] eine Sammlung fiktiver Vorlesungen, die die Fortsetzung seiner ersten Vorlesungsreihe bildet und in der er ein vollständiges Bild seiner Ideen entwirft. Im selben Jahr schrieb er in Zusammenarbeit mit Einstein ›Warum Krieg?‹,[6] eine Abhandlung, die vom Völkerbund angefordert worden war. In ihr stellt er dem Pazifismus seines berühmten Kollegen seine eigenen Anschauungen über die menschliche Natur gegenüber, deren Grundtendenz seiner Meinung nach immer Krieg und Haß ist. Aufgrund dieser, in seinen Augen überflüssigen Diskussion, sagte er, daß er in Zukunft von der Perfektion seines Werkes abrücken müsse und ihn dies genauso wie der nötige Gebrauch der Prothese zwinge, viele seiner alten Forderungen aufzugeben.

Aber er sollte sein Werk nicht in Frieden vollenden, und für lange Zeit noch gaben die Ereignisse seinem Pessimismus recht. Einige Monate nach ›Warum Krieg?‹ folgte die Machtergreifung in Deutschland, der Reichstagsbrand, der Beginn der Emigration der deutschen Psychoanalytiker und die Panik, die viele von ihnen nach Wien trieb. Im April 1933 bat Ferenczi, der zusehends verfiel und dessen Geisteskrankheit auf ihrem Höhepunkt angelangt war, Freud inständig, er möge fliehen, ehe es zu spät sei. Mit dem letzten Brief, den Freud ihm schrieb, weigerte er sich und sagte: »Wenn sie mich töten, so wird das letzten Endes ein Mord sein wie jeder andere!« Als Ferenczi einen Monat später starb, berührte das Freud anscheinend kaum. Tatsächlich war dieser Mensch, der ihm der nächste unter seinen

* Anspielung auf ein Gleichnis in Goethes ›Faust‹, II. Teil

[4] St. Zweig, 2. Juni 1932, Br. 405–406

[5] Neue Folge der Vorlesungen zur Einführung in die Psychoanalyse. G. W. XV

[6] Warum Krieg? G. W. XVI

Schülern gewesen war, schon seit langem Beute eines schrecklichen Wahns geworden, der sowohl seine Intelligenz wie seine leidenschaftliche Anhänglichkeit an seinen Meister nach und nach an sich gerissen hatte.

Zur selben Zeit erhielt Freud die Nachricht, daß seine Bücher in Berlin verbrannt worden waren; er nahm es zur Kenntnis und zitierte, ›er hörte auf, die Welt zu verstehen!‹ Seine Meinung war es, daß dieses barbarische Schauspiel nicht mehr sei als ein finsteres Symbol. Er ahnte nicht, daß dies nur der Auftakt zur tatsächlichen Austilgung seines Volkes war und daß zwölf Jahre später seine vier Schwestern, die er in Wien zurückgelassen hatte, auch unter den Millionen von Opfern sein würden.

Die deutsche Analyse, jüdischen Ursprungs, war die erste aller Institutionen, die betroffen wurde. Als Pole wurde Eitington aufgefordert, die Direktion des Berliner Instituts aufzugeben; er entschloß sich auszuwandern und ging nach Palästina, wo er das heute noch bestehende Institut und Ausbildungszentrum der israelischen Analytiker gründete. Das Ende des Jahres 1933, in dem so vielen Menschen eine Welt zusammengebrochen war, sah eines der beiden ursprünglichen Zentren der europäischen Psychoanalyse, das vielversprechendste und lebendigste, endgültig zerstört.

Im Juni 1933 wurde die ›Deutsche Allgemeine Ärztliche Gesellschaft für Psychotherapie‹, das heißt, die deutsche Gesellschaft für Psychiatrie der Kontrolle von NSDAP-Behörden unterstellt. Ihr Präsident, Professor Kretschmer, legte sofort sein Amt nieder und wurde durch Jung ersetzt, der natürlich als Schweizer keinerlei Druck ausgesetzt wurde. Jung gab weiterhin das ›Zentralblatt für Psychotherapie‹ heraus, das offizielle Organ der Vereinigung; ihm wurde 1936 als Co-Direktor Dr. Göring, ein Vetter Hermann Görings, beigeordnet. Jungs Spezialaufgabe war es, eine ›wissenschaftliche‹ Trennung zwischen der arischen und der jüdischen Psychologie durchzuführen, mit anderen Worten zwischen der Lehre vom ›kollektiven Unbewußten‹ und Freuds Psychoanalyse, an der sich Jung nun leicht für vorangegangene Unbill revanchieren konnte. Von vielen seiner Schweizer Kollegen[7] wurde er heftig angegriffen. Sie sahen in seiner Haltung zumindest eine Verletzung ihrer Neutralität. Jüng setzte die Zusammenarbeit mit Göring bis 1940 fort. Es muß aber bemerkt werden, daß seine Forschungsergebnisse dieser Periode in seinen späteren Werken keinen Niederschlag fanden.

Dr. Göring bemühte sich übrigens, die vollkommene Auflösung der Berliner Psychoanalytischen Vereinigung zu verhindern.

[7] Vgl. G. Bally; Deutschstämmige Psychotherapie. Neue Zürcher Zeitung Nr. 343, 1934. Ludwig Marcuse; Der Fall C. G. Jung. Aufbau, 30. Dezember 1955 und 27. April 1956

Dank des Austritts ihrer jüdischen Mitglieder, die wahrscheinlich in der Hoffnung, die Sache dadurch wenigstens noch zum Teil retten zu können, spontan ihren Austritt angeboten hatten, bestand sie noch einige Zeit. Aber auch hier nützten, wie so oft, weder Opfer noch Kompromisse: Jones berichtet, welch unglaublichen Absprachen er zustimmen mußte, um eine Scheinexistenz der ›von Juden gereinigten‹ psychoanalytischen Gruppe zu versuchen:

> [...] am 19. Juli 1936 traf ich Göring, Boehm und Müller-Braunschweig zu einer Besprechung in Basel. Brill war auch anwesend. Ich fand in Göring einen recht liebenswürdigen und zugänglichen Menschen, aber wie sich später zeigte, war er nicht in der Lage, der psychoanalytischen Gruppe das Ausmaß an Freiheit zu gewähren, das er mir zugesichert hatte. Zweifellos hatte man ihn inzwischen über den jüdischen Ursprung der Psychoanalyse lückenlos aufgeklärt. Lehranalysen wurden verboten, während Vorlesungen noch gestattet waren. Göring oder seine Frau legte aber Wert darauf, letztere selbst zu besuchen, um sich zu vergewissern, ob keine psychoanalytischen Begriffe gebraucht würden; so mußte der Ödipuskomplex unter einem Synonym figurieren. Im Januar 1937 gelang es Boehm, noch einmal nach Wien zu kommen. Freud schlug ihm in einer Unterredung vor, die Lage vor einer größeren Gruppe zu schildern, was er am Tage darauf auch tat; [...] Boehm sprach drei Stunden lang, bis Freuds Geduld platzte. Er unterbrach seine Rede mit den Worten: »Genug! Die Juden haben für ihre Überzeugungen jahrhundertelang gelitten. Jetzt ist die Zeit gekommen, da unsere christlichen Kollegen für die ihrigen zu dulden haben. Ich lege keinen Wert darauf, daß mein Name in Deutschland erwähnt wird, solange mein Werk dort richtig vertreten wird. [...]« und ging hinaus.[8]

Es ist nicht verwunderlich, daß Freud durch diese Ereignisse zu neuen Überlegungen über das Volk veranlaßt wurde, das er immer als das seine bezeichnet hatte und das jetzt einem so gräßlichen Schicksal ausgesetzt war. Mehr denn je dachte er über die Bibel nach. Dabei stieß er auch auf dieses unbegreifliche Gelobte Land, das ihm niemals zu denken gegeben hatte und mit dem er sich nun plötzlich solidarisch fühlte, ohne zu verstehen, was er ihm denn schuldete oder was ihn an dieses Land band. Dieser Gedanke, der schon seine große Arbeit über Moses ankündigt, ist Gegenstand eines Briefes an Arnold Zweig, der aus Palästina kam und daran dachte, dorthin zurückzukehren:

> Denken Sie, kein anderer Fortschritt verknüpft sich mit diesem Streifen unserer Muttererde, keine Entdeckung oder Erfindung – die Phönizier sollen das Glas und das Alphabet (beides zweifelhaft!) gefunden haben, die Insel Kreta hat die minoische Kunst geschaf-

[8] JBg., Bd. III, 224

fen, an Pergamon erinnert das Pergament, an Magnesia der Magnet, und so weiter ins Unendliche, aber Palästina hat nichts gebildet als Religionen, heiligen Wahnwitz, vermessene Versuche, die äußere Scheinwelt durch die innere Wunschwelt zu bewältigen. Und wir stammen von dort (obwohl sich einer von uns auch einen Deutschen glaubt, der andere nicht), unsere Vorfahren haben dort vielleicht durch ein halbes Jahrtausend, vielleicht ein ganzes, gelebt (aber auch dies nur vielleicht), und es ist nicht zu sagen, was wir vom Leben in diesem Land als Erbschaft in Blut und Nerven (wie man fehlerhaft sagt) mitgenommen haben. Oh, das Leben könnte sehr interessant sein, wenn man nur mehr davon wüßte und verstünde. Aber sicher ist man nur seiner augenblicklichen Empfindungen! Darunter also meiner herzlichen Gefühle für Sie und Ihr Werk![9]

Solange er sich dazu zu überreden versuchte, daß die Pest Österreich erspart bleiben würde und, wenn sie sich dorthin ausdehnen sollte, die hohe Zivilisation seines Landes oder die Wachsamkeit der Alliierten ihr zumindest Grenzen setzen würde, kam Freud wieder auf die jenseits aller Zeit stehenden, großen biblischen Figuren zurück, denen sein Volk Verfolgungen und sein geheimnisvoll langes Bestehen verdankte. Vor allem verfolgte ihn Moses, aber auch die Patriarchen und Joseph, in dem er schon immer sich selbst gesehen hatte. Thomas Manns ›Josephsgeschichte‹, die gerade zu dieser Zeit veröffentlicht wurde, erweckte von neuem dieses Interesse an dem Helden, der früher in der ›Traumdeutung‹ so viele bedeutende Formen angenommen hatte. Thomas Mann hatte über diesen Gegenstand einen brillanten Vortrag gehalten, der deutlich Spuren der Psychoanalyse aufwies. Freud schrieb ihm daraufhin:

Unlängst legte ich Ihren neuen Band der Josefsgeschichte aus der Hand, mit dem wehmütigen Gedanken, daß dieses schöne Erlebnis jetzt vorüber ist, und daß ich die Fortsetzung wahrscheinlich doch nicht werde lesen können.
Durch das Zusammenwirken dieser Geschichte mit Ihren im Vortrag geäußerten Gedanken von der ›gelebten Vita‹ und dem mythologischen Vorbild hat sich bei mir eine Konstruktion entwickelt, die ich zum Anlaß nehme, mich mit Ihnen zu unterhalten, als ob Sie hier im Arbeitszimmer mir gegenüber säßen, ohne daß ich aber eine höfliche Antwort oder gar eine eingehende Würdigung von Ihnen erreichen wollte. Ich nehme den Versuch selbst nicht sehr ernst, aber er hat einen gewissen Reiz für mich, etwa wie das Peitschenknallen für den ehemaligen Fahrknecht.
Nämlich, gibt es einen historischen Menschen, für den das Leben Josefs mythisches Vorbild war, so daß die Josefsphantasie als der geheime dämonische Motor hinter seinem komplexen Lebensbild erraten werden darf?

[9] A. Z., 8. Mai 1932: Br. 404–405

Ich meine, Napoleon I. ist diese Person.

a) Er war Korse, ein zweiter Sohn in einer Schar von Geschwistern. Der älteste der Brüder vor ihm hieß – Josef, und dieser Umstand wurde, wie sich nun einmal Zufälliges und Notwendiges im Menschenleben verketten, schicksalhaft für ihn. In der korsischen Familie wird das Vorrecht des Ältesten von einer ganz besonders heiligen Scheu behütet. (Ich glaube, Alphonse Daudet hat dies einmal in einem Roman geschildert, im ›Nabab‹? Oder irre ich mich? Anderswo, oder war es Balzac?) Durch diese korsische Sitte wird eine normale menschliche Relation in die Höhe getrieben. Der ältere Bruder ist der natürliche Rivale, ihm bringt der kleinere eine elementare, unergründlich tiefe Feindseligkeit entgegen, für die spätere Jahre die Bezeichnung Todeswunsch, Mordabsicht passend finden mögen. Josef zu beseitigen, sich an seine Stelle zu setzen, selbst Josef zu werden, muß die stärkste Gefühlsregung des kleinen Kindes Napoleon gewesen sein. Es ist merkwürdig und man versteht (nicht ganz), aber es ist sicher beobachtet: gerade so exzessive, infantile Regungen neigen dazu, ins Gegenteil umzuschlagen. Aus dem gehaßten Rivalen wird ein geliebter. So auch bei Napoleon. Wir erschließen, daß er Josef zuerst glühend gehaßt hat, aber wir hören von später, daß er ihn am meisten von allen Menschen geliebt und ihm, dem Wertlosen und Unzuverlässigen, kaum je etwas übelnehmen konnte. Der Urhaß war also überkompensiert worden, aber die damals entfesselte Aggression wartete nur darauf, auf andere Objekte verschoben zu werden. Hunderttausende gleichgültiger Individuen werden dafür büßen, daß der kleine Wüterich seinen ersten Feind verschont hat

b) In einer anderen Schicht ist der junge Napoleon zärtlich an die Mutter gebunden und bemüht, den früh verstorbenen Vater in der Fürsorge um die Geschwister zu ersetzen. Kaum, daß er General geworden, wird ihm nahegelegt, eine junge Witwe zu heiraten, die, älter als er, Rang und Einfluß besitzt. Es ist manches gegen sie zu sagen, aber wahrscheinlich wird es entscheidend für ihn, daß sie Josefine heißt. Kraft dieses Namens kann er auf sie ein Stück der zärtlichen Bindung übertragen, die er für den älteren Bruder fühlt. Sie liebt ihn nicht, behandelt ihn schlecht, betrügt ihn, aber er, der Despot, sonst zynisch kühl gegen Frauen, hängt ihr leidenschaftlich an, verzeiht ihr alles; er kann nicht böse auf sie werden.

c) Die Verliebtheit in Josefine Beauharnais war zwangsläufig wegen des Namens, aber sie war natürlich keine Josefs-Identifizierung. Diese tritt aber am stärksten hervor in der berühmten Expedition nach Ägypten. Wohin anders soll man gehen als nach Ägypten, wenn man Josef ist, der vor den Brüdern groß erscheinen will? Wenn man die politischen Begründungen für dieses Unternehmen des jungen Generals genauer prüft, wird man wahrscheinlich finden, daß sie nur gewaltsame Rationalisierungen einer phantastischen Idee waren. Mit diesem Zug Napoleons nimmt übrigens die Wiederentdeckung Ägyptens ihren Anfang.

d) Die Absicht, die Napoleon nach Ägypten getrieben hatte, wird in seinen späteren Jahren in Europa verwirklicht. Er versorgt die Brüder, indem er sie zu Fürsten und Königen erhöht. Der Nichtsnutz Jérôme ist vielleicht sein Benjamin. Und dann wird er seinem

> Mythos untreu, er läßt sich von realistischen Erwägungen bestimmen, die geliebte Josefine zu verstoßen. Damit beginnt der Abstieg. Der große Zerstörer arbeitet nun an seiner Selbstdestruktion. Der waghalsige, schlecht vorbereitete Zug gegen Rußland bringt ihm den Untergang. Es ist wie eine Selbstbestrafung für die Untreue gegen Josefine, für den Rückschritt von der Liebe zur ursprünglichen Feindschaft gegen Josef. Und doch hat auch hier, gegen Napoleons Absicht, das Schicksal ein anderes Stück der Josefsgeschichte wiederholt. Der Josefstraum, daß Sonne, Mond und Sterne sich vor ihm verneigen, hatte dazu geführt, daß man ihn in die Grube warf.[10]

Als er Thomas Mann diesen kleinen psychoanalytischen Aufsatz schickte, in dem die Phantasmen der Helden als verborgene Quellen der Geschichte angesehen werden, hatte Freud die drei Aufsätze, aus denen sein ›Moses‹ besteht, bereits geschrieben, überarbeitet und beiseitegelegt. Außer Anna, seinem Sohn Martin und ein oder zwei Analytikern hatte niemand den Text gelesen. Kaum jemand wußte überhaupt von diesem Projekt. Im Jahr 1934, inmitten der politischen Ereignisse, die immer bedrohlichere Formen annahmen, als in Wien Bürgerkrieg ausgebrochen war und trotz der unerträglichen Leiden, die Freud durch seine Krankheit und deren Behandlungsfolgen zu erdulden hatte, wagte er sich plötzlich an das große Problem, das ihn schon sein ganzes Leben über verfolgt hatte: an die Frage nach dem Ursprung der Religionen und ihrem gewissen Maß an Wahrheit, das man ihnen zugestehen muß, sowohl als Faktum der Individualpsychologie wie auch als historische Gegebenheit.

Die Quelle der Religionen, die Geschichte machten, muß im jüdischen Monotheismus und in der Seele seines Begründers gesucht werden, dieses einsamen Moses, dessen grandioses Gesetz gerade von denen verhöhnt worden war, die es hätten bewahren sollen, und das dann später als göttliche Gabe verehrt und geliebt wurde. Beunruhigt durch das Problem der eigenen Herkunft und gequält von den Ursachen der augenblicklichen Verfolgungen, die an Schrecken das Ausmaß der vergangenen übertrafen, wandte er sich seinem inneren Moses zu und fragte ihn, ob es wahr sei, daß er in weit zurückliegenden Zeiten nicht nur den alleinigen Gott geschaffen, sondern auch das Volk, das sich heute noch als das von Gott auserwählte bezeichnet, erschaffen hätte.

Diese Haltung war einzigartig zu einer Zeit, als sich die gläubigen Juden mehr denn je an ihrem Propheten und seinem heiligen Gesetz festklammerten. Freud war sich dessen sehr wohl bewußt; seine Briefe aus dieser Zeit zeigen, wie er einerseits

[10] Th. Mann, 29. Nov. 1936: Br. 424–426

leidenschaftlich von seiner Arbeit ergriffen, andererseits aber auch über ihre Resultate beunruhigt, furchtsam und nahezu erschrocken war. Das umfassende psychologische Bild, das er entwarf, war es trotz allem eine indirekte Huldigung, die sein Geist seinem Volk entbot? Er vermochte es nicht zu sagen. Abgesehen von der Annahme, Moses sei ein Ägypter gewesen – für Gläubige ein Stein des Anstoßes –, steht fest, daß das Werk ein geistiges Epos darstellt, in dem die Figur des gesetzgebenden Propheten durch ihre Kraft, Intelligenz und ihr Licht alles überstrahlt. Unverstanden, verhöhnt und verfolgt von denen, die er zu sich emporheben wollte, ist Moses zeitlos. Er ist der Begründer einer moralischen Zivilisation, die eine ganze Welt hervorbrachte. Der mysteriöse Fortbestand des jüdischen Volkes ist seine Tat, er hat keine andere Ursache als sein Schicksal, das des tragischen Helden, und die Kraft seines grausamen Willens.
Die drei Kapitel dieser Arbeit entstanden 1934. Freud entschied jedoch, daß sie geheim bleiben sollten. Seine Gründe hierfür legte er in mehreren Briefen dar; trotzdem bleiben sie teilweise undurchsichtig. Als Beispiel mag ein Brief an Arnold Zweig vom September 1934 dienen:

> Angesichts der neuen Verfolgungen fragt man sich wieder, wie der Jude geworden ist, und warum er sich diesen unsterblichen Haß zugezogen hat. Ich hatte bald die Formel heraus: Moses hat den Juden geschaffen, und meine Arbeit bekam den Titel: Der Mann Moses, ein historischer Roman (mit mehr Recht als Ihr Nietzscheroman). Das Zeug gliederte sich in drei Abschnitte, der erste romanhaft interessant, der zweite mühselig und langwierig, der dritte gehalt- und anspruchsvoll. An dem dritten scheiterte das Unternehmen, denn er brachte eine Theorie der Religion, nichts Neues zwar für mich nach ›Totem und Tabu‹, aber doch eher etwas Neues und Fundamentales für Fremde. Die Rücksicht auf diese Fremden heißt mich dann den fertigen Essay sekretieren. Denn wir leben hier in einer Atmosphäre katholischer Strenggläubigkeit. Man sagt, daß die Politik unseres Landes von einem Pater Schmidt gemacht wird, der in St. Gabriel bei Mödling lebt, der Vertrauensmann des Papstes ist, und zum Unglück selbst ein Ethnolog und Religionsforscher, der in seinen Büchern aus seinem Abscheu vor der Analyse und besonders meiner Totemtheorie kein Geheimnis macht. In Rom hat mein braver Edoardo Weiß eine psychoanalytische Gruppe gegründet und mehrere Nummern einer ›Rivista italiana di Psicoanalisi‹ herausgebracht. Plötzlich wurde ihm diese Veröffentlichung untersagt, und obwohl Weiß einen guten Zugang zu Mussolini hatte und von ihm eine günstige Zusage erhielt, konnte das Verbot nicht aufgehoben werden. Es soll direkt vom Vatikan ausgehen, und der Pater Schmidt dafür verantwortlich sein. Nun darf man wohl erwarten, daß eine Publikation von mir ein gewisses Aufsehen machen und der Aufmerksamkeit des feindlichen Paters nicht entgehen wird. Damit würde man ein Verbot der Ana-

lyse in Wien und die Einstellung aller unserer Arbeiten hier riskieren. Beträfe die Gefahr nur mich, so würde sie mir wenig Eindruck machen, aber alle unsere Mitglieder in Wien erwerbslos zu machen, ist mir eine zu große Verantwortlichkeit. Und dahinter steht, daß mir meine Arbeit weder so sehr gesichert scheint noch so sehr gut gefällt. Es ist also nicht der richtige Anlaß zu einem Martyrium.[11]

Darf man diese der Diplomatie entlehnten Gründe ganz wörtlich nehmen? Freud gab uns keine anderen, außer diesen, die er allerdings in seinem Buch noch klarer begründet, um damit die ganze Komposition zu erklären, die er 1938, nachdem er Wien für immer verlassen hatte, zur Veröffentlichung freigab. Das Werk setzt sich aus drei Teilen zusammen, von denen die beiden ersten — ›Moses ein Ägypter‹ und ›Wenn Moses ein Ägypter war‹ — eine Einheit bilden. Sie wurden 1937 in der Zeitschrift ›Imago‹ veröffentlicht, während Freud den dritten Teil mit der Überschrift ›Moses, sein Volk und die monotheistische Religion‹ oft überarbeitete, bevor er ihm seine endgültige Form gab. Freud erklärte sein langes Ringen mit der Faszination, die das Hauptthema des Kapitels auf ihn ausübte, und der Lähmung, die ihn erfaßte, sobald er sich vornahm, die Arbeit der Öffentlichkeit preiszugeben.
In diesem Kapitel handelt es sich nicht um den illusorisch-tröstlichen Aspekt der Religion, sondern um »die grandiose Idee, daß der Religion ein historischer Wahrheitsgehalt zuzuschreiben sei«. So hat der ›Moses‹ mehr Beziehung zu ›Totem und Tabu‹ als zu ›Die Zukunft einer Illusion‹, nur mit dem Unterschied, daß das Urverbrechen nicht mehr im Dunkel der Vorgeschichte liegt, sondern im grellen Licht der historischen Realität stattfindet. Moses, als ägyptischer Prinz und Adept des Monotheismus,[12] der im 14. Jahrhundert vor Christus von dem Pharao Amenhotep, der später den Namen Ikhnaton annahm, gestiftet worden war, mußte aus Ägypten fliehen, weil sich die Priester des alten Kultes empörten und die Religion seines Meisters stürzten. Da er entschlossen war, seinen Glauben zu bewahren und weiter zu verbreiten, erwählte er sich ein Volk unter den in Knechtschaft an den Grenzen des Reiches lebenden hebräischen Stämmen. Ihnen zwang er von da an sein Gesetz auf. Aber das primitive Volk, das nun auserwählt war, weil Moses es erwählt hatte, war nicht reif, die Erhabenheit seiner Gedanken zu fassen; es war unfähig, die enorme Frustration der Triebe zu er-

[11] A. Z., 30. Sept. 1934: Br. 414–415
[12] Karl Abraham hatte dem jungen häretischen Pharao eine schöne psychoanalytische Studie gewidmet (Amenhotep IV., Imago, 1. Jahrgang, 4. Okt. 1912). Amenhotep gilt hier als die erste Persönlichkeit in der Geschichte der Ordnung der religiösen Geistigkeit. Als Freud sich mit dem ägyptischen Monotheismus beschäftigte, scheint er sich an diese Arbeit nicht erinnert zu haben.

tragen, die der Glaube und die monotheistische Religion ihm auferlegten, und so kehrte es immer wieder zum Kult des ›Goldenen Kalbes‹ zurück, an den uns die Bibel mahnt, und erhob sich gegen seinen Religionsstifter. Im Verlauf eines dieser Aufstände erschlugen dann die Israeliten Moses, aber wie die Söhne aus ›Totem und Tabu‹, die den Vater ermordet hatten, so konnten auch sie ihr Verbrechen nicht vergessen. Ihre Reue gab dann im Laufe der Jahrhunderte dem mosaischen Gesetz seine ideale Prägung und seinen unwandelbaren Inhalt. Der Schrecken vor der alten, nicht mystischen, sondern realen Tat sicherte ihren historisch erstaunlichen Fortbestand.
Wie sehr Freud trotz des dramatischen und kriminellen Charakters, den er den biblischen Ereignissen zuschrieb, von Moses' Werk fasziniert war und in welch hohem Maße er ihn verehrte – nicht vom Standpunkt des Psychologen aus, sondern als Moralist und Humanist, der nach Vernunft und Wahrheit strebt –, geht aus einem Brief an einen Unbekannten hervor:

> Ich war überrascht, zu finden, daß schon das erste, sozusagen embryonale Erlebnis des Volkes, der Einfluß des Mannes Moses und der Auszug aus Ägypten, die ganze weitere Entwicklung bis auf den heutigen Tag festgelegt hat – wie ein richtiges frühkindliches Trauma in der Geschichte des neurotischen Individuums. Voran steht hier die Diesseitigung der Lebensauffassung und die Überwindung des magischen Denkens, die Absage an die Mystik, beides auf Moses selbst zurückzuführen, und vielleicht nicht mit aller wünschenswerten historischen Sicherheit ein Stück weiter.[13]

Würde man wohl sehr irren, wenn man sagt, daß er selbst viel zu dieser Entwicklung beigetragen hat und daß man auch ihn zu denen zählen muß, die lange nach Moses sein Werk fortsetzen, indem sie im Namen einer hohen geistigen Forderung gegen das mystische Denken ankämpfen? Sein Moses, in dem er mit Nachdruck das männliche Prinzip betonte, war ihm in vielem sehr ähnlich, was ihm natürlich bewußt gewesen sein mußte. Wie Moses hatte er ein schwieriges Gesetz verkündet, das den alten, abergläubischen Kult außer Kraft setzte; aber die ›Seinen‹ erhoben sich gegen ihn und wurden immer wieder abtrünnig. Wenn sie ihn auch nicht töteten, so haben sie ihn doch oft verlassen, verraten und verkauft. Und nun trieb das schlechte Gewissen, das Gefühl, ihm ein nicht wiedergutzumachendes Unrecht zugefügt zu haben, sie zu einer übertriebenen Ehrung seiner Person! Aber gleich Moses, so wußte auch er nicht, was aus seinem Werk entstehen würde, und noch vor seinem Tode hatte er eine letzte Prüfung zu bestehen: das Exil.

[13] N. N., 14. Dez. 1937: Br. 431–432

Bis 1938 weigerte sich Freud hartnäckig, Wien zu verlassen; es war für ihn der ihm zugewiesene ›Posten‹, auf den er gestellt war und den er zu halten hatte. Anfang des Jahres mußte er sich einer dieser Operationen unterziehen, wie sie nun schon zu seinem Leben gehörten. Das dieses Mal entnommene Probegewebe erweckte den Verdacht eines neuen Rezidivs, der sich dann auch bestätigte. Im März, als die Nazis Wien besetzten, verwarf er zunächst immer noch den Plan von Jones, der in aller Eile nach Wien gekommen war, um ihn zu überreden, nach England zu fliehen. Nach langem Zögern willigte er endlich in den Plan der Abreise ein. Nun galt es, das unerläßliche Ausreisevisum zu erhalten, das die Nazis ihm anscheinend zugestehen wollten, oder vielmehr so teuer als möglich an ihn verkaufen wollten.
Eine Gruppe von SA-Männern, die eine Hausdurchsuchung bei ihm machen wollte, war vielleicht ein wenig überrascht über den Empfang, den Martha ihnen bereitete: Sie bat sie höflich, Platz zu nehmen. Die Männer beschränkten sich dann darauf, 840 Dollar mitzunehmen, ließen aber Papiere und Dokumente zurück. Eine Woche später kamen sie wieder und nahmen dieses Mal Anna mit, die den ganzen Tag von der Gestapo festgehalten wurde. Inzwischen rührte sich die internationale Meinung; W. C. Bullit, US-Botschafter in Frankreich, telegrafierte an seinen persönlichen Freund Roosevelt mit der Bitte, unverzüglich an die deutschen Behörden heranzutreten. Gleichzeitig wandte er sich an den deutschen Botschafter in Frankreich und Eduardo Weiss bat Mussolini um Hilfe. Wahrscheinlich wurden Freud durch diese internationale Wachsamkeit Quälereien erspart und sahen sich die Nazis veranlaßt, ihn ausreisen zu lassen.
Der ›Verlag‹ wurde beschlagnahmt, Freuds Gesammelte Werke eingestampft und am 13. März gab die Wiener Vereinigung ihre Auflösung bekannt; alle Mitglieder entschlossen sich auszuwandern. Die Vereinigung sollte an Freuds zukünftigem Wohnort wiedergegründet werden. Freud stimmte zu mit den Worten:

> Unmittelbar nach der Zerstörung des Tempels in Jerusalem durch Titus erbat sich Rabbi Jochanan ben Sakkai die Erlaubnis, die erste Thoraschule in Jabne zu eröffnen. Wir sind auf dem Wege, dasselbe zu machen. Nach allem, was passiert ist, haben wir uns an Verfolgungen gewöhnt . . .[14]

Jones bemühte sich um alle Einreisevisa. Außer für Freud mußten auch solche für seine Kinder, seine Enkel, das Hauspersonal, seine Leibärzte und diejenigen Wiener Analytiker beschafft

[14] Diese mündliche Bemerkung weist auf eine Stelle des ›Moses‹ hin: ›Moses und sein Volk‹, 173. Der Mann Moses und die monotheistische Religion. G.W. XVI, 223

werden, die sich in England niederlassen wollten. Dr. Bragg, den er um ein Empfehlungsschreiben an den Minister Samuel Hoare bat, fragte ihn naiv: »Sind Sie sicher, daß die Deutschen Feinde der Juden sind?« Glücklicherweise war der Minister besser informiert; er genehmigte die nötigen Visa, so daß Freuds Leben in England nun gesichert war.
Es folgten drei Monate des Wartens, in denen die Verhandlungen mit den Nazis weitergingen. Um sich abzulenken, übersetzte Freud Marie Bonapartes Roman über ihren Hund ›Topsy‹. Außerdem arbeitete er am dritten Teil des ›Moses‹. Endlich genehmigten die Behörden die Ausreise, wofür eine ›Spezialsteuer‹ für Emigration erhoben wurde, die bar zu zahlen war. Da Freud kein Geld mehr besaß, lieh ihm Marie Bonaparte 4824 Dollar, die geforderte Kaution. Als Freud auf die Abreise wartete, schrieb er seinem Sohn Ernst, der schon seit 1933 in London lebte:

> Zwei Aussichten erhalten sich in diesen trüben Zeiten, euch alle beisammen zu sehen und – ›to die in freedom‹. Ich vergleiche mich manchmal mit dem alten Jakob, den seine Kinder auch im hohen Alter nach Ägypten mitgenommen haben, wie uns Th. Mann im nächsten Roman schildern wird. Hoffentlich folgt nicht darauf wie dereinst ein Auszug aus Ägypten. Es ist Zeit, daß Ahasver irgendwo zur Ruhe kommt.[15]

Am 4. Juni 1938 verließ Freud die Stadt, in der er 78 Jahre seines Lebens verbracht hatte. Nach einer kurzen Unterbrechung in Paris bei Marie Bonaparte erreichte er das Land, in dem sich niederzulassen oft sein Traum gewesen war. London bereitete ihm einen königlichen Empfang, der ihm zum ersten Mal das Gefühl vermittelte, berühmt zu sein; denn nicht nur die offiziellen Behörden und hochgestellte Persönlichkeiten, sondern auch die anonyme Masse, das kleine Volk huldigte ihm lautstark. Die Ärzteschaft Großbritanniens versicherte ihre Genugtuung, daß ihr Land ihm Asyl gewährte, unbekannte Verehrer schickten Antiquitäten, um die wertvolle Sammlung zu ersetzen, die sie verloren glaubten. Am Tage seiner Ankunft schrieb Freud jedoch:

> Die Affektlage dieser Tage ist schwer zu fassen, kaum zu beschreiben. Das Triumphgefühl der Befreiung vermengt sich zu stark mit der Trauer, denn man hat das Gefängnis, aus dem man entlassen wurde, immer noch sehr geliebt.[16]

Von nun an bemühte er sich, Wien zu vergessen, und wollte sogar den Namen der Stadt nicht mehr genannt wissen. Sobald er

[15] E. Freud, 12. Mai 1938: Br. 435
[16] M. Eitington, 6. Juni 1938: Br. 439

sich eingerichtet hatte, begab sich Freud wieder an die Arbeit, als wäre nichts geschehen. Während des einen Lebensjahres, das ihm noch verbleiben sollte, schrieb er weiterhin und hielt beinahe bis zur letzten Stunde vier Analysestunden täglich.

Sein erstes Londoner Heim erlebte den Besuch vieler bekannter Persönlichkeiten, unter ihnen viele Ausländer: Stefan Zweig, der Anthropologe Malinowski, der Zionistenführer Chaim Weizmann, den Freud sehr schätzte, H. G. Wells und Dr. Jahuda, der mit der Bitte an ihn herantrat, seinen ›Moses‹ nicht zu veröffentlichen. Einen Besucher, der ihn ganz besonders beeindruckte, brachte Stefan Zweig mit: Salvador Dali. Er porträtierte Freud auf der Stelle und brachte ihn durch die Flamme des ›jungen Spaniers mit seinen treuherzigen fanatischen Augen‹ dazu, seine Meinung über die Surrealisten zu ändern, die er, obwohl sie ihn zum Schutzpatron gewählt hatten, bis dahin für Narren gehalten hatte.[17] Salvador Dalis Skizze schmückt noch heute das Arbeitszimmer in Maresfield Gardens, wo Schreibtisch, Couch, Statuetten und aus der Familie stammende Gegenstände noch unverändert, wie zu Freuds Lebzeiten, stehen.

Seinen ›Moses‹ konnte Freud noch abschließen, ehe er sich gegen Jahresende einer neuen Operation unterziehen mußte. Die deutsche Ausgabe dieser Arbeit erschien im August 1938 in Amsterdam, die von Freud mit Ungeduld erwartete englische im März 1939. Nach diesem letzten Eingriff war er jedoch völlig erschöpft. Kurze Zeit später wurde dann ein Tumor diagnostiziert, den die Ärzte als inoperabel bezeichneten. Von da an zogen sich seine Tage nur noch in langsamer und grauenerfüllter Agonie dahin, und auch seine nächsten Angehörigen wünschten, daß dieser Zustand nicht lange anhalte. Sechzehn schmerzerfüllte Jahre hatte er durchlebt, ohne jemals ein schmerzstillendes Mittel zu nehmen, denn er sagte, er zöge »das Denken unter Schmerzen dem nicht-mehr-klar-denken vor«. Nun gab er nach und nahm etwas Aspirin. Mit diesem geradezu erbärmlichen Mittel setzte er den Kampf fort, der schon mehr als vierzig Jahre währte und der Krankheit und Neurose gegolten hatte.

Die Kriegserklärung fand ihn erschöpft, aber klar und ohne Pathos, zu jeder Zeit realistisch. Als sein Arzt, Dr. Schur, ihn fragte, ob er glaube, daß dies der letzte Krieg sei, antwortete er: »*Mein* letzter.« Im Verlauf des August verschlechterte sich sein Zustand zusehends. Er konnte nichts mehr essen, der Krebs, der Kiefer und Gaumen befallen hatte, breitete sich nun auch auf die Wangen aus; es drohte eine Blutvergiftung. Man rief Jones, um von ihm Abschied zu nehmen. Am 21. erinnerte Freud seinen Arzt an das Versprechen, das er ihm zu Beginn seiner Krankheit gegeben hatte, daß er helfen werde, »diese Welt mit

[17] Brief an Stefan Zweig, 20. Juli 1938: Br. 441

Anstand zu verlassen«, wenn die Schmerzen seine Kräfte übersteigen sollten: der Moment, es einzulösen, sei gekommen. Als ihm Schur versicherte, daß er es nicht vergessen habe, dankte ihm Freud.

Am folgenden Tag gaben ihm die Ärzte eine geringe Dosis Morphium, die angesichts seiner Schwäche ausreichte, um ihn zu erlösen. In der Nacht zum 23. fand sein langes, viel geplagtes Leben ein Ende. Er entschlief wortlos, ohne ein anderes letztes Wort als das seines Werkes, ohne irgendeine Hoffnung auf Unsterblichkeit als die, die er sich vielleicht für sein Werk erhoffte und die ihm allein der Mensch für kurze Zeit zugestehen kann, der das Genie in ihm erkannt hat.

Zeittafel

1815	Jakob Freud geboren
1832	Emanuel Freud geboren
1835	Amalie Nathanson Freud geboren
1836	Philipp Freud geboren
1855, Juli	Zweite Ehe Jakob Freuds
1855	John Freud geboren
1856, Mai	*Sigismund Freud geboren*
1859, Juni	Jakob verläßt Freiberg und geht nach Sachsen
Oktober	Freud mit Mutter und Schwester in Leipzig
1860	Die Familie richtet sich in Wien ein
1865	Freuds Eintritt in das Gymnasium
1870	Besuch in Freiberg
1872	Liebe zu Gisela Fluss
1873	Freud bezieht die Universität
1875	Reise nach England
1877	Erste wissenschaftliche Publikation
1878	Sigismund ändert seinen Namen in Sigmund
1876–1882	Forschungen in Brückes Laboratorium
1881	Promotion zum Doktor der Medizin
1882, April	Freud macht die Bekanntschaft Martha Bernays'
17. Juni	Verlobung
31. Juli	Eintritt in das Allgemeine Krankenhaus der Stadt Wien
November	Freud hört von Anna O., einer Patientin Breuers
	Entwurf der Neuronentheorie
1883, Mai	Freud wird Assistent bei Meynert
Juni	Martha zieht nach Wandsbek
September	Freud spezialisiert sich auf die Neurologie
–1885	Arbeiten über das Rückenmark
1884, Juni	Kokain-Forschungen
September	Besuch in Wandsbek
	Gespräch mit Koller über die lokalanästhetische Wirkung des Kokain
1885, Juni	Freud erhält ein Stipendium
August	Freud vernichtet seine Manuskripte
September	*Freud erhält die Dozentur* für Neuropathologie
	Sechs Wochen in Wandsbek
13. Oktober	Ankunft in Paris
1886, 28. Februar	Abfahrt von Paris nach Wandsbek
März	Studienaufenthalt in Berlin
25. April	Praxiseröffnung
14. September	Heirat
1887, November	Freud lernt Fliess kennen
Dezember	Erste Anwendung der hypnotischen Suggestion
1889, Sommer	Freud fährt nach Nancy zu Bernheim
1890	Freud beginnt mit der Anwendung der kathartischen Methode

1891, Sommer	Die Wohnung in der Berggasse 19 wird bezogen
	Veröffentlichung der Arbeiten über Aphasien und halbseitige Cerebrallähmung der Kinder
1893	Veröffentlichung der Arbeit in Gemeinschaft mit Breuer
1894	Bruch mit Breuer
1895, Mai	*Studien über Hysterie*
24. Juli	Erste Traumdeutung
1892–1898	Ausarbeitung der Methode der ›freien Assoziationen‹
1895, Herbst	*Entwurf einer Psychologie*
1896, März	Erste Anwendung des Wortes ›Psychoanalyse‹
1895–1900	Freundschaft mit Fliess
1898, August –1899	Erste Deutung der täglichen Fehlleistungen Ausarbeitung der *Traumdeutung*
1899, 4. November	Veröffentlichung der *Traumdeutung*
1900, Herbst	Bruch mit Fliess
1901, September	Freud besucht mit seinem Bruder zum ersten Mal Rom
1902, Oktober	Erstes Zusammentreffen der ›Psychologischen Mittwochs-Gesellschaft‹, die im April 1908 zur Wiener psychoanalytischen Vereinigung wird.
1903	Federn und Stekel beginnen mit der praktischen Ausübung der Psychoanalyse
1904	*Die Psychopathologie des Alltagslebens*
September	Freud besucht mit seinem Bruder Athen
	Beginn des Briefwechsels mit Bleuler
–1906	Affaire Fliess-Swoboda
1905	Publikation von *Drei Abhandlungen zur Sexualtheorie, Der Witz und seine Beziehung zum Unbewußten* und *Bruchstück einer Hysterie-Analyse*
	Ernest Jones beginnt mit der praktischen Ausübung der Psychoanalyse
1906, April	Beginn des Briefwechsels mit C. G. Jung
1907, Januar	Freud empfängt den ersten Besuch aus dem Ausland: Eitington
März	Besuch von Jung und Binswanger
September	Jung gründet in Zürich die Freud-Gesellschaft
Dezember	Abraham besucht Freud
	Niederschrift der *Gradiva*
1908, Februar	Ferenczi besucht Freud
April	Erster Internationaler psychoanalytischer Kongreß in Salzburg
	A. A. Brill und E. Jones besuchen Freud
	Freud vernichtet seine Briefe
August	Abraham gründet die Berliner Vereinigung
September	Freud besucht seine Halbbrüder in England
	Viertägiger Aufenthalt mit Jung in Burghölzli
1909	Freud gründet das *Jahrbuch*
Februar	Heirat der ältesten Tochter Mathilde
April	Pfister besucht Freud

1909, September	Vorlesungen an der Clark University, Worcester
1910, April	Die Wiener Vereinigung siedelt von der Berggasse in das Doktorenkollegium über
	Kongreß in Nürnberg. Gründung der Internationalen psychoanalytischen Vereinigung
Juni	Veröffentlichung von *Eine Kindheitserinnerung des Leonardo da Vinci*
September	Sommerreise mit Ferenczi
Oktober	Gründung des *Zentralblatt für Psychoanalyse*
November	Pr. Morichau-Beauchant de Poitiers schreibt an Freud
1911, Februar	A. A. Brill gründet die New Yorker Vereinigung
Mai	Ernest Jones gründet die Amerikanische Gesellschaft für Psychopathologie
Juni	Adler tritt aus der Wiener Vereinigung aus
September	Kongreß in Weimar
14. November	Pr. Morichau-Beauchant veröffentlicht in der ›Gazette des Hôpitaux‹ den ersten psychoanalytischen Artikel in französischer Sprache
1912, Januar	Gründung der ›Imago‹
Juni	Ernest Jones gründet das ›Comité‹
September	Rombesuch mit Ferenczi
Oktober	Stekel tritt aus der Wiener Gesellschaft aus
November	Treffen in München mit Jung und anderen
1913, Januar	Gründung der ›Internationale Zeitschrift für ärztliche Psychoanalyse‹
Mai	Ferenczi gründet die Budapester Vereinigung
September	Kongreß in München
Oktober	Jung bricht mit Freud
	Freud schreibt *Totem und Tabu*
1914, März	*Zur Geschichte der psychoanalytischen Bewegung*
April	Jung tritt vom Vorstand der Internationalen Gesellschaft zurück
August	Jung tritt aus der Internationalen Vereinigung aus
1915, März–Juni	*Metapsychologische Ergänzung zur Traumlehre*
1916–1917	Letzte Vorlesungen an der Universität
1918, Sommer	Von Freund gründet den Verlag
September	Budapester Kongreß
Dezember	Tod Putnams
1919, Frühjahr	*Jenseits des Lustprinzips*, Freud beginnt mit der Niederschrift
Mai	Entwurf von *Massenpsychologie und Ich-Analyse*
1920, Januar	Tod Anton von Freunds
Februar	Die *Internationale Zeitschrift für Psychoanalyse* wird gegründet
	Tod von Freuds Tochter Sophie
	Gründung der Berliner Poliklinik
September	Freud nimmt am Kongreß in Den Haag teil

1920, Dezember	Abschluß der *Massenpsychologie und Ich-Analyse*
1922, Mai	Gründung der Wiener Poliklinik
Juni	Schnitzler besucht Freud
September	Freud nimmt am Berliner Kongreß teil
1923, April	Erste Kieferkrebsoperation
Juni	Veröffentlichung von *Das Ich und das Es*
	Tod von Freuds Enkel Heinz
Oktober	Radikaloperation
1924, Sommer	Erstes Erscheinen der *Gesammelten Schriften* (Erste Ausgabe der Gesammelten Werke)
August	Rank bricht mit Freud
1925, Juni	Tod Joseph Breuers
	Anna Freud tritt in das ›Comité‹ ein
September	*Hemmung, Symptom und Angst*
	Selbstdarstellung
Dezember	Tod Karl Abrahams
1926, Mai	Freuds siebzigster Geburtstag
Juni	Prozeß gegen Reik
September	*Psycho-Analysis*
	Gründung der Londoner Klinik
	Gründung der ›Psychoanalytischen Vereinigung von Paris‹ und des ›Französischen Instituts für Psychoanalyse‹
Dezember	Freud und Einstein treffen sich in Berlin
1927, August	*Die Zukunft einer Illusion*
1929, Juni	*Das Unbehagen in der Kultur*
August	Ferenczi zieht sich von Freud zurück
1930, Sommer	Letzte Ferien in der Umgebung Wiens
August	Goethe-Preis
September	Freuds Mutter gestorben
1931, Mai	Fünfundsiebzigster Geburtstag
Juni	Gefahr eines Krebsrezidivs
Oktober	Festakt in Freiberg, dem Geburtsort Freuds
1932, Juli	*Neue Folge der Vorlesungen zur Einführung in die Psychoanalyse*
September	*Warum Krieg?* (In Zusammenarbeit mit Einstein)
Oktober	Der Verlag geht an die Internationale Vereinigung über
	Hanns Sachs verläßt Europa
1933, Mai	Tod Sandor Ferenczis
1934, Sommer	Verbrennung der Bücher Freuds in Berlin
	Beginn der Niederschrift von *Der Mann Moses und die monotheistische Religion*
1936, Mai	Die Lagervorräte des Verlages in Leipzig werden beschlagnahmt
Mai	Achtzigster Geburtstag
	Ansprache Thomas Manns
Juni	Aufnahme Freuds in die ›Royal Society‹ und andere Auszeichnungen
	Erstes Krebsrezidiv

1936,	September	Goldene Hochzeit
1937,	Januar	Wiederauftauchen der Briefe Freuds an Fliess
1938,	März	Besetzung Wiens
	Juni	Freud entschließt sich zur Emigration; Abfahrt nach London
	August	Veröffentlichung von *Der Mann Moses und die monotheistische Religion*
	September	Letzte Operation
1939,	Februar	Inoperables Krebsrezidiv
	23. September	Tod

Bibliographie

I. Werke Freuds

Gesammelte Werke. Chronologisch geordnet. 18 Bände. Herausgegeben von Anna Freud u. a. London/Frankfurt am Main 1940–1952

Aus den Anfängen der Psychoanalyse. Frankfurt am Main 1962

Briefe 1873–1939. Ausgewählt und herausgegeben von Ernst L. Freud. Frankfurt am Main 1960

Sigmund Freud/Oskar Pfister. Briefe 1909–1939. Herausgegeben von Hilda C. Abraham und Ernst L. Freud. Frankfurt am Main 1963

II. Biographische Arbeiten über Freud

Andreas-Salomé, L. Lebensrückblick. 1951

Bernfeld, S. Sigmund Freud 1882–1885. In: Int. J. Psychoanal. 14.3. 1951

–, An unknown biographical Fragment by Freud. In: American Imago. 4.1. 1946

–, Freuds early Childhood. In: Bulletin Menninger Clinic. 8.4. 1944

Binswanger, L. Erinnerungen an Sigmund Freud. Bern 1956

Jones, E. Das Leben und Werk von Sigmund Freud. 3 Bände. 1960/62

Sachs, H. Freud, Master and Friend. London 1944

Wittels, F. Sigmund Freud, der Mann, die Lehre, die Schule. Leipzig 1924

Register

Titel aus dem Werk Sigmund Freuds sind kursiv gesetzt.

Neuausgabe
Sigmund Freud Studienausgabe
in zehn Bänden mit Ergänzungsband und Konkordanz

Herausgegeben von
Alexander Mitscherlich · Angela Richards · James Strachey †
Mitherausgeber des Ergänzungsbandes
Ilse Grubrich-Simitis

Ziel dieser Ausgabe ist es, vor allem den Studenten der an die Psychoanalyse angrenzenden Disziplinen – Soziologen, Sozialpsychologen, Anthropologen, Pädagogen, Kriminologen usw. –, aber auch dem Nichtfachmann die Hauptwerke Freuds in leicht zugänglicher, thematischer Anordnung vorzulegen.
Dies ist die erste kommentierte deutsche Freud-Ausgabe. Der umfangreiche editorische Apparat beruht auf der Lebensarbeit von James Strachey, dem Herausgeber der englischen ›Standard Edition of the Complete Psychological Works of Sigmund Freud‹, der bis zu seinem Tode an den Vorbereitungen mitwirkte.
Alle Schriften Freuds sind mit editorischen Vorbemerkungen und zahlreichen Fußnoten versehen. Sie unterrichten den Leser u. a. über Entstehungszeit und -umstände des betreffenden Werkes, informieren über Textveränderungen bei früheren Neuauflagen, erläutern Freuds unzählige historische und literarische Anspielungen, machen auf Parallelstellen aufmerksam, wenn Freud ein und dasselbe Thema in unterschiedlichen Zusammenhängen und in verschiedenen Perioden seines langen Forscherlebens behandelte.
Jeder Band ist mit vielen Querverweisen, Bibliographie, Abkürzungsliste, ausführlichem Namen- und Sachregister sowie einem Gesamtinhaltsplan der Studienausgabe ausgestattet. Einige Bände enthalten zusätzlich spezielle Register, Anhänge zum besseren historischen und systematischen Verständnis sowie Abbildungen und Reproduktionen auf Kunstdrucktafeln.

Pressestimmen:
»Die Leser der neuen Studienausgabe haben uns Älteren gegenüber einen ungeheuren Vorteil. Die Bände sind vorzüglich kommentiert.«
Frankfurter Rundschau
»Ein Freud für alle. Diese Ausgabe ist wirklich eine Tat.«
Kölner Stadtanzeiger

Fischer Taschenbuch Verlag

fi 81/1a

Sigmund Freud
Einzelbände im Taschenbuch